上海票据交换所研究
(1933—1951)

ShangHai PiaoJu JiaoHuanSuo YanJiu

万立明 著

中国书籍出版社
China Book Press

图书在版编目（CIP）数据

上海票据交换所研究：1933—1951 / 万立明著 . -- 北京：中国书籍出版社，2018.11

ISBN 978-7-5068-7058-0

Ⅰ.①上… Ⅱ.①万… Ⅲ.①票据—证券交易所—研究—上海—1933—1951 Ⅳ.① F832.96

中国版本图书馆 CIP 数据核字（2018）第 249230 号

上海票据交换所研究：1933—1951

万立明　著

责任编辑	李　新
责任印制	孙马飞　马　芝
封面设计	中联华文
出版发行	中国书籍出版社
地　　址	北京市丰台区三路居路 97 号（邮编：100073）
电　　话	（010）52257143（总编室）　（010）52257140（发行部）
电子邮箱	eo@chinabp.com.cn
经　　销	全国新华书店
印　　刷	三河市华东印刷有限公司
开　　本	700 毫米 ×1000 毫米
字　　数	344 千字
印　　张	24
版　　次	2019 年 1 月第 1 版　2019 年 1 月第 1 次印刷
书　　号	ISBN 978-7-5068-7058-0
定　　价	95.00 元

版权所有　翻印必究

目 录
CONTENTS

导　论 ·· 1
　一、选题依据与选题意义 ·· 1
　二、票据、票据交换与票据交换所概述 ······················ 1
　三、国内外研究现状评述 ·· 7
　四、研究思路与方法 ·· 11
　五、中国早期的票据清算制度举要 ···························· 12

第一章　上海票据交换所的创立与初步发展（1933.1—1937.6） ······ 20
　一、上海票据交换所的发起、筹备与建立 ····················· 20
　二、上海票据交换所创设及创建迟滞的主要原因 ············ 37
　三、上海票据交换所业务的初步拓展 ·························· 43
　四、交换银行与交换数额 ·· 44

第二章　上海票据交换所的勉力维持（1937.7—1945.9） ············ 50
　一、抗战时期上海的社会经济环境概述 ······················· 50
　二、太平洋战争前的上海票据交换所 ·························· 52
　三、太平洋战争后日伪对上海票据交换所的控制 ············ 62
　四、上海票据交换所的短暂停业及其应对措施 ··············· 73
　五、交换银行与交换数额 ·· 75

第三章　上海票据交换所的改组、拓展与停业（1945.10—1949.5）　84

一、战后上海票据交换所的改组……………………………………… 84

二、新上海票据交换所的开业及其规模的拓展…………………… 92

三、上海票据交换所的附属机构与外延机构……………………… 97

四、解放前夕上海票据交换所的停业……………………………… 104

五、交换行庄与交换数额…………………………………………… 105

第四章　上海票据交换所的重新复业与交由中国人民银行接办

（1949.6—1951.2）……………………………………… 115

一、上海解放后的社会经济环境概述……………………………… 115

二、上海票据交换所的复业与人民银行在该所地位的确立……… 117

三、上海票据交换所的附属机构…………………………………… 120

四、上海票据交换所的减薪、裁员与机构精简…………………… 123

五、上海票据交换所交由中国人民银行上海分行接办…………… 128

六、交换行庄与交换数额…………………………………………… 131

第五章　上海票据交换所的组织结构与管理…………………… 138

一、上海票据交换所组织结构的演变及其特点…………………… 138

二、上海票据交换所的人事管理…………………………………… 153

三、上海票据交换所的业务管理…………………………………… 161

第六章　上海票据交换格局与制度的变迁：从二元并存、三足鼎立到

三位一体…………………………………………………… 190

一、由二元并存到三足鼎立的雏形………………………………… 190

二、上海票据交换格局的三足鼎立………………………………… 198

三、三足鼎立交换格局的继续存在及其演变……………………… 208

  四、上海票据交换制度的三位一体·················228
  五、上海票据交换制度大一统后的变迁···············232
  六、上海票据交换制度变迁的主要特点···············252

第七章 上海票据交换所与上海银钱业团体的关系············255
  一、上海票据交换所与银行业同业组织的关系············255
  二、上海票据交换所与上海钱业公会的关系·············268

第八章 上海票据交换所与金融管理当局的关系·············285
  一、上海票据交换所与财政部···················285
  二、上海票据交换所与中央银行··················296
  三、上海票据交换所与中国人民银行················316

结　语·······························319
  一、上海票据交换所的主要特征··················319
  二、上海票据交换所的功能与影响·················321
  三、上海票据交换所与上海金融业的互动依存关系··········324
  四、上海票据交换所的特殊发展路径················325
  五、政府干预、市场主导与上海票据交换所及其制度的演进······327

参引文献·····························329

附录一　票据交换的各项表单格式·················336

附录二　上海票据交换所历次章程·················344

附录三　上海票据交换所大事记··················358

再版后记·····························376

导 论

一、选题依据与选题意义

票据交换制度是现代金融业必备的资金清算制度,也是整个金融体系的重要组成部分。票据交换所则是通过集中办理票据交换以清偿金融业间因票据而产生的债权、债务关系的固定场所,与金融机构和金融市场有着密切的联系,其所发挥的功能和作用是无可替代的。1933年成立的上海票据交换所是中国最早成立的票据交换所,是上海金融现代化的重要标志之一。

然而,从现有金融史研究成果来看,学者们更多关注的是重要银行以及银钱业团体等,对于票据交换所等非银行金融机构却少有研究。因此,相比较而言,有关上海票据交换所的研究就显得十分薄弱,甚至对其发展的基本历程也缺乏清晰的认识,更谈不上能有一本专门的系统的研究成果。金融史研究专家吴景平教授很早就指出:"银行业、钱庄业在金融史上有着重要地位,但交易所、票据交换所、保险公司、信托公司非银行金融机构的历史也应予以关注。"[①] 在吴景平先生的指导下,已经有学者对证券市场、保险市场和信托业展开深入研究,并取得了丰硕的成果,而唯独上海票据交换所尚无人以此为选题,因此,这一课题的研究是要厘清上海票据交换所发展的基本脉络,并揭示出票据交换制度现代化的发展规律,深化对上海金融史的研究。另外,对当今票据制度的建设也能提供一些有益的借鉴经验。

二、票据、票据交换与票据交换所概述

(一)票据的起源、定义与分类

票据一般是指具有一定格式,载有一定金额、日期,到期由付款人对持

---

① 参见张徐乐2003年10月对吴景平教授的采访记录,载《历史教学》,2004年第3期。

票人（或指定人）无条件支付一定款项的书面债务凭证。①票据产生于商品交换并随着交换行为的发展而发展完善的。伴随着商品经济的进一步发展，直接的货币交换行为也发生了困难，即商品生产者之间的买和卖在时间上的不一致，使商品实体的转移与现实货币结算相分离，因此以商品赊销形式出现的商品交易便得到了发展，并进而诞生了在钱货不能两清的情况下，可以保证卖主顺利进行资金周转的信用制度，此时票据作为一种信用凭证就应运而生了。我国票据的使用与流通历史悠久，唐代的"飞钱"即是一种票据的雏形，宋代又相继出现"便钱""交子"等票据形式。明朝末年票号的出现以及后来钱庄的诞生使得票券大为流行。票据便成为这些传统金融机构开展业务的主要工具，尤其是近代以来钱庄发行的票据，其信用度比较高，可以看作是中国现代票据的前期阶段。

票据一词实际上有广义和狭义两种含义。广义的票据可以泛指商业上的各种单据，如发票、提货单、栈单、保单等。狭义的票据是指依规定要式签发和流通的汇票、本票、支票等信用工具而言。②《票据法》研究的是狭义的票据。1929年国民政府颁布的《票据法》，对汇票、本票和支票作了具体规定，以西方的票据制度为蓝本建立起中国现代的票据制度。票据交换所的交换票据是以狭义票据为主。汇票是出票人签发，委托付款人在见票时或指定日期无条件支付一定金额给收款人或持票人的票据。本票是出票人承诺在见票时或指定日期无条件支付一定金额给收款人或持票人的票据。支票是出票人签发，委托银行或经批准办理支票存款业务的其他金融机构，在见票时无条件支付一定金额给收款人或持票人的票据。③因而，汇票、本票和支票都可以作为流通和支付手段，但汇票、支票是委托他人付款，有三个基本关系人——出票人、付款人和收款人，本票则是出票人自己承诺付款，只有两个基本关系——出票人和收款人。

近代上海的票据种类主要有汇票、本票和支票三类，银行通用的这三类票据已如上所述，但钱庄通用的汇票、本票和支票与银行之间略有区别。钱庄之汇票为埠际汇款时所用之票据，本地债务人欲汇款外埠债务人料理债务

---

① 尚明等：《金融大辞典》，四川人民出版社1992年9月版，第1049页。
② 龚浩成、周芝石主编：《票据学》，中国金融出版社1992年4月版，第1页。
③ 龚浩成、周芝石主编：《票据学》，中国金融出版社1992年4月版，第8—9页。

可交款钱庄由钱庄给以汇票，汇票上注明汇往地分庄或代理庄收款，汇款人将汇票邮寄受款人同时将票根寄交付款庄为将来付款之凭证。钱庄的庄票是指钱庄因放款之关系或商家之请求所发出之无记名式付款与持票人之票据，用以代替现款，与银行界所出本票性质相同。钱庄之支票，凡与钱庄往来存款户均得使用支票，其支票以五十张或百张为一本，存户于存款范围内得随时开出支票提取款项。①

（二）票据交换的原理、步骤与功能

票据交换是指同一城市各银行或各钱庄之间对相互代收、代付的票据，通过票据交换所集中交换用以清算资金的一种经济活动，亦称"票据清算"。参加票据交换的各银行，每天按规定的时间集中到票据交换所，将其当日收进应由他行付款的票据，同其他各行收进应由本行付款的票据相互进行交换，彼此抵消债权债务。抵消后的差额通过各银行在中央银行或其他大银行的存款账户，进行转账，或通过票据交换所转账。若一行当日应收款大于应付款，其差额增加在中央银行的存款，反之则减少在中央银行的存款。② 20世纪20年代，马寅初先生就写过《票据交换所与上海钱业汇划总会》和《何以上海必须设立票据交换所》等文章，详细介绍了票据交换的原理。票据交换业务就是遵循收付平衡原理进行的。以下举例加以说明③。

假设，有四个行参加某一场票据交换，交换和清算的资料如下。

表 0—1

	甲行	乙行	丙行	丁行	合计
甲行代收他行票据		2	1	3	6
乙行代收他行票据	4		5	2	11
丙行代收他行票据	6	3		7	16
丁行代收他行票据	2	4	15		21
合计	12	9	21	12	54

从以上资料可以看出：甲行付款单位开出的应付票据款是12，应收票据

---

① 杨荫溥：《杨著中国金融论》，上海黎明书局1936年10月版，第227页。
② 邱少军等：《票据词典》，黑龙江人民出版社1995年1月版，第123页。
③ 朱晓黄等：《银行结算大全》，经济管理出版社1994年1月版，第239页。

款是6，收付相抵的差额是应付6；乙行付款单位开出的应付票据款是9，应收票据款是11，收付相抵后的差额是应收2；丙行付款单位开出的应付票据款是21，应收票据款是16，收付相抵后的差额是应付5；丁行付款单位开出的应付票据款是12，应收票据款是21，收付相抵后的差额是应收9；四个行总的收付差额是平衡的，即 6－2＋5－9＝0。

在实际开展票据交换业务中，参加票据交换的某个行处，既有本行开户单位交来的他行应付票据，也有在本行开户的付款单位送来的本行应付他行的票据，这样，其应付或应收票据金额计算公式如下：

提出的应付票据金额（应付他行）＋提入的应付票据金额（本行应付）＝总应付票据金额

提出的应收票据金额（他行应付）＋提入的应收票据金额（应付他行）＝总应收票据金额

当时票据交换一般有如下三个步骤：第一步，在票据交换时间开始以前，应将收入票据依付款银行及钱币种类分别清理，作初步之整理，记入"交换差额计算表"之贷方，结出总数，另造"第一报告单"，此事须在银行内部行之；第二步，由本银行派出之交换员携带应收票据及表单等，送入交换所，就一定之座位，接受交换所得之本行应付票据，记入"交换差额计算表"之借方，借贷相抵，结出"第二报告单"；第三步，票据交换所之总结算员集中各银行之"第二报告单"[①]，结出贷借二个总数，依簿记会计上贷借对销之原理，此二数定相等，否则，必有错误，再加清查，直至无误为止。[②]

票据交换制度分为英国式和美国式的票据交换两种，即常川交换制度和集体交换制度（也称定时交换制度）。英国式的票据交换是典型的常川交换制度。交换单位在中央银行开立存款往来户，并缴存清算保证金，在规定的办公时间以内，随时将由业务收入应向其他交换单位收款之票据，派员送至中央银行，随时由中央银行收入交换单位之往来账，不受时间与次数之限制。因此，交换单位无须汇集一处，办理票据交换。常川交换制度之利益，在清算迅速与交换自由，收入之票据，随时可以清算，应退之票据也可随时交还，而其弊病在所需交换员众多，手续繁琐与往返周折。美国式的票据交换系集

---

① 以上表单格式见附录一。
② 吴德培：《中英美日票据交换所之比较》，《银行周报》，第17卷第48期（1933年12月12日）。

体交换制度（一般称为定时交换制度）。先由交换单位组织票据交换所作为主持机构，交换单位将业务收入应向其他交换单位收款之票据，分别票据种类、货币性质与收款单位，整理集中，并填制相应的表单，于规定的交换时间由交换员拿到票据交换所集中交换。一般每日上下午各交换一次。集体交换制度之利益，在手续简单，时间经济。其弊病在下午交换时间过后收入之票据，不能当日收现入账。①

对于票据交换的基本功能，时人徐沧水曾总结出以下几点:（1）票据交换使银行对于票据之收解及支付省去其危险及烦劳。（2）票据交换得以节约货币。因为，若对于应收票据直接收款，必需现金以为授受，各银行对于他银行所持来收款之票据，势不得不有相当之现金准备。（3）票据交换可以发挥活期存款之机能。活期存款系以支票为支付用具，因支票之流通得以造出存款通货，但支票流通能否活泼，实以有无票据交换为其要点，因有交换所，则支票可以省去收款及解款之烦劳，其流通力愈加便利。②

（三）票据交换所的起源及其典型代表

票据交换所，亦称"票据交换场"，它从产生到形成，实际上经历了较长的历史发展过程。早在18世纪，随着资本主义经济的迅速发展，资本家之间经济结算业务快速增加，作为服务于经济的金融业，随着市场的扩大，经济的繁荣，逐步由单个银行业主向多家银行并存的方向发展，同城银行票据往来日益增多。在没有组织银行票据交换清算之前，当时资本主义最发达的英国伦敦的各家银行，每日要派业务人员分头到付款银行收取代收本行的票据单证，据以收回现金，工作十分繁重。一次偶然的机会，两家银行的业务员在一家咖啡馆中相遇，他俩自行交换各自的银行票据，缩小了相互奔走的距离，以后便约时相会，感到非常方便。时间一长，其他银行的业务人员也竞相仿效。于是，这家咖啡馆便自然地成了银行票据交换中心，彼此交换各自付款的票据，差额以现金结算。③因此，票据交换所创立之动机发端于伦敦各银行解款者之偷懒政策，……事为银行专家所闻，遂发明票据交换所之组织。④

---

① 姚铁心:《票据交换之检讨》,《金融知识》第三卷第五期（1944年9月）。
② 徐沧水:《票据交换所制度之研究》,《票据交换所研究》(《银行周报》增刊),1922年1月版。
③ 罗鼎华:《银行结算改革与实务》,中国商业出版社1995年8月版,第158—159页。
④ 吴德培:《中英美日票据交换所之比较》,《银行周报》,第17卷第48号（1933年）。

英国伦敦票据交换所①成立于1773年，为世界票据交换所之鼻祖，美国纽约票据交换所成立于1853年，法国巴黎票据交换所成立于1872年，日本大阪票据交换所成立于1878年，东京票据交换所成立于1886年，德国柏林票据交换所成立于1887年，皆世界票据交换所之最著者。②

伦敦票据交换所和纽约票据交换所是最具代表性的两个票据交换所。伦敦票据交换所之所员银行必须在英兰银行开有往来账，英兰银行亦特设所员银行往来科目，各行在交换所发生之贷借可赖英兰之转账以完全清结，勿须动用丝毫现金。票据交换分为城市交换、都市交换、村镇交换，后两项仅于午前行之，前一项则于午前午后两次行之。故每日伦敦之票据交换虽分三项而有四次也。③其加入交换之银行共17家。交换所由委员会管理之，委员会共13人，由17家银行选举之，其办事之稽长则由英兰银行推选之。各行交换员于每日清晨出发前将收入支票或各种到期应付之票据，检作16包，将每包之票件数目及摘要先记入交换送出簿，然后分别记入16张交换送出单，而于各包上标记收受银行之行名，遂携其簿单及包件等前往交换所以向各银行交换也。④纽约票据交换所的交换程序为：每日9点半，各行交换员应即到齐，到时将请求付款单送与交换所书记，单上系载明本行当日应收票据之总额，各行清算员将清算表放于桌上（清算表系于行内预先制成，将本行收入他行应付之票据照所中行名顺序记于收方，其付方须到所后临时填入）。10点正式交换后，递送员将按行整理、包扎好的票据与送票回单逐一送于各行清算员桌上，清算员收到票据后，将自行应付之金额记入回单，并填于清算表之付方，回单由各递送员收回作为凭证。各行即计算出付方合计金额以及贷借两方之合计，记于请求收款单，并算出其差额交与交换所之书记，书记即据以做成交换对照表，若收付相等则表示交换无误。各行因交换所发生之差数，

---

① 很多专著都误认为伦敦票据交换所成立于1833年，如中国人民银行总行金融研究所金融历史研究室编的《近代中国的金融市场》（中国金融出版社，1989年1月版）第210页、陈国强著《浙江金融史》（中国金融出版社1993年12月版）第110页和罗鼎华著《银行结算改革与实务》（中国商业出版社1995年8月版）第159页等等，而实际上应该是成立于1773年。
② 朱斯煌：《银行经营论》，商务印书馆1939年2月初版，第247页。
③ 裕孙：《各国票据交换所之近况（一）》，《银行周报》第6卷第46号，1922年11月28日。
④ 姚仲拔：《筹设上海银行交换所之提议（二）》，《银行周报》第4卷第33号，1920年9月7日。

无论为收为付，皆限当日清结。①

还需特别指出的是，票据交换与票据承兑、票据贴现是不同的概念，而票据交换所也与票据承兑所、票据贴现所、证券交易所等有着显著区别。所谓承兑是指汇票到期前，汇票付款人（包括银行）按照票据记明事项，对汇票的金额在票面上作出表示承认付款的文字记载及签章的一种手续。经过办理承兑手续的汇票称为"承兑汇票"。银行办理为客户开出的票据承担保证付款的业务称为"承兑业务"。贴现是指收款人以未到期票据向银行融通资金，银行按市场利息率以及票据的信誉程度作出某一贴现率，扣去自贴现日至到期日的贴现利息，然后将票面余额支付给持票人。票据到期时，银行凭票向最初发票的债务人或背书人兑取现款。票据贴现所是从事票据买卖（贴现）的金融中介机构，其主要业务是对票据承兑所承兑的汇票予以贴现。票据承兑所就是专门办理承兑业务的金融中介机构。②显然，票据的承兑和贴现及其相关机构是票据市场的主要构成部分，而证券交易所则是专门买卖股票和债券等有价证券的场所，是证券市场的组成部分。因此，它们都与前文所述的票据交换及票据交换所有本质区别。

三、国内外研究现状评述

（一）国外研究现状

涉及上海票据交换所和票据交换制度的国外学者的论著寥寥无几。日本学者宫下忠雄则专门以"票据交换所与银行票据承兑所"为标题用一节的篇幅来论述上海票据交换所的成立及其基本概况，但仅为一般史实性的介绍，另外作者还专门就上海的汇划制度及其演变进行了深入分析。③除此以外，笔者尚未见到其他专门的研究成果。

（二）国内研究现状

20世纪80年代以来，对票据交换所和票据交换制度的研究开始引起了台

---

① 裕孙：《各国票据交换所之近况（二）》，《银行周报》第6卷第47号，1922年12月5日。
② 参见戴相龙、黄达主编：《中华金融辞库》，中国金融出版社1998年11月版和马洪、孙尚青：《金融知识百科全书》，中国发展出版社1990年6月版。
③ ［日］宫下忠雄（日本）著、吴子竹编译：《中国银行制度史》，华南商业银行研究室1956年版。

湾和大陆某些学者的关注，有数本专著不同程度涉及或有所论述，出现了一批相关的研究成果。

1. 台湾

郑亦芳的《上海钱庄（一八四三～一九三七）——中国传统金融业的蜕变》认为贯彻汇划制度是上海钱业公会的主要作用之一，并对汇划制度的内容进行了初略分析。① 毛知砺的《张嘉璈与中国银行的经营与发展》对联准会及票据交换所进行了论述，认为中国缺乏一个强有力的中央银行主持银行清算工作，上海票据交换所的成立实现了上海银行业十余年来的夙愿，但对此着墨不多。②

2. 大陆

（1）相关著作。任嘉尧的《献身金融改革的朱博泉》简要介绍了票据交换所的首任经理朱博泉创办上海票据交换所的情况。③ 刘慧宇的《中国中央银行研究（一九二八～一九四九）》回顾了中国早期的清算业务，并论述了中央银行集中办理票据清算职能的完备，认为到1945年10月中央银行以上海票据交换所为中介，成为上海金融业之票据交换与清算的中心。④ 吴景平主编的《上海金融业与国民政府关系研究（1927—1937）》"第九章第三目钱业和银行业在汇划体制中的易位"则详细地对当时汇划体制的重大变革，即由钱业居中心地位的汇划制度转变为以银行业为中心的银钱两业集中汇划体制进行了分析，其中也较多论及上海票据交换所。⑤ 杜恂诚主编的《上海金融的制度、功能与变迁》多次提及上海票据交换所，并简要论述了票据清算制度的演变及上海票据交换所的设立等。⑥ 李一翔的《近代中国银行与钱庄关系研究》对战后上海的票据交换制度有简要分析。⑦

（2）相关论文：洪葭管的《联合准备委员会和票据交换所》一文介绍了

---

① 郑亦芳：《上海钱庄（一八四三～一九三七）——中国传统金融业的蜕变》，台北中央研究院三民主义研究所丛刊，1981年版。
② 毛知砺：《张嘉璈与中国银行的经营与发展》，台湾"国史馆"，1996年初版。
③ 任嘉尧：《献身金融改革的朱博泉》，载许涤新主编：《中国企业家列传》第三册，经济日报出版社1989年5月版。
④ 刘慧宇：《中国中央银行研究（一九二八～一九四九）》，中国经济出版社1999年1月版。
⑤ 吴景平主编：《上海金融业与国民政府关系研究（1927—1937）》，上海财经大学出版社2002年3月版。
⑥ 杜恂诚主编：《上海金融的制度、功能与变迁》，上海人民出版社2002年11月版。
⑦ 李一翔：《近代中国银行与钱庄关系研究》，学林出版社2005年12月版。

上海票据交换所开办的经过及基本情况。①杜恂诚的《20世纪二三十年代中国信用制度的演进》认为,华资银行之所以希望有自己的票据交换所是因为在银行业的规模逐渐超过钱业而其票据清算量又十分庞大的情况下,继续委托汇划庄进行票据交换与银行的实力不相称,而且增加了委托成本,并简要论述了上海票据交换所创建的基本情况。②郑成林的《近代上海票据清算制度的演进及意义》一文则对抗日战争前上海票据清算制度演进的历程进行了考察,并分析了票据交换所筹建的具体过程及基本运作。③吴景平的《票据交换所与解放初期的上海私营金融业》系统论述了1949年6月到1951年2月期间上海票据交换所及管理机构的运作、票据交换行情的变化。④该文是目前以票据交换所为题并进行了系统研究的仅有的一篇论文,对本课题的研究有一定的启发作用。

(3)未刊硕博论文。郑成林的《从双向桥梁到多边网络——上海银行公会与银行业(1918—1936)》(2003年华中师范大学博士论文)专门以"上海银行公会与票据清算制度的演进"为题用一节的篇幅详细阐述了上海票据交换所成立的整个过程,对其基本运作也作了一定的分析。王晶的《上海银行公会研究(1927—1937)》(2003年复旦大学博士论文)也论及上海银行公会参与组织金融业的辅助机构,如上海银行业同业公会联合准备委员会、上海票据交换所等,对上海票据交换所的建立进行了简略的叙述。吴晶晶的《上海银行业同业公会联合准备委员会研究(1932—1937)》(2005年复旦大学硕士论文)中也涉及上海票据交换所,对其创设作了简要论述。石涛的《票据流通与金融发展——以近代上海银钱业为中心》(2005年苏州大学硕士论文)主要对近代上海银钱业所使用的主要票据——本票(庄票)、汇票、支票的发行和流通进行了探讨,另外也对近代中国票据清算制度的发展线索进行了初步的梳理,但未曾进行全面、深入的分析。

从以上学术史的回顾中可以看出,有关上海票据交换所的研究已经取得了一定的成绩,对于拓宽上海票据交换所的研究提供了许多启发和帮助。然

---

① 洪葭管:《联合准备委员会和票据交换所》,《中国金融》1989年第1期。
② 杜恂诚:《20世纪二三十年代中国信用制度的演进》,《中国社会科学》2002第4期。
③ 郑成林:《近代上海票据清算制度的演进及意义》,载复旦大学中国金融史研究中心编:《上海金融中心地位的变迁》中国金融史集刊第一辑,复旦大学出版社2005年9月版。
④ 吴景平:《票据交换所与解放初期的上海私营金融业》,载吴景平、徐思彦主编:《1950年代的中国》,复旦大学出版社2006年8月版。

而，从总体上看，对上海票据交换所的研究还显得相当薄弱，现有的相关学术成果还存在诸多不足。

第一，研究时段有待拓展。已有对上海票据交换所的研究时段主要集中于1933年成立前后。而对于抗日战争时期包括汪伪政权时期、抗战胜利后上海票据交换所的改组直至上海的解放，以及上海解放以后和最终被人民银行接办的情况等缺乏研究。因此，对上海票据交换所完整的、长时段的研究明显不足。

第二，研究的深度和广度不够。有些仅停留于一般史实性的描述，缺乏深入、细致的分析，由于研究时段的局限性，只是把上海票据交换所作为上海银行业联合准备委员会的附属机构。而且现有成果大多并不是对上海票据交换所的专门研究，由于其各自关注的重点不同，仅局限在个别点面上，论述简略，或者语焉不详，没有充分展开。另外，许多重要问题没有受到应有的关注，如上海票据交换所的发展演变、组织管理、功能以及票据交换制度的变迁和上海票据交换所与金融团体和金融管理当局的关系等，对上海票据交换所缺乏系统、全面的研究。

第三，在资料和研究方法的运用方面也略显不足。如对相关史料的挖掘与整理，特别是对档案资料的发掘还远远不够。上海档案馆馆藏的相关档案资料有数百卷之多，但是由于客观条件的限制，没有被充分利用，当然这需要花大量的时间和精力来发掘、整理。此外，也较少运用相关的经济学、金融学理论和方法作为分析工具，如制度经济学、组织管理学和票据学等。

第四，存在一些概念和史实上的错误。例如，将票据交换所和票据承兑所看作是同一性质的机构。[①] 实际上票据交换所是票据清算机构，而票据承兑所则是商业票据的承兑和贴现机构，票据承兑所是票据贴现市场的重要组成部分，二者是有本质区别的，因而票据交换所与票据市场也并无直接关联。再如，混淆了票据交换所与证券交易所之间的区别。[②] 前者是专门办理票据清

---

① 如柳琴的《1935年金融恐慌与中国新式银行业的不平衡发展》（2003年华中师范大学硕士论文）第44页有一小标题为倡议成立票据交换所，而内容却是论述上海银行票据承兑所的成立，显然是混淆了两者之间的区别。

② 如童丽的《近代银行家：中国金融创新思想的先驱（1912—1949）》（2004年复旦大学博士论文）第72页提出："为了实现股票、公司债券、公债的流通，建立与完善金融市场的主要措施就是成立票据交换所，实现票据流通。"事实上，票据交换所交换票据的种类主要是支票、本票和汇票三种，因而其对股票和债券的流通并无直接相关的作用。

算的机构，并不涉及股票和债券等有价证券的买卖，二者的对象和功能是截然不同的。有学者还误把上海票据交换所成立的时间说成是1932年[①]或把中央银行加入交换后的号次说成是6号[②]等。对于上海票据交换所交由中国人民银行接办的时间，很多学者认为是1952年[③]，实际上中国人民银行上海分行是在1951年2月接办票据交换所的。

此外，有学者认为"于1933年成立上海银钱业票据交换所，但……该所亦形同虚设，直到1945年11月1日，上海票据交换所才正式成立。"[④]这一提法有多处史实错误，如1933年并未成立上海银钱业票据交换所，名称应该是上海票据交换所，该所也并非形同虚设，而是迅速成为上海一个重要的清算中心。上海票据交换所也并不是1945年11月1日才正式成立的，而是战后经过改组的上海票据交换所于这一天重新开业。

任何学术研究都是建立在前人研究的基础之上的，因此本书将充分借鉴已有的相关学术成果及其研究方法，竭力避免重复前人的劳动，尽最大可能去发掘各种已刊和未刊的相关资料，修订和补充前人研究的不足，力图在资料发掘和方法创新上多做努力，尝试就上海票据交换所进行一定的系统性研究。

四、研究思路与方法

本课题将纵向梳理上海票据交换所发展的基本脉络和专题考察其运作当中的若干问题相结合，尝试从以下四个方面对这一问题展开论述。

首先，简要对1933—1937年、1937—1945年、1945—1949年和1949—1951年四个阶段上海票据交换所发展的基本脉络及基本态势进行细致梳理。

---

① 如兰日旭的《中国金融的现代化之路——以近代中国商业银行盈利性分析为中心》（商务印书馆，2005年9月版）一书第185页和第186页两次都提到上海票据交换所成立于1932年，实际应该是1933年。

② 如《中国银行上海分行史（1912—1949年）》（经济科学出版社1991年版）第79页把中央银行的交换号次说成是6号，实际应该为元号。

③ 如"解放初，上海票据交换所曾继续营业。1952年由中国人民银行接办。"见于黄达主编《货币银行学》，中国人民大学出版社1999年3月第1版，第236页和"1952年2月为深入改造私营金融业，人民银行上海市分行接办了上海市票据交换所。"见于陈伯诚等编《票据与结算》，立信会计图书用品社，1990年9月版，第67页。

④ 详见易继苍：《买办与上海金融近代化》，知识产权出版社，2006年6月版，第155页。

其次，深入分析上海票据交换所运作当中的若干问题，如上海票据交换所的组织结构、管理、运作和上海票据交换制度的变迁等。

再次，论析上海票据交换所与银钱业团体、金融管理当局之间的关系，如上海银行业同业公会联合准备委员会、上海银行公会、上海钱业公会及中央银行、财政部等。

最后，在以上论述的基础上，对上海票据交换所的主要特征、功能、影响及其特殊发展路径等进行分析归纳。

本书通过实证性研究，对上海票据交换所的基本史实和资料文献进行全面梳理，以弄清其发展的基本脉络，同时结合运用经济学的方法和理论（如制度经济学、组织管理学等）作为分析工具，对上海票据交换所票据交换数额、交换行庄的构成和数量的变化及组织制度、管理等进行统计、分析，做到实证分析和理论分析相结合。另外，本书涉及大量的数据，如票据交换金额、张数和交换行庄的数量变化等，因此，在研究中还注重定量分析和定性分析相结合。在对已获得的数据进行精确统计的基础上对其发展规模、状况和性质等作定性分析，进而得出一定的结论或推断。通过这些不同研究方法的运用力求对上海票据交换所的产生、发展、组织管理、运作、功能和作用等问题进行系统深入的分析、探讨，以冀能有比较全面科学的认识。

五、中国早期的票据清算制度举要

一般来说，票据交换制度是银行业发展到一定水平才出现的资金清算制度，然而在现代票据交换制度建立之前，中国的宁波、上海和天津等地就已经出现了类似于票据交换的制度，上海还建立了专门的票据交换机构。其中比较典型、影响较大的有宁波的过账制度、上海的公单清算制度和天津的拨码制度。

（一）宁波的过账制度及其缺陷

宁波的过账制度是在鸦片战争以后的1843—1844年之间开始实行的。[①]当时商业上的交往与个人之间的银钱移转，使用现款的甚少，多采用过账的方法。因为钱庄已成为金融中枢，它与各行各业以及个人之间，均有银钱往

[①] 中国人民银行总行金融研究所金融历史研究室编：《近代中国的金融市场》，中国金融出版社1989年1月版，第210页。

来，于是各种款项的移转，就通过钱庄进行，委托钱庄在其账簿上转载收付，不必用现金交付。所谓过账者，意即为与同一地域内之钱庄交易者遇有金钱收解之必要时，双方可互相通知其所往来之钱庄，付款人应从自己存款项下付出一笔，而以之转账于收款人有往来之钱庄，即于收款人之存款项下加收一笔，易言之即甲乙双方间之债权债务不以现银授受，而各于其往来钱庄之账簿上实行其清算也。① 因此，宁波钱庄业实行的过账制度是一种把结算制度和票据交换制度结合起来的十分独特的制度，它不用票据，而是用过账簿代替票据。

过账的手续虽然比较简便，但其制度设计却很严密。宁波钱庄分为大同行、小同行和现兑庄三个等级，只有大同行才能直接过账，而小同行和现兑庄的过账则必须通过大同行间接办理。过账的时间每天上午8时起到下午7时止，夏季过账时间约缩短2小时。钱庄在每年开业的时候（一般为每年正月二十八），就把过账簿分送给各客户，簿面的中间写着客户的户名，左边书写某某钱庄名，右边开列年份。格式如下：

```
┌─────────────────┐
│                 │
│  民             │
│  国   源   天   │
│  ××  康   益   │
│  年        往   │
│            来   │
│                 │
└─────────────────┘
```

图0—1　过账簿封面式样

客户有了过账簿就可以与该钱庄往来，进行过账。例如，云章绸布店准备付给锦彰绸布店100元货款，言明过账，那么双方先抄下"家头"（即双方与某大同行钱庄有交往的牌号），云章有瑞康的过簿，可抄瑞康；锦彰有益康钱庄的过簿可抄益康。云章于瑞康的过簿内先书写日期，再于次行的上格抄

---

① 有本邦造作，陶月译：《宁波过账制度之研究（一）》，《银行周报》第15卷第35号（1931年9月15日）。

"益康洋100元"字样,盖上作为凭记的印章。在过账的时间内送交瑞康。锦彰则于益康的过簿内书上日期后,在下格抄"瑞康洋100元"字样。钱庄收到过簿后,即在当日晚间处理,先视其支出或付入记载于流水簿内,再将其过账的"家头"与数目录于专备的"摘抄"单子内,到了第二天,收进多的钱庄持摘抄单子到付出多的钱庄互相核对。凡"家头"无误,数目相符的,就可以代过账的客户收归或付出。如有错误,无从解付,则将这笔账暂行搁置俟日后查对。[1]

客户过账后款项的收付通常都是以划账的方式进行。例如[2],甲庄应从乙庄收进8122.00元,同时应付与乙庄3320.00元,因此甲庄应由乙庄收进洋4792.00元而处于债权地位,经相互对核之后,如无错误,则由债务者之乙庄交"划单"于债权者。划单上书明"划甲庄洋4792元"等字样,习惯上须盖乙庄之图章。甲庄遂将乙庄以外之划单一并送交值日钱庄而清理之。值日钱庄复汇集各庄之划单计算其差额而清算其贷借。值日钱庄之事务与票据交换所相类似。

各钱庄应收应付账款逐笔核对后,轧出准确的应收应付差额,由轮值的钱庄进行汇总清算。例如,有甲、乙、丙、丁、戊5个钱庄,其收付情况如下：

甲：划单收56万,付30万,轧收26万

乙：划单收28万,付36万,轧付8万

丙：划单收48万,付54万,轧付6万

丁：划单收64万,付68万,轧付4万

戊：划单收72万,付80万,轧付8万

上述乙、丙、丁、戊4庄则为债务者,对于债权者之甲庄应交付8万、6万、4万、8万,共计26万之数以清结各钱庄间之贷借,唯值日钱庄于各庄借贷关系不负任何责任,仅整理各庄划单之收付而已。[3]每一钱庄每日差额不得超过5000元(初创时为500元),超过的要事先在钱业市场的同业拆入轧平。

---

[1] 李政：《宁波钱庄业中的过账制度》,《宁波文史资料》第六辑,浙江人民出版社1987年11月版。

[2] 有本邦造作,陶月译：《宁波过账制度之研究(一)》,《银行周报》第15卷第35号(1931年9月15日)。

[3] 有本邦造作,陶月译：《宁波过账制度之研究(一)》,《银行周报》第15卷第35号(1931年9月15日)。

5000元以下尾数轧入次日清算。① 显然，过账制度尽管没有使用票据，但它利用了票据交换的收付平衡原理，实际上也已经起到了票据清算的作用，可以看作是中国票据交换制度的雏形。

过账制度不仅避免了搬运现金的麻烦，而且减少了现金的使用量，增加了资金的使用效率。这一制度曾在宁波长期施行，直到1941年宁波沦陷才被迫终止，先后施行将近100年。宁波实行过账制度的时间比上海钱庄业成立"汇划总会"的时间要早40多年。

然而，由于过账制度没有运用"票据"这一有效的信用工具，使它的发展受到很大限制。再加上其只能划账，不能支现，必然会导致信用膨胀。在现银供应紧张时，还会出现支现大幅度升水的现象，客观上就使过账洋与现洋成为两种不同的货币。

（二）上海的公单清算制度及其局限性

上海钱业的汇划制度是信用制度的一种，它以汇划票据代替现银交易，并利用公单进行资金清算。所谓"汇划"原为"汇一所而划""汇集而划拨"的略意，或包括"汇总划账"的意义，其最基本的意义为英语的 clearing（即清算、交换）②。上海的汇划制度，据有邦本造及 Susan M. Jones 之研究，系自宁波钱庄之过账制度蜕变而来。③ 笔者认为从票据交换的角度来看，将汇划制度称为公单清算制度更为合适。公单清算制度是上海钱业创造的一种独具特色的票据清算制度，当时还设立了专门的机构——汇划总会，杨荫溥将其定义为"即汇划各钱庄每日互相对轧并算清应收应解款项之所，实上海钱业之票据交换所也"④。

上海钱业发行的票据主要有庄票、支票和汇票。其中庄票不仅发行数额巨大，而且流通广泛。庄票可以代替现金在市面流通，并得到了外国洋行和

---

① 中国人民银行总行金融研究所金融历史研究室编：《近代中国的金融市场》，中国金融出版社1989年1月版，第212页。
② [日]宫下忠雄著，吴子竹编译：《中国银行制度史》，华南商业银行研究室1956年版，第136页。
③ 郑亦芳：《上海钱庄（一八四三—一九三七）——中国传统金融业的蜕变》，台北1981年版，第47页。
④ 杨荫溥：《上海金融组织概要》，黎明书局1936年版，第54页。

银行的认可和接受。上海钱业所发行的票据都是汇划票据,即到期日只能通过票据交换将款项收入账户,次日才能提取现金。庄票的广泛流通必然产生票款的收解与清算。公单制度实行以前,票据清算采取划账和余数解现的方式。所谓"划"就是同业之间把自家应收应付的数目彼此相拨相抵,以免收解之烦。① 而清结划剩的余数则须解送现银,每天晚上由老司务向应收的同行一家一家去分送银子。这种原始落后的清算方法费时费力,远远不能满足需要,因而促使人们去革新,于是出现了一种更为便捷的清算方法,即以汇划总会为中心,利用公单进行票据清算。

汇划总会于1890年成立时,设于宁波路上海钱业公会内,实际上是钱业公会的附属机关,使得钱业票据清算开始有了固定的组织和地点。已经加入上海钱业公会的入园钱庄即为汇划总会的会员,称作汇划庄,又称大同行。而那些未入园钱庄只能委托汇划庄代理交换。公单清算制度的具体程序如下。

(1) 第一次分散直接交换——送验票据、换取公单

例如,甲庄收到乙庄票据后首先直接派老司务或学徒送往乙庄照验,送票时持有票据回单簿,写明票据几张,由乙庄于收票后盖"票现对同章"以资证明。乙庄收到甲庄票据也同样为之。其中送验不止一次,随时收到随时送往,至下午3时为止,总计应收应付数额,如甲庄向乙庄收票款80650元,乙庄应向甲庄收4540元,于是甲庄打出公单4540元待乙庄来领,乙庄则打出公单80650元。500元以下的尾数不打公单,暂且记账。通常各钱庄于4时以后均派人分向他家领取公单。② 钱庄家数很多,其他各庄也互有收付,其送验票据,互领公单办法相同。因而这一手续实际上是票据与公单的直接交换,即互送票据,互领公单,人欠收进公单,欠人发出公单。

(2) 第二次集中交换——汇划总会轧公单

各庄基本领齐公单一般于下午6、7时即将所领之公单全数汇交汇划总会。汇划总会设有事务员(俗称"公单先生")5人负责整理对轧各家公单。事务员按公单名目重新分别整理,甲庄送会之公单尽系由他家领来,而甲庄所打出之公单亦尽在他家手内,今各家既统将其领到之公单总汇于此,则全数毕

---

① 中国人民银行总行上海市分行编:《上海钱庄史料》,上海人民出版社,1960年3月版,第493页。

② 崔晓岑:《上海清算之研究》,载崔晓岑:《中央银行论》附录,商务印书馆1935年版。

现，乃按名重分排置桌前，此时甲庄领得之公单已分散于各该庄名下，而甲庄所打出之公单复归于一叠，各家所打出之公单已均成一束，分别重理后，进而依序点过轧对其领进及打出公单数目是否与所报告者相符。其已经轧平者固无论矣，至未能轧平者则由总会打划条知照双方收解，着多家向缺家收取，总会工作已毕，至于解现与否为收解双方之事。① 一般来说，各庄对领进和打出的公单业已心中有数，因而可以估计自己当日的收付情形，应付者（又称缺单）预先向同业拆进，应收者（又称多单）也预先向同业拆出，因此，各庄公单大体都能自行轧平，不能轧平的只是一些零星尾数。

从以上票据清算的手续来看，钱业的汇划制度实际上是利用公单进行清算，已经明确体现出现代票据交换的原理：即任一银行的应收总额中，一定是其他银行的应付额；任一银行的应付总额中，一定是其他银行的应收款；各行应收差额的总和，一定等于各行应付差额的总和。② 然而，公单清算制度只能看作是现代票据交换制度的雏形，其中存在很多局限性。

（1）手续繁琐，费时费力。公单清算制度要经过第一次的分散直接交换，各庄都要互送票据，互领公单，然后再集中于汇划总会进行公单轧算等，因而其手续费时费力是难以避免的，当时就有学者指出："汇划总会只司公单之抵轧，而为票据交换之第二步，故不过等于一公单清理处而已。而且以票据易公单之工作则须在会外进行之，虽能解现金收付之繁琐危险及节约现金之使用，但票据交换之手续仍繁，设某钱庄持有数十家之票据，则须分别至此数十家换取公单，时间人力多不经济也。"③

（2）缺乏一个中央转账机关，交换差额的补足要借助于解现或拆借。而搬运现金既不方便，又危险，拆借更是要损失利息，这样大大影响了其效率。

（3）汇划总会并非一个独立的组织，仅附属于上海钱业公会，钱业公会也将汇划制度视为公会内部的事务之一，其经费也由公会开支，因而未能建立一套相应的独立规章制度。

---

① 崔晓岑：《上海清算之研究》，载崔晓岑：《中央银行论》附录，商务印书馆1935年版。
② 石涛、张军：《上海钱庄汇划制度探析》，《人文杂志》，2004年第2期。
③ 王文均：《上海之票据清算制度》（1935年9月30日），南开大学经济研究所：《中国经济研究》，商务印书馆，1938年9月版。

（三）天津的拨码制度及其缺点

天津钱业实行拨码制度，是从1900年（清光绪二十六年）庚子事变以后开始的。拨码即钱业用来拨款的划拨凭证，有拨交码和收账码两种形式。拨交码用于同业之间没有往来关系的单位来取款时，开出"某某照交"的拨码。收账码是用于同业之间有往来关系的单位来取款时，即可开出收账数码若干。不论是拨交码还是收账码，都必须加盖"小花章"方为有效，这种特制专用拨码章，上刻"只限转账，取现不凭，过日作废"字样。拨码包括银行、银号的支票、汇票，销货单位的收款条、汇兑庄、邮局、教会的汇票，以及外地驻津单位承付款项，天津商号去外地采购货物开出的付款条等等。比如粮店销售粮食，当时米面铺到粮店购粮，可不付现款，待月底月半结算货款，由粮店开出收款条，去人到米面铺收款，米面铺核对无误后，在收款条写上"某某银号照交"字样，并加盖公章，粮店将此条交给有往来的银号，银号按付款单位名称去拨款，有往来川换[①]的银号可开收账码，无往来的则开出拨交码。[②] 同业间互相持有对方的拨码，每天互相清算一次，其差额在600元以上的按1000元拨付现金，600元以下不拨，其尾差互相存欠不计利息。[③]

之后，同业川换往来改为次日早晨与外商银行华账房用竖番纸[④]冲算账款办法，从而取代了搬运笨重的现银办法。转账拨款办法实行后，减少了繁琐手续，加速了资金的周转，对商品流通、繁荣市场起到积极作用。1941年日本发动太平洋战争，日伪当局为加强对天津金融的控制，断然废除拨码制度，成立天津票据交换所，从而结束了天津钱业40年的拨码制度。[⑤]

实际上，天津的拨码制度是使用"拨码"作为当天清算互相代收代解款

---

① 川换又称串换，指有相互代收代解款项的联系，是天津钱业习惯的称谓。
② 刘嘉琛、谢鹤声：《浅谈天津钱业的拨码》，《天津文史资料选辑》第四十辑，天津人民出版社1987年5月版。
③ 中国人民银行总行金融研究所金融历史研究室编：《近代中国的金融市场》，中国金融出版社1989年1月版，第70页。
④ 番纸即指外国银行支票。民初，正金、麦加利等外国银行华账房买办魏信臣等人推行一种华账房支条，这是以白纸华文竖写的票据，称为"竖番纸"，用以代替番纸的使用。见中国人民银行总行金融研究所金融历史研究室编：《近代中国的金融市场》，中国金融出版社1989年1月版，第71页。
⑤ 刘嘉琛、谢鹤声：《浅谈天津钱业的拨码》，《天津文史资料选辑》第四十辑，天津人民出版社1987年5月版。

项的手段。显而易见，拨码与上海钱业开出的公单性质十分相似，但拨码制度在制度安排方面远不如上海的公单清算制度，如没有建立一个专门的集中交换的场所。

总之，在现代票据交换制度正式出现以前，中国传统金融业中就已经出现了宁波的过账制度、上海的公单清算制度、天津的拨码制度等，这是在长期的摸索和实践中逐渐创造出的一种资金清算的土办法。宁波的过账制度仅仅是利用了票据交换的平衡原理，天津的拨码制度尽管类似于上海的公单清算制度，但在制度设计上则不如上海的公单清算制度。相对而言，上海的公单清算制度较为完善，汇划总会可以看作是现代票据交换所的雏形，公单清算制度也已经具备了现代票据交换制度的某些特征，而且其存在时间较长，对中国票据交换制度的发展影响深远，下文还会对其发展和演变加以论述。

第一章
上海票据交换所的创立与初步发展
（1933.1 — 1937.6）

一、上海票据交换所的发起、筹备与建立

中国第一家新式银行——中国通商银行于1897年成立以后，新式银行便不断涌现。到1932年底上海共有大中型银行56家。① 然而，银行业因没有自己的清算机构而被迫寄人篱下，即必须假手于钱业的汇划总会。因此，为了维护本国银行业的利益，促进银行业的发展，创办一个银行业自己的票据清算机构便成为银行界人士长期追求的目标，上海银行公会②和上海银行业同业公会联合准备委员会（以下都简称联准会，当时也有称准备会或银联会等）作为银行同业团体为此做出了不泄的努力，从1922年第一次筹划到1933年正式建立历时10余年才终于实现夙愿。学术界对这一问题已经有所论述，③但都缺乏深入具体的探讨，特别是对于上海银行公会筹划建立票据交换所，现有相关研究成果都有所论述，但一般都认为前后只有四次，或仅有提及五次筹划。④

---

① 朱博泉：《记上海票据交换所》，见《20世纪上海文史资料文库》第5辑，上海书店出版社1999年9月版。
② 为行文方便对1931`年10月改组后的上海银行业同业公会一般仍称为上海银行公会。
③ 具体内容可参阅郑成林的《从双向桥梁到多边网络——上海银行公会与银行业（1918 — 1936）》（华中师范大学2003博士论文）、王晶的《上海银行公会研究1927 — 1937》（复旦大学2003年博士论文）、张天政的《略论上海银行公会与20世纪20年代华商银行业务制度建设》（《中国经济史研究》，2005年第2期）、吴晶晶的《上海银行业同业公会联合准备委员会研究（1932 — 1937）》（复旦大学2005年硕士论文）等论著的相关内容。
④ 如陈正卿的《上海银行公会（1918 — 1949年）始末、作用影响及现存档案状况》（见吴景平等主编：《上海金融的现代化与国际化》，上海古籍出版社2003年10月第196页）一文中也论及上海银行公会筹备票据交换所，但仅简要论述了上海银行公会第五次筹划建立交换所，紧接着就指出1933年1月上海票据交换所正式开业，而没有特别指出这次筹划最终没有实现，这样无疑会使人误解为票据交换所是由上海银行公会最终筹备建立的，从而忽略了联准会的作用。

（一）上海银行公会试图创建票据交换所的五次筹划

20世纪20年代，《银行周报》上陆续刊发了大量文章介绍英、美、德、日等国票据交换所，详细论述了票据交换所的业务和功效等，不遗余力地宣传筹建票据交换所的重要性。上海银行公会一直将建立票据交换所作为自己的一项重要任务。早在1915年8月24日北洋政府订定的《银行公会章程》中就明确指出，"办理支票交换所"是银行公会应办的主要事项之一。①1918年8月，财政部114号令正式公布该银行公会章程。②在上海票据交换所正式成立之前，上海银行公会始终把创办票据交换所列入该会章程之中。如1924年9月10日修正通过的上海银行公会章程中就明确将"设立票据交换所"列为其宗旨之一，并规定凡公会会员银行得充任票据交换所之会员。③1921年，第二届全国银行公会联合会在天津召开，上海、北京银行公会各有设立票据交换所的提议案，结果大会通过由天津银行公会函请各公会提倡设立票据交换所，这是创办票据交换所的最早倡议。④

1. 第一次筹划

为了积极推进票据交换所筹建事宜，1922年1月9日，上海银行公会会员大会推举中国、交通、兴业、浙江、上海、盐业、中孚、四明、中华、新华、东莱、永亨、东陆和正利14家银行为筹备委员，并组成票据交换所筹备委员会，全面负责筹组交换所，由陈光甫、孙景西、徐寄庼、钱新之、朱成章、方叔伯、徐宝琪和吴蔚如等人担任筹备委员会委员（后又公推徐沧水和姚仲拔两人为委员）。⑤

票据交换所筹备委员会先后举行了三次会议。2月8日，筹备委员会推举徐寄庼、姚仲拔和徐沧水三人为组织大纲起草员，并决定俟章程草案拟订后

---

① 中国第二历史档案馆等编：《中华民国金融法规档案资料选编》（上册），档案出版社1992年版，第313、316页。
② 张辑颜：《中国金融论》，上海黎明书局1936年版，第342页。
③ 上海银行公会章程（1924年9月10日），见徐沧水：《上海银行公会事业史》，沈云龙主编：《近代中国史料丛刊三编》第24辑。
④ 张辑颜：《中国金融论》，上海黎明书局1936年版，第342页。
⑤ 票据交换所筹备委员会致上海银行公会函（1922年3月10日），上海银行公会档案S173-1-202。

分送14家筹备员先行研究再定期开会讨论。①徐寄庼、姚仲拔和徐沧水三人根据1922年1月银行周报社编印的《票据交换所研究》和上海银行所拟的票据代理所简章订定上海票据交换所章程草案。2月25日，筹备委员会对该草案进行讨论。关于准备金的保管银行问题，会员存在几种不同意见，如暂请中国和交通银行担任、组织公库和随时公推两家担任等。经讨论后，除第4章、第8章和第9章第27条（有关保管银行和经费问题）保留外，其余修正通过。②3月3日，筹备委员会议将上次保留各条逐一修正通过。3月10日，票据交换所筹备委员会将拟订的各项草案函送给上海银行公会核议，包括上海票据交换所章程、上海票据交换所规则和上海票据交换所办事细则草案等。③徐寄庼、姚仲拔、徐沧水3人起草的"上海票据交换所章程草案"为第一次草案。该草案凡11章32条，不仅就票据交换所的组织形式、票据交换的时间与程序作了详细规定，还在借鉴欧美国家票据交换规程的基础上，结合当时上海银行业的习惯对"准备金"和"票据交换差额的处理与中央银行转账"等问题作了详细说明。由于习惯不一，各行未能达成共识，此次筹划被迫搁浅。④

2. 第二、第三和第四次筹划

1923年上海银行公会重议此事，决定由徐寄庼、谢芝庭二人起草《上海银行公会票据交换临时办法》。此为第二次草案。为了简化手续，临时办法不仅规定票据交换所附设于中国银行，而且拟订"所员银行一切收解由中国银行代理"。⑤可是，交通银行对此持有异议，双方相持不下，最后第二次筹划只得作罢。

1924年5月，第五届全国银行公会联合会议在北京举行，其中关于组织票据交换所案，先由上海银行公会代表说明理由，讨论结果，以此案业经上海银行公会筹备办法，唯因国内货币种类不一，及钱业银号与外国银行尚难

---

① 筹备票据交换所委员会议案（1922年2月8日），上海银行公会档案 S173-1-202。
② 筹备票据交换所委员会议案（1922年2月25日），上海银行公会档案 S173-1-202。
③ 票据交换所筹备委员会致上海银行公会函（1922年3月10日），上海银行公会档案 S173-1-202。
④ 徐沧水：《上海银行公会事业史》（1923年），第59－71页，见沈云龙主编：《近代中国史料丛刊三编》第24辑。
⑤ 徐寄庼：《最近上海金融史》下册，1932年增改第三版，第258页。

一致，是以迄未成立，但此案关系重要，仍应请上海银行公会组织筹备。① 于是，1925年上海银行公会开始了第三次筹办。由宋汉章、倪君远、孙景西、陈光甫、李馥荪、胡孟嘉、徐宝琪、徐新六和吴蕴斋等人重新组成筹备委员会。② 上海银行公会在新落成的办公大楼中为票据交换所留出了营业场所，聘请王宝仑担任交换所经理，并由其起草拟订了第三次草案——《上海票据交换所章程草案》5章20条，还拟订了办事细则草案8章30条、营业规则草案7章24条，但由于种种原因，票据交换所还是未能如愿成立。③

1926年2月，上海银行公会再次集议此事，公推中国和交通两行合组票据交换所，并由李馥荪、史久鳌草拟了《上海银行公会会员银行票据交换暂行办法》（即第四次草案）18条。④ 2月13日，上海银行公会会员大会经到会会员五分之三之通过赞成就中交两行先行试办，并通过李馥荪、史久鳌草拟的暂行办法，还公推倪君远、陈光甫、李馥荪、林康侯、徐寄顽和孙景西等先生为代表与中交两行正式接洽。⑤ 这次依然是半途而废，尽管上海银行公会作了诸多努力，曾经4次草拟了颇为详尽的章程，但北京政府时期票据交换所始终未能在上海真正实现。

3. 第五次筹划

1930—1931年，上海银行公会又重新开始了较为详尽周密的筹备工作，即第五次筹划。首先关于组织筹备委员会问题就颇费周折。1930年9月25日，常务委员叶扶霄在上海银行公会第65次执行委员会上临时提出组织票据交换所案，并指出："本会组织票据交换所一事提议已久，迄未实现，乃查近来金融界时有风潮，似票据交换所之设不可再缓，鄙意不妨先为试办，姑从会员银行着手逐渐再谋扩充"，最后议决"准先行试办，并推定中国、浙兴、上海、四明、交通、浙实、中华、东莱和大陆9行为组织票据交换所筹备委员，

---

① 徐沧水：《上海银行公会事业史》，第65页，见沈云龙主编《近代中国史料丛刊三编》第24辑。
② 上海银行公会致徐新六和吴蕴斋函（1925年2月27日），上海银行公会档案S173-1-202。
③ 徐寄顽：《最近上海金融史》下册，1932年增改第三版，第252—267页。
④ 杨荫溥：《上海金融组织概要》，黎明书局1936年版，第396页。
⑤ 致倪君远、陈光甫、李馥荪、林康候、徐寄顽和孙景西函（1926年2月3日），上海银行公会档案S173-1-202。

就中又推定浙兴为该会召集人,定期集会,从速进行"。①9月26日,上海银行公会当即致函上述9家银行,要求各筹备委员银行"推定代表,早日见复,以便定期集议共策进行,一俟筹备就绪再行召集会员大会审议"②。同日,上海银行公会又单独致函召集委员浙江兴业银行:"俟各行将代表员名复到即请贵行定期召集会议。"③9月29日至10月4日,除了四明和中华两银行外,其他7家筹备委员银行都先后将推定的代表名单函致上海银行公会。因此,10月7日,上海银行公会即致函四明和中华两行:"请速将代表姓名发函克日见复。"不久,四明银行回函给银行公会,而中华银行却迟至12月1日才回复上海银行公会。12月3日,上海银行公会将9家委员银行代表名单函送给浙江兴业银行,由该行定期召集会议。最终,推定的筹备委员会委员为:曹吉如(浙江兴业银行副经理)、陈朵如(浙江实业银行经理)、高和甫(东莱银行副经理)、吴慕韩(东莱银行)、庄绳祖(大陆银行襄理)、史久鳌(中国银行副经理)、袁松藩(交通银行副经理)、资耀华和江如松(上海商业储蓄银行)、沈光衍(四明银行)和袁葭池(中华银行)。④后来,浙江实业银行经理曹吉如改由该行襄理章乃器代为出席讨论。

票据交换所筹备委员会正式组成以后,先后集议三次。1930年12月10日,第一次筹备委员会议决"先将东莱银行所拟送的交换所轧账法即送各委员广征意见并定于下星期三再行集议"。⑤作为筹备委员银行,东莱银行先后于10月7日和12月9日两次将该行所拟订的《银行公会轧账法草议》送呈银行公会参考。根据第一次筹备会的决议,票据交换所筹备委员会于12月11日将东莱银行所拟草案分别函送给各筹备委员察阅,以便各抒己见,汇案讨论。⑥12月17日,上海交通银行致函票据交换所筹备委员会,提出:"票据交换一事屡次提议均因窒碍而止,求其窒碍之由,不外行使范围较广,意见分歧,致难

---

① 上海银行公会第六十五次执行委员会议记录(1930年9月25日),上海银行公会档案S173-1-13。
② 上海银行公会复致中国、浙兴、上海、四明、交通、浙实、中华、东莱和大陆函各一件(1930年9月26日),上海银行公会档案S173-1-25。
③ 上海银行公会致浙江兴业银行函(1930年9月26日),上海银行公会档案S173-1-25。
④ 上海银行公会致浙江兴业银行函(1930年12月17日),上海银行公会档案S173-1-25。
⑤ 票据交换所筹备委员会第一次议决案(1930年12月10日),上海银行公会档案S173-1-25。
⑥ 复致票据交换所筹备委员函(1930年12月11日),上海银行公会档案S173-1-25。

实行，兹就弊行管见所及拟缩小范围仅就本会会员银行组织一票据交换所先行试办，徐求推广，特拟章程草案及规则各一件随函附呈。"①此外，浙江实业银行也拟订有一份草案。同日，票据交换所筹备委员会召开第二次会议，委员们讨论认为"除了将东莱银行提出的轧账法送交各行分别研究并征求意见外，可将交通和浙江实业两行意见并案讨论。交通银行提案拟从会员银行入手，范围似嫌不广，恐日久难免精神涣散，至无形消灭。倘能照交通银行原稿添入浙江实业银行意见则范围较广，即于事实方面亦无窒碍难行之处"，最后决议"将交通银行原提案由浙江实业银行参酌并添注意见，再由会印发各委员研究，下次再行集议"。②会后，浙江实业银行章乃器襄理遂将两份草案仔细斟酌补充，并将修改完竣的草案交到筹备会，由筹备会印发各委员研究。12月26日，第三次票据交换所筹备委员会议即将该草案逐条加以研究，经讨论订正后，决议"将修正稿加以誊清，即拟具报告连同草案两件函请银行公会执行委员会审核施行"，并宣告票据交换所筹备委员会完成使命解散。③12月27日，票据交换所筹备委员会致函银行公会执行委员会，指出："贵会推定弊行等9家组织票据交换所筹备委员会，当由弊行召集会议，凡三度协商，粗具头绪，爰拟有票据交换所章程暨业务规则草案各一件，昨经逐条讨论竣事，所有筹备手续已告结束，相应检同该项草案函送贵会核议施行。"④1931年1月5日，票据交换所筹备委员会又重行将筹备经过和拟订的《上海票据交换所章程草案》函致银行公会执行委员会。

1931年1月9日，该草案提交给上海银行公会第72次执行委员会进行讨论，会议认为"此事关系至巨，亦非委员会所能解决，应先印发全体会员银行征求意见，限期提出，汇案讨论后再交会员大会核议之"。⑤第二天，银行公会执行委员会就致函会员银行、各执行委员，指出："为力求周密完善起见，决议先行将该项草案印发会员银行暨各执行委员详为研究，广征意见，

---

① 上海交通银行致票据交换所筹备委员会函（1930年12月17日），上海银行公会档案S173-1-25。
② 票据交换所筹备委员会第二次议决案（1930年12月17日），上海银行公会档案S173-1-25。
③ 票据交换所筹备委员会第三次议决案（1930年12月26日），上海银行公会档案S173-1-25。
④ 致银行公会执行委员会函（1930年12月27日），上海银行公会档案S173-1-25。
⑤ 上海银行公会第七十二次执行委员会会议录（1931年1月9日），上海银行公会档案S173-1-13。

暂以一月为期，如有关于该草案条文所修改或加以补充之处统希迅为提出，以便汇案讨论，然后召集会员大会核议。"①1月15日，浙江实业银行的回函指出："交换业务初创时不宜过于繁重，则不妨分期举行。第一期先行试办交换业务，第二期试办汇划业务。其中对于汇划钱庄收票部分，其非所员银行及未入园钱庄之收票部分则归入第三期，似此逐步进展较为简易，此种仅就施行程序加以补充，对于原案全文仍无出入。"②2月24日，上海银行公会第76次执行委员会认为"各行并无意见提出，准交会员大会讨论"。③此时，上海银行公会也正忙于改组之事，无暇顾及票据交换所的筹备工作，最后并没有讨论出结果。1931年10月新改组的上海银行业同业公会成立，上海银行业同业公会也试图继续进行筹划。10月22日，上海银行公会致函各会员代表，指出："本会接受上海银行公会移交卷宗中内有票据交换所筹备会一案，查该项筹备会已告结束，并拟有章程及业务规则草案一件，曾由前银行公会将该项草案分送各行并征求意见在案，乃事竣，除浙江实业银行答复外，其余多逾期未竣，兹本会接办伊始，对于未结束案件，自应继续进行，为特再行分函各代表查照旧案，加以修订或补充，暂以11月底为期。"④然而，只有国华银行于10月29日将该行对上海票据票据交换所章程草案的意见回复上海银行公会。其他银行都没有表示任何意见，上海银行公会的第五次筹划又是中途夭折。

总之，鉴于票据交换所对金融业的重要作用，上海银行公会长期以来孜孜以求，先后五次进行筹划，成立临时性的筹备委员会，详加研讨，广泛征求同业意见，制定了五次章程草案。其中第一和第五次筹划最为周密，第一、第三和第五次筹划都是以组织独立票据交换所为目的，而第二和第四次筹划不过是于正式票据交换所未成立以前的一种临时性组织，拟订了与当时实际情况较为接近的暂行办法，因而这两次的草案较为简单。虽然由于种种原因，这五次筹划都无果而终，但是却因此积累了丰富的经验，产生了一批对票据交换业务颇有研究的人士，为今后筹备票据交换所提供了重要参考和借鉴。正如杜恂诚先生所指出的"上海银行公会从1922年2月起多次倡议设立上海

---

① 复致各会员银行、各执行委员函（1931年1月10日），上海银行公会档案S173-1-25。
② 浙江实业银行致上海银行公会函（1931年1月15日），上海银行公会档案S173-1-25。
③ 上海银行公会第七十六次执行委员会会议录（1931年2月24日），上海银行公会档案S173-1-13。
④ 复致各会员银行代表（1931年10月22日），上海银行公会档案S173-1-25。

票据交换所,虽然因种种原因而一再搁置下来,但问题的发现、协调、再发现、再协调本来就是金融创新所需要经历的合理过程,上海票据交换所在筹办过程中的几经磨合,为以后的正式成立奠定了基础"[1]。

(二)联准会的重新提议与筹备工作的开展

1932年"一·二八事变"的爆发对上海金融市场造成巨大冲击,为稳定金融,上海银行业于2月8日发起成立上海银行业同业公会联合准备委员会。联准会通过收取会员银行的财产作为准备,办理同业拆放和贴现,从而达到调剂同业资金的目的。3月15日,联准会正式开业。联准会作为同业互助组织,其设立为上海票据交换所的筹备与建立创造了条件,因为联准会收存了各会员银行一定的现金和财产准备,从而为创设票据交换所提供公共信用保证。经过联准会半年多的筹备,上海票据交换所才最终建成。

联准会成立后不久,上海银行公会即委托联准会筹办票据交换所,由银行公会推选中国银行副经理程慕灏、交通银行副经理陈慕唐、上海商业储蓄银行经理杨介眉组成三人小组,责成联准会经理朱博泉具体负责筹备票据交换所事宜。[2]但是由于"当时正在'一·二八'后惊涛骇浪之中,故具体办法未遑计划"[3]。此后,上海银行公会再也没有类似的提议了,因而,这一历史使命自然就交给了联准会。

联准会重新提议设立票据交换所并开始筹备工作是在1932年6月间。6月24日,联准会召开第14次执行委员会议,会上常务委员提出"为谋各委员银行及上海其他银行收解妥便起见拟由本会兼办票据交换事宜已嘱由朱博泉拟具暂行办法请审核案",会议决定"本会兼办票据交换事宜原则通过,提请下次委员银行代表大会核定,暂行办法草案应组织审查会议审查之,由执行委员各派代表银行营业部分重要人员为出席代表,并推定朱博泉为会议召集人及主席,俟审查完竣将结果报告本会",最后,各执行委员排定出席代表为:程慕灏(中国银行)、沈棉亭(浙江兴业银行)、章乃器(浙江实业银行)、

---

[1] 杜恂诚主编:《上海金融的制度、功能与变迁(1897—1997)》,上海人民出版社2002年11月版,第180页。

[2] 张淼声:《朱博泉与上海票据交换所》,见《上海文史资料第六十辑·旧上海的金融界》,上海人民出版社1988年8月版。

[3] 第五次委员银行代表大会主席报告及议案说明(1932年10月19日),联备会档案S177-1-4。

江如松和资耀华（上海银行）、周德孙（四行储蓄会）、陈淼生（盐业银行）、洪仲芬（四明银行）、殷纪常（金城银行）、景逸民（中南银行）和张景吕（国华银行）11人。①

此次执行委员会议结束不久，朱博泉即根据执行委员会的决议召集上述代表先后五次集会，讨论相关问题，修订办法草案。在6月29日举行的第一次联准会兼办票据交换事宜暂行办法审查会议上，程慕灏认为"上海银钱业收票时间参差不齐，而所有本市同业收解时间实为票据交换最感困难、最关重要之点"，因而会议决议"提请同业公会筹议改革，以归一致"。②8月2日、8月5日和8月9日，又分别召开第二次、第三次会议和第四次审查会议，对交换时间、交换书类，以及由执行委员银行11家先行试办一、二星期等问题进行了热烈讨论，对原暂行办法草案逐条研究，并议决将整理稿油印分送各代表持回本行讨论。第五次审查会议（召开时间不祥）再一次对兼办票据交换事宜暂行办法草案全文进行仔细的修订，并对其中数条做了如下修改：

（1）关于原案第3条，当然交换银行及特别银行之加入均须有契约方式，原案志愿书之名称改为申请书。

（2）关于原案第10条，交换经费余款或作公积或归次年开支可斟酌办理。

（3）关于原案第11条，经理缺席时其交换场职权由其指定代理人代行之，此点可在委员会办事细则订定之。

（4）关于第16条，第一次交换时间除星期六外应改定为上午11时起至11时30分止，第二次交换除星期六外删去之。星期一至星期五每日第三次交换应改为第二次，其时间改定为下午3时30分起至3时45分止。凡交换时间开始即为送票之截止，但每年年终之交换时间得由执行委员会临时变通办理，先期通告各行。

（5）关于原案第14条至第23条，每日轧账次数应改定为一次，于第二次交换后行之，又星期六应付差额超过准备金者应展迟至下午4时前。

---

① 联准会第十四次执行委员会议记录（1932年6月24日），联备会档案S177-1-6。
② 兼办票据交换事宜暂行办法审查会议第一次会议记录（1932年6月29日），联备会档案S177-1-11。

（6）关于原案第24条，交换票据中不能付款之票据除直接退还原提出行外，得由退票行提出重行交换之。每日此项退票其提出交换或直接退还均应以当日为限，倘有特殊原因不及于当日退还者至迟到应于次日上午9时前送到提出行退还之。①

很显然，这五次审查会议对暂行办法草案进行了许多重大修订，如确定所有加入交换的银行都需要以契约的方式；将原案每日交换三次改定为每日交换两次；每日轧账次数改定为一次等。

1932年10月5日，朱博泉向联准会第16次执行委员会提出兼办票据交换事宜章程草案请审核案，会议议决"原案提请第5次委员银行代表大会核议，并先行印送各委员银行，以便内部人员研究"。10月19日，联准会举行第5次委员银行代表大会，专门讨论联准会兼办票据交换问题。首先，会议代理主席常务委员胡孟嘉指出："现在上海银行业务已发展至相当高度，此种公共事业极有举办之必要。兹请各位代表对于本会兼办票据交换之原则加以表决。"大家一致赞同。其次，执行委员会提出联准会兼办票据交换事宜章程草案请核议案。代表们讨论后认为，关于准备金、交换时间及差额收付办法等尚须详细审查，因而决议"就其中相关条文再征求各行详细意见，由本会推定审查委员开会审查，并依第一条'谋各行收解妥便'之原则另再拟具办法。并推定中国银行程慕灏、交通银行李亦卿、上海银行杨介眉、浙江实业银行陈朵如、大陆银行叶扶霄、中国垦业银行王伯元、东莱银行王子厚、通和银行刘鸿源和联准会朱博泉为审查委员。此外由联准会各委员银行重行详究，备具意见于10月31日以前作书面提案送交联准会转交审查委员，俟审查委员拟具办法即定期召集第6次会议核议"。②

委员银行代表审查委员会组成以后，先后开会两次，就其中几个比较重要的原则问题进行广泛讨论，对原草案进行了重新修订。1932年11月7日，兼办票据交换事宜章程草案委员银行代表审查委员会第一次会议将大会交付审查各项及各行提案依章程草案次序分类提出审查，讨论后决议如下：

---

① 兼办票据交换事宜暂行办法审查会议第五次会议记录（1932年），联备会档案 S177-1-11。
② 第五次委员银行代表大会会议记录（1932年10月19日），联备会档案 S177-1-2。

（1）应删去原案关于准备金之规定，另设交换保证金，分3万、2万、1万元三级，由各交换银行自由认定一级用本会单证或现今缴纳之。

（2）将第二次交换时间酌量延长，每日第二次交换时间原案为下午3时30分至3时45分改为每日3时20分至3时50分。

（3）各种可以交换之票据内应增加"经理国债银行之还本付息凭证"。

（4）交换差额之收付以转账为之，转账事务由本会办理并商中、交代理收解。各交换银行应在本会开立各种货币之往来户为支付差额之需要。往来户存款由本会分存于中、交，其存放利息随时酌定，由本会派付各行为存息。凡每日交换差额总结算表经各行交换员承认后，即由会作为转账之根据，如往来户不敷支付时，应于4时前补足之。

（5）交换银行票据内退票应于当日6时前退还提出行，退票金额之付还在当日下午6时半前，得请求本会转账为之。惟退票有因他项票据之退还而发生者，所谓他项退票如在外国银行实际上须迟至次日，必致交换范围内票据因此不能按时退还，应由本会函请同业公会向国际银行公会提出，请外国银行之退票一律于当日5时半以前退还。

（6）交换银行不于规定时间照付其应付差额时，除予以停止交换之处分外，由经理召集各关系银行之代表与该行互相返还，其当日换回票据由本会撤销其结算，但不足金额在保证金数额以内者，由经理处分其保证金径行转账，所有撤销结算后之票据仍得直接提示。

（7）原案第34条第3款"其他必要时"云云系指交换银行不稳时而言，此项情形不在违反章程或损害信誉范围之内。为保证全体交换银行利益起见应予以保留，所有原案"其他必要时"之字样应改用明文规定。①

根据上述决议，原章程草案即由朱博泉拟具修正稿提交第二次会议审查。审查委员还认为"交换范围愈广则便利之程度愈高。现在本会兼办票据交换仅以华商银行相互间为限，欲获到完全之便利，必须钱业及外国银行方面一致加入。惟诸实际事非一蹴而就可成，不得不先就第一步做去，俟有成绩再向完全便利之目标进行。创办之初，交换银行暂不能获到多大便利，然而达

---

① 兼办票据交换事宜章程草案委员银行代表审查委员会第一次会议记录（1932年11月7日），联备会档案 S177-1-11。

到最高理想起见,此为必经之路"。11月14日,委员银行代表审查委员会第二次会议将章程草案修正稿又逐条加以讨论,袁惠人(代理叶扶霄出席)、陈朵如、杨介眉等审查委员就其中一些细节性问题提请讨论,会议又作出以下三项决议:

(1)委员银行及同业公会会员银行以外之银行或信托公司加入为交换银行者,除应经代表大会之可决外,宜规定由两家以上交换银行之介绍。

(2)不能付款票据之退还,如提出行于此时突然倒闭而差额业已收付清迄,则应照"不付应付差额"时处理方法互相返还票据,撤销结算,并追缴其差额。为追缴便于执行起见,凡往来户存款之提取应改定为划用。

(3)因他项退票之连带关系而发生之退票应以当日下午6时半为限,惟须先与外国银行商妥将退票时限提早为当日下午5时半。①

另外,还在文字方面进行了修正。经过这两次会议的审查,对于章程草案当中关于准备金、交换时间、票据种类、交换差额之收付、退票、应付差额不付时之处理方法和交换银行之处分等问题进行了修正,使章程草案更适合当时的实际状况。因此,先后经过执行委员会和委员银行代表所组成的审查委员会两次全面认真的审查、修订,使章程草案更加完善,终于拟就一部切实可行的兼办票据交换事宜章程草案。

章程草案审查全部完成以后即按第5次委员银行代表大会决议于1932年11月19日召开联准会第6次委员银行代表大会,兼办票据交换事宜章程草案审查委员李亦卿、陈朵如、程慕灏也列席会议。首先,经理朱博泉将兼办票据交换事宜章程草案审查委员会修正案提请核议,委员们讨论后决议"将第14条、第16条第2项、第23条、第27条及第30条加以修正",随后又对修正全案进行表决,获得一致通过。关于商请外国银行将退票时限提早为当日下午5时半一节由该会函请同业公会办理;其次,朱博泉指出:"此次厘订票据交换章程,执行委员会审查代表及委员银行代表大会审查委员先后开会审查,其研究工作颇为不少,将来一切详细手续之规定及各项事务之设计有待研究决定者甚多,因而此种团体有永久设立之需要,特提请讨论。"常务委员中国

---

① 兼办票据交换事宜章程草案委员银行代表审查委员会第二次会议记录(1932年11月14日),联备会档案 S177-1-11。

银行代表贝淞孙因而提议设立一票据交换所委员会。经公决后一致同意设立票据交换所委员会，除经理为当然委员外，设委员9人办理交换所一切事务之设计及各项规则之厘订事项，并当场推定程慕灏、李亦卿、周德孙、杨介眉、陈朵如、叶扶霄、王伯元、王子厚、刘鸿源为交换所委员会委员，所有筹备事宜即由经理商同该委员会积极进行；最后，朱博泉又提议"交换所举办伊始，第一年须有开办支出，原有及新加入之交换银行负担平均起见，似宜酌收交换银行入会费"。贝淞孙建议"入会费可分为1000元、500元、300元三种，惟依据何种标准定其多寡应请讨论"。最后议决"交换银行之加入应于下列各项入会费中自行择定一项缴纳本会：①银圆1000元；②银圆500元；③银圆300元。开办费及经费等可请中、交两行先行垫付，即由会向两行开立透支户以便支用，其透支额暂以500万元为度"。中国银行贝淞孙和交通银行胡孟嘉均表示同意。①

因此，经过联准会的周密筹划和数次研讨，终于拟订兼办票据交换事宜章程草案，并组成专门的票据交换所委员会。至此，筹备票据交换所工作的关键环节已经大体完成，剩下的一些具体筹备工作是由票据交换所委员会来进行的。

（三）上海票据交换所的正式建立

由联准会第6次委员银行代表大会所产生的票据交换所委员会担负起了之后具体的筹备工作，如办事细则和罚金规则的制定、各项表单格式的审定、开办日期的选定等。在票据交换所正式开业之前，该委员会先后召开四次会议就此进行讨论，并将决议提请联准会执行委员会核定。

1932年11月28日，票据交换所委员会举行第一次会议，10位委员全部出席，其中叶扶霄、刘鸿源分别由袁惠人、叶贡山代理出席。会议讨论的问题有：（1）朱博泉将交换银行入会申请书及介绍书格式提请审定，决议照朱委员稿修正通过。（2）朱委员提票据交换所办事细则稿请审定案。会议主席程慕灏和委员陈朵如认为"票据交换事属创举，一切手续应如何规定方臻完备须俟交换实行之后方能确悉，似可先照原稿通过，嗣后不妨随时修改"，决议原案修正通过，并改称暂行办事细则。（3）朱委员提请审订票据交换所罚金规则稿，原案修正通过，并改称为暂行罚金规则。（4）对于目前汇划票据无明

---

① 第六次委员银行代表大会会议记录（1932年11月19日），联备会档案S177-1-2。

显记载应如何办理，会议议决"凡交换银行汇划银洋票据必须一律依照上海银行营业规则第8条之规定加盖汇划字样之戳记，否则视为划头票据，即由会通函各行查照"。①

12月1日，联准会召开第17次执行委员会对票据交换所委员会呈送的票据交换所暂行办事细则和暂行罚金规则进行核议，决议暂行办事细则照案通过，而暂行罚金细则在创办之初不妨从缓施行，原案修正通过。另外，会议还作出三项决议：一是在联准会之下增设交换科办理票据交换事宜；二是确定交换所的所址，租赁银行同业公会房屋楼下右面大厅为交换场（原为国债基金保管委员会租用，11月底该会迁出），又后面小房间一间为办公室，又银行周报社原租堆物暗室一间为交换员衣帽室；三是定于1933年1月4日开始举办票据交换。②

12月6日，票据交换所委员会召开第二次会议。首先，朱委员提出审核交换用各项表单格式，委员们认为"除纸张颜色区别其货币种类外，应再于适当地位表明货币种类及交换银行号次，并有其一定尺寸"，因而决议"交换银行应备之表单、戳记等现在一律由本会代印代制，俾臻完善"。其次，要求各行交换员应早日派定，以便于开办前定期练习，均由该会通函各交换银行查照。再次，对于朱委员草拟的票据交换所委员会规程，会议主席李亦卿及委员王伯元提出"会议主席仍以当然委员担任为宜，原稿轮值办法应改正"，因而决定原稿修正后送执行委员会核议。最后，朱委员报告交换所开办日期已由执行委员会择定1933年1月4日。委员们讨论后认为"1月4日适为新年开始营业之第一日，票据必属极多。因此交换之第一日不宜过忙"，议决"本会交换所开办日期以1933年1月10日为宜，应提请执行委员会复议"。③

12月23日，票据交换所委员会第三次会议讨论了以下三个议案：

（1）对于汇划票据之标识及提出办法，会议议决：①交换银行汇划银洋票据不论中文英文，应一律依第一次会议决议办理，至各行已发给之汇划银洋支票如有未盖汇划字样戳记者，可由各行通函更换。②交换

---

① 票据交换所委员会第一次会议记录（1932年11月28日），联备会档案S177-1-18。
② 联准会第十七次执行委员会议记录（1932年12月1日），联备会档案S177-1-6。
③ 票据交换所委员会第二次会议记录（1932年12月6日），联备会档案S177-1-18。

银行收入汇划票据于到期日后提出交换者，依原习惯办理，即提出行如系与外滩银行通划头者得列入划头票据内提出之，其他交换银行仍须列入汇划票据内提出之，均由会通告各行查照。

（2）交换银行代理本市分支店票据办法案经委员们讨论后决议：交换银行本市分支店之票据交换由各行自行代理。凡加入交换者随时由代理行报告本会订定开始交换日期通告各行知照。凡各行本市分支店最好均能加入交换，如手续上认为有困难者请各行先自行研究，再由会订期召集会议妥拟具体办法，以供采行，务期3个月后各行分支店可以全体加入。

（3）朱委员临时提议银行休假事实上尚未一致，如遇外滩银行特有之例假日，票据交换应如何办理请讨论案。最后决议：遇有外滩银行特有之例假日应暂停划头票据交换，其汇划银洋收解由中、交两行照常代理。此外，还决定在每次交换各种货币之票据如不能同时结算，应先办汇划结算再办划头结算，并定于1933年1月6日、7日、9日逐日举行练习交换，凡交换银行交换员及本会结算员均应全体参加。①

12月29日，第18次执行委员会对票据交换所委员会第二、第三次会议所议事项进行核议，赞同"开办日期改定为1933年1月10日，交换所委员会规程修正通过，各交换银行本市分支店之票据应请在本市设有分支店之各行指派代表，即日由经理召集会议讨论具体办法，以供采行"，同时还修订了章程第27条但书②之规定，并决定设立票据交换所委员会值场委员，推定由程慕灏、杨介眉和李亦卿担任。③根据执行委员会决议，票据交换所委员会召集各大银行代表于1933年1月6日专门举行交换银行本市分支店票据交换办法会议，一致议决：①票据交换事属创举，各交换银行本市分支店因时间及距离关系暂不加入交换；②各行本市分支店收入其他交换银行付款之票据最好均托总行代收，即由总行提出交换，其不及托总行代收者，可仍依原来习惯办

---

① 票据交换所委员会第三次会议记录（1932年12月23日），联备会档案S177-1-18。
② 通常指法律条文中用以规定例外情况或附加一定条件的文字，因一般以"但"或"但是"开头而得名。
③ 联准会第十八次执行委员会议记录（1932年12月29日），联备会档案S177-1-6。

理；③各行收入其他交换银行本市分支店付款之票据暂时不能提出交换。①

至此，上海票据交换所的筹备工作可以说业已全部完成，包括各项章则和表单的厘定、组织机构的建立、交换所所址的确定以及开办日期的选定、举行练习交换等。需要指出的是，在联准会的整个筹备过程当中，经理朱博泉发挥了相当大的作用。朱博泉（1898—2001），浙江杭州人，1919年毕业于上海沪江大学。此后，朱博泉赴美留学，先后在纽约大学和哥伦比亚大学主修银行学和经济学。1922年，朱博泉学成归国，任浙江地方实业银行副经理。1928年，在李馥荪的介绍下，出任中央银行总稽核，不久转任中央银行业务总经理。在美期间，朱博泉先后在花旗银行总行和美国联邦储备委员会实习过，不仅熟悉银行的实际业务和具体操作，而且十分了解票据交换所的组织结构、清算方法与运作过程，是筹组票据交换所的最佳人选。②朱博泉参与了所有的筹备工作，召集会议，拟订各项章则、表单，提议设立票据交换所委员会等，票据交换所可以说是其一手筹建的。

图1—1 青年时期的朱博泉

为了使票据交换所正式开业后各项交换手续能顺利进行，1933年1月6日、7日、9日，各交换银行的交换员到所在朱博泉的指导下试验交换，经过三天的练习，取得很好的成绩。1933年1月10日，上海票据交换所正式开业，当时并没有举行任何仪式，上午10时50分各交换银行交换员全部到所，11时05分由经理朱博泉摇铃实行第一次交换。③交换所设在香港路59号上海银行公会大楼底层的大厅里，交换大厅内高悬"金融枢纽"牌匾。票据交换所共设50个交换席位，每家交换银行一个，有一只交换台。上海票据交换所的内景和外景见（图1—2）。

---

① 交换银行本市分支店票据交换办法会议记录（1933年1月6日），联备会档案S177-1-18。
② 详见顾关林、王明亚：《朱博泉与上海票据交换所》，载《档案与史学》2000年第2期。
③ 《银行票据交换所成立》，《钱业月报》第13卷第2号（1933年2月）。

图1-2 上海票据交换所的内景和外景

上海票据交换所内部的布置如下图所示：

	总结算员	经 理	总结算员	
传送员席	26 各 18 27 计 19 28 算 20 29 员 21 30 席 22 31 23 32 24 33 25	传送员 34 35 传送员 36 37 传送员 38 39	17 各 1 16 计 2 15 算 3 14 员 4 13 席 5 12 6 10 7 9 8	传送员席

资料来源：崔晓岑：《中央银行论》，商务印书馆1935年10月版，附录第13页。

图1-3 上海票据交换所内部布置示意图

由上图可知，交换所内就如同一个大讲堂，台上中间为总经理座，两旁为总结算员，右司银元，左司汇划银元。台下两排桌为各行计算员座位，中间数排长凳为各传送员座位。这是中国历史上第一个正规化的票据交换所，是中国金融史上完全以商业银行自己力量创办的第一家新型清算机构。

二、上海票据交换所创设及创建迟滞的主要原因

上海票据交换所是当时金融领域重大的创新之举,它的建立减少了银行业票据清算的成本,效率也大大提高,并促进了票据的流通,因而成为上海金融现代化的标志之一。当时著名经济学家李权时在其撰写的《沪银行票据交换所开幕感言》一文中指出:"最近沪上银行界成就了两件开纪元的大事,其一是去年沪变后上海银行业同业公会联合准备委员会之设立,其二是上海银行业同业公会票据交换所之开幕。……就事实上言之,票据交换所意义之重大,殊值得在上海的金融史上,甚至在全中国的金融史上大书而特书者也。"[①] 洪葭管先生也认为:"20世纪30年代初,在上海出现的银行业联合准备委员会和票据交换所是金融界的两件大事,意义重大。这两个机构的成立,标志着上海银行家们在近代化经营活动中迈出了新的步伐。"[②]

票据交换所在筹建过程中可谓历经挫折,最终在上海首创。上海票据交换所作为中国第一家正规化的票据交换所,实际上是多种因素综合作用下的产物。

(一)上海票据交换所创设的主要原因

1. 降低银行业信用风险和委托成本的需要

20世纪二三十年代,华资银行发展迅速,钱业却逐渐在衰弱。到1925年时,本国银行、外商银行和钱庄总资力[③]的比重分别占40.8%、36.7%和22.5%。本国银行包括具有国家银行性质的中国和交通两行在内。如果剔除这两家银行则只占25.6%,再扣除各省地方官办银行的资力,纯属商办银行的资力则与钱庄的资力不相上下。[④]1932年,上海南北市汇划钱庄62家,存款总额16251万元,实收资本总额1800万元,仅相当于金城银行或上海商业储

---

① 权时:《沪银行票据交换所开幕感言》,《银行周报》第17卷第1期,1933年1月17日。
② 洪葭管:《联合准备委员会和票据交换所》,《中国金融》1989年第1期。
③ 资力是指实收资本、公积金、盈利滚存、存款和发行兑换券之和。
④ 唐传泗、黄汉民:《试论1927年以前的中国银行业》,载《中国近代经济史研究资料》第4辑,上海社会科学院出版社1985年12月版。

蓄银行一家银行的资力。① 这时，华资银行的资力已经远远超过钱庄了。上海作为全国商业和国际贸易中心每日票据的流通量是非常大的。然而，钱业早在1890年就建立了自己的公单清算制度，长期以来，不仅华商银行与钱庄的票据收解要通过汇划总会，就连华商银行之间的票据收解也要假手于汇划总会。华资银行不得不在往来钱庄开户存款以备交换之需，使得银行资金分散，更增加了风险系数和委托成本。华资银行因而迫切需要建立自己的票据交换所，以减少票据交换的费用支出，降低成本。正如杜恂诚先生所指出的"华资银行之所以希望有自己的票据交换所，并不是因为汇划制度过时，而是在银行业的规模逐渐超过钱业而其票据清算量又十分庞大的情况下，继续委托汇划庄进行票据交换与银行的实力不相称，又增加了委托成本"。②

2. 票据交换理论的研究与宣传

上海票据交换所正式成立以前，许多学者对票据交换理论进行了大量的研究，如徐沧水、姚仲拔、徐寄庼、马寅初、徐裕孙和李祖虞等，上海银行公会的机关报——《银行周报》等杂志连续刊发了他们的研究论文，大力宣传票据交换理论，其他经济、金融类报刊也都登载了有关文章，从而使许多业内人士逐渐认识到票据交换的重要性。徐沧水、姚仲拔和徐寄庼三人还直接参加了由上海银行公会发起的票据交换所的筹备工作。据笔者所知，1917年10月23日，《银行周报》第一卷第22号登载了第一篇有关票据交换的理论文章，即徐沧水的《论银行公会及支票交换所》。此后，陆续都有相关文章见诸《银行周报》。这些文章不仅介绍了当时英国、美国和日本等国现行的票据交换制度，而且还论述了票据交换的功能、原理以及筹设上海票据交换所之提议等。1922年1月，《银行周报》社特选取在该报上发表的数篇论文，汇集成册，编辑出版了《票据交换所研究》一书以供参考。该书在序言中就明确指出上海票据交换所亟应设立的四条理由，认为"在他埠虽可从缓而上海独不可缓"。③ 1924年4月6日，马寅初在《申报》上发表《何以上海必须设立票据交换所》一文，指出："票据交换所，筹备中之要者，断不能待时机已至，始着手筹备也。况票据交换所，系银行抵抗外敌之一种武器，盖交换所成立

———————
① 洪葭管：《中国金融史》，西南财经大学出版社2001年2月版，第276页。
② 杜恂诚：《20世纪二三十年代中国信用制度的演进》，《中国社会科学》2002年第4期。
③ 《票据交换所研究》（《银行周报增刊》），银行周报社1922年1月印行，序言。

之后，银行相互间之欠人与人欠两项，可以仿钱业轧公单之方法，两相冲抵，现金用途减少，搬运之麻烦可去，既可省手续，又免担风险，银行从此可以全力于营业矣。"①可见，马寅初先生的这段论述非常精当地概括了票据交换所的功能及其重要性。这些学理上的研究和舆论宣传为票据交换所的建立提供了必要的前提条件。

3. 国家金融政策未臻完善的促动

南京国民政府建立初期，政府的某些金融政策对上海票据交换所的产生有着极大的促动作用。一方面，1929年10月，国民政府公布票据法，它是中国历史上第一部正式颁行的票据法。1930年7月1日，又公布实施票据法施行法。票据法及其施行法的颁布意味着中国近代票据法律制度已经初步建立，同时也大大促进了当时票据的流通，因而，商业银行必然期待一种新型的票据交换制度的出现。另一方面，1928年11月，名义上的中央银行正式成立，但成立之初，中央银行实力微弱，它既不能与历史悠久、资力较厚的中国、交通两行相抗衡，又常受制于外商银行。中央银行根本无法履行其职能，名不副实，中央银行制度极不完善。而且，国民政府在中央银行的职能设计上也存在较大缺陷。一般来说，主持全国票据清算事务是中央银行主要职能之一，然而，在1927年10月22日颁布的《中央银行条例》、1928年10月5日颁布的《中央银行条例》和10月25日颁布的《中央银行章程》中有关这一职能分别只列出"代银公司收解各种票据之款项""代理收解各种款项"和"代理收解各种款项"②一项，而且其含义也很模糊，并没有明确提出主持全国票据清算这一职能。直到上海票据交换所成立之后的1935年，才于《中央银行法》中把"办理票据交换及各银行间之划拨结算"③列入其主要业务之中，但此时仍是名义上的规定。因此，一方面是票据法律制度的建立、票据的广泛流通和运用使得商业银行产生对新型票据交换制度的渴求，而一方面却是国家金融政策的极大缺陷而导致的中央银行主持全国票据清算职能的缺失，二者之

---

① 马寅初:《何以上海必须设立票据交换所》(1924年4月6日)，载《马寅初全集》第二卷，浙江人民出版社1999年9月版。

② 中国第二历史档案馆等编:《中华民国金融法规档案资料选编》(上册)，档案出版社1992年版，第521、530、534页。

③ 中国第二历史档案馆等编:《中华民国金融法规档案资料选编》(上册)，档案出版社1992年版，第600页。

间必然产生尖锐矛盾，迫使商业银行不得不依靠自身的力量来加以解决。

4. 上海银行公会及联准会发挥了关键作用

如前文所述，上海银行公会一直将兴办票据交换所作为自己的主要职责之一，先后进行了五次筹划，制定章程和各项具体办法等，尽管最后因为其改组而未能实现其夙愿，但是上海银行公会所进行的筹备工作为后来提供了组织基础、实践经验和理论依据，而且也培养和锻炼了一批熟悉票据交换理论的人才。而1932年3月联准会的成立则为上海票据交换所的设立创造了必要条件，并直接促成了上海票据交换所的诞生。联准会是由上海银行业发起组织的信用机构，通过联合准备、办理同业拆放等手段来实现同业互助，调剂盈虚。委员银行在加入联准会时，须认缴一定金额之财产。准备财产有下列五种：公共租界及法租界以内之房地产、立时可变现之货物、在伦敦或纽约市场有价值之股票或债票、现金币或得兑现之金币或现金条、他种财产经委员会许可者。①票据交换所是一个清算因票据而产生的债权债务关系的场所，必然存在一定的信用风险，因而若要设立票据交换所就必须要有一个公共的信用基础。中央银行集中了各商业银行的存款准备金，自然而然具备这一条件，但遗憾的是当时中央银行却无法担当此任。作为一个公共信用机构，联准会收存了各会员银行的准备财产，正好可以弥补中央银行相关职能的缺失，使得票据交换所的建立成为可能。因此，"联合准备库的建立消除了设立票据交换所的外部性问题，并为票据交换所奠定了公共信用的基础"。②

5. 阻碍力量的消弭

上海票据交换所在其筹备的过程当中并不是一帆风顺的，曾遇到许多阻力。据朱博泉回忆：第一，受外商银行买办间的反对。当时华商银行票据系通过汇划钱庄办理，钱庄清算资金不足时，常向外商银行买办间拆款，票据交换所一旦成立，华商银行票据无需再通过钱庄，钱庄也无需向外商银行拆款，外商银行便失去拆款利息收入，买办间失去栈司票力收入。于是买办公会推举荷兰银行买办虞洽卿，通过宋子文的关系，决定外商银行和中央银行均不参加票据交换所。第二，受钱庄栈司的反对。过去在上海银钱业中有一

---

① 吴晶晶：《上海银行业同业公会联合准备委员会研究（1932—1937）》，2005年复旦大学硕士论文。
② 杜恂诚：《20世纪二三十年代中国信用制度的演进》，《中国社会科学》，2002年第4期。

种传统习惯，凡是同业间每天的票据收付和现银收解，都要付给栈司力钱，这种力钱叫做票力。票力分两种，同业付单力，外行（非银钱业）付双力。单力每千元小洋7角、双力14角（那时1元银币可兑小洋12角左右），栈司工资菲薄，依靠票力收入为其主要来源。如果票据交换所成立，实行集中清算，收付差额都通过转账处理，栈司便失去了一大笔票力收入。所以他们为了维护其利益，竭力反对，以致影响筹备工作的开展。①

经过与栈司代表半年多时间的反复磋商，最后取得协议，根据过去10年栈司票力收入的总金额除以栈司总人数，得出每人每月票力收入的平均数，作为栈司每月的工资标准，由银钱业两公会各自出面，通过各银行和钱庄当局按此标准调整栈司工资，一场风波才告解决，筹备工作得以正常进行。上海票据交换所成立后，联准会还于1933年3月24日专门对老司务票力收入减少后之津助问题进行讨论，提出："自票据交换实行后，各行老司务票力收入减少，自宜设法辅助，以维生计，除最近已另定津助者外，最好请各行审查老司务票力减少实际情形，在辛工或花红或年赏方面，予以相当之调剂，由会通告各行酌办。"②因此，钱庄栈司这一最大阻力得以消除，而对于外商银行买办间的影响则远不如对钱庄栈司的影响大，尽管并未消除外商银行买办间的反对，但并不影响票据交换所的筹办。

（二）上海票据交换所创建迟滞的原因

还需特别讨论的是，早在1915年8月就有银行公会应设票据交换所的规定，而上海票据交换所从第一次筹划到正式开业也历时10余年之久，那么使其创建迟滞的原因是什么呢？有学者认为：最主要的原因是上海中外银钱业资力的强弱及社会地位的差异。其理由是1925年华商银行业仍然无法与外商银行业抗争，也难以与钱业争锋。直到1930年前后华商银行业的资力才远远超过了钱业和外商银行业，从而增强了上海银行公会的活动能量，而且也为

---

① 参见张森声：《朱博泉与上海票据交换所》，《上海文史资料第六十辑·旧上海的金融界》，上海人民出版社1988年8月版；朱博泉：《记上海票据交换所》，《20世纪上海文史资料文库》第5辑，上海书店出版社1999年9月版和阮秀莹：《银行公会提议成立上海票据交换所》，《上海文史资料选辑第104辑·回眸同业公会》2002年12月版等回忆文章。
② 《1933年份之票据交换所》，见金融史编委会编：《旧中国交易所股票金融市场资料汇编》上册，北京书目文献出版社1995年1月版。

票据交换所的成立奠定了坚实的经济基础。[①]笔者对此不敢苟同。实际上反对最强烈的是钱业，因为一旦银行业建立自己的票据交换所，对钱业有直接的利害关系，如钱庄栈司票力减少、银行业在钱庄存款准备减少等。如前文所述，到1925年，纯属商业银行的资力与钱业已经不相上下了，姑且不论1925年华资银行业的资力实际上是否能与钱业抗衡。从先后五次筹划来看，上海银行公会一直试图在会员银行范围内先行试办，只有1922年的第一次筹划是打算将票据交换范围扩大到整个上海金融业，如第一次章程草案规定所员银行分为两类："上海银行公会会员银行为基本所员银行，非公会会员中外银行或南北市钱庄及其他金融机关，其入所交换票据者，得为特别所员银行。"[②]这必然遭到外商银行和钱业的反对。而其他四次筹划都改为仅在会员银行内部建立票据交换所，名称也一般称为上海银行公会会员银行票据交换所。按理说，作出这样的调整后遇到的阻力应该是很小的，然而仍然是未能如愿。而且第五次筹划失败正是在1930—1931年间，这时华资银行的资力也已经远远超过外商银行和钱业。因此，筹办上海票据交换所虽然曾遭到外商银行买办和钱业栈司的反对，但这绝不是主要原因。

  笔者认为上海票据交换所迟迟未能建成主要归因于上海银行公会内部的矛盾和认识上的不足以及缺乏公共信用基础。中国和交通两行之间的矛盾曾使筹办计划几次夭折。有些会员银行对现代票据交换缺乏足够认识，导致其在筹备过程中未能尽力支持、配合，致使筹备工作一再拖延，因而日久难免生变。更主要的是，上海银行公会仅仅是一个对内、对外的协调机构，并非公共信用机构，不能为设立票据交换所提供信用保证，此时中央银行又无法担当此任，直到联准会成立后才解决了这一问题。另外，上海票据交换所的建立实际上是一种金融制度创新，因而必然出现所谓的制度变迁的时滞。制度经济学认为，制度变迁的时滞现象是指从认知制度非均衡、发现潜在利润的存在到实际发生制度变迁之间存在一个较长的时期和过程，主要包括：①

[①] 详见郑成林：《从双向桥梁到多边网络——上海银行公会与银行业（1918—1936）》，华中师范大学2004年博士学位论文。
[②] 杨荫溥：《上海金融组织概要》，黎明书局1936年版，附录第41页。

认知和组织的时滞,即从辨识潜在利润的存在到组织初级行动团体①所需要的时间。组成有关行动团体的成员愈少,时滞愈短。②发明时滞,即如果没有现成的制度变迁方案就需要等待新制度发明的时间。② 从这几个方面来看,上海票据交换所在筹办时各委员银行对此认识不足,意见也不一致。银行公会的委员银行数量也较多,而且没有现成的方案可以借鉴,完全要创立一套新的制度出来,这些无疑导致了其制度变迁的时滞较长。

三、上海票据交换所业务的初步拓展

上海票据交换所成立之初,交换票据的种类只有银元票据一种,而当时银两尚未废除,上海金融市场通用的货币有四种之多。因而,不久,其他三种货币之票据交换也逐步实行。1933年2月1日,增办汇划银元票据交换,2月16日,增办银两票据交换,3月1日,增办汇划银两票据交换。4月6日实行废两改元后,即废除了银两票据的收付。其间,票据交换场还曾于1月23日迁移至银行公会旧议事厅(即由西厅迁至中厅,交换场所范围扩大),并增设6张桌子,每一银行有一全桌,地位较宽。③

从1933年3月16日起,各行本市分支店56家全体加入交换,由各行本店自行代理,因而交换范围由城区扩大为市区。2月22日,票据交换所委员会正式作出决议:"各交换银行本市分支店及联属机关(如储蓄部、信托部及房地产部)应于3月16日加入交换,由交换银行各自代理,并订立《交换银行本市分支店票据交换办法》于同日起实行。"④

由于交换业务的逐步扩展,交换银行往来户的款项收付日益频繁,而且在中央银行未加入交换之前均由中、交两行居间办理,因此,1935年6月19日,中、交两行特设立联合办事处于联准会,各交换银行如有联准会交换往来户收付款项,向来解送中国或交通银行者,嗣后一概径送联准会中、交联

---

① 初级行动团体也称为第一行动集团,是指一个能够发现新的收入,并意识到通过改变制度能获取这些收入的决策单位。它可能是个人或者由个人组成的团体。他们启动制度创新的过程,影响制度变迁的方向。另外,还有次级行动团体或称第二行动集团。它也是一个决策单位,它帮助初级行动集团为获取收入而进行制度变迁。
② 袁庆明:《新制度经济学》,中国发展出版社2005年2月版,第308—309页。
③ 票据交换所委员会第五次会议记录(1933年1月24日),联准会档案S177-1-18。
④ 票据交换所委员会第七次会议记录(1933年2月22日),联准会档案S177-1-18。

合办事处。①

1935年6月间，因金融风潮致使钱业发生大恐慌，银钱业之间遂实行集中交换，交换所开始代收会员钱庄的票据，后文对此还会详加分析。7月15日，联准会自身也加入交换。8月21日起，所有各交换银行于到期日前或于到期日收入之外行票据，一律由联准会代收，并订定《代收外行票据办法》，内容如下：

（1）交换银行收入未到期之外行票据，应于到期前一日下午3时后存入本会。

（2）交换银行收入当日到期之外行票据，应于左列时间存入本会：①会员钱庄以外之南市钱庄票据，当日上午11时前；②会员钱庄以外之北市钱庄票据，当日下午2时前；③交换银行以外之银行、信托公司、银公司（在本市中区者），当日下午2时前；④其他外行票据，当日上午12时前。

（3）交换银行以外票据存入本会时，应与钱业票据分别填写送银簿，并应依照上列时间，随时陆续存入本会，以便迅速整理。②

很显然，上述办法实行后，交换银行票据收解的范围进一步扩大，会员钱庄以外的钱庄以及交换银行以外的银行、信托公司、银公司的票据均可由联准会代收，这不仅直接说明票据交换所业务的进一步拓展，而且也有利于各交换银行和各委托代收行庄自身业务的拓展。

四、交换银行与交换数额

交换银行是上海票据交换所的成员和服务对象，而交换数额是指不同时期该所交换票据张数、金额的总数。从当时交换银行的逐步增加和票据交换数额的变化来看，上海票据交换所的发展规模是在逐步扩大，也直接反映了这一时期上海金融业发展的状况。

（一）交换银行的增加

上海票据交换所还在筹备期间，即有20多家银行申请加入，包括中国、

---

① 1935年上海票据交换所报告书，复旦大学图书馆藏书，出版信息不祥。
② 1935年上海票据交换所报告书，复旦大学图书馆藏书，出版信息不祥。

<<< 第一章 上海票据交换所的创立与初步发展（1933.1—1937.6）

四行准备库储蓄会、交通、邮政储金汇业总局、中国实业、四明、中南、金城、大陆、盐业、浙江兴业、浙江实业、中国垦业、东莱、中国通商、明华商业储蓄、国华、中国农工、通和、中孚、女子商业储蓄、永亨、江苏、中华、新华信托储蓄26家。① 随后陆续又有华侨、广东、东亚、中兴、香港国民储蓄、中国国货和聚兴诚7家相继加入，而邮政储金汇业总局最终却并未加入成为交换银行。上海票据交换所正式成立时，共有交换银行32家，其中没有一家公营银行，足以体现上海票据交换所完全是由商业银行自己创办的。每家交换银行在交换所都有一个固定的号次，交换号次即为该交换银行的代号，在其提出交换的票据上必须盖上该行交换号次的戳记。32家交换银行的号次如下表所示：

表1—1 上海票据交换所成立初期的交换银行及号次

交换银行	号次	交换银行	号次	交换银行	号次	交换银行	号次
中国	1	四明	9	中南	18	中兴	26
交通	2	金城	10	华侨	19	香港国民	27
浙江兴业	3	新华信托	11	江苏	20	通和	28
浙江实业	4	东莱	12	国华	21	上海女子	29
上海	5	大陆	14	中国垦业	22	中国国货	30
四行准备库储蓄会	6	永亨	15	广东	23	明华商业储蓄	31
盐业	7	中国实业	16	东亚	24	聚兴诚	32
中孚	8	中国通商	17	中国农工	25	中华	33

附注：此时13号号次空缺。

资料来源：《票据交换所正式开幕》，《银行周报》，第17卷第1期（1933年1月17日）。

1933年9月26日，中汇银行、中华劝工银行、中国企业银行加入为交换银行。② 这三家银行的交换号次被编为34、35和36号。1934年1月4日，恒利银行加入为交换银行，四川美丰银行也于同日起委托新华银行代理交换。③ 恒

---

① 《上海票据交换所之实现》，《银行周报》，第16卷第48号（1932年12月13日）。
② 票据交换所委员会第1—25次会议记录，联准会档案 S177-1-18。
③ 联准会十年大事记，联准会档案 S177-1-38。

利银行的号次为37号。8月1日，绸业银行及江浙银行加入为交换银行。①交换号次分别为38和39号。1935年7月3日，中一信托公司加入为交换银行，其交换号次为40号。7月15日，上海银行业同业公会联合准备委员会自身也加入票据交换所，列为第50号。同日，浙江地方银行委托上海银行代理交换。1935年31号明华银行、23号广东银行和27号香港国民银行三家因停业清理而退出交换，②因而这三家银行的交换号次空缺。到1935年底，票交所共有交换银行37家。1936年1月28日，中央银行正式加入银行业所设立之票据交换所，因1、2号已经被中国和交通两行占去，故特设一"元"字号。③同年1月，浙江地方、四川美丰、江苏农民、中国农民、永大及浦东等6家银行先后委托联准会代理交换。9月1日，川康殖业银行及农商银行同时委托联准会代理交换。11月2日，中汇及江浙两交换银行合并为中汇银行，江浙银行之39号交换号次，即因合并而消灭。12月1日，中国农民银行由委托代理交换银行改为交换银行，补江浙银行之缺额。④然而，中国农民银行的交换号次被编为41号，并没有沿用原江浙银行之号次。因此，到1936年才有中央和中国农民两家公营银行加入票据交换所。1937年上半年没有银行加入交换所，只有广东银行于1月5日改组复业，委托联准会代理交换。

由于交换场地的限制，许多银行申请加入后，只能成为委托代理交换银行，由其他交换银行进行代理交换，但由于代理责任重大，很多银行都不愿为之。联准会于1935年7月15日加入上海票据交换所后，无法成为交换银行的银行一般都改为委托联准会代理交换。委托代理交换银行都以联准会50号为总号次，再用天干依次排序。到1937年上半年共有委托代理交换银行8家，其号次分别为：（甲）浙江地方、（乙）四川美丰、（丙）江苏省农民、（戊）永大、（己）浦东商业储蓄、（庚）川康殖业、（辛）农商、（壬）广东。⑤50（丁）号原为中国农民银行，其成为交换银行后此号空缺。1937年上半年之前，交换银行数量的变化情况如下表所示：

---

① 联准会十年大事记，联准会档案 S177-1-38。
② 1935年上海票据交换所报告书，复旦大学图书馆藏，出版信息不祥。
③ 《中央银行加入票据交换所》，《中央银行月报》，第5卷第2号（1936年2月）。
④ 1936年上海票据交换所报告书，联准会档案 S177-2-647－1。
⑤ 朱斯煌：《银行经营论》，商务印书馆1939年版，第254－256页。

表1－2 上海票据交换所交换银行统计表（1933年1月—1937年6月）

类别 日期	公营银行	银行	信托公司	交换银行总计	委托代理交换银行	总计（包括委托代理交换银行）
1933年1—8月	0	32	0	32	0	32
9—12月	0	35	0	35	0	35
1934年1—7月	0	36	0	36	1	37
8—12月	0	38	0	38	1	39
1935年1—4月	0	38	0	38	1	39
5—6月	0	37	0	37	1	38
7—8月	0	38	1	39	2	41
9—12月	0	36	1	37	2	39
1936年1—10月	1	36	1	38	8	46
11月	1	35	1	37	8	45
12月	2	35	1	38	7	45
1937年1—6月	2	35	1	38	8	46

资料来源：《票据交换所正式开幕》，《银行周报》，第17卷第1期（1933年1月17日）；1934年上海票据交换所报告书；1935年上海票据交换所报告书；1936年票据交换所月报，上海票据交换所档案Q52-2-8；1937年票据交换所月报，上海票据交换所档案Q52-2-9等相关数据统计而成。

从表1－2可以看出，上海票据交换所的交换银行以私营银行为主体，其由32家增加到最多时的39家，公营银行和信托公司仅仅只有一两家，到1937年上半年，委托代理交换银行共有8家。另外，也有数家银行因停业而退出交换，但仅有三家，而且广东银行停业不久又复业，重新加入交换所成为委托代理交换银行。很显然，交换银行总的趋势是在快速增长，包括委托代理交换银行在内，到1937年上半年已达46家之多。这与当时银行业的快速增长是一致的。抗日战争前的10年是商业银行加速发展时期，尤其是上海一地迅猛发展。至1936年时，全国银行总数为164家，在国内的总行154家，仅上海一地即设有总行58家，占全国总数的37%以上。[1] 上海票据交换所作为金融枢

---

[1] 具体情况可以参阅：杜恂诚主编的《上海金融的制度、功能与变迁》，上海人民出版社2002年11月第1版，第316—320页和兰日旭著《中国金融的现代化之路——以近代中国商业银行盈利性分析为中心》，商务印书馆2005年9月版，第77—83页的相关内容。

纽，对于商业银行来说是不可或缺的，因而纷纷要求加入交换。交换银行的这种增长趋势说明上海票据交换所的影响和规模正在逐步扩大。

（二）交换数额的逐步增长

票据交换数额统计是当时一种重要的经济指标，可借此窥测上海金融市场发展的状况。票据交换金额则是商业活动热度的指标，观察其金额的变化可以评判经济景气的状况。因此，一些重要经济刊物，如《银行周报》和《中央银行月报》等都定期登载上海票据交换数额统计。上海票据交换所也从1936年1月起开始编印票据交换月报，详载有关票据交换各种事项。票据交换数额统计主要包括每日交换票据的金额、张数、退票数额等。由于篇幅的限制，本书只能以年为单位，按上海票据交换所的发展进程分阶段进行统计分析，个别情况可能以月为统计单位，借此反映交换数额总的变化趋势。1933年—1937年票据交换数额如下表所示：

表1—3 1933—1937年上海票据交换所票据交换数额统计表

（金额单位：元）

类别 年份	本年交换 金额总数	本年交换 票据张数	本年每日平均数		本年交换日数	本年每张 交换票据 之平均金额
			金额	张数		
1933年	1,966,451,761.83	902,660	6,576,761.74	3,091	279	2,178.51
1934年	3,222,116,609.54	1,627,784	10,704,706.34	5,407	301	1,979.45
1935年	3,715,828,325.01	1,859,231	12,427,519.48	6,218	299	1,998.58
1936年	5,984,308,071.10	2,578,913	20,149,185.42	8,683	297	2,320.48
1937年	5,808,128,309.49	2,396,617	19,822,963.51	8,179	293	2,423.47

附注：①废两以前之银两数按715之比例计算并入银元。②委托代理交换的各项数字未计入总数。

资料来源：①《1933年之上海票据交换所》，载金融史委员会编《旧中国交易所股票金融市场资料汇编》上册，北京书目文献出版社1995年版；②1934年上海票据交换所报告书；③1935年上海票据交换所报告书；④1936年票据交换所月报，上海票据交换所档案Q52-2-8；⑤1937年票据交换所月报，上海票据交换所档案Q52-2-9。

从上表不难看出，1933—1936年上海票据交换所交换金额总数、票据张数和每日平均数等一直在稳步增长，到1937年因抗战的爆发而略有下降。1933年全年交换金额总数19亿多元，票据张数90多万张，到1936年分别增

<<< 第一章 上海票据交换所的创立与初步发展（1933.1—1937.6）

长到59亿多元和251万多张，分别增长2倍多和1.8倍。1936年，上海全市银行存款为19亿多元[①]，足以看出在该所流通的票据资金数额之巨大。而1937年与前一年相比，金额数、张数和每日平均金额数等略有下降。因此，从整体上看，1933—1937年该所票据交换业务规模的增长趋势是很明显的。

另外，从票据交换指数的变化来分析，更能直观地说明当时交换数额发生的上述变化。如下表所示：

表1—4 1933—1937年上海票据交换所票据交换指数

（1936年全年平均＝100）

时间	本年交换金额	本年交换张数	本年每张平均金额
1933年	34.0	36.3	93.9
1934年	53.1	62.3	85.3
1935年	61.7	71.6	96.1
1936年	100.0	100.0	100.0
1937年	98.3	94.2	64.4

资料来源：陈忠启：《上海银行业票据交换所票据交换指数之编制与研究》，《银行周报》，第26卷第47、48期合刊，1942年12月31日。

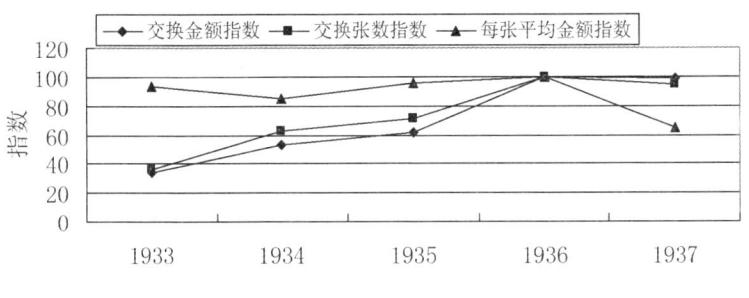

图1—4 1933—1937年票据交换指数变化趋势

表1—4以1936年为基期，各项数字如金额、张数和每张平均金额均定为100.0，其他各年数字与1936年相比较而得出一个比值即为各年的票据交换指数。如表1—4和图1—4所示，从1933—1936年，各项指数均呈大幅上升的趋势，而1937年抗战的爆发使得上海工商各业均受其影响，因而各项票据交换指数均略有下降。

---

① 洪葭管、张继凤：《近代上海金融市场》，上海人民出版社1989年9月版，第22页。

第二章
上海票据交换所的勉力维持
（1937.7 — 1945.9）

一、抗战时期上海的社会经济环境概述

1937年"八一三"淞沪抗战爆发，中国军队在上海与日本侵略军激战近三个月，11月11日，上海沦陷。日军占领除上海公共租界与法租界的周围地区。上海租界成为被沦陷区包围的"孤岛"。

1937年12月5日，日本特务组织扶植成立"上海市大道政府"，汉奸苏锡文出任伪大道市政府市长，组设伪市政府内部机构，对上海市各区、县实施控制。12月13日，日军又攻占国民政府首都南京。1938年3月底，以梁鸿志为行政院院长的伪"中华民国维新政府"在南京成立，控制范围为日本华中派遣军所侵占的苏、浙、皖三省部分地区及南京市，不久，上海也正式划归其管辖，原大道市政府易名督办上海市政公署。10月初，督办上海市政公署由东昌路迁至市中心办公，并改组为上海特别市政府，傅筱庵担任伪市长，苏锡文为秘书长，直到1940年3月汪伪国民政府在南京成立。傅筱庵被杀后，从1940年11月20日至1944年11月20日，陈公博任伪上海特别市市长。汪精卫死后，陈公博继任汪伪行政院院长，代理伪国民政府主席。伪上海特别市市长由汪伪财政部长、中央储备银行总裁周佛海兼任，直到抗战结束。[①]孤岛时期，国民政府在上海仍派驻有各种政治或管理机构，对租界内的工商、金融业实施管理，并抵制、打击日伪势力。中、中、交、农四家总行也随着军政机构的撤离迁至重庆，只留下中、中、交三家分行在上海租界继续营业。

在金融领域，日本企图通过设立伪银行、推行伪币等方式迅速摧毁中国

---

① 上海档案馆编：《日伪上海市政府》，北京档案出版社1986年12月版，第1073页（大事记）。

包括货币金融体系在内的经济命脉。日伪势力于1938年在北平成立伪联合准备银行、1939年在上海组设伪华兴商业银行后，1941年1月于南京设立伪中央储备银行（以下都简称中储行），发行中储券，配合日本破坏我国的货币金融。1月20日，中储行成立了上海分行，设在外滩15号（中央银行原址）。1944年7月搬到外滩23号营业。分行经理先由钱大櫆兼任，后改为戴蔼庐，副经理有邵树华、汪仲淘、张菊生等。当时中储行的理监事以及各局、处长都经常在上海办公，所谓南京总行实际上只是挂个招牌。[①]

1941年12月8日，太平洋战争爆发，日军侵入上海租界，并立即接管了原中央、中国、交通、农民银行、中央储蓄会以及英美等外商银行。1942年5月，日军公布中央、农民两银行停业清理。对于中国、交通两行，日军利用其有利的历史条件，强行改组复业，作为伪中储行的左右两翼，以加强对上海金融业的控制。1942年9月1日中、交两行同时复业。伪中国银行仍设在汉口路50号原址，伪交通银行设在南京西路999号。两行的官股资金由伪中储行拨给，并指定吴震修为伪中行董事长，唐寿民为伪交行董事长，并由中储行日本顾问室派佐久间、片冈分别兼任伪中、交两行顾问，监督经营。这样中、交两行便从属于中储行的组织系统，成为它的附庸。1942年10月，中储行为了控制上海所有商业银行、钱庄，成立了"检查金融事务处"，由周佛海、钱大櫆兼任正副主任。根据伪财政部"管理金融机关暂行办法"及"强化上海特别市金融机关业务纲要"，该事务处制订出实施办法17条，主要内容是对一般银行、钱庄及信托公司加以严格控制，如限定资本额，缴存存款准备金，限制放款额度，经理不得兼任他职等等，违者轻则处罚，重则勒令停业。这个事务处以整理全市银钱业、取缔非法经营、健全行庄经营制度为借口，实际上是将全市私营行庄置于伪中储行掌握之中。1943年7月，中储行又改组了原由官商合办的"小四行"（即中国通商、中国实业、中国国货、四明四家银行）。上海所有金融机构都拿捏在日伪手中，形成了一个为日军侵略效劳的战时金融体制，并从组织上、制度上控制、操纵了整个金融市场。[②]上海票据交换所就是在上述环境下苦苦支撑、苦心经营的。

---

① 文裴编：《我所知道的汪伪政权》，中国文史出版社2005年1月版，第195页。
② 文裴编：《我所知道的汪伪政权》，中国文史出版社2005年1月版，第196—197页。

二、太平洋战争前的上海票据交换所

(一) 独立承担交换存款、转账和转发铝质辅币

1. 独立承担交换存款、转账和同业拆借

淞沪抗战爆发以后，中、中、交、农四行总行即奉令由上海迁至汉口，最后迁至重庆。中、中、交三行的分行留在上海租界继续营业，此时其业务范围已经大大缩小，不再担负交换存款的收解事宜。在中央银行加入交换所之前，交换准备金都存在中、交两行。时人认为："各交换银行之往来存款存放于上海中国银行及上海交通银行，此点甚为妥当，因二行历史悠久，信用稳固绝少从事投机之买卖，颇得上海人士之一般信仰也。"[1]1936年1月28日，中央银行加入交换，交换存款以4、4、2的比例分别存入中、中、交三行，由三行分担代理交换所收解、转账事宜。然而，现在三行却无法履行这一职责。上海是一个大城市，一天中，成千上万张票据、千千万万元的巨额资金，不断地在社会上、金融界中流转，反映着上海工业生产和人民生活的脉搏，这种运转形成了这样的机制，商品市场离不开金融业，金融业离不开票据交换所，交换所清算一旦停止，整个商品市场和金融业将会发生严重影响。在这种形势下，联合准备会和票据交换所为了维持上海"孤岛"金融，保证商品市场和货币信用渠道的畅通，毅然担负起过去中、中、交三行所担负的责任，独立承担交换存款，办理同业拆放，调剂交换银行头寸，努力维护上海金融界。[2]因此，上海票据交换所不仅要保管交换银行的全部交换存款，还要办理交换差额转账和负责调剂交换银行头寸，否则，银行业的资金清算便无法进行。上海票据交换所对于维护战时上海金融市场的稳定和正常运转发挥了决定作用。

2. 转发铝质辅币

辅币是指本位货币单位以下的小额通货，供日常零星交易和找零之用。虽然其面额小，但流通频繁，关系国计民生，不可或缺。孤岛时期上海使用的辅币主要是当十的铜元及一分、半分的铜币，而铜可以用来作为枪子和炸弹，是一种重要的战略物资。于是，上海市面的铜辅币成为日本侵略军搜刮

---

[1] 吴德培：《中英美日票据交换所之比较》，《银行周报》，第17卷第48期（1933年12月12日）。
[2] 朱博泉：《记上海票据交换所》，《20世纪上海文史资料文库》第5辑，上海书店出版社1999年9月版。

的对象。1938年3月以来，从沦陷区运出的铜元平均每月达700万枚，其中经上海出口的有400万枚，足供制造子弹铜壳300万发。①1939年6月，市场上的辅币基本绝迹，使得日常小额交易无法进行，给上海市场带来极大的危害，因而有的用邮票代替，有的擅自印发代替纸券，小小辅币，激起了大波澜。

为解决辅币危机，国民政府和上海银钱业团体都采取了积极的应对措施。据朱博泉回忆：票据交换所为了维持金融市场，保证辅币流通，接受中国、交通两分行的委托，及时发行铝质辅币，恢复了市场辅币的正常流通。这是中国货币史上第一次使用的铝辅币。②实际上，上海票据交换所并不是接受中、交两行的委托，而是接受上海银行同业公会的委托转发铝质辅币的。上海银行业同业公会为救济沪市分币的缺乏，经财政部核准，发行1分、5分两种铝质辅币，委托美商北极公司代理铸造。铝币自1940年4月10日起陆续投入市面，银行公会会员由银行联合准备委员会转发，钱业公会会员由钱业联合准备库转发，外商银行由汇丰银行转发。第一批铝币为1000万枚，计合法币30万元，其中一分币500万枚，合5万元，五分币500万枚，合25万元。中、中、交、农四行各领1万元，其他各行庄自500元至2000元数目不等。③7月，美国北极公司所铸第二批辅币运抵上海，其中分为1分、2分和5分铝币，由上海银行公会联合准备会分发。④当时银行公会名义上都是委托联准会来分发的，实际上是由上海票据交换所具体操作的。上海票据交换所利用其特殊地位代为发行铝质辅币，对于缓解上海辅币危机和维护法币制度起了积极的作用。

（二）上海票据交换所平准汇划贴水

1. 利用票据交换制度制订并实施新汇划制度

汇划为上海金融业中一种通用的票据名称，这种票据当日不能取现，只能由银钱业同业间相互划账，持票人如要取现，须多待一日，即于票据到期日之次日始能兑取现款也。汇划最早产生并盛行于钱业，钱庄所出票据全部为汇划票据，后来外商银行也照常收用。钱业还设有汇划总会作为专门清算汇划票据的机构。而华商银行则兼用汇划和划头（即当日能收现的票据）两

---

① 《沪市铜辅币缺乏》，《银行周报》，第23卷第24期（1939年6月19日）。
② 朱博泉：《记上海票据交换所》，《20世纪上海文史资料文库》第5辑，上海书店出版社1999年9月版。
③ 潘连贵：《上海货币史》，上海人民出版社2004年12月版，第259页。
④ 张天政：《上海银行公会研究（1937—1945）》，2004年复旦大学博士学位论文。

种票据，在上海票据交换所也进行汇划票据的交换。因此，抗战前的汇划制度其范围包括钱业、外商银行和华商银行三者在内。

"八一三"事变以后，财政部于1937年8月15日颁布《安定金融办法》7条，主要规定限制存户每星期至多提取存款余额5%，以150元为限。这样虽然可以防止资金逃避与存户挤提，而避免金融发生严重风潮，但是这种通货紧缩政策也使得工商业正当的资金周转发生困难。于是，为增加金融市场的流通筹码，上海银钱业公会拟订《安定金融补充办法》4条，并于8月17日由财政部核准公布。[①] 从该补充办法的内容来看，有以下4个特征：①银钱业所出本票一律加盖"同业汇划"戳记，此项票据只准上海同业间汇划，不付法币及转购外汇。同业汇划票据纯为一种不兑现之通货。②凡存户战前所开银钱业之支票及本票，不论其性质系划头抑或汇划，均视为同业汇划票据，则市场上籍可增多巨额汇划筹码，以代法币之流通，而此种筹码，因不能转购外汇之故，可收防止资金逃避之效。③银行、钱庄各种活期存款，除遵照部定办法支付法币外，其在商业往来上之需要，所有余额得以同业汇划付给之。是则商业往来存款如支取汇划，可受部令提存之限制，借此正当商业需要之资金得以尽量供给。④同业汇划票据既不能兑现，故与现币相比，前者系另一种货币单位，不能与后者相提并论，因是银钱业对于存户以汇划与法币并用者，亦须分别收付，其处理手续变得繁琐。[②] 8月18日，联准会常务委员会议决通过《上海银行业联合准备委员会同业汇划拆放暂行办法》12条，最核心的内容是规定汇划拆放可以主要货物、商业期票、政府债券、公司债票、股票、公共租界及法租界以内之房地产等作为担保品。[③] 由是观之，"八一三"后的汇划制度与战前相比已经发生了本质上的变化，汇划已经成为上海普遍支付的工具。

到1939年6月间，上海金融不安的现象又逐渐显露出来，上海因人口集中和租界的安全，游资充斥，但是上海缺少正当运用的途径，结果大部分的资金便转用于外汇投机，造成金融市场的动荡。财政部于是颁布马电（21

---

① 陈和章、沈雷春编：《战时经济法规》，第（5）1—2页，沈云龙：《近代中国史料丛刊三编》第20辑。
② 王逢壬：《上海汇划制度之研究》，《财政评论》第3卷第2期（1940年2月）。
③ 陈和章、沈雷春编：《战时经济法规》，第（5）2—3页，沈云龙：《近代中国史料丛刊三编》第20辑。

<<< 第二章 上海票据交换所的勉力维持（1937.7—1945.9）

日）第二次限制提存办法："查近因上海竞购外汇，希图资金逃避，亟应予以防止，以安金融，兹特规定自6月22日起，上海银钱业支付存款，除发放工资外，每周支取数目在500元以内者照付法币，超过500元者以汇划支付，专供同业转账之用。上海以外各埠仍照旧办理……"① 银钱业即于22日凌晨2点召集紧急会议，除议决遵办外，并在同日11点30分召开银钱业执行委员会商定7项办法。② 6月26日，银钱两业同业公会联席会议议决《上海银钱业调整同业汇划办法》《上海银行业联合准备委员会同业汇划领用办法》和《上海银行业联合准备委员会发行汇划证简则》，使汇划制度进一步完善。这种新汇划制度系由银钱业向联合准备委员会（即交换所）领用，其办法系规定得以①主要货物；②上海市场有正式币价之证券；③上海租界内有收益之房地产作为抵押品，按评价70%折合领用。新汇划制度规定可发行四种汇划证，面值为500元、1000元、5000元和10000元等，唯恐社会发生误会（误认为发行流通券发生提存风潮，笔者注），迄未施行。③ 另外，还专门组织同业汇划准备检查委员会，又推定出汇划检查员若干名，负责检查监督新汇划制度的执行情况。而对于各行庄存在银钱两业准备会库之旧汇划2200万元，银钱业两公会为调剂同业法币资金起见，遂与中、中、交、农四行商妥，将此项汇划存款一律按95%自7月4日起分12星期掉换法币。④ 上海各行庄自7月1日起休业三天，办理前半期决算，自4日起实施新汇划制度，同时实行票据的集中交换。银钱业自准备会领用金额总计5000万元，各行庄的分配比例为：商业银行2000万元，中央、中国、交通三行为1500万元，钱业1000万元。⑤ 以后市场，除增有确实担保之汇划新筹码外，并增加法币筹码2200万元。7月4日，新汇划制度的施行以及同日起钱业准备库也以委托交换方式参加上海票据交换所的交换，从而使汇划票据全部集中于该所。这时，上海票据交换所真正成为全上海的汇划中心。

可见，利用票据交换制度实施的新汇划制度无疑增加了有确实担保的流通筹码。银行家宋汉章对此大加赞赏："'八一三'沪战爆发后，金融危机迫

---

① 盛克中：《民国廿八年之上海金融》，《中央银行月报》第9卷第4号（1940年4月）。
② 董文中编：《中国战时经济特辑续编》，上海中外出版社1940年1月版，第329页。
③ 潘恒勤：《汇划之研究》，载潘恒勤：《金融问题讨论集》，商务印书馆1948年11月版。
④ 王逢壬：《上海汇划制度之研究》，《财政评论》第3卷第2期（1940年2月）。
⑤ 〔日本〕宫下忠雄著、吴子竹编译：《中国银行制度史》，华南商业银行研究室1956年版，第149页。

切，迥异从前，当时银钱两业同业公会紧急筹议，决定利用交换所制度，厘定同业汇划，不得付现之办法，同时由交换所办理同业汇划拆放，以为后盾，市面金融，因此得以转危为安。"[1] 上海票据交换所的地位当时尤为重要。朱博泉后来回忆："各银行缺资金就到我这里来拆借，我的营业额是蛮大的。从前，我敲一只图章就是钞票。以前是隔夜兑现，后来隔夜不兑现了，不兑现筹码叫'汇划'，完全靠信用。银行缺头寸到我这里来拆借，要有抵押品。我就等于中央银行。他拿来东西，我觉得可以收的，就敲一只图章，几百万、几千万，他根据我这个就可以开支票。"[2] 这种不兑现之通货的发行有助于保证金融市场的正常运转，然而在实际流通当中却意想不到地发生了贴水掉现的情况。

2. 汇划贴水（贴现）掉现的产生

汇划贴水即指法币与汇划间兑换比率之差额。在"八一三"前之汇划与划头（法币）间相差仅为一日之利息。汇划贴水产生的原因主要是：①外商银行之歧视。汇划因不能转购外汇之故，一般外商均拒绝收用，进口商须付款外商者，遂不得不以汇划易成法币后偿付之。②汇划与法币供需之不适应。汇划用途狭窄造成汇划供过于求。而财政部限制提存，并严禁巨额法币流入上海，以是沪市法币筹码顿感缺乏而甚需要，加之投机狂热，造成法币求过于供。③上海金融机构之不健全。一般小钱庄及银号因不受银钱业公会督束之故，在政府权力不及之环境下，遂多兼营非法业务者，如汇划贴水。[3] 于是出现许多专门收集法币，以买卖汇划而图利者。

经财政部核准实行的新汇划制度明确规定不得兑换法币，因而汇划贴水的产生实际上是不合法的现象，经营此项交易也是非法的行为。尽管政府曾一再明令取缔，但由于利益的驱使和上海地位的特殊，使得汇划贴水黑市如外汇黑市的存在一样，为资金逃避、投机外汇大开方便之门。这与安定金融办法的根本精神相背驰。

3. 上海票据交换所平准汇划贴水

汇划贴现初发生时，每千元仅贴水数元，而此后贴现率逐渐上升。汇划贴现率的变动情况如下表所示：

---

[1] 宋汉章：《五十年来中国金融之演进》，载中国通商银行编：《五十年来之中国经济》，文海出版社（出版年月不详）。
[2] 顾关林、王明亚：《朱博泉与上海票据交换所》，《档案与史学》2000年第2期。
[3] 王逢壬：《上海汇划制度之研究》，《财政评论》第3卷第2期（1940年2月）。

表 2－1 汇划贴现率表（1938 年 5 月至 1940 年 11 月份止）

（单位：元）

日期		暗市				日期		上海票据交换所		
		+最高		+最低				+最高		+最低
1938年	5月	26日	50.00	2日	28.00	1938年	5月		48.50		44.50
	6月	7日	79.00	20日	45.50		6月		60.00		30.00
	7月	22日	52.25	15日	47.50		7月		50.00		50.00
	8月	30日	53.75	1日	46.25		8月		50.00		50.00
	9月	1日	52.50	9日	49.50		9月		50.00		50.00
	10月	26日	71.00	15日	49.75		10月		50.00		50.00
	11月	9日	73.00	15日	38.50		11月	22日	60.50	1日	50.00
	12月	1日	58.75	16日	39.00		12月	1日	57.50	16日	38.50
1939年	1月	5日	40.25	9日	29.00	1939年	1月	5日	39.50	10日	30.00
	2月	28日	37.75	23日	35.00		2月	2日	37.00	10日	37.00
	3月	6日	52.00	1日	37.50		3月	6日	50.00	1日	37.00
	4月	25日	50.50	14日	48.00		4月	1日	50.00	1日	50.00
	5月	17日	52.60	1日	49.65		5月	1日	50.00	31日	50.00
	6月	22日	180.00	5日	50.20		6月	1日	50.00	21日	50.00
	7月	21日	280.00	4日	78.00		7月				
	8月	1日	230.00	2日	156.00		8月				
	9月	1日	173.00	21日	68.00		9月				
	10月	2日	80.00	31日	35.00		10月				
	11月	9日	55.00	6日	35.00		11月				
	12月	5日	55.50	20日	37.50		12月				
1940年	1月	4日	38.00	16日	17.50	1940年	1月				
	2月	28日	77.00	3日	30.50		2月				
	3月	1日	74.50	18日	44.00		3月				
	4月	21日	125.00	8日	62.00		4月				
	5月	2日	220.00	15日	106.00		5月				
	6月	3日	130.00	28日	66.00		6月				
	7月	11日	61.00	23日	45.50		7月				
	8月	5日	49.00	16日	33.00		8月				
	9月	2日	35.00	24日	17.00		9月				
	10月	1日	19.25	31日	6.00		10月				
	11月	4日	9.50	26日	1.25		11月				

附注：①交换所平准贴现系于 1938 年 4 月 10 日左右开始。② 1939 年 1 月 18 日起交换所分进出两市，进低二元。③ 1939 年 5 月 20 日起钱行亦帮同交换所平准贴现。④ 1939 年 6 月 22 日起交换所不再贴进并停止贴出。⑤表内最高最低数字均系每汇划 1000 元应加贴水数。

资料来源：潘恒勤：《汇划之研究》，载潘恒勤：《金融问题讨论集》，商务印书馆 1948

年11月版。

  从上表来看，黑市的汇划贴现率一直居高不下。从1938年5月开始，最高贴现率就达到了50元，此后一直呈上涨趋势，直到1940年6月以后，才开始回落。虽然中间有几个月也略有回落，但是总体上一直处于一个较高水平，1939年7月和8月两个月贴现率达到了最高峰，其中7月的280元是贴现率的最高值，因为这一时期刚好实行对上海的第二次限制提存，导致法币的紧缩。而且黑市的最高和最低贴现率之间也相差很大，如1939年7月最高和最低相差202元，足以体现买卖汇划的投机性。

  实际上，对于汇划能否贴水，各界主张不一，其中主张平准贴现者占多数，此派主张比较折衷，一方面并不主张取消汇划贴现，同时也并不愿意汇划贴现率之涨无止境，而主张由交换所及钱业总会方面来加以平准。盖贴现率忽上忽落，一般工商界莫不感受不便，平准贴现率可使行市稳定，第三者少受损失。①

  票据交换所在平准汇划贴现方面确实发挥了不小的作用。1938年4月10日左右，票据交换所开始平准贴现。在5月份时，汇划贴现率亦曾一度高涨，嗣经银行准备会所办票据交换所出面维持，逐日供给法币，渐归平静。近日忽有投机分子组织公司，从中操纵，以致贴水愈趋愈高，漫无止境，工商市面受害甚巨，兹悉票据交换所为安定市面起见，决定平准汇划贴水，各会员银行及会员钱庄（汇划庄），如有商人顾客因正当商业上用途需要法币时，可转向该所贴换，该所当无限制供给法币，此项办法闻于6月11日起实行。11日该所所定汇划贴价不顾市面行市，一律定为55元。②从表1—5可以看出，上海票据交换所公布的最高贴现率基本维持在50元左右，即5%。这一政策的实行对黑市汇划投机买卖起到了很好的抑制作用。1939年6月22日起，交换所则停止公布贴现率。时人就曾指出："票据交换所之贴水挂牌，考其用意，本为调剂同业之筹码，固属善意，不可厚非，但事实上则不无承认汇划贴水之嫌。"③由此看来，由交换所发表公定贴现率无异承认不合法贴现率的存在，有违政府设立汇划制度的初衷。于是，在马电第二次限制提存令颁行后

---

① 潘恒勤：《汇划之研究》，载潘恒勤：《金融问题讨论集》，商务印书馆1948年11月版。
② 《上海票据交换所实施平准汇划贴水》，《银行周报》第22卷第23期（1938年6月14日）。
③ 穆深思：《如何推行汇划制度》，《金融导报》第1卷第4期（1939年9月15日）。

交换所遂停止了公布。

（三）所址的暂时变动和摆脱日伪控制的权宜之策

1. 上海票据交换所所址的暂时变动

"八一三"淞沪抗战是以闸北的前哨战而拉开战幕的。从12日下午起，日军就不断地向中国保安队开枪挑衅，但是中国方面并未予以还击，及至13日，日陆战队一小队，突自天通庵及横浜路方面越淞沪铁路而冲入宝山路，向驻在西宝兴路附近的中国保安队用机关枪及步枪射击，迫使中国方面不得不采取自卫的手段还击。下午3时50分，日军开始大举进攻，并以大炮轰击，闸北青云路、西宝兴路多处起火，激战至夜间9时始暂息。① 可见，上海局势骤然紧张。联准会和上海票据交换所所在地香港路59号又紧邻苏州河，与炮火纷飞的闸北区只有一水之隔。为安全起见，于是联准会决定暂时迁移会址和所址。1937年8月18日，联准会及票据交换所于即日起暂设临时办公处于派克路②大光明影剧院后门穿堂内，并自即日起在上述临时办公处举行票据交换，每日交换次数改为一次，在下午3时30分举行，原有下午1时之票据交换暂停举行。③ 上海局势逐渐缓和之后，联准会及票据交换所于次年2月27日全部由派克路临时办公处迁回香港路59号原址，即于2月28日（星期一）在原址办公并举行票据交换。④ 因此，由于战事的原因，上海票据交换所被迫迁移所址达半年之久，而且也打乱了其正常的秩序，每天改为只在下午3时30分交换一次。这是上海票据交换所唯一的一次所址变动。

2. 摆脱日伪控制的权宜之策与所内制度、设施的调整

伪中储行于1941年1月成立后，遂将控制票据交换所作为控制上海金融的重要途径。伪中储行曾几次向朱博泉提出要在票据交换所开立往来户，都被朱拒绝。2月22日，周佛海约见朱博泉，商谈伪中储行加入票据交换所事宜。周佛海在当天的日记中写道："重庆方面以全力压迫阻止中储加入交换所，我方则必欲加入，渠等（指朱博泉）地位亦相当困难，结果决定中储先

---

① 上海社会科学院历史研究所编：《"八一三"抗战史料选编》，上海人民出版社1986年5月版，第35页。
② 派克路即现在的凤阳路。
③ 1937年票据交换所月报，第8期，上海票据交换所档案Q52-2-9。
④ 1938年票据交换所月报，第2期，上海票据交换所档案Q52-2-10。

在交换所开户头存款，大约此点或可办到。"① 朱博泉后来回忆："周佛海要加入我们交换所。因为他是伪方，我们要拒绝，办法是巧立名目，给他一个'托收'。我说现在业务扩充了，改为我一家给你们交换。你们不必来了。我交换后通知你们。中储行存款在我这里，作为我的客户，不算会员"。朱同敌伪虚与委蛇，能拒绝的尽量拒绝，不能当场拒绝的就采用"拖"字诀——规避或延宕。他还说："伪中储券刚发行时，我们是拒绝使用的。我们收入（伪中储券）后，给他开一个户头作存款，但钞票放在那里，用是不用的，业务上也与中储行没有什么往来。"② 拖到9月，伪中储行态度突然强硬起来，正式要求参加交换。当时环境十分险恶。③ 但他还是坚决抵制，没有同意，后来伪中储行再次提出要参加直接交换，扬言如再抗拒，一切后果应由朱博泉自己负责。朱博泉在势难再拒的情况下，便召开票据交换所委员会商议，想出了一个应付办法。④

上海票据交换所的应付办法即变更票据交换制度，把定时交换制度改为全部由交换所代收一种，尽管从理论上讲是一种倒退，在清算效率和人力上都是不经济的，但这完全是为了应对日伪压力才出此下策。这种分散收解的办法对于各交换银行来说也不是很便利，再加上日伪施加压力要求恢复集中交换，因而从1942年5月1日起，上海票据交换所又决定恢复原来实行的定时票据交换制度。后文还会对此加以具体论述。

1941年9月15日以后，随着票据交换制度的变更，上海票据交换所不得不对所内办公房间、会计科目、印刷品和文具等进行较大调整。

首先，调整了联准会和上海票据交换所的办公房间：①交换场改为办公室，办理特约往来银行票据（包括原有交换银行及委托代理交换银行票据）。三行联合办事处办公室三间全部收回，以第10号归交换科收支组使用。原有外面大办公室已迁出两部分，即（甲）收支组（乙）代理交换组，同样添设

---

① 蔡德金编注：《周佛海日记》下册，中国社会科学出版社1986年7月版，第468页。
② 顾关林、王明亚：《朱博泉与上海票据交换所》，《档案与史学》2000年第2期。
③ 朱博泉就曾经遭绑架，据他回忆：1940年11月29日我乘车经过定盘路（今江苏路）华山路口，突然一伙手持手枪的家伙拦住去路，不由分说把我绑架，幽禁在不知何处的房子里，看守严密，失去自由。经金融界人士努力营救，十天后才获释放。事后才知道因为我拒绝参加伪中储行，周佛海密令"76号"特务干的。见朱博泉：《记上海票据交换所》，《中华文史资料文库·经济工商篇》第14卷，北京中国文史出版社1996年版，第455页。
④ 张森声：《朱博泉与上海票据交换所》，《上海文史资料第六十辑·旧上海的金融界》，上海人民出版社1988年8月版。

外商银行组（在人事上须添设第7组），即在此室办事。②会计科现有房间届时远不敷用，特拟定：请银行周报社发行部迁至三楼307号文书科庶务组原有房间，将该社房间收回归会计科或汇划科使用。房地产科及出纳科及承兑科迁至101号办公室，汇划科迁至银行周报社发行部原有房间或103号房，或以一部分归汇划科外，其余归会计科使用。③三行联合办事处房间三间全部收回后，除以第10号归交换科收支组外，其余两间均归文书科办公，307号及庶务组101号文书科均迁至上述两室。①

其次，废止、修正或重新设置会计科目、印刷品和文具等。主要有：（1）除去交换场内交换银行名牌；（2）交换场内交换时所用全部表单废止之，但甲种总结算表及记录簿均应保留；（3）交换戳记废止之，由会通函各行缴销，另定托收戳记，由特约往来银行使用；（4）交换员印鉴一律停止使用，由会通函各行查明；（5）交换银行三联存款对数单废止之，另定往来银行存款对数单格式，凡特约往来银行及其他往来银行均用之；（6）交换银行用三行代付支票废止之，另定往来银行用支票格式，凡特约往来银行及其他往来银行均用之；（7）交换银行存款科目废止之，以后特约往来银行存款并列"同业存款"科目，但内部统计上仍应划分；（8）会计科目内"存放中、中、交款项"科目废止之，此后存放中、中、交款项应列入"存放同业"科目；（9）"交换款项利息"科目废止之，原有利息科目应另添细目如下：①存放中、中、交利息；②特约往来银行存款息；③往来银行存款息；（10）"交换罚金"科目废止之，所有余额应即转收手续费科目；（11）凡与7、8、9三条有关之账簿及余额表均比照修正；（12）内部关于票据交换之统计仍照旧继续办理；（13）"交换月报"改为"交换所月报"，其格式应修正；（14）本会现在所存旧表单其可盖橡皮戳而适用者应加盖橡皮戳记使用之，以资樽节；（15）三行办事处直接电话三只，本系由会装置，自应收回自用，为对外机密事务之接洽妥慎计，拟分别改装给朱经理、副经理和秘书；⑯三行办事处分机电话三只拆移交换科，三楼庶务组分机拆移会计科，交换场中间（墙机）电话拆移庶务组。②

---

① 上海市银行业同业公会联合准备委员会关于变更交换制度实施方案及函件（1941年），联准会档案 S177-2-231。
② 上海市银行业同业公会联合准备委员会关于变更交换制度实施方案及函件（1941年），联准会档案 S177-2-231。

因此，从票据交换制度变更后相关设施及用品的调整来看，其涉及的面是很广的，尤其是会计科目、印刷品和文具等的修正和调整有16项之多，从而反映出这次被迫进行的改制花费成本是相当大的，但这是暂时摆脱日伪控制的无奈选择。

三、太平洋战争后日伪对上海票据交换所的控制

（一）被强制改以中储券为票据交换的货币本位

中储券发行以后，以前由伪维新政府与日军合办的"华兴银行"所发行的华兴券停止发行。由于中储券毫无信用，在上海推销数量极其有限。伪中储行便使用政治压力强行把法币贬值，以提高中储券的价格，还进一步发布各项法令来强迫使用中储券。1942年6月1日，伪财政部公布中储券为唯一"合法通货"，一切债务所订契约，均以2对1的比率改用中储券偿付，并会同中储行成立了"整理旧币委员会"，规定6月8日至21日为兑换期限，还公布了"整理旧币条例""安定金融公债条例""收回旧法币详细办法"等法令，强迫各行庄的存款，均以2对1比率折存伪币，调整账面；对民间的法币，则由整理旧币委员会委托各行庄收兑。6月25日，中储行又颁布了"禁止使用法币，违者将依照'妨害新法币治罪暂行条例'处罚"的伪令，彻底废除"法币"，强行推行中储券。据是年6月底中储行所公布的数字，上海一地共收兑法币11.2亿元。11月底，据日顾问木村说，收兑法币已达20亿元以上。①

在日伪这种高压政策下，上海票据交换所自然无法回避与推脱。1942年6月1日，奉上海市银钱业同业会员临时联合委员会②指示，上海票据交换所遵照部（指伪财政部）定统一货币布告，拟订办法，通函各交换行庄：

---

① 文裴编：《我所知道的汪伪政权》，中国文史出版社2005年1月版，第198—199页。

② 该委员会是于1941年12月10日召开的上海银钱两业公会联席会议上议决成立的，推定吴蕴斋、潘久芬、王伯元、周叔廉、朱如堂、叶扶霄、竹森生、朱博泉、徐懋棠和钱业的裴云卿、陆书臣、王怀廉十二人为该委员会委员。在此后的一年多时间内，银钱两业公会以该委员会的名义，与日伪当局进行接洽或办理交涉，试图在恶劣的政治环境中，促使各银行钱庄逐步恢复开展金融业务，尽可能地减少日伪势力对同业及客户利益的侵害。到1943年3月，该临时委员会终因日伪当局的压迫而解散，结束了它的历史使命。（引自张天政：《上海银行公会研究（1937—1945）》，2004年复旦大学博士学位论文和李一翔：《近代中国银行与钱庄关系研究》，学林出版社2005年12月版，第256页）

（1）本会旧法币现钞及旧法币划头之票据交换，均于6月1日起停止。

（2）6月1日起，本会增办中储券划头票据交换。

（3）6月1日起，交换银行、委托代理交换银行及其他往来行庄收入5月31日前开发之旧法币现钞及旧法币划头票据，应每一张按2对1之部定比率分别折成"中储券"（即中储券现钞）及"中储券划头"金额，并将折合金额在票据正面用红色数字载明，分别提出交换或委托代收。

（4）5月30日存入本会于翌日收账之外商银行票据，由会依照2比1之部定比率向收"中储券现钞"或"中储券划头"金额，所有各行庄收执上述外商银行票据之本会存款对数单存根，应即持向本会改正。

（5）凡以旧法币金额折算中储券时，旧法币金额之"分"单位，逢单数应加一分成双数，然后以二除之，以免发生尾差。①

同日，遵照上海市银钱业同业会员临时联合委员会的指示，上海票据交换所又订定联准会对各行庄存欠旧法币款项之换算方法：

（1）凡行庄在本会之旧法币现钞存款，由各行庄于6月1日依1942年5月30日止本会结存余额，开具转账申请书、支票，送由本会按2对1之部定比率，折合中储券金额，转收各该行庄原有之中储券户，上述中储券户即为中储券现钞券户。

（2）凡各行庄在本会之旧法币划头存款，由各行庄于6月1日依1942年5月30日止本会结存余额，开具转账申请书、支票，送由本会按2对1之部定比率，折合"中储券划头"金额，另开"中储券划头"户收付之。

（3）各行庄在本会原有之旧法币现钞户即旧法币划头户依前两条规定折算转账后，原户即为结清，凡各行庄以5月31日前发票之旧法币票据存入者，应先按2对1之部定比率，逐张折合成中储券金额，在票面正面用红字载明，存入各该行庄之"中储券现钞户"或"中储券划头户"（原为旧法币现钞者存入中储券现钞户，法币划头者存入中储券划

---

① 1942年票据交换所月报，第6期，上海票据交换所档案Q52-2-14。

头户)。

(4)自6月1日起至6月6日止,各行庄如须将在本会旧法币现钞提回者,应将提回数依2对1之部定比率开具中储券现钞户转账申请书、支票,并注明提回旧法币现钞字样,向本会收取。

(5)各行庄与本会相互间在6月1日前,所有往来户账户上之差数,于查明后以(中储券现钞或中储券划头)方法补正之。

(6)各行庄向本会拆有旧法币划头款项者,由本会以对账回单于6月1日按2对1之部定比率折成"中储券划头"金额。

(7)与前一通函第(5)项相同。

(8)各行庄存款人开发中储券划头票据,或各行庄自身开发本会中储券划头户票据,不论中文英文,必须加盖"中储券划头"字样之戳记,否则视为中储券现钞票据。①

上述两个通函表明:太平洋战争后不久,法币已经无法在上海立足,上海票据交换所被迫改以中储券为货币本位。按照制订的换算方法,各交换行庄都将原有的旧法币存欠折算成中储券。此后,旧法币现钞和划头票据交换全都代之以"中储券现钞"或"中储券划头"票据交换。

(二)交换存款和差额转账移归中储行接办

上海票据交换所作为上海的金融枢纽,一旦发生问题必然产生巨大影响,因此,在孤岛时期日伪对其一直没有贸然下手。太平洋战争以后,情况发生变化,日伪开始图谋控制上海票据交换所,而最关键的是要掌控交换存款和差额转账。这样就可以控制整个上海金融业的命脉。

1943年5月14日,伪财政部部长周佛海招联准会和票据交换所经理朱博泉前往谈话。周表示,交换银行差额转账宜改由中储行办理,至迟须于6月1日实行,并嘱朱博泉拟具办法与中储行洽商。朱经理被逼无奈只好先行拟具"交换银行现钞交换差额转账事宜移归中储行担任"办法草案,其内容如下:

(1)中储行担任交换银行票据交换差额转账,因自身不设汇划账户,

---

① 1942年票据交换所月报,第6期,上海票据交换所档案 Q52-2-14。

订定以现钞交换差额为限。

（2）汇划交换差额之转账仍归准备会办理。

（3）准备会因办理各"代理交换银行"和"往来行庄"之现钞票据收付而收存同业现钞存款，除存放中储行外仍得由会拆放同业或存置本库，备同业日常支取。

（4）每日现钞交换差额之收付以准备会交换所之总结算表为凭。

（5）交换银行存中储行存款余额，不敷支付其当日交换应付差额，逾准备会规定之补解时间而不为补解时，由中储行通知准备会。

（6）交换银行每日就该行存中储行存款开发支票，由中储行沿照准备会原来习惯对其当日头寸（即结算出当日之余额）予以照付之便利。

（7）现钞交换之交换后退票由各行直接互相返还，退票金额之收付亦由中储行转账。

（8）各交换银行为收付差额而须向中储行开立交换往来户，可由各行自行接洽。

（9）汇划制度应继续保持。①

朱博泉拟订的这一办法仅将交换银行的现钞交换差额转账交由中储行担任，而汇划交换差额转账以及代理交换银行和往来行庄的收付、拆放等仍由联准会和交换所办理。该草案陈经联准会常务委员通过，送请中储行核夺，同时经理、常务委员决定联准会收存同业现钞存款原分放于中、交及正金银行，均准备在本年6月1日全数集中于中储行。

5月27日，中储行将其拟订好的"交换银行差额转账由中储行接收办理案"函送票据交换所，并称拟于6月1日正式实行，内容如下：

（1）联准会交换所于5月31日交换清算完毕后，将各交换银行所有存款之余额无论现钞或汇划金，全部列表移存于中储行上海分行。由中储行上海分行开立"交换清算户"，非交换银行之存款仍在联准会交换所不必移转。

---

① 联准会第七届执行委员会临时会议记录（1943年5月31日），上海票据交换所档案S180-1-14。

（2）自6月1日起所有交换银行发出之票据对于现钞或汇划不再加以区别。

（3）自6月1日起交换所每日交换终了后将交换差额总结算表列副本送由中储行上海分行，照表列差额就各交换银行"交换清算户"收付之。

（4）中储行对于各银行之"交换清算户"得酌给利息，将来并得将交换银行之活期存款准备金户并入"交换清算户"内计算之。

（5）联准会再将各交换银行交换户存款移转中储行上海分行。同时所有至现在止，对于中储行上海分行之往来存欠不论为现钞或汇划应一律冲抵轧清。

（6）联准会交换所因移转各交换银行存款及双方往来存欠轧清关系并为预备将来仍继续办理对各银行之拆放起见，由中储行上海分行予以资金之通融，该项资金即作为中储行对联准会之转抵押，暂以二万万元为限。

（7）各交换银行因交换清算存款余额不足支付该行当日应付之差额而需要补充资金时，或向中储行拆借，或照向例办法，向联准会交换所拆借，悉听交换银行之便。

（8）联准会交换所至现在为止，代理各银行收款业务，凡为非交换银行委托办理者，其办法均仍照旧。凡为交换银行委托办理者应于收得款项后，开具中储行支票交付委托银行，在交换所方面，应不再有交换银行存款户之开立。

（9）外滩银行票据交换自6月1日起由中储行上海分行代表参加办理外商银行与华商银行之清算，其办法由中储行与上海正金银行协议规定之。

（10）各交换银行所领取之联准会交换所拨款单仍沿用，惟加盖中储行上海分行抬头戳记。

（11）联准会交换所关于票据之交换清算及退票等各种规定仍适用，本办法未尽事宜，遵照交换所章程办法。①

很明显，中储行拟订的办法是要求将各交换银行的所有现钞和汇划存款都移存中储行，并明确规定取消汇划制度。可见，朱博泉和中储行各自拟订

---

① 联准会第七届执行委员会临时会议记录（1943年5月31日），上海票据交换所档案 S180-1-14。

方案的内容差别甚大,联准会和票据交换所实在难以接受中储行的方案。朱经理奉常务委员"事关交换银行全体,应召开票据交换所委员会及联准会执行委员会讨论,至6月1日为期迫促,不及实行,应先函复"的指示,即刻先行函复中储行。5月29日,接到中储行复函,中储行则仍坚持原提方案必须于6月1日如期实行。

由于事关重大,而且时间紧迫,票据交换所委员会立即于5月29日召开临时会议。各委员对这一问题详加研讨,拟订出供联准会执行委员会核议的答复中储行的四点意见:

(1)交换银行交换差额转账事宜由中储行接办一节除牵涉整个汇划制度之部分外,应即照办。自6月1起现钞交换差额之转账即请中储行接办。

(2)查汇划制度关系同业全体之债权债务悠久之营业习惯及全市之商业习惯,汇划制度之保存,同业实有必要,并屡经周部长(周佛海)表示宜加维持,在中储行原方案内其第1节关于"目的"之阐述,亦有"依汇划资金之运用,维持市场之安定,其功绩殊不可没","对于准备会之内容组织决不加以变更"各等语,惟照原案纲要内第1条、第2条及第8条之办法,则交换银行方面将无形取消,交换银行为整个金融业之重要部分,倘此部分取消,则整个汇划制度之优点与效用将因此而不能保存,故非经从长计议,万难变更。在汇划制度须予维持之原则下,所有汇划交换差额之转账事宜只得仍由本会办理,依同业观之,准备会汇划制度之运用与国家银行健全通货,安定金融之政策颇能符合,原案所称对立状态云云非同业所敢同意,倘中储行对现行汇划制度认为有应行改善之处,当由同业另拟方案,以便实施。

(3)关于现钞存款移转及差额转账事宜之详细手续应须事前通知各交换银行,应请中储行即派员与本会商洽。

(4)交换银行现钞存款移转后,交换银行每日就该户存款开发支票,应请中储行沿照本会原来习惯,凡当日头寸(即结算至当晚为止之余额)均予照支。[1]

---

[1] 票据交换所委员会临时会议议事录(1943年5月29日),联准会档案 S177-1-19。

5月31日，联准会第7届执行委员会召开临时会议，讨论交换银行差额清算事宜移归中储行办理一案及票据交换所委员会拟订的上述四点意见。最后，执行委员会又议决如下：

（1）中储行所定交换银行交换差额清算事宜移交中储行办理案，现钞部分照办，其划头部分商请中储行暂缓移转，如果中储行必须同时移转，可勉从中储行意见，暂行照转，但须声明本会仍须提出代表大会讨论，并有关于保留划头必要理由容再提出。惟中储行现在接收后，未经本会代表大会请求保留意见，获得解决前，其拆放办法仍由本会照向例继续办理，所有拆放款项归中储行供给（即拆放行对本会负债，本会对中储行负债）。在此时期内，请勿宣布取消划头制度，以免金融市场发生疑虑，其详细办法请朱经理代表本会与中储行当局洽商，至交换所交换手续"现钞""划头"两种票据仍照旧分别办理。

（2）上述决议案应由本会具函录致中储行知照。此外，还由执行委员会具名致中储行周总裁及钱副总裁，声明交换差额转账事宜移转后本会应行保留，并议定好各项电文。

（3）关于保存汇划制度一点，仍请各委员代表及经理向部长面陈。①

对于事关上海金融业全体利益的交换存款、转账和汇划制度，联准会和票据交换所始终非常慎重地对待，即使在日伪强大的压力之下，仍然据理力争。最后，中储行也只好同意联准会提出的意见，只将现钞存款移归中储行。周佛海在1943年6月1日的日记中就写道："书城②来，商上海票据交换由本行决算问题。盖本行向联合准备委员会提出6月1日起由本行决算后，联准会只允交现钞决算，而保留汇划决算，我则主双方同时实行。今日沪电：联准会已同意，但盼勿取消汇划制度。当告书城：汇划制缓急时颇有用，为百年来上海金融界之自治制度，不可由我而废，只加以限制可也。"③6月1日，联准

---

① 联准会第七届执行委员会临时会议记录（1943年5月31日），上海票据交换所档案S180-1-14。
② 即指中储行副总裁、中储行上海分行经理钱大櫆。
③ 蔡德金编注：《周佛海日记》下册，中国社会科学出版社1986年7月版，第866页。

会将执行委员会临时会议决议的第1条通函各会员银行查照办理。同日，联准会又发出通函："遵照执行委员会临时会议决议，原案现钞部分由会照办，其划头部分勉从中储行意旨，同时暂行照转，均依中储行原案内实行纲要办理。其详细手续已由中储行与敝会商定，兹将上述实行纲要中应行通过交换银行者，逐条抄送，并将商定之详细手续就原纲要条文内逐项附加说明，所有交换手续依执行委员会议决议仍依'现钞'与'划头'分别处理。"①此后，在表面上该所人事并无变更，一切仍维持原状，但实际上中储行上海分行已经开始介入、控制上海票据交换所的票据清算业务，并可以通过上海票据交换所进一步加强对私营行庄的控制。

（三）被迫修订票据交换章程

1944年9月22日，伪行政院公布施行《修正财政部管理金融机关暂行办法》，其中第16条规定：①金融机关在一地方有5家以上者，应呈请财政部核准组织同业公会。②前项同业公会所组织之附属机关与金融有关系者，应呈经财政部核准。②照此规定，联合准备库、票据交换所、征信所等均应呈经财部核准。

10月19日，联准会执行委员叶扶霄、王伯元、吴震修、唐寿民和徐寄庼联名致函常务委员，指出："本会及附设之票据交换所应依照修正管理金融机关暂行办法陈由公会代为呈请财部核准备案，以符法令。惟票据交换所章程尚系1933年9月修正施行，……其间票据清算手续屡经改动，原有之票据交换章程已有与现行票据交换制度未尽适合之处，似宜召开票据交换所委员会，将1933年修正施行之票据交换章程参酌现行办法，重加修正，凡原条文与现行办法不甚抵牾者，均尽量予以保留，拟用通信方法，送请执行委员会核定，再以同样方法提请基本会员银行代表大会表决，俟修正之后，再送公会一并呈部。"③

按照联准会执行委员和常务委员的决定，票据交换所委员会于11月2日

---

① 《关于交换银行交换差额清算事宜移归中储行办理事银联会通函》，《银行周报》第27卷第21、22合并号（1943年6月15日）。
② 中国第二历史档案馆等编：《中华民国金融法规档案资料选编》下册，北京档案出版社1989年版，第1584页。
③ 联字第307号通函（1944年10月19日），联准会档案S177-1-14。

召开第24次会议，首要讨论的问题便是修正票据交换所章程请审议案。会议将1933年修正施行的票据交换章程参酌现行办法重行修正，拟订《上海银行业同业公会联合准备委员会票据交换所章程修正草案》，其中有如下一些条文：

第11条 中央储备银行以特别会员资格参加票据交换，其办法另行约定之。

第14条 票据交换所委员会设委员15人，其中1人由中央储备银行指派重要职员担任，另1人由准备会经理充任，其余13人由准备会基本会员银行代表大会就交换银行重要职员中选任之，前项票据交换所委员之任期均为1年，连选得连任。

第22条 交换银行交换差额转账事宜由中央储备银行办理之。

第23条 交换银行应在中央储备银行开立"交换清算户"为收付交换差额之需。

第24条 交换银行应收应付之交换差额由准备会于每日交换终了后将交换差额总结算表副本送由中央储备银行照表列差额就各交换银行"交换清算户"收付之。

第25条 交换银行在中央储备银行"交换清算户"余额不敷支付其应付差额时，应于当日下午5时前补足之。[①]

以上这些条文都明确把"中储行"参加票据交换所、成为票据交换所委员会的当然委员和担任交换银行差额转账等事宜明确写进票据交换所章程之中。该修正草案经委员们讨论后，则进行了较大修订，最后修正通过。与未修正通过的条文相比，不难看出票据交换所委员会十分注意对其中关键条文的表述，尽量避免出现"中储行"这几个字。主要修正的地方有：直接删除了第11条和第22条，而对于上述其他条文，是用"交换差额转账银行"一词来替换"中央储备银行"，而条文其他内容仍一样。尽管在事实上，中储行已经逐步控制了上海票据交换所，但修正通过的票据交换章程中，并没有直接出现"中储行"几个字，因而从一个侧面体现出上海票据交换所对日伪当局

---

① 票据交换所委员会第二十四次会议（1944年11月2日），联准会档案 S177-1-18。

的抗争。

11月7日，朱博泉将会议讨论经过并检同最后修正通过的草案备函陈请联准会执行委员核定，并提请委员银行代表大会表决，再行送请公会呈部。[①]11月20日，当值常务委员王伯元将朱博泉的信函连同草案一并函致基本会员银行代表大会，基本会员银行代表大会原案通过。12月2日，由上海特别市银行业同业公会呈送伪财政部补行备案。1945年1月12日，伪财政部发来钱四字第27号批文："呈件均悉……，对票据交换所章程并无意见。"[②] 因此，修正通过的票据交换章程草案得到了日伪的承认。

（四）代理交换银行交由中储行代理交换

为进一步控制票据交换所，1944年8月间，中储行周佛海总裁指令票据交换所："上海银行业准备会票据交换所委托代理交换银行第50/2至51/15号止共26家，原存准备会款项应移存于中储行，凡各该行委托准备会代理票据交换及代收票据款项之收付，均由中储行就该会及各该行庄存款内转账。"[③]此事经陈奉联准会常务委员决定勉行照办，并定于8月21日实行。联准会于8月18日通函有关各行，说明存款移转及票据款项收付手续，请各该行查照办理，并一面致函中储行，附送通函副本请其查核。19日中午，中储行副总裁钱大櫆电话通知票据交换所："中储行之原意须将存款移转之26家代理交换银行，同时一律改为交换银行，前此，屡次商谈，双方对于此点技术上未曾明确了解，今若仍由联准会代理交换而各该行将原该会款项移转中储行另为收付，则手续恐感不便，应暂缓实行。"22日，朱经理应钱副总裁招前往谈话。朱经理作出解释，如扩充交换银行席26家，交换时间势必大加放长，窒碍殊多，因而，此事被搁置两个月。中储行又于10月28日约陈埭如副经理前往谈话，承告中储行已拟订新办法，嘱先加研究。10月30日，钱副总裁将新办法稿件函送交换所。[④]

1944年11月2日，票据交换所委员会第24次会议对中储行拟订甲乙组交换银行清算事务及代收票据新办法进行讨论，会议议决"关于中储行所订新

---

① 联字第330号通函（1944年11月7日），联准会档案 S177-1-14。
② 上海特别市银行业同业公会来函（1945年1月19日），联准会档案 S177-1-14。
③ 联字第242号函（1944年8月25日），联准会档案 S177-1-35。
④ 交换所委员会经理报告（1944年），联准会档案 S177-1-18。

办法拟补充意见3点由联准会备具意见书送请中储行酌核"。① 12月29日，票据交换所致函中储行和钱副总裁："经陈奉敝会常务委员示，勉行如期照办，兹已由敝会抄录贵行原订办法通告各有关同业查照，并分别通知敝会50/2至51/15号26家委托代理交换银行，将1944年12月30日业务终了后，原存敝会往来户余额于1945年1月4日照数移存贵行，除函贵行上海分行外，谨特函复，并开送上述26家银行名单"，26家银行如下：

50/2四川美丰、50/4浦东、50/5川康平民、50/6上海农商、50/7正明、50/8煤业、50/9恒利、50/10惠中、50/11惇叙、50/12至中、50/14中和、50/15和成、51/1亚洲、51/2浙江建业、51/3光华、51/4建华、51/5中亚、51/6大康、51/7大中、51/8重庆、51/9大公、51/10中贸、51/11光中、51/12汇源、51/14永丰、51/15长城。②

12月30日，票据交换所正式通函各交换银行：接中储行通知，自1945年1月4日起，将原有之华商交换银行清算户增加为60家（中储行除外），分甲、乙两组，联准会原来之交换银行列为甲组交换行，第50/2至51/15号26家委托代理交换银行列为乙组交换银行。交换事宜由中储行代理等因，并附具清算事务及代收票据等详细办法一件，经陈奉本会常务委员示，勉行如期遵办等因，所有自50/2至51/15号委托本会代理交换银行现存本会之现钞及划头往来户款项应于1945年1月4日依1944年12月31日业务终了后余额，分别开具本会现钞划头转账申请书，送请中储行开立"交换清算户"。③ 因而，从1945年1月4日开始，联准会26家委托代理交换银行被迫改为乙组交换银行，并依照上年底余额悉数移存中储行，当天26家存款余额为17000余万元。同时，中储行因办理人手不敷，商请联准会酌量介绍原有人员前往服务，由朱经理斟酌情形，介绍前往供职者计有职员70人、栈司2人。④ 因此，上海票据交换所一再想维持独立，结果因日伪势力的压迫，最后被迫沦为伪中储行的附属机构。

---

① 票据交换所委员会第24次会议记录，联准会档案S177-1-18。
② 联字第406号函（1944年12月29日），联准会档案S177-1-35。
③ 1944年票据交换所月报，第12期，上海票据交换所档案Q52-2-16。
④ 交换所委员会经理报告（1945年3月），联准会档案S177-1-18。

四、上海票据交换所的短暂停业及其应对措施

1944年8月6日（星期日），下午3时40分，香港路和四川路角联准会会所邻近处忽然发生爆炸，即由军警当局将四川路、博物院路①及香港路周围予以封锁。7日上午11时，四川路及博物院路先行开放，而香港路上海票据交换所房屋仍在封锁线中，交换所职员不能进所办公。所有当日各同业应收票据均无从交换，无以托收，而星期六退票亦皆无从退出。经理一面嘱各职工集中北京路和博物院路中国实业银行待命，一面通知各交换银行及往来同业当日应收票据，应请各行直接提示，换取中储行支票或联准会支票；一面复向各方接洽，拟迅行设法解除封锁。因封锁处系日本海军警备区，经理带上日文秘书亲往日本海军武官府申请开放，面述联准会会务重要性质，颇蒙了解，答应立即开放。同时由同业公会及保甲办事处以书面向黄浦分局申请开放。复由该局派员会同联准会仲光后襄理至福州路海军陆战队接洽，即于当日下午7时，许由海军陆战队会同黄浦分局，将香港路原有封锁线开放一部分，以容联准会会所进出人等通行。8日晨间以后，联准会一切业务均已恢复如常。②

另外，在8月7日中午，中储行戴蔼庐经理曾邀请联准会经理前往谈话，当时经理在海军武官府，即改邀联准会陈棣如副经理前往。中储行吉川顾问等告知陈副经理，中储行曾代向大使馆代请提早解除，恐怕不能迅速办到，在封锁解除前为使票据交换等事不致再有停顿起见，派员陪同联准会职员到会取携出外，以便应用。下午经理应邀再往，复承戴君及吉川顾问等面告，如明晨封锁解除迟缓，尽请来中储行10楼临时办公。③中储行的这些举动实际上目的是想讨好、拉拢联准会及所属机构的人员。当时中储行还曾以同业清算不能停止为理由，以责问口吻，力劝交换所迅迁中储行大楼办公。如果一经迁往则日常事务将无一不受干涉，待既成事实造成，是联准会管辖主权将不复为同业公会，而为伪中储行。④中储行可谓软硬兼施，处心积虑。

需要指出的是，上海票据交换所自设立以来，除同业休假日外，日常工作从未有过一次间断，如今因特殊事由，致使交换事务停顿一日，从而也反

---

① 博物院路即现在的虎丘路。
② 交换所委员会经理报告（1944年），联准会档案 S177-1-18。
③ 交换所委员会经理报告（1944年），联准会档案 S177-1-18。
④ 联合准备会各项章程草案、意见书及大事记等材料，联准会档案 S177-1-70。

映出当时上海票据交换所所处环境的险恶,幸亏联准会朱经理和陈副经理从中周旋,封锁才得以迅速解除,避免了票据交换业务因停顿太久而使上海金融业发生混乱。

鉴于这种特殊情事还可能会在其他地方时常发生,9月14日,银钱两业联席会议议定、施行《同业票据收付因特别事由致延搁时处理方法》四条:

(1)交换银行因特别事由,如交通封锁等事,而致在交换场缺席时,所有当日其他交换银行向该行提出票据由准备会代为接受,并将该项票据依代收手续向该行提示,该行当日交换上应收票据由该行向票据付款行直接提示之。

(2)交换银行或委托准备会代理交换银行或准备会往来同业,遇特别事由,以致准备会对该行应收票据当日不能依代收手续而为提示时,准备会应迅速通知各托收同业,各托收同业应尽可能范围内迅速通知票据执票人,遇有前项情形,如各托收同业中,有已将应收票据送到准备会者,准备会应迅速将该项票据返还之。

(3)遇特别事由,致票据有不能提示之情形,而此种情形有延续之可能时,在托收同业自己或因执票人之请求,得向银行业同业公会申请作成拒绝证书。

(4)凡同业遇特别事由,以致对于该行当日在交换所换回之票据或准备会已提示之票据,不能于通常习惯上时间内核对印鉴账簿为付款或退票之处置,或不及依习惯上时限将退票送还准备会或提示同业时,在准备会应将其事由迅速通知托收同业,在原托收同业应迅速通知票据执票人。①

这一办法的实行,可以避免特殊情况发生时,不至于因个别交换银行缺席而耽搁整个交换行庄的票据清算。

除了上述因道路的封锁而导致停业外,还曾因发生空袭而停业1日。1944年11月11日,上午8时50分至下午2时许,上海市内发生空袭,各同业均依照该年7月21日银钱业联席会议商定之空袭警报时处理业务办法,一律暂停营业。联准会票据交换及代收票据事务,亦随之停止1日。②

---

① 1944年票据交换所月报,第9期,上海票据交换所档案Q52-2-16。
② 联合准备会各项章程草案、意见书及大事记等材料,联准会档案S177-1-70。

1944年11月间,上海两次遭受空袭,为此,银钱两业会同拟具《空袭警报时营业暂行办法》和《同业收解暂行办法》草案各一件,对遭遇空袭时,全市同业营业及收解办法预先进行了规定,经两公会联系会议详细讨论,决议通过施行。

其中,《同业收解暂行办法》的内容如下:

(1)空袭警报之发出与解除为左开之情形,同业票据交换及托收票据事宜,均照常办理,但银行业准备会及钱业准备库代收票据倘不获全部为付款之提示时,得随时酌定,将交换差额及代收票据金额归入次日收付之。

A. 空袭警报之发出在同业营业时间以内者,其解除时距营业终了时间有1小时以上。

B. 空袭警报之发出在同业营业开始以前,其解除时距营业终了时间有1小时以上。

(2)依前条规定而办理交换时,倘空袭警报之解除已在下午1时以后者(星期六11时以后),所有票据交换应在当日同业开始重行营业后30分钟举行之,同业相互间之掉票截止时间亦同。

(3)空袭警报解除时间在第1条规定时间以后者,所有票据之交换及托收均归入次日办理。①

总之,在1944年8月和11月,因道路封锁或空袭发生,上海票据交换所两度被迫停业,这是比迁移所址更为糟糕的事情,上海票据交换所经历了一段较为艰难的时期。

五、交换银行与交换数额

(一)交换银行的快速增长

抗日战争时期,随着上海金融业的畸形繁荣,银行数量猛增,因而导致加入上海票据交换所的银行也大量增加,而此时极少有银行退出交换,使得该所自身的规模迅速膨胀。如表2—2和表2—3所示:

---

① 钱业准备库、银行业准备会致中储行函稿(1944年12月),上海钱业准备库档案 S178-2-38。

表2－2 抗战时期历年加入交换和委托代理交换的银行统计表

时间	加入交换银行及分配的交换号次	数量
1937年7月	上海市银行50（癸）	1
1938年7月	正明银行50（子）、煤业银行50（丑）	2
10月	恒利银行50（寅）	1
1939年2月	惠中银行50（卯）	1
7月	钱业联合准备库50（壬）	1
1940年2月	南京商业银行50（辰）	1
4月	惇叙银行50（午）	1
10月	至中银行50（未）	1
1941年3月	中和银行50（申）、和成银行50（酉）	2
1942年5月	亚洲银行51/1、浙江建业银行51/2、光华银行51/3、建华银行51/4、中亚银行51/5	5
6月	大康银行51/6、大中银行51/7、重庆银行51/8、大公银行51/9、中贸银行51/10、光中银行51/11、汇源银行51/12、永丰银行51/14、长城银行51/15	9
7月	民孚银行52/1、华懋银行52/2、嘉定银行52/3、大新银行52/4、谦泰银行52/5、和泰银行52/6、中国烟业银行52/7、统原银行52/8	8
8月	上海铁业银行52/9、上海工商银行52/10、大元银行52/11	3
9月	五洲银行52/12、江苏地方银行52/14	2
10月	大来银行52/15、阜通银行53/1、富华银行53/2	3
11月	久安银行53/4、中国工业银行53/5	2
12月	上海纱业银行53/3、久昌银行53/6	2
1943年1月	永明银行53/7、大华银行53/8、中国渔业银行53/9	3
3月	大南银行53/10、东华银行53/11、易中银行53/12、中国瓷业银行53/14、中国惠民银行53/15、中国布业银行54/1、通济银行54/2、中国药业银行54/3、上海民丰银行54/4、利工银行54/5	10
4月	宁绍银行54/6	1
6月	华南银行54/7、苏民银行54/8	2
7月	中国染织业银行54/9、中国商业银行54/10	2
8月	中华实业银行54/11	1

续表

时间	加入交换银行及分配的交换号次	数量
10月	国信银行54/12	1
1944年2月	联华银行54/14、易兴银行54/15	2
4月	利达银行55/1	1
7月	浙江劝业银行55/2	1
8月	汇中商业银行55/3	1
9月	同孚银行55/4、新汇银行55/5、上海兴业银行55/6	3
10月	南京兴业银行沪行55/7	1
1945年5月	中国汇丰银行55/8、上海工业银行55/9、利民银行55/1	3
6月	钱联银行55/11	1
7月	振兴银行55/12、亚西银行55/14、宝康银行55/15	3
合计		82

附注：①1941年9月12日开始重新编定交换银行号次，即委托代理交换银行不再使用天干和地支编号，改以50、51、52、53、54、55为总号，后再加数字表示。②抗战时期历年加入的银行数合计为82家。

资料来源：①1937年票据交换所月报，上海票据交换所档案Q52-2-9。②1938年票据交换所月报，上海票据交换所档案Q52-2-10。③1939年票据交换所月报，上海票据交换所档案Q52-2-11。④1940年票据交换所月报，上海票据交换所档案Q52-2-12。⑤1941年票据交换所月报，上海票据交换所档案Q52-2-13。⑥1942年票据交换所月报，上海票据交换所档案Q52-2-14。⑦1943年票据交换所月报，上海票据交换所档案Q52－2－15。⑧1944年票据交换所月报，上海票据交换所档案Q52-2-16。⑨1945年票据交换所月报，上海票据交换所档案Q52-2-17。

表2－3 直接及间接交换银行家数之变动（1937年7月—1945年9月）

时期	交换银行	委托代理交换银行	总计
1937年7月	38	9	47
8—12月	37	9	46
1938年1月	37	9	46
2月	37	8	45
3—6月	38	7	45
7—9月	38	9	47
10—12月	37	10	47

续表

时期	交换银行	委托代理交换银行	总计
1939年1月	38	9	47
2—6月	38	10	48
7—12月	38	11	49
1940年1—3月	38	11	49
4月	38	12	50
5—10月	38	11	49
11—12月	38	12	50
1941年1—2月	38	12	50
3—8月	38	14	52
9—12月	39	14	53
1942年1—4月	39	14	53
5月	39	17	56
6月	39	28	67
7月	39	35	74
8月	39	38	77
9月	39	40	79
10月	39	43	82
12月	35	46	81
1944年12月	36	79	115
1945年9月	36	80	116

资料来源：①陈忠启：《上海银行业票据交换所票据交换指数之编制与研究》，《银行周报》，第26卷第47、48期合刊，1942年12月31日。②联准会1942年份会务报告，联准会档案S177-1-17。③交换所委员会经理报告（1944年），联准会档案S177-1-18。④1945年票据交换所月报，上海票据交换所档案Q52-2-17。

从表2—2可知，整个抗战时期加入交换的银行数合计为82家。1942年5月到1943年3月这段时间加入交换的银行增长较快，1943年3月加入的银行数达10家，为整个抗战时期最多的一次。从表7则可以看出，1937年7月—1945年9月，交换银行的数量在35—39家之间变动，变动幅度不是很大，原因在于上海票据交换所交换场地有限，无法再增加交换银行。委托代理交换银行则不然，其数量在1942年以后大幅增加，增长率是非常惊人的，其变动趋势可见图2—1。1937年7月仅有9家，到1945年9月猛增到80家，远远超过交换银行的数量，这时交换银行仅有36家（见表2—3），参加交换的银行总数已经达到116家，是上海票据交换所成立以来交换银行数量之最。

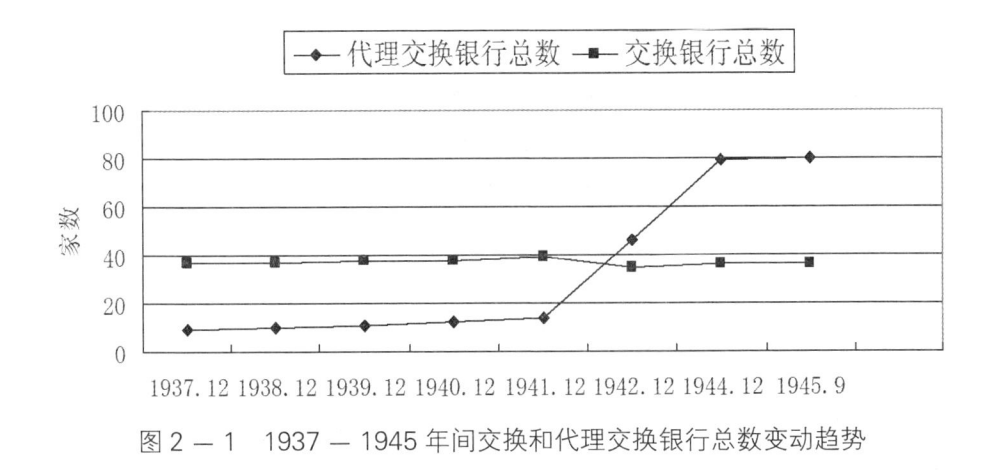

图2—1 1937—1945年间交换和代理交换银行总数变动趋势

表2—4 1945年9月的交换银行名录

交换银行	号次	交换银行	号次	交换银行	号次	交换银行	号次
伪中储行		四明	9	华侨	19	聚兴诚	32
中国	1	金城	10	国华	21	中华	33
交通	2	新华信托	11	中国垦业	22	中汇	.34
浙江兴业	3	东莱	12	广东	23	中华劝工	35
浙江实业	4	大陆	14	东亚	24	中国企业	36
上海	5	永亨	15	中国农工	25	上海绸业	38
四行储蓄会	6	中国实业	16	中兴	26	中一信托	40
盐业	7	中通	17	上海女子	29	永大	42
中孚	8	中南	18	中国国货	30	联准会	50

资料来源：1945年票据交换所月报，第9期，上海票据交换所档案Q52-2-17。

再从表2—4来看，与1936年的交换银行相比，交换银行的号次没有变化，数量也相差无几。只不过伪中储行取代了原元号中央银行，说明交换银行相对是比较稳定的。

应该指出的是，这一阶段加入交换的银行数量由缓慢增加到剧增与太平洋战争前后上海金融业的畸形发展是相吻合的。抗战发生，银钱业业务一度萎缩，有少数行庄且因维持匪易，先后停业。迨战事内移，上海人口骤增，市面逐渐繁荣，银钱业业务始稍转机。太平洋战争后，英美银行停业，外行存款相率流入华商银行，行庄存款因之大增。一般富商巨贾鉴于游资充斥，吸收存款较易，相率创办银行、钱庄，一面为本身事业打算，一面利用游资图利。[①]因而，新设的银行和钱庄家数不断增加，上海商业银行之增设一时如雨后春笋，仅1942年上半年新设立的银行就有14家之多。抗日战争前，上海的银行、钱庄、信托公司的家数分别为83家、48家和6家，而到抗日战争结束时则分别增加到195家、226家和20家，增加情况实堪惊人。为了巧立名目，几乎什么行业都有银行，名称往往只有一字之差。正如当时有人讽刺的，除了没有"棺材业银行"外，恐怕所有行业的名字都用上了，可见滥设银行情况严重之一斑。整个金融业除少数支持工商业所需资金外，绝大部分则从事投机业务。[②]因此，由于太平洋战争后上海银行业的畸形繁荣导致1942年5月到1943年3月这一时期加入交换的银行增长最为迅猛。

在委托代理交换银行数量剧增的同时，退出交换的银行仅有几家，即1938年10月通和银行（28号）、1940年5月钱业准备库和1945年4月民孚银行（52/1）退出交换或委托代理交换。另外，有几家银行因由委托代理交换变为直接交换银行，从而造成此消彼长，如1938年4月广东银行由委托代理交换银行（壬号）恢复为交换银行（23号）；1939年1月永大银行由委托代理交换银行（戊号）递补为交换银行（42号）。可见，加入交换的银行是有增无减，一直保持快速增长的态势。

（二）交换数额的变化

票据交换各项数额的消长变化不仅直接反映上海票据交换所的业务状况，也一定程度上体现了当时上海金融业的畸形繁荣。1937—1945年各项票据交

[①] 中国人民银行上海市分行编：《上海钱庄史料》，上海人民出版社1960年3月版，第287页。

[②] 参见寿进文：《战时中国的银行业》，1944年1月初版，第67页；洪葭管：《中国金融史》，西南财经大学出版社2001年2月版，第327页；盛慕杰：《旧上海金融业综述》，《上海文史资料第六十辑·旧上海的金融界》，上海人民出版社1988年8月版；钱承绪：《中国金融之组织：战前与战后》，中国经济研究会1941年版，第53—57页。

换数据如下表所示：

表2—5　1937—1945年上海票据交换所票据交换数额统计表

（金额单位：法币元/1942年6月始为中储券）

类别 年份		本年交换 金额总数	本年交换 票据张数	本年代收金额	本年代收 张数
1937年		5,808,128,309.49	2,396,617	913,549,095.08	1,004,683
1938年		2,176,335,120.89	1,423,501	485,851,818.51	435,577
1939年		5,031,003,127.92	2,348,770	830,923,121.62	515,758
1940年		11,080,089,722.44	3,115,442	3,838,350,611.83	1,058,945
1941年		15,290,652,878.94	3,090,149	18,084,467,596.50	3,064,665
1942年	1—5月	4,086,201,619.99	645,777	8,055,711,928.82	837,932
	6月始	8,397,533,971.62	858,584	11,123,490,927.39	1,001,634
1943年		57,709,631,757.11	2,643,758	82,910,560,148.95	3,103,766
1944年		258,700,980,947.95	3,422,827	530,600,863,981.71	5,177,398
1945年1—8月		4,091,839,382,940.53	\	\	\

资料来源：朱斯煌主编《民国经济史》，银行学会编印1948年版，第514—516页。

从表2—5明显可以看出，交换票据和代收票据数值的变动趋势，即从短暂地大幅下降到持续地上升。尽管1937年爆发抗战，但交换票据和代收票据的金额和张数仍维持在一个较高水平，略低于1936年，到1938年便急剧下降，次年，又开始迅速回升。到1941年时，交换票据、代收票据的金额已经比1939年增长了数倍，票据张数也大幅上升。1943—1945年交换票据和代收票据无论金额和张数均呈直线上升的趋势，尤其是票据交换的金额，1945年1—8月竟然高达四万亿元中储券。这不仅反映了太平洋战争后上海金融业的畸形繁荣和委托代理交换银行数量的猛增，也充分说明当时恶性通货膨胀的程度和中储券的掠夺性。

另外，从1937—1945年的票据交换指数来看与上述分析是一致的，如表10所示：

表 2—6　1937—1945 年票据交换指数表

1936 年全年平均 =100

年月		交换金额	交换张数	每张平均金额
1937 年		98.3	94.2	104.4
1938 年		35.7	55.4	64.4
1939 年		83.0	91.7	60.5
1940 年		184.2	120.8	152.5
1941 年		256.4	120.4	213.0
1942 年		224.3	66.2	338.9
1943 年		970.9	103.2	940.7
1944 年		4,412.1	135.5	3,257.1
1945 年 1 月		11,068.7	168.2	6,580.9
2 月		10,844.7	181.3	5,982.9
3 月		15,517.3	157.8	9,836.0
4 月		30,532.6	261.6	11,689.5
5 月		61,393.6	368.2	16,667.8
6 月		98,795.8	462.7	21,380.7
7 月		340,738.5	694.6	49,057.0
8 月		260,423.2	391.1	66,584.8
9 月	伪中储券	46,423.2	36.9	720.7
	法币	266.5		
10 月		751.2	12.4	6,034.6

附注：本表所列指数除特别注明外在 1942 年 3 月以前均依法币价值计算，1942 年 3 月至 5 月系依换算之伪中储券价值计算，1942 年 6 月至 1945 年 8 月均依伪中储券价值计算。
资料来源：1945 年票据交换所月报，第 10 期，上海票据交换所档案 Q52-2-17。

上表也明确显示，交换票据的各项指数先降后升，而且上升的趋势是持续的、大幅度的，但 1942 年例外，相对于前一年略有下降。1945 年 1—8 月的各月票据交换指数增长幅度，均大大超过 1944 年以前各年全年的指数。从每张票据平均金额指数来看，1945 年 8 月达到最高值 66584.8。这并不是当时工商业繁荣的表现，而是体现了中储券惊人的贬值程度。

总之，在太平洋战争前，特别是孤岛时期，尽管中、中、交等国家行局撤离上海，但上海票据交换所不仅使其业务能正常运转，而且还在很大程度上起到了稳定上海金融市场的作用。正如当时金融界人士所说"以前没有中、中、交固然不成，如今没有票据交换所就更不成了"。[①] 而太平洋战争后，由于上海票据交换所的特殊地位和作用，日伪逐步加强了对该所的控制，尽管上海票据交换所委员会也采取了积极应对措施，但最终还是不得不屈服于日伪的压力，上海票据交换所几乎完全为日伪所控制。同时伴随着这一时期上海金融业的畸形繁荣，上海票据交换所的影响和规模也随之进一步扩大。

---

① 许涤新主编：《中国企业家列传》第三册，经济日报出版社1989年5月版，第121页。

第三章
上海票据交换所的改组、拓展与停业
（1945.10 – 1949.5）

一、战后上海票据交换所的改组

（一）战后初期国民政府的金融政策

1945年8月，日本宣布无条件投降，中国人民终于赢得了抗日战争的最后胜利。日伪统治时期，沦陷区的商业银行遭到极大破坏，金融秩序处于非正常的状态。于是战后初期，国民政府通过复员、接收和清理等方式，逐步建立以国家资本银行为主体的新的金融体系。

首先，国家资本银行系统以及大后方其他金融机构重新回归上海、天津、汉口等大城市。国家资本银行中最早复员的是中央银行，1945年9月22日即告复业。随后不久中国银行、交通银行和中国农民银行也很快陆续复业。这些银行的总行或总管理处均重新回到了上海。在国家资本银行从大后方回归上海的同时，其他私人资本如四明银行、中国通商银行、中国实业银行等也于当年10月回沪复业。①

其次，接收敌伪金融机构及其财产，同时清理战时经敌伪当局批准开业的金融机构。战后，国民政府先后接收了伪中国联合准备银行、伪中央储备银行、德华银行、横滨正金银行、朝鲜银行等大批敌伪金融机构和财产，大大加强了国家资本银行的实力和垄断地位。为接收和清理收复区的金融机构，国民政府还建立专门机构，并颁行有关法规。财政部于日本宣布投降前夕，即决定分区设置财政部驻收复区财政金融特派员，建立特派员办公处。1945年8月19日颁布的《财政部派驻收复区财政金融特派员公署组织规程》规定：

---

① 李一翔：《近代中国银行与钱庄关系研究》，学林出版社2005年12月版，第266页。

<<< 第三章 上海票据交换所的改组、拓展与停业（1945.10 — 1949.5）

将全国分为7个区，其中京沪区辖南京市、上海市、江苏省、浙江省和安徽省。财政金融特派员承财政部长之命办理区内有关财政金融之敌伪财产即财务机关接收、敌伪银行资产之接收清理和区内财务及商营金融机关监督、联系、清查等事项。特派员公署于事务处理完竣时，财政部以命令撤销之。[①]9月6日，财政部又将该组织规程进行少许修改，改订为《财政部驻派驻收复区财政金融特派员办公处办事规程》，将特派员公署改为特派员办公处。9月28日，财政部又颁布了《收复区商营金融机关清理办法》和《收复区商业银行复员办法》。前者主要规定：收复区经敌伪核准设立之商业金融机关应一律停业，依照本办法规定清理。收复区商营金融机关，于本办法公布后，应即造具当日之资产负债平衡表，连同资产明细表、负债明细表即当日日计表、股东名册、董事、监察人、经理人员名册，呈送该区财政金融特派员查核，并派员监督、清理等；后者则规定：凡经财政部核准注册之银行及分支行处因抗战发生停止营业或移撤后方者，得呈经本部核准在原设地方复业等。[②]由于，抗战时期上海的银行、钱庄畸形发展尤为严重，财政部特派员办公处于10月1日专门颁行了《上海市商营银钱业清理办法》，规定各商营银行凡是领有财政部营业执照者，准予继续营业，惟仍须由行清算各该行债权债务；未领财政部执照者一律停业，并立即予以清理。领有财政部执照或经财政部核准设立之钱庄准予继续营业。而"八一三"以后成立之钱庄一律停业清理，"八一三"以前成立而未领有财政部执照者静候财政部核示办法。[③]结果宣告停业清理的有120家银行和179家钱庄。停业银行于10月1日起开始清理，凡在12月31日前未能清理完存款者，由银行公会指定继续营业的中国银行、浙江兴业银行等5家银行代办未了清理事宜。停业清理的钱庄由经钱业公会奉准指定继续营业的金源、福源、存诚三钱庄代办清偿事宜。[④]

因此，经过战后对金融业的复员、接收和清理工作，又逐步建立起以国家资本银行为主体的金融体系，上海作为全国金融中心的地位再度突显。而

---

① 中国第二历史档案馆等编：《中华民国金融法规档案资料选编》下册，北京档案出版社1989年版，第1470页。
② 中国第二历史档案馆等编：《中华民国金融法规档案资料选编》下册，北京档案出版社1989年版，第1485 — 1487页。
③ 朱斯煌主编：《民国经济史》，银行学会编印1948年版，第576页。
④ 李一翔：《近代中国银行与钱庄关系研究》，学林出版社2005年12月版，第267页。

京沪区财政金融特派员办公处实际上掌握了战后初期上海金融管理的大权。

（二）上海票据交换所改组计划的产生和法币本位的恢复

抗战胜利之初，对于是否接收上海票据交换所存在意见分歧。朱博泉先生曾回忆："中央银行为了扩大它垄断金融的势力，在重庆时中央银行已经策划好，一旦抗战胜利回到上海，立即着手接收票据交换所，这人选也已基本内定，并觅定新址，准备建造新交换场，另开新账。日本投降后，中央银行立即迁回上海。中央银行副总裁陈行兼任财政金融特派员，他向财政部长俞鸿钧汇报关于接收票据交换所的意见。俞对于是否要接收票据交换所，没有定见，既然陈行表示要接收，他也表示基本赞同。"不久，"贝淞荪受任中央银行总裁，兼管接收票据交换所事宜。贝原来是中国银行总经理兼上海分行经理，他与商业银行渊源较深，因此他的主张与陈行不同，认为不宜过多地干预商业银行组织创办起来的票据交换所，最好仍由民间办理。张公权也支持这一主张，因此迟迟未动。贝淞荪与李馥荪交谊素深，于是他写信给尚在美国的李馥荪征求意见。李不久回国，仍担任上海银行业同业公会理事长及浙江第一银行董事长兼总经理。关于是否接收票据交换所一事，两人意见一致，都不赞成接收，后来与宋子文交换意见，宋也同意。在他们的影响下，陈行改变了计划，只改组票据交换所委员会。原来票据交换所职工听到要接收，大家惊恐异常，害怕失业降临。后来获悉不接收了，机构人员保持原状，一场虚惊，烟消云散"。[①]

另据朱博泉回忆，票据交换所之所以未被接收其原因主要是：第一，贝、李两人都是交换所创办人，交换所在经营中取得了很多成绩，对它已有一定感情，当然要维护自己亲手创办起来的事业。如果当时的财政部长仍是孔祥熙，中央银行总裁也是孔系人物，那么，交换所的处境又是另一种局面，肯定被接收无疑。第二，中央银行在抗战期间极力扩展垄断金融势力，已经控制了中、交两行和"小四行"，因此商业银行对它颇具戒心。李馥荪是银行公会理事长，代表商业银行利益。如果中央银行从接收票据交换所打开缺口，将来进一步干预商业银行，对商业银行威胁殊大，此着不可不防。所以李馥

[①] 朱博泉：《记上海票据交换所》，《20世纪上海文史资料文库第5辑》，第246—248页。

第三章　上海票据交换所的改组、拓展与停业（1945.10—1949.5）

荪维护了交换所，也是维护了商业银行，有识之士不难窥测其中奥秘。①

上述朱博泉的回忆很清晰地展现了战后金融当局对接收上海票据交换所存在极大的意见分歧。陈行力主接收，另设一交换场所。俞鸿钧也表示基本赞同。而江浙金融资产阶级的代表人物贝淞荪、李馥荪和张公权等则坚决反对接收，并得到宋子文的支持。因而，两派力量一对比，显然反对意见占据优势。最后双方只能实施一个相互妥协的方案，即对原上海票据交换所进行改组。尽管上海票据交换所并没有被接收，但金融管理当局却由此开始介入上海的票据交换事务。

与此同时，上海票据交换所依据金融管理当局的要求，采取多种措施消除日伪对票据交换制度的影响，并逐渐把票据交换的货币单位恢复为法币。1945年9月14日，票据交换所通函各行："查本会甲乙组交换行交换差额转账申请事宜原系由伪中储行上海分行办理，兹以伪中储行业于本月13日经财政部派员接收，听候处理，在此过渡时期，同业收解不能一日或停，经由本会具领转发，应请各行迅速即开具本月12日支中储行转账申请书，来会具领，同时为便利同业收付起见，并请即日派员来会开立伪中储行临时清算户，所有各行伪中储券交换差额转账事宜自开户日起，即由本会暂就临时清算户办理。"②9月17日，上海票据交换所又订定如下恢复法币本位的办法：

（1）本会于9月18日起，恢复法币本位之票据及代收票据事宜。

（2）在伪中储券尚未停止流通时，各同业自己及其顾客为清理其原有存欠起见，暂时自必尚有伪券本位之票据收付，在此期间，所有伪券本位之票据交换（称"伪中储券票据清理交换"）及代收事宜，暂仍继续办理。

（3）交换及送票时间一律照旧。

（4）各交换行（即"甲组交换行"、各委托代理交换行，包括"乙组交换银行"）及往来同业，应请即日向会开立法币本位之往来户，为交换差额及托收票据款项收付之需。

---

① 朱博泉：《记上海票据交换所》，《中华文史资料文库·经济工商编》第十四卷，中国文史出版社1996年版，第456页。
② 票字第352号通函（1945年9月14日），上海票据交换所档案 Q52-2-17。

（5）委托代理交换银行之"乙组交换银行"托收法币本位票据，暂照往来同业托收方法办理。

（6）各同业向本会开立法币本位往来户，其往来款项之存入与支出，由会发给法币本位之送款簿与往来户支票，前项支票仅充同业转账之用，不得向外开发。

（7）各同业提出交换或送会代收之票据，对于法币本位及伪券本位，均应仔细分别整理，分别托收。①

10月1日，上海票据交换所又进一步作出如下规定：

（1）伪中储券本位之票据交换，于即日起停止办理。

（2）为使各交换银行及其他同业对伪债权债务之清理工作获得便利起见，各该同业应收伪币票据，除停业同业应付票据，均由本会暂为代收。

（3）现已遵令停业清理各同业应付票据，本会于即日起停止代收。

（4）预备交换集团内参加单位，多数业已遵令停业清理，所有预备交换，即日起停业办理。凡预备交换集团内同业，除业已停业清理者外，其应收票据暂由会照往来停业手续办理。②

由此可见，该所从9月18日起恢复法币票据交换，但伪币票据交换仍可以继续办理，并未立即废除。直到10月1日才规定停止办理伪币票据交换，之后同业应收伪币票据还可以由联准会代收。从而有助于恢复法币票据交换，逐步消除伪币票据。

（三）上海票据交换所改组方案的出台与实施

抗战胜利后，金融当局利用对上海金融业的接收和清理这一时机对上海票据交换所进行改组，将原有的三个交换中心合而为一，从而建立起全市统一的票据交换制度。战后上海票据交换所的改组方案是由中央银行副总裁、京沪区财政金融特派员陈行拟订出来的。10月8日，京沪区财政金融特派员办公处财特字第357号公函明确提出：

---

① 票字第353号通函（1945年9月17日），上海票据交换所档案 Q52-2-17。
② 票字第361号通函（1945年10月1日），上海票据交换所档案 Q52-2-17。

<<< 第三章 上海票据交换所的改组、拓展与停业（1945.10 — 1949.5）

查上海敌伪核准设立之金融机关已遵照部颁清理办法停业清理，现在继续营业之银行、钱庄各有票据交换所，至今仍在自办交换。中央银行有控制金融之责，对于票据交换极应加以管理，兹规定办法：①将原有银钱两业票据交换所合并；②四行两局及外商银行一律参加交换；③票据交换所应另组委员会，以中央银行代表为主任委员；④各行庄间交换余额的划拨结算集中于中央银行办理。①

随后，陈行又致电财政部长俞鸿钧："……票据交换所即行合并，四行两局一律参加，外商银行亦许加入，另组委员会，以中央银行代表为主任委员，所有各行庄间交换余额之划拨结算集中于中央银行办理，以符原则而资管制，当荷赞同，特先电陈。"②同时陈行将其拟订的这一改组计划密电财政部。10月18日，财政部批复："在复员期间暂准照办，将来仍应偿付规定由国家银行主办，特复。"③京沪区财政金融特派员办公处又将票据交换所改组及拟订的四项办法等致函中央银行。不久，中央银行公布实施《中央银行暂行委托上海票据交换所办理票据交换规则》，明确指出：依据财政部特派员规定原则暂设上海票据交换所委员会，并委托上海银行业同业公会及上海钱业同业公会合组之上海票据交换所办理全市金融业票据交换事宜，并对有关委员会的设置、交换行庄、交换方法等作出原则性的规定。④由于中央银行代表之人选迟迟尚未派出，一切改组手续及将来交换所所员资格等重要先决问题无从谈起，陈朵如因此特于10月18日晨访晤中央银行李骏耀局长，得知中央银行代表由其本人担任，即日会有相关通知。10月19日，中央银行致函上海银行业同业公会，指出："自当查明，照办法（即财特字第357号）第一项合并以后，本市同业票据交换事宜暂由本行委托票据交换所代为办理。"⑤很显然，金融管理当局在原有上海票据交换所的基础上进行改组、合并，钱庄和外商银行也必须全部加入，目的在于使改组后上海票据交换所成为全市唯一的票据交换机构，

---

① 关于改组票据交换所情形抄录陈报函底一件，上海票据交换所档案S180-1-15。
② 本所成立改组的有关文书及章程、委员名单，上海票据交换所档案S180-1-15。
③ 重庆财政部来电（1945年10月18日），上海票据交换所档案S180-1-15。
④ 中国第二历史档案馆等编：《中华民国金融法规档案资料选编》（下册），档案出版社1992年版，第927页。
⑤ 中央银行业务局致银行业同业公会函（1945年10月19日），上海银行公会档案S173-1-170。

从而有利于加强对金融业的管理。

改组计划出台不久，特派员办公处即对加入票据交换所的行庄公司进行了审核。当时，上海市领有财政部营业执照之银行计有66家，领有财政部登记之营业执照或批准设立之钱庄计16家及信托公司7家，名单分别如下：

银行：浙江兴业、浙江实业、泰和兴、盐业、中孚、上海、四明、中华、金城、新华信托、东莱、大陆、永亨、中国实业、中通、中南、国华、中国垦业、中汇、中国农工、国货、中华劝工、上海绸业、中国企业、永大、上海女子、四川美丰、川康平民、浦东、至中、正明、农商、恒利、惠中、中和、亚洲、惇叙、上海煤业、民孚、光华、建华、和成、大来、浙江建业、统原、大康、川盐、重庆、谦泰、大中、中庸、嘉定、上海亚西实业、大公、安华、和泰、光中、华懋、中贸、永丰、辛泰、上海铁业、国信、永泰、大亚、聚兴诚。

钱庄：福利、汇大、永隆、同康、信中、信和、宝昌、慎德、嘉昶、其昌、存诚、泰来、敦裕、金源、怡和、滋康。

信托公司：中国、通易、生大、东南、通汇、和祥。①

以上银钱两业共计82家及信托公司7家是应完全有资格加入交换的。上海银行公会整理委员会②经开具各行庄名单一份函请陈特派员核示完后，旋奉其面谕，银行名单除安华商业银行经检查组核查执照不明应暂停营业外，其余65家准加入交换。钱庄名单除未领有财政部执照之钱庄32家③暂不加入交

---

① 上海票据交换所有关外商银行参加票据直接交换和代理交换等的事务性文件，上海票据交换所档案 S180–2–184。
② 日本宣布投降不久，上海市社会局委派徐寄庼、杜月笙、陈朵如、王延松五人为整理委员，并指派李鞿哉充任秘书长，于10月16日成立上海市银行商业同业公会整理委员会，并遵令推定徐寄庼为常务委员，后又加派范鹤言和潘世杰为整理委员。应行接收之前上海市银行业同业公会图章档案卷宗财产等项，完全点收造册呈报主管机关备案后，即开始整理，首将内部机构恢复1943年6月以前原状，办事人员亦予以调整，同时遵照上海市社会局同业公会整理通则各项规定，制备登记表，分发各核准继续营业之银行办理登记，并拟订各项章程草案。经接收整理后，上海市银行商业同业公会于1946年3月正式成立。
③ 这32家钱庄是：安康、怡大、致群、宝丰、庆成、同润、惠昌、存德、鼎康、顺康、信裕、振泰、均昌、五丰、安裕、义昌、衡通、信孚、均泰、庆大、福康、赓裕、元盛、聚康、福源、滋丰、仁昶、征祥、建昌、元成、永庆、裕康。

第三章 上海票据交换所的改组、拓展与停业（1945.10—1949.5）

换外，其余钱庄16家及信托公司7家准加入交换，并以安康钱庄等32家暂不交换，似陷于停业状态，经银钱两业代表研究结果，拟先由交换所代为交换，即经陈奉陈特派员批"可照办"。银行公会整理委员会即着手组成上海票据交换所委员会，以李骏耀为当然主任委员，所有会员除洋商银行俟将来复业后再行列入外，本国银行、钱庄各委员名单经陈奉陈特派员批可后，即于10月18日召开第一次上海票据交换所委员会，议决事项如下：

（1）为目前银钱两业似陷于停顿状态，票据交换刻不容缓，若即由本行（即指中央银行）办理，因沪地银钱行庄过多，每日票据交换据以往经验，手续及时间两有不及，兹为适应环境事实兼顾起见，拟皆由本行委托银钱两业公会合并组织票据交换所代办交换手续。

（2）交换号数皆定为40号，除四行两局及市银行各得1号外，并预留数号备外商银行复业后加入交换外，其余银行派得20号，钱庄业派得5号，由该两公会自行分配。其派得交换号次之行庄向本行直接开户，以凭办理交换余额之划拨结算，至未派得交换号行庄由各该行庄向交换所开立往来户，委托代办票据交换，但各该行庄每日交换所余头应由交换所立户如数存入本行，以符办法第4条集中本行之规定。①

10月19日，中央银行将核准继续营业之银行名单致函上海银行公会整理委员会，根据这一名单，该整理委员会确定了上海票据交换所交换银行号数的分配，选定浙江兴业、浙江实业、上海、盐业、中孚、金城、新华信托、东莱、大陆、永亨、中南、国华、中国垦业、中国农工、聚兴诚、中汇、中华劝工、中国企业和上海绸业19家为交换银行，并于10月22日函致上海票据交换所委员会。②尽管银行可以分得20个交换席次，但该整理委员会只确定了19个交换银行。而经核准可以加入交换的16家钱庄，因其只有5个交换席次，10月23日，经过上海钱业公会整理委员会③的讨论确定其中5家，即金源、滋康、敦裕、其昌及存诚列入交换行庄，按照上海票据交换所分配好的交换

---

① 关于改组票据交换所情形抄录陈报函底一件，上海票据交换所档案S180-1-15。
② 复致上海票据交换所委员会函（1945年10月22日），上海银行公会档案S173-1-170。
③ 抗战胜利后奉令整理上海钱业公会，于1945年10月15日成立上海市钱业公会整理委员会，1946年2月正式产生理监事，由沈日新担任理事长。

号次，分别编定为第41—45号，其余11家均列入代理交换行庄。①

由上可知，改组后的上海票据交换所，实际是由中央银行委托其办理上海全市的票据交换事务，并确定整个交换号次为40号，其中官办行局分得7个席位，银行分得20个席位，而钱业只有5个席位，因外商银行此时尚未复业仍未加入交换。

还值得注意的是，上海票据交换所在改组前，除抗战时期受日伪控制外，一直处在自然演进的状态，很少受到政府直接干预。因此，这一改组计划的实施对于建立一个全市统一的票据交换机构具有十分重要的意义。

二、新上海票据交换所的开业及其规模的拓展

在银钱业确定了各自的交换行庄之后，接下来便是一些具体的筹备工作，如交换号次的重新排定、各项交换时间及具体交换手续的厘定等。10月26日，上海票据交换所以所字第1号函通告各交换行庄：现已组织就绪，将交换行庄席次重行编定，定于1945年11月1日开始举行交换，并规定：

（1）每日票据交换时间定为下午2时整（凡各行庄顾客存入当日他行庄付款票据，在当日中午12时前存入者，概收当日之账，逾12时存入者，收次日之账）。

（2）各交换行庄应于10月31日前向中央银行开立存款户，为交换差额收付之需，其原在准备会存有款项者应结清销户。

（3）各交换行庄应于10月31日前派定交换员2人，并将其姓名、签章等函报本所存验。

（4）各交换行庄提出交换票据应一律在票据正面加盖"某行庄某年某月某日提出交换"字样之戳记，此项戳已由本所代制，当连同各行庄应用之交换差额计算表另行发送。

（5）交换行庄之加入手续，俟交换章程订定后补办。②

---

① 上海市钱业公会整理委员会致上海票据交换所函（1945年10月23日），上海票据交换所档案 S180-1-15。

② 上海票据交换所发各交换行庄通函（1945年10月22日），上海票据交换所档案 S180-1-15。

第三章　上海票据交换所的改组、拓展与停业（1945.10—1949.5）

对于交换行庄的号次，该所并没有沿用战前的交换号次，而是进行了重新编定。在10月18日召开的上海票据交换所委员会第一次会议上曾有委员认为"各银行原有之交换号码早已印就，若完全作废重编，不但消耗物力，且印刷需时，应暂时沿用旧号"，但会议还是决定"为求彻底改组起见，应一律予以重编，以昭郑重"。① 交换银行重新编定的号次如下：

表3—1　交换行庄重新编号名单

交换银行	号次	交换银行	号次	交换银行	号次	交换银行	号次
中央	元	中国国货	10	大陆	20	上海绸业	30
中国	1	江苏	11	永亨	21	金源钱庄	41
交通	2	浙江兴业	12	中南	22	滋康钱庄	.42
中国农民	3	浙江实业	13	国华	23	敦裕钱庄	43
中央信托局	4	上海	14	中国垦业	24	其昌钱庄	44
邮政储金汇业局	5	盐业	15	中国农工	25	存诚钱庄	45
上海市	6	中孚	16	聚兴诚	26	交换所	50
中通	7	金城	17	中汇	27		
中国实业	8	新华信托	18	中华劝工	28		
四明	9	东莱	19	中国企业	29		

资料来源：《1946年上海市年鉴》，第J24—J25页。

从上述名单来看，改组后的交换银行虽然都是原有的交换银行，但发生了很大变化，主要表现在：原有的交换号数均经变更，如浙兴、浙实、上海三行原来是3号、4号、5号，现在改为12号、13号、14号了。有几家实在是没有资格或不必要去取得交换号数，徒然因为政治的或人事的关系新取得或保留了一个号数，而原有的交换号次的四行储蓄会、中兴银行、永大银行、中一信托公司等9家，反屈居代理交换之列。②

同日，又发布所字第2号通函："核定交换所代理交换各行庄及信托公司之交换号次，分别编定，仍以第50号为总号，另再编列分号（代理交换行庄详见表3—2）"，并订定：

---

① 上海票据交换所委员会第一次会议录（1945年10月18日），上海票据交换所档案 S180-2-184。
② 盛慕杰：《上海票据交换制度的统一和改进》，《工商月刊》1946年第1期，1946年8月15日。

（1）凡本所代理交换行庄公司均应于10月31日以前向本所另开立往来户。

（2）自11月1日起，本所为全体本所代理交换行庄公司开始代理交换，应请于10月29日以前，派定交换员2人，来本所接洽关于交换票据之处理手续等事项，交换员之姓名、印鉴请先函报本所存验。

（3）委托行庄公司提出交换及托收之一切票据，均应于票据正面加盖"某行庄（或公司）某年某月某日提出交换"字样之戳记（上述交换戳记及各种应用表单等，均由本所定制，另行发送）。

（4）各委托代理行庄公司应收之（甲）交换行庄付款票据及（乙）其他委托代理行庄付款票据，均应依付款行庄公司及交换号次分别整理开具"清单"及"码单"，用送款单送交本所，其（甲）类票据由本所提出交换，其（乙）类票据由本所分别代收。

（5）所有本所代理交换行庄公司对本所应办之委托手续均俟票据交换章程订立后补办。①

表3－2　代理交换行庄公司重新编号名单

行庄名称	号次	行庄名称	号次	行庄名称	号次	行庄名称	号次
四行储蓄会	1	大公	25	东南信托	49	滋丰钱庄	73
上海女子	2	中贸	26	上海信托	50	庆大钱庄	74
中华	3	光中	27	和祥信托	51	庆成钱庄	75
永大	4	永丰	28	生大信托	52	鼎康钱庄	76
四川美丰	5	华懋	29	元盛钱庄	53	征祥钱庄	77
江苏农民	6	嘉定	30	五丰钱庄	54	衡通钱庄	78
浦东	7	谦泰	31	仁昶钱庄	55	宝丰钱庄	79
川康平民	8	和泰	32	安康钱庄	56	建昌钱庄	80
农商	9	统原	33	安裕钱庄	57	福利钱庄	81
正明	10	上海铁业	34	存德钱庄	58	慎德钱庄	82
上海煤业	11	大来	35	同润钱庄	59	怡和钱庄	83
恒利	12	国信	36	均昌钱庄	60	信中钱庄	84

① 所字第二号通函（1945年10月26日），上海票据交换所档案 Q52-2-17。

第三章 上海票据交换所的改组、拓展与停业（1945.10—1949.5）

续表

行庄名称	号次	行庄名称	号次	行庄名称	号次	行庄名称	号次
惠中	13	上海亚西实业	37	均泰钱庄	61	信和钱庄	85
惇叙	14	大亚	38	惠昌钱庄	62	永隆钱庄	86
至中	15	辛泰	39	怡大钱庄	63	宝昌钱庄	87
中和	16	川盐	40	信孚钱庄	64	同康钱庄	88
和成	17	泰和兴	41	信裕钱庄	65	泰来钱庄	89
亚洲	18	中庸	42	致祥钱庄	66	汇大钱庄	90
浙江建业	19	永泰	43	振泰钱庄	67	嘉昶钱庄	91
光华	20	民孚	44	顺康钱庄	68	聚康钱庄	92
建华	21	安华	45	义昌钱庄	69	元成钱庄	93
大康	22	通易信托	46	福康钱庄	70	裕康钱庄	94
大中	23	通汇信托	47	福源钱庄	71	永庆钱庄	95
重庆	24	中国信托	48	赓源钱庄	72		

附注：代理交换行庄公司都以上海票据交换所50号为总号。
资料来源：1945年上海票据交换所月报，第10期，上海票据交换所档案Q52-2-17。

与此同时，还确定了上海票据交换所的经理、副经理和襄理等重要职员的人选。经陈特派员批准，经理一职是由原经理陈朵如暂时代理的，副经理业由中央银行业务局指派胡耀宗暂行兼代。经签奉财政部陈特派员批准，并增聘陈棣如为代理副经理，王琪甫、叶占椿为代理襄理。上述四人均于11月1日到职。①

在金融管理当局的督促和各方配合下，交换行庄和代理交换行庄的审核、席次的分配、上海票据交换所重要职员的选定等均已相继完成，并决定仍采取战前之定时交换制度，即直接交换和送票交换（或称委托代理交换）相结合的方法。交换手续之厘定，交换场所之设置，皆不数日而全部竣事。1945年11月1日，改组后的新上海票据交换所在原上海票据交换所旧址（香港路59号）正式成立，并于是日下午2时举行首次交换。参加交换行庄36家（上海票据交换所本身除外），代理96家。交换行庄以直接交换方法办

---

① 转发各交换行庄、本所代理交换行庄函（1945年11月1日），上海票据交换所档案S180-1-15。

理交换，交换所代理交换行庄一切应收票据，皆由各该行庄送交换所由该所代办提示及交换计算事务，凡交换行庄应收代理交换行庄票据，则均视为第50号（交换所）应付票据，在交换场向该所提出交换。是日交换总数计金额2,218,540,910.96元，票据6731张。①

1945年12月，外商银行也先后加入到票据交换所。12月8日，花旗银行、汇丰银行、麦加利银行最先申请加入票据交换所，被编定交换号次为46号、47号、48号，并定于12月10日起准该三行参加直接交换。12月10日，大通、友邦、有利、华比、荷兰五家外商银行又分别申请加入票据交换所。只有大通银行准予列入交换行庄，号次定为49号，其他四行均列入代理交换，其号次分别被编定为50/101、50/102、50/103、50/104，并于12月12日开始实行。12月11日，荷国安达银行申请加入交换，定于12月13日由交换所代理该行票据交换，其号次为50/105。② 至此，已经有9家外商银行加入到票据交换所，其中4家列入直接交换，使得上海票据交换所的直接交换席次扩大到40席，也使交换范围扩大到外商银行，上海票据交换所真正成为了全市统一的票据交换清算机构，"为票据交换史上开一新纪元"。③

此外，票据交换所委员会还议决另外再分给钱业10个直接交换号次。1946年2月16日，钱业公会致函票据交换所："查贵会前经议决以直接交换号次10个分配于敝会所属战前设立32家会员庄在案，兹因该32家业经呈请财政部补行注册，所有上项10个交换号次之分配办法，现经该会员钱庄等全体集议曾经决定按照上年11月票据交换所成立之日起至本年1月份止之交换票据金额及张数之多寡为标准，兹将最多数之10家会员庄名次序列于后，计开宝丰、福源、安裕、福康、惠昌、顺康、信裕、同润、聚康、征祥为特备函，并将该庄编号。"④2月25日，经票据交换所委员会第四次会议讨论后决定"为免各代理行庄要求增补起见，准照该公会规定各庄次序先予分配"。⑤3月1日，票据交换所遵照决议把钱业确定的10家钱庄由代理交换改为直接交换，分别

---

① 票据交换所报告书（1946年），上海档案馆藏档，上海钱业公会档案S174-2-231。
② 1945年上海票据交换所交换月报，第12期，上海票据交换所档案Q52-2-17。
③ 居逸鸿：《上海银钱业联合准备库及票据交换之沿革》，见朱斯煌主编：《民国经济史》，银行学会编印1948年版，第27页。
④ 所字第35号通函（1946年3月1日），上海票据交换所档案Q52-2-18。
⑤ 票据交换所委员会第四次会议录（1946年2月25日），上海票据交换所档案S180-1-1。

编定交换号次为31号至40号,并通函各交换行庄。① 因此,钱业在交换所的直接交换席次已经增加到了15个,而整个上海票据交换所的交换号次也因此增加到50个。

总之,上海票据交换所改组后,彻底结束了原先分裂的状态,外商银行和钱庄也全部加入交换,直接交换行庄的数量已增加到50个,而且代理交换行庄数量的增长之快也是前所未有的,因此,改组后成立的新上海票据交换所其规模可谓大大拓展,成为一个在中央银行监督之下相对独立的票据清算机构。

三、上海票据交换所的附属机构与外延机构

(一)职工子女教育补助金委员会

1947年2月13日,经理曹吉如致函常务委员指出:"本市物价日趋高涨,本所职工平时薪给收入维持日常开支间有尚感不敷者,致子女教育费用多须出之以借贷,方令市面利率高昂,负担之增非但力有不胜,抑足使精神上感受莫大痛苦,经调查中国、交通、浙江实业、新华等同业对于职工子女教育费大都订有补助办法,行之有年,职员家庭负担方面极资裨补,本所为安定职工生活起见,拟参酌该同业等现行办法即日设立本所职工子女教育补助金委员会,由经理指定甲乙组职员若干人充任委员,拟订细则专司其事,所有补助费用,拟就本所开支项下拨付之,再查本所职工子女本学期在学人数在本市就学者,计大学1人,高中1人,初中1人,小学75人,在外埠就学者,计高中1人,初中1人,小学20人,均拟照本市教职员商经市政府洽定之本学期学费标准,高中30万元,初中25万元,小学16万元(大学学费大约在45万元左右),计算之,共计需费2120万元,拟由本所各支五成,则半年总数约需1060万元,每月平均约计170余万元,在所方支出之数似不甚巨,在职工则受惠匪浅。"② 这一计划当即得到秦润卿、陈朵如等常务委员的赞同。2月17日,正式确定了该所职工子女教育补助审核委员会的委员,函请胡耀宗副经理、叶占椿襄理、罗志超主任、许绳祖主任、费仰山主任担任,即日已经

---

① 所字第35号通函(1946年3月1日),上海票据交换所档案 Q52-2-18。
② 曹经理上常务委员函(1947年2月13日),上海票据交换所档案 S180-1-9。

就任。①3月26日，在该所第一届执行委员会第四次会议上提请追认"本所职工子女教育补助办法案"，正式获得通过。

上述上海票据交换所职工子女教育费补助办法，对补助对象、要求等规定如下：

（1）凡本所员工得为其已正式入学之子女受领教育补助金，但子女达入学年龄而未正式入学者或在补习学校肆业者不在此列。

（2）此项补助金分为大学、中学、小学3种，于每学期开学前1个月由委员会调查政府规定之各级学校收费标准之半数列表送请经理决定之。

（3）此项补助金以每一学期为一单位由所按月平均支给。

（4）如果成绩不及格得停止或减少其补助金，成绩特殊优良者得增加之，遭受停止或减少补助金之同人子女仍得将其学校成绩随时送交总务科，送请审核委员会审查，如经审查其成绩或品行恢复优秀时，得陈准经理许其再行受领补助金。

（5）本所员工进所不满1年者，不得申请子女助学金，1年以上者不满2年者申请助学子女以1人为限，2年以上不满3年者2人为限，3年以上者人数不加限制。②

按照上述规定，第一次受领教育补助金之职工子女共计77人，补助金总数共计729万元，每月平均约计120万元。

不难看出，补助金发放以员工进所年限和子女成绩优劣作为标准，既达到了助学的目的，也激励了员工自身。而对于该所来说，并未增加太大的支出负担。自设立后到上海解放前，一直是一个常设性的附属机构，成为该所职工的一种保障机制，解除了该所职工的后顾之忧，更能发挥其工作的积极性。

（二）上海票据交换所实务研究委员会

1. 设立的缘由及经过

上海票据交换所曾专门设有咨询委员，以便对票据交换技术随时进行咨

---

① 本所设立职工子女教育补助金委员会的有关文书，上海票据交换所档案 S180-1-9。
② 上海票据交换所第一届执行委员会第四次会议（1947年3月26日），上海票据交换所档案 S180-1-2。

第三章　上海票据交换所的改组、拓展与停业（1945.10—1949.5）

询和指导。这些咨询委员是1946年8月由银钱两公会函聘，其中银行业39人、信托业2人、钱业20人，具体名单及其所在行庄如下：

银行业：胡为荩（川盐）、陆允升（中贸）、金采生（茂华）、凤柱楣（东莱）、郑筱舟（国信）、徐国懋（金城）、王延松（上海绸业）、叶起凤（中国企业）、朱禹九（中汇）、金观贤（浙江建业）、龚荣棣（永大）、韩向恫（江苏）、袁同人（大陆）、刘聘三（中华劝工）、谢菊曾（中国垦业）、凌云岐（国货）、周汉桢（谦泰）、周幼墨（中兴）、翟温桥（工矿）、孙瑞璜（新华）、容永保（广东）、徐谢康（上海）、叶露园（四明）、刘渐陆（国华）、张伯纶（浦东）、王酌清（中国实业）、罗伯康（中华）、俞寿松（大公）、袁尹村（聚兴诚）、王尔藩（大中）、沈长明（中南）、程俊观（江海）、项叔翔（浙江兴业）、赵英（江苏农民）、谢慈寿（至中）、蔡松甫（悖叙）、汪耦堂（川康）、沈天梦（农工）、崔衍明（泰和兴）

信托业：田越民（上海信托公司）、陈子绳（中一信托公司）

钱业：沈日新（存诚）、徐文卿（福源）、王仰苏（均泰）、朱旭昌（福利）、夏杏芳（金源）、裴鉴德（同润）、陈鸿卿（卫通）、施寿麟（滋康）、张文波（存德）、叶秀纯（庆大）、刘召棠（安裕）、陆书臣（顺康）、邹樟（敦裕）、沈浩生（宝丰）、程兆荣（其昌）、陈笠珊（宝昌）、刘兆丰（美丰）、傅廷绪（信裕）、胡克家（信孚）、赖善吕（永庆钱庄上海分庄）。①

这些咨询委员多为对票据交换业务素有研究之人，其中大部分还兼任各行庄公司的主要负责人。长期以来，咨询委员为该所交换技术的改进和提高发挥了重要作用。

然而，咨询委员们自身的事务多很繁忙，所以对于交换实务不能集中精力及充分时间去过问，而目前该所在手续上和技术上需要各行庄共同研究，加以改进。为此，1948年2月28日，上海票据交换所第一届执行委员会第8

---

① 本所成立、改组的有关文书及章程、委员名单，上海票据交换所档案 S180-1-15。

次会议提出："本所现在之交换制度不但和战前银行业票据交换所情形不同，和纽约英伦交换所情形也迥异，为求现行制度更进一步的发展计，以及手续上技术应兴应革起见，不得不多多地集思广益，拟在咨询委员之外，另行聘请各行庄主管票据交换事宜的高级职员组织一个交换实务研究委员会，每月举行常会一次，以便对本所现行制度可作不断的改进"，① 并对拟具好的上海票据交换所实务研究委员规程草案11条进行公决，决议修正通过。3月9日，上海票据交换所实务研究委员会举行了第一次会议，宣告其正式成立。②

2. 组织机构与运作

上海票据交换所实务研究委员会，秉承该所执行委员会意旨研究交换上各项技术，以改进该所处理票据交换事宜。根据该所实务研究委员会规程的有关规定，该委员会设委员11人，由票据交换所主任委员遴选聘任之，其人员分配为：银行业代表5人，钱商业代表2人，信托公司代表2人，交换所代表2人，并设秘书1人，由交换所主任委员聘任之。该委员会聘请的委员和秘书名单如下：

濮叔美（中国银行）、徐乐寿（新华银行）、韩宏绰（金城银行）、袁尹村（聚兴诚银行）、翁希古（云南实业银行）、章伯炎（福源钱庄）、王仰苏（钧泰钱庄）、傅桂卿（信中钱庄）、蒋炳文（上海信托公司）、曹吉如（交换所）、叶占椿（交换所），秘书为盛慕杰。③

实务研究委员会召开会议时由各委员轮流担任主席。该委员会的第一次会议就经过抽签确定了各委员轮流担任主席的次序，即曹吉如、傅桂卿、濮叔美、韩宏绰、王仰苏、叶占椿、袁尹村、徐乐寿、蒋炳文、章伯炎、翁希古。④

实务研究委员会分常会及临时会两种，常会于每月11日召集，逢星期日

---

① 上海票据交换所第一届执行委员会第八次会议记录（1948年2月28日），上海票据交换所档案 S180-1-2。

② 上海票据交换所实务研究委员会第一次会议记录（1948年3月9日），上海票据交换所档案 S180-1-7。

③ 本所设实务研究委员会的有关文书及委员会规程和委员名单，上海票据交换所档案 S180-1-8。

④ 上海票据交换所实务研究委员会第一次会议记录（1948年3月9日），上海票据交换所档案 S180-1-7。

或例假顺延。临时会得因票据交换所遇有特殊事项时，由该所经理召集之或委员中认为有应行商计事项时，经函达该所经理召集之。作出的决议应由全体委员三分之二以上出席委员三分之二以上之同意行之。实务研究委员会议时应作成议事录，由主席会同其他出席委员2人签名保存之。所有议案应送交经理提请该所执行委员会决议，但得由主任委员或常务委员先后核定施行之。关于票据交换手续之改进、票据交换技术之设计、该所各项章则之研究和该所委托之实务商讨等都是其研究的主要事项。[①]

3. 主要作用评析

上海票据交换所实务研究委员会并不是当时唯一一个金融实务研究机构，此前，已经出现过数个同类机构。例如，1932年11月17日，银行实务研究会正式成立。同年12月9日银行学会在上海成立后，银行实务研究会的一切事宜由学会接办，研究银行实务自此成为银行学会最重要的一项工作。1935年8月3日在上海成立中国保险学会，主席宋汉章。学会以研究保险学理、促进保险事业为宗旨。1945年初钱业成立上海特别市钱庄业实务研究会，以研究钱庄实务为宗旨，研究范围主要包括业务问题、会计问题、票据问题、其他业务上诸问题，是钱业仿照银行学会之制创立的。[②]除银行学会外，其他机构因其会务开展的时间不长，影响不大。银行学会研讨的问题主要为：票据（支票、本票、汇票）问题、上海市银行业业规、上海市银行业仓库营业规则、活期押款据、定期押款据、进口押汇借据、透支押据、仓库应用之各项单据等。上海票据交换所实务研究委员会则是专门为改进票据交换业务而设立的一个附属机构，具有较强的专业性。

从1948年3月9日成立到1949年4月14日，实务研究委员会共召开会议12次，其中包括两次临时会议，讨论了许多有关票据交换的实务问题，并制定了许多规则、草案等，如上海票据交换所罚金规则、退票直接交换办法草案、交换行庄错账登记处理办法、交换票据遗失补救办法等等，经执行委员会审核通过后，有些已经付诸实施，最终因为政局变动，该委员会才停止运作。因而，从其组织机构和实际运作来看，实务研究委员会显然是上海票据交换所

[①] 本所设实务研究委员会的有关文书及委员会规程和委员名单，上海票据交换所档案S180-1-8。

[②] 王艳菊：《银行学会研究（1932—1950）》，2005年复旦大学硕士学位论文。

的一个重要常设性机构，对于改进票据交换制度、促进上海票据交换所的有效运转都发挥了重要作用，是当时少有的专业性很强的金融实务研究机构。

（三）上海银钱业票据交换员联谊会

上海银钱业票据交换员联谊会并不是由上海票据交换所设立，而是由各交换行庄的交换员自行组成的，但它与上海票据交换所关系密切，可以看作是该所的一个外延机构。

早在1934年1月，盐业银行交换员郑谷侯等就发起组织"上海市票据交换员联谊会"（简称交联），以联络感情、兴革交换工作作为宗旨，当时入会的交换员共60余人。成立这样一个组织目的主要是沟通交换员之间的感情，增进彼此间的友谊，以便于解决交换工作中发生的困难。第一届全体会员大会推选盐业银行郑谷侯、四明银行洪信甫、东莱银行陆耘生、中国实业银行江叔达、中华银行姚启昌等人组成干事会。"八一三"事变以后，在交联的发起下，联合银行学会，银行业务联谊会等团体，成立"金融界同人联合会"，作为金融业抗日救国的联合组织。后来，交联又在孤岛时期继续活动，太平洋战争后，日军占领租界后交联不得不暂停活动。①

抗日战争胜利不久，交联即开始酝酿复会。1945年9月11日，在银行公会举行了一次临时大会，推举董振寰、来嗣填、徐又德、王才康、黄朝治、绍孝芳、干昌业等13人为临时负责人，经过三次临时负责人会议的积极筹备，12月24日，在银行俱乐部召开复会大会，通过了9条简短的会章，选举了7位干事和2位监察，正式宣告交联复会，并将名称改为"上海银钱业票据交换员联谊会"（简称新交联）。会址暂设在上海票据交换所内。会议选举董振寰（浙江兴业）、来嗣填（浙江实业）、黄朝治（盐业）、王才康（中国农工）、徐壬林（中央）、曾承志（中国）、周文郁（大陆）7人为第一届干事，尤毅岑（交通）、肖伯逢（大陆）2人为监察。干事互推董振寰为常务干事，不久被调离交换员岗位，被迫辞去交联职务，改选来嗣填为常务干事。② 新交联成立后，会员随着交换行庄的增加而急剧增加。复会之初，会员仅限于直接交

---

① 黄朝治等：《上海市银钱业票据交换员联谊会活动回顾》，中共上海市委党史资料征集委员会主编：《上海市金融业职工运动史料》第三辑，1990年4月。

② 黄朝治等：《上海市银钱业票据交换员联谊会活动回顾》，中共上海市委党史资料征集委员会主编：《上海市金融业职工运动史料》第三辑，1990年4月。

<<< 第三章 上海票据交换所的改组、拓展与停业（1945.10—1949.5）

换行庄，入会者只有90人，1946年3月交换行庄单位增加为130家，会员也增加到330人，到1946年底，会员增加到450多人。①

新交联的主要活动除了举行聚餐以促进会员联谊外，还开展了其他相关活动，主要有：

1. 设立票据交换效率研究会

新交联注重对如何提高票据交换效率进行研究。在会章中明确规定：本会以联络各交换员间感情，促进交换工作效率为宗旨。因此，在交联干事会领导下，设立票据交换效率研究会，从事研究。新交联的临时负责人黄朝治曾撰写了《统一上海清算制度刍议》一文，并征求其他临时负责人的意见，作了修改，发表于1945年12月出版的《银行周报》上。该文提出的一些建议，有助于当时票据交换制度的改革，也表达了广大交换员的愿望，反映较好。②

2. 为争取会员福利同上海票据交换所当局进行交涉

1946年2月11日，上海票据交换所为了减少行庄现钞收付，延长票据解行时间，相应推迟了交换时间。规定晚间8时半领取退票，以致交换员每天工作长达12小时以上，非但影响身体健康，而且有碍他们的业余活动。干事会认为事关会员切身利益，专门作了研究，决定以交联名义通函全市各行庄呼吁迅予致函票据交换所委员会据理力争，要求恢复原定下午2时交换。通函指出："目前一般商业尚未正常，投机气氛甚为浓厚，大部收付，无非是投机筹码之流动，并非正当工商之发展。推迟交换以来，现钞收解依旧繁忙，但票据数额并未增加，延迟交换殊无必要。是以应请恢复原定下午2时交换，以免各行庄人力、物力之无谓消耗"，并提出"在这个建议未获得结果前，各行庄对于交换员的待遇，应予合理调整，特许交换员于营业时间开始后3小时签到，即上午休息，以抵补晚间工作之时间，或由各行庄供给交换员晚膳、车资及另发逾时特别办公费，按该员薪金推算，自延迟交换之日（2月11日）起实行"。③

交联的通函于2月15日印发后10天左右，上海票据交换所委员会就发出通告，规定从3月初开始恢复原定下午2时交换。这一建设性的合理建议被接

---

① 黄朝治：《一年来会务之回顾与前瞻》，上海档案馆藏档 Y4-1-526。
② 黄朝治：《一年来会务之回顾与前瞻》，上海档案馆藏档 Y4-1-526。
③ 黄朝治：《一年来会务之回顾与前瞻》，上海档案馆藏档 Y4-1-526。

受了，大大鼓舞了交换员的士气。

此外，1948年2月，交换员还向交换所当局提出在交换场内添装空调设备的要求。那时票据交换所有四个交换场。第一交换场已装有空调设备，其余三个交换场还没有这种设备。在炎热的夏天，场内闷热难熬。如果打开电扇，分散排列在交换台上的票据便会被吹乱。万一吹失一张票据，交换员责任重大。王堃麟和其他几位干事便与交换员朱锡昌向交换所当局要求添装空调设备，经过一再交涉，交换所当局不得不在其他三个交换场分别装置了空调设备。①

因此，尽管交联是由交换员自行组织的，但是它对于增进交换员之间的了解、促进票据交换业务的发展等都发挥了重要作用，并迫使上海票据交换所在改变既定的交换办法时不得不考虑行庄交换员的利益。

四、解放前夕上海票据交换所的停业

上海解放前夕，由于国民政府即将覆亡，因此中央银行把本属于自己承担的职责都交由上海票据交换所自行负责，如交换行庄存款户收付、交换户余额支领现钞以及本票准备金的保管等。前两项是中央银行主持票据清算事务的基本职责，而对于本票准备金的收取与保管则是中央银行对银钱业滥发本票而采取的临时性措施。由于物价飞涨，大面额钞票的发行赶不上物价的飞腾，成捆的钞票交接、清点都比较困难，银钱业干脆发行本票来代替现钞，许多银钱业根本没有十足准备金，因而造成本票泛滥。为此，中央银行曾于1948年6月发布《防止银钱业滥发本票管理办法》，并由上海金融管理局派出人员检查各行庄的本票签发情况，该办法主要规定各行庄签发的本票必须是应客户的请示，流通在外的本票余额，必须有存放于中央银行或票据交换所的存款为十足准备。②然而，此时国民党的统治大势已去，中央银行根本无心履行它的这些职责。

1949年5月13日，中央银行业务局致函票据交换所："为交换行庄便利起见，自5月16日起，所有交换行庄交换存款户收付，统归该所办理，自第1号至第50号交换行庄，原在中央银行业务局所开存款户截至5月14日止余

---

① 黄朝治等：《上海市银钱业票据交换员联谊会活动回顾》，中共上海市委党史资料征集委员会主编：《上海市金融业职工运动史料》第三辑，1990年4月。

② 《中国银行上海分行史（1912—1949年）》，经济科学出版社1991年12月版，第181页。

额，15日止积数，均照该行业务局结数，于16日移交票据交换所，上项各户余数，应由各该行庄开具业务局支票，送由票据交换所转送业务局转账"，上海票据交换所对此作出如下规定：①自第1号至第50号各交换行庄应照上述规定于5月16日上午开具支中央银行支票存入本所开立交换存款户，为交换差额收付之需；②自5月16日起，第1号至第50号各交换行庄关于交换及会计上各项手续均依照第51号以后各行庄手续办理。①5月16日，中央银行又通知交换所"即日起各交换行庄就交换余额支领现钞及定额本票均由所办理"，该所即规定下列支领办法：①行庄来所支领现钞及定额本票时间自上午10时起至下午3时止；②行庄支领现钞及定额本票应按当日中央银行规定成数分别开具本所转账申请书；③现钞及定额本票搭配成数请于上午10时前，以电话向本所询问；④工商客户向行庄支取现钞应由行庄径行付给，不得开发本所申请书交由客户来所领取。②上述办法即经该所通函各行庄查照办理，并临时增设出纳科办理，所有办事人员在交换科办事人员中指定若干人兼任。因此，在非常时期，上海票据交换所又一次独立承担起交换存款的保管及转账等事宜，即集交换和最后清算于一身。

5月21日，银钱两公会鉴于时局严重，票据交换所责任重大，原有该所执行委员人数不齐，应付为艰，为照顾事实需要，另行设立临时管理委员会办理各项事宜。该临时管理委员会在上海解放前后这一政局剧变时期，为上海票据交换所顺利开展业务发挥了重要作用。5月25日，苏州河以南的上海市区大部分已经被解放，基于时局动荡，全市银钱同业又都在等待当局指示，暂停收付，因而上海票据交换所也不得不宣布停业。

五、交换行庄与交换数额

（一）交换行庄的迅猛膨胀

战后，由于上海票据交换所的改组，钱业与外商银行也必须全部加入交换，再加上战后上海金融业仍然处于畸形繁荣之中，而且银行业的发展速度之快令人匪夷所思。因此，这一时期该所的交换行庄的增长速度远远超过抗

---

① 本所历年票据交换报告书（1949年），上海档案馆藏档，上海票据交换所档案S180-1-12。
② 本所历年票据交换报告书（1949年），上海档案馆藏档，上海票据交换所档案S180-1-12。

战时期。战后加入交换的行庄公司日期、名称和分配的号次详见下表：

表3—3 1945年11月—1949年5月加入交换的行庄公司统计表

加入日期	加入交换的行庄公司及分配的交换号次	数量
1945年11月	江海银行50/96、国孚商业储蓄银行50/97	2
12月	浙江地方银行50/98、中大银行50/99、茂华银行50/100、花旗银行46、汇丰银行47、麦加利银行48、大通银行49、友邦银行50/101、有利银行50/102、华比银行50/103、荷兰银行50/104、荷国安达银行50/105、广东银行50/106、华侨银行50/107、东亚银行50/108、中兴银行50/109	16
1946年1月	复兴实业银行50/110	1
2月	长江实业银行50/111、中国工矿银行50/112	2
3月	光裕银行50/113、巴川银行50/114、中一信托公司50/115	3
4月	通惠实业银行50/117、四川农工银行50/118、振兴商业银行50/120、永成银行上海分行50/121、东方汇理银行50/122	5
5月	开源银行50/123、上海市兴业信托社50/124、中法工商银行50/125、台湾银行50/126、上海国民银行50/127	5
6月	云南实业银行50/128、建业银行50/129、建国银行上海分行50/116、四川建设银行上海分行50/130、昆明商业银行上海分行50/131、义丰钱庄上海分庄50/132	6
7月	松江典业银行168、春茂钱庄169、亿中企业银公司170、永庆钱庄上海分庄171、成都商业银行上海分行172 大裕银行上海分行173、兴文银行上海分行174、侨民银公司上海分公司175	8
8月	谦泰豫兴业银行上海分行176、大升钱庄177、大赍钱庄178	3
9月	大同商业银行179、生大和记钱庄180、山西裕华银行181、成大银号上海分号182、大同银行上海分行183、同心银行上海分行184、阜丰信托公司185	7
10月	春元钱庄186、两浙商业银行上海分行187、晋成钱庄188、鸿兴银行上海分行189、永昶钱庄190 恒丰钱庄191、同德钱庄192、上海源源长银行193、国安信托公司194、广新银业公司195、益华商业银行上海分行196、惠丰钱庄197、云南矿业银行上海分行198	12
11月	中孚银行51、同孚商业储蓄银行199、人丰钱庄200、怡丰银行上海分行201、益大钱庄202、浙江商业银行上海分行203、同庆钱庄204、复华银行上海分行205、浙江储丰银行上海分行206、谦泰钱庄207、中级信用信托公司208	10

第三章 上海票据交换所的改组、拓展与停业（1945.10—1949.5）

续表

加入日期	加入交换的行庄公司及分配的交换号次	数量
12月	亚东商业储蓄银行209、庆和钱庄210、正和银行上海分行211、上海工业商业储蓄银行212、华威银行上海分行213、志裕钱庄214、同康钱庄215、恒巽钱庄216、永生钱庄上海分庄217、永裕银号上海分号218、瑞康钱庄219、中央合作金库信托部87	12
1947年1月	同余永记钱庄220、福昌银号221、鸿祥钱庄222、大德钱庄223、元亨钱庄224、协康钱庄225、致昌银号226	7
2月	济康银行上海分行227、鼎元钱庄228、永利银行上海分行229、瓯海实业银行上海分行230、元顺钱庄231、浦海商业银行上海分行232、镇兴钱庄233、汇通银行上海分行234、华康银行上海分行235、宝成钱庄236、聚康银行上海分行237	11
3月	汇丰余银号238、正大商业储蓄银行239、均祥钱庄240、浙江省银行上海分行182	4
6月	四川兴业银公司上海分公司87	1
8月	莫斯科国民银行179、其昌银行上海分行127	2
1948年1月	大同商业银行150	1
7月	吴淞万祥泰钱庄211	1
8月	宏昶钱庄159	1
1949年2月	美商美国商业银行上海分行198、中国工矿银行上海分行148	2

附注：从1946年7月开始，上海票据交换所对交换行庄的号次进行重新编号，即不再以上海票据交换所的50号为总号，而是在直接交换行庄的号次后按序顺延排号。

资料来源：①1945年票据交换所月报，上海票据交换所档案Q52-2-17。②1946年票据交换所月报，上海票据交换所档案Q52-2-18。③上海票据交换所本所交换月报（1941—1950），上海票据交换所档案S180-2-197。④1948年票据交换所月报，上海票据交换所档案Q52-2-20。

如表3—3所示，从1945年11月到1947年3月间，每月都有行庄加入票据交换所，1947年3月以后，交换行庄的增长趋势才渐渐消退。1945年12月和1946年10月—12月为两个高峰时期，其中以1945年12月的16家为最高。

另外，还可以从交换行庄的数量和构成等方面来分析战后上海票据交换所交换行庄的变化趋势，见表3—4和图3—1：

表 3-4　1945 年 11 月—1949 年 5 月交换行庄家数分析表

日期	公营银行	银行	钱庄	信托公司	外商银行	本月共计
1945 年 11 月	6	72	48	7	0	133
12 月	6	79	48	7	9	149
1946 年 1—3 月	6	80	48	7	9	150
4 月	6	83	48	8	9	154
5 月	6	87	48	9	11	161
6 月	6	90	49	9	11	165
7 月	6	96	51	9	11	173
8 月	6	97	53	9	11	176
9 月	6	102	54	10	11	183
10 月	6	107	58	11	11	193
11 月	6	114	63	11	11	205
12 月	7	117	68	13	11	216
1947 年 1 月	7	118	74	13	11	223
2 月	7	125	78	13	11	234
3—5 月	7	126	78	13	11	235
6—7 月	7	125	78	13	11	234
8—12 月	7	124	78	13	12	234
1948 年 1—2 月	7	126	78	13	12	236
3—6 月	7	126	78	12	12	235
7 月	7	126	79	12	12	236
8 月	7	126	81	12	12	237
9—11 月	7	121	80	11	12	231
12 月	7	121	80	11	11	230
1949 年 1 月	7	123	80	9	11	230
2 月	7	126	80	7	12	232
3—4 月	7	130	80	5	12	234
5 月	7	128	80	5	12	232

附注：本表所列公营银行家数系指前四行两局一库而言。

资料来源：上海票据交换所本所交换月报（1941—1950），上海票据交换所档案 S180-2-197。

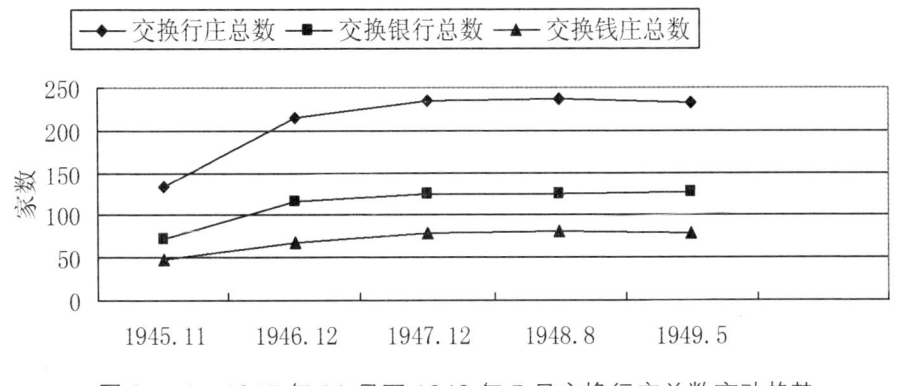

第三章 上海票据交换所的改组、拓展与停业（1945.10 — 1949.5）

图 3 — 1 1945 年 11 月至 1949 年 5 月交换行庄总数变动趋势

从表3—4可以看出，交换行庄的总数是先快速上升，之后在略有起伏中达到最高点，而后又在略有起伏中呈下降趋势。由1945年11月的133家增长到1947年2月的234家，这期间平均增长幅度较大，1948年8月的237家为最高值，交换行庄的迅猛增长使得该所达到空前的规模。再从行庄构成来看，公营银行和外商银行的数量变化不大，信托公司的数量在5—13家之间变动，而变化最大的是私营行庄。其中钱庄由48家增长到81家，银行由72家上升到最多时的130家。因此，战后上海票据交换所交换行庄的膨胀主要是因为私营行庄的大量加入。图3—1则更直观地反映出交换行庄的上述变动趋势。

相比较而言，这一时期退出交换的行庄公司数量很少，其日期、名称和数量等情况见下表：

表 3 — 6 1945 年 11 月 — 1949 年 5 月退出交换的行庄公司统计表

退出日期	退出交换的行庄公司及其交换号次	数量
1946 年 2 月	中孚银行 16、永丰商业银行 50/28	2
4 月	浙江地方银行 50/98	1
6 月	安华商业银行 50/45	1
10 月	同康钱庄 127	1
12 月	成大银号上海分号 182、建国银行上海分行 152	2
1947 年 6 月	江海银行 134、大同商业银行 179	2
8 月	巴川银行上海分行 150、正和银行上海分行 211	2
1948 年 2 月	上海市兴业信托社 159	1

续表

退出日期	退出交换的行庄公司及其交换号次	数量
9月	大同银行上海分行183、大公银行75、农商银行59、通易信托公司94、益大昶钱庄202、云南矿业银行上海分行198	6
12月	中法工商银行上海分行160	1
1949年5月	兴文银行上海分行174、福川商业银行上海分行134	2
合　　计		21

资料来源：①1946年票据交换所月报，上海票据交换所档案Q52-2-18。②上海票据交换所本所交换月报（1941—1950），上海票据交换所档案S180-2-197。③1948年票据交换所月报，上海票据交换所档案Q52-2-20。

表3—6显示，这一时期退出交换的行庄公司总数不过21家，其中还包括一些退出后不久又重新加入交换的，因此对交换行庄的增长趋势并未产生一定的抵消作用。这些退出的行庄多为新设的行庄，只有一家直接交换行庄，即16号中孚银行。

战后交换行庄飞速增长的原因无疑是受到当时金融业畸形发展的影响。朱博泉后来回忆说："这种规模宏大的交换，在西方恐怕也是绝无仅有的，可是这不是正常的现象，是这些行庄从事投机畸形发展的结果。"① 导致金融机构畸形繁荣的原因则是利用了当时的清理和复业政策，买卖、顶替，甚至是借尸还魂。战后上海地区，银行共159家，其中战前经财政部核准设立战时仍继续营业的73家。钱庄共226家，其中战前经财政部核准领有营业执照的16家，战前设立未经核准注册而在战时仍继续营业的32家。信托公司共20家，经核准设立领有执照的6家。上海钱庄经清理后大为减少，只有48家获准继续营业。除16家是有执照的外，其余32家都是战前合伙组织的老钱庄。这些钱庄本来亦在停业之列，后以战前早经取得合法地位为理由，获准补办登记。在申请复业的过程中，贿赂公行。凡是战前或战时停业的，不论其为汇划钱庄或未入园钱庄，甚至是钱兑业的招牌，均成为买卖顶替的对象，来势之盛几为敌伪时期的重演。1946—1948年又增设钱庄34家。许多银行借战前或战时停止营业为名先后开业。上海的银行业更是一枝独秀，除复业银行外，1946年新设的银行达32家。② 因而，交换行庄所迅猛膨胀就不足为怪了。

---

① 朱博泉：《记上海票据交换所》，《20世纪上海文史资料文库》第5辑，上海书店出版社1999年9月版。

② 叶世昌、潘连贵：《中国古近代金融史》，复旦大学出版社2001年4月版，第374—375页。

（二）交换数额的急剧增长

随着交换行庄的迅速增加，上海票据交换所交换票据的各项数额也在随之增长，交换数额的急剧增长趋势也从一个侧面反映了当时的社会经济状况。1945年11月—1949年5月票据交换各项总额见下表：

表3—7　1945年11月—1949年5月票据交换数额统计表

金额单位：法币元／金圆券元

年份	交换票据总计	
	张数	金额
1945	699,815	286,002,105,465.13
1946	18,834,615	45,732,586,713,184.08
1947	38,283,600	523,007,906,496,886.85
1948	57,508,979	54,020,606,139.50
1949	41,397,940	109,167,228,952,789.09

附注：①1945年各项统计仅系11和12两月，1949年各项统计仅系1—5月。②1948年7月以前以法币为本位，1948年8月至1949年5月以金圆券为本位，1948年的各项数字均按300比1折合成金圆计算。

资料来源：1950年票据交换所月报，上海票据交换所档案 Q52-2-22。

上表显示，单从票据交换的张数来看，剧增的趋势十分明显。交换票据的张数成倍增长。尤其是1949年仅5个月的时间，票据就达到了41397940张。再从金额来看，其增长率显然大大高于交换张数，1947年的金额数竟然比1946年增长了十几倍，说明这时法币贬值程度已经无法想象了。1948年由于金圆券的推行，交换票据的金额总数暂时跌至较低的水平，然而1949年1—5月份的金额总数比上一年增长了2020倍，如果说票据交换张数的增长部分原因是由于交换行庄的急剧增加而导致的，而金额的如此增长就不正常了，说明金圆券贬值程度比法币有过之而无不及。

另外，从1945年11月—1949年5月交换票据按月各日平均数额也可进一步证实上述分析。（见下表）

如下表所示，从1945年至1949年，交换票据按年各日平均张数成倍增长。平均金额则1947年比1945年增长了303倍，1949年比1948年增长了5137倍，每张票据平均金额增长幅度也大致如此。因此，足以说明当时市面流通的多为大面额的票据以及通货膨胀程度的恶化。

表3—8 1945年11月—1949年5月交换票据按年各日平均统计表

金额单位：法币元/金圆券元

年份	交换票据按年各日平均		
	张数	金额	每张平均金额
1945	13,996	5,720,042,109.30	408,682.45
1946	62,573	151,935,504,030.51	1,428,113.70
1947	127,188	1,737,567,795,670.72	13,661,408.71
1948	191,697	180,068,687.13	939.34
1949	350,830	925,146,008,074.48	2,637,020.80

附注：①1945年各项统计仅系11和12两月，1949年各项统计仅系1—5月。②1948年7月以前以法币为本位，1948年8月至1949年5月以金圆券为本位，1948年的各项数字均按300比1折合成金圆计算。③每张平均金额系根据该年或该月总张数与总金额计算。

资料来源：1950年票据交换所月报，上海票据交换所档案Q52-2-22。

除了从总额和平均数额分析外，还可以分别从交换行庄的构成来分析其交换票据的数量变化。（见下表）

表3—9 上海票据交换所票据交换分类统计（1945年11月至1949年5月）

单位：1947年以前为法币千万元/1948年起为金圆券百元

年月	四行二局		商业银行	
	张数	金额	张数	金额
1945年11—12月	16,101	3,567	463,728	18,024
1946	714,677	662,585	12,134,636	2,638,072
1947	1,469,019	5,374,543	23,341,443	29,798,701
1948	2,283,827	43,439,044	35,567,083	307,394,491
1949年1—5月	1,759,568	221,460,433,378	26,004,153	563,384,026,866

年月	钱庄		信托公司		外商银行	
	张数	金额	张数	金额	张数	金额
1945	209,766	6,425	9,058	446	1,162	138
1946	5,173,159	1,009,498	488,121	121,676	324,022	141,424
1947	11,291,442	13,502,008	1,526,082	2,097,344	660,614	1,528,195
1948	16,506,605	150,318,447	2,343,759	22,876,083	807,705	16,177,997
1949	12,383,127	202,171,453,058	859,286	8,734,535,217	391,806	95,921,841,008

资料来源：黄鉴晖：《中国银行业史》，山西经济出版社1994年6月版，第223页和中国

<<< 第三章 上海票据交换所的改组、拓展与停业（1945.10 — 1949.5）

人民银行上海市分行编:《上海钱庄史料》,上海人民出版社1960年3月版,第389—390页。

如表3—9所示，从金额和张数来看，商业银行、钱庄和四行两局的比重占了绝大部分，它们是交换行庄的主体，而信托公司和外商银行所占比重都不大。另外，四行二局在1949年1—5月交换票据1759568张，占总张数的4.25%，而其总金额却达到了金圆券22,146,043,337,800元，占总金额数的20.29%，这说明四行二局交换票据多为大额票据。

战后，交换票据的张数与金额，尤其是每张票据平均金额的急剧增长，实际上是当时通货膨胀和投机所引起的。在物价飞涨，投机猖獗，而现钞又紧缺的形势下，信用通货随之剧增，支票、本票作为交易筹码，在市上流行。……银钱业的客户在没有足够存款的情况下，利用支票先做交易，再向银行或钱庄存入他行票据或拆借款项以补足头寸，这是票据增多的一个方面；另一方面是银钱业自身开出的本票或定额本票，其中一部分是应客户要求开发用以代替现钞的。[1]当时就有如下记载："三十六年（1947年）度以来，票据交换总额呈空前膨胀，截至11月底为止竟达4000000亿元左右，计68200余倍，其原因虽为通货贬值，然近年来上海金融、商品市场交易之旺盛，以及投机之活跃，亦为不可否认之事实。……一年来票据交换金额增加15倍，交换张数增加2倍，每张票据之平均金额亦增加4倍半，充分显示在物价升涨幅度愈益扩大，物价升涨速率愈益增加，通货膨胀愈益严重情况之下，大额票据在票据交换中，乃居于主要地位。"[2]解放前夕情况更糟糕，朱博泉回忆："解放前夕，通货膨胀如野马脱缰，一日数涨，由此也造成信用膨胀，各种票据满天飞，交换票据的张数与金额随之激增，给交换带来困难。4月14日那天，中国银行收到的票据有21万多张，派大卡车到交换所接运。办理的人员一看就吓昏，一个通宵也整理不完。交换员工作繁重，连月不得休息精神疲惫不堪，票据根本来不及复核。"[3]由此可知，随着通货膨胀的不断加剧，导致市面上支票、本票等信用票据极度泛滥，从而给上海票据交换所的交换业务

---

[1] 《中国银行上海分行史（1912—1949年）》，经济科学出版社1991年12月版，第180页。
[2] 香港太平洋经济研究社:《中国经济年鉴》（1948年），转引自中国人民银行上海市分行金融研究室编:《金城银行史料》，上海人民出版社1983年2月版，第803页。
[3] 朱博泉:《记上海票据交换所》,《20世纪上海文史资料文库》第5辑，上海书店出版社1999年9月版。

带来极大困难，不得不大量增加职员，为日后机构臃肿也埋下隐患。

综上所述，战后金融管理当局利用清理和整顿敌伪金融业和收复区银钱业的时机，对上海票据交换所进行改组，使上海票据交换所成为全市唯一的票据交换机构。伴随着银行业的畸形繁荣，该所交换行庄数量猛增，增长速度超过前一阶段，交换票据的各项数额也随着通货膨胀而迅速膨胀。上海票据交换所还建立了实务研究委员会和职工子女教育补助金委员会等附属机构，其规模大为拓展。最终因上海即将解放之时的时局动荡，不得不宣告停业。

第四章

上海票据交换所的重新复业与交由中国人民银行接办（1949.6 — 1951.2）

一、上海解放后的社会经济环境概述

1949年5月27日，随着上海及周边地区战事的停止，旧政权的法统顷刻覆亡，与金融业关系密切的原中央银行业务局和财政部上海金融管理局等监管机构已不复存在。同日，中国人民解放军上海市军事管制委员会（简称军管会）成立，其下属的财经接管委员会金融处代表新生的人民政权对金融业实行接管和监督。5月30日，中国人民银行华东区行和中国人民银行上海分行同时成立，前者代表中国人民银行总行对整个上海金融业实施行政管理，后者在华东区行的领导下，主要对私营金融业进行业务指导。同时，中国人民银行上海分行还是各项信用业务的直接经营者，6月1日开始接收存款，并逐步在市区和市郊设立支行或办事处等，初步形成了业务齐全的营业网。因而，中国人民银行作为国家银行集管理者与经营者的身份于一身。

上海解放后的第二天，即5月28日，上海市军管会便发布命令：中国人民银行所发行的人民币为解放区统一流通的合法货币，即日起所有完粮纳税以及一切公私款项收付、物价计算、账务、债务、票据、契约等均以人民币为计算及清算本位，不得再以金圆券及金银外币为计算与清算本位；金圆券即日起为非法货币，仅在6月5日前暂准在市面流通，过期即严禁使用；持有金圆券者应按规定人民币1元折合10万元的比价，向中国人民银行及其代理处兑换。① 于是，人民币迅速占领上海市场。

上海解放之前，私营行庄必须将存款准备金存于中央银行。1949年6月7

---

① 《中国资本主义工商业的社会主义改造（上海卷）》，中共党史出版社1993年3月版，第37 — 38页。

日，中国人民银行上海分行便将全市各商业银行、钱庄、信托公司等以前存在中央银行的存款准备金现金部分如数发还，折合人民币200余万元。这样上海各私营行庄公司与原国民政府中央银行在政治和经济上的联系也被完全切断。上海各私营金融机构的合法经营地位及营业范围有待新政府的重新确认。1949年8月21日，中国人民解放军华东区司令部公布了《华东区管理私营银钱业暂行办法》，在业务经营范围、开业登记办法、限期增加资本额等方面，对私营金融业作了严格的规定，严禁其非法活动。①

在建立新的经济金融秩序的同时，还对旧有的国家资本、官僚资本金融机构进行接管。军管会确定了"依照系统，原封不动，从上而下，整套接收"的接管方针。接管原则是对旧有银行按照资本性质分别处理，对国家资本银行和官僚资本银行，依法接管并没收其资本及一切财产；对官商合办银行，没收其官股部分，派军事特派员监督，审查其商股股权及资产负债情形。为了细致地进行接管工作，军管会金融处分别委派军事代表（简称军代表）进驻各被接管单位进行接管。应接管的国家或官僚资本银行主要有：中央银行、中国银行、交通银行、邮政储金汇业局、中央信托局、上海市银行、江苏省银行、江苏省农民银行、浙江省银行、台湾银行、全国省银行联合通汇处、广东银行、山西裕华银行、中国建设银公司、亚东银行、联合征信所；官商合办银行主要是新华银行、中国实业银行、四明银行、中国通商银行、中国国货银行。另外还有19家保险公司、6个印制钞票的工厂和1个票据交换所亦在接管之列，并派定接管人员。票据交换所的军代表是王伟才。对于原中央银行，一面利用其原有机构进行了一些业务活动，并逐渐将其3000多人员固定在一定的岗位上，以后即成为人民银行上海分行的公库部、第二营业部和信托部。这实际上也就是采取接管与建行工作相结合的办法。② 其他国家资本银行、官商合办银行或并入人民银行上海分行，或清理结束，或实行公司合营等，到1950年上半年，接管工作，包括接收和清理全部完成。

上海票据交换所作为上海的金融枢纽，其重要地位是无可替代的，迅速恢复票据交换所的运转对于稳定和恢复上海的经济无疑具有重要作用。因此，

---

① 有关上海解放后社会经济环境的详细情况可参阅张徐乐的《上海私营金融业研究（1949—1952）》（复旦大学出版社2006年1月版）第一章第二节的相关内容。
② 陈穆：《接管官僚资本银行概述》，《上海文史资料选辑第四十六辑——上海解放三十五周年》，1984年5月版。

<<< 第四章　上海票据交换所的重新复业与交由中国人民银行接办（1949.6—1951.2）

相对于其他金融机构而言，上海票据交换所在短时间内即完成了接收、清理工作，并重新复业。

二、上海票据交换所的复业与人民银行在该所地位的确立

6月1日，中国人民银行上海分行致函上海票据交换所，指出："敝行接奉军事管制委员会财政经济接管委员会金融处通知，定6月2日起恢复票据交换，除通令上海票据交换所遵办外，即请转知各会员银行一体遵照，于6月2日恢复票据收解，以利工商为要。"票据交换所即通函各行庄："自当照办，除交换上各项时间及一切手续当由交换所另行通告外，各行应一律自同日起照常营业，银行中有未奉军管会金融处核准参加票据交换各行列明函后，并希注意。又各行已填报之甲、乙、丙三类户名之各种财产应遵照金融处在各行收据上批复之原文所称'上列表册中除本处银钱字第1号训令内规定属于丙类财产准由各该行庄公司移动外，甲、乙两类财产应予冻结，听候处理'，务必恪切遵行，幸勿玩忽。再同业营业时间仍照标准时间，自上午8时起至下午3时止，暂无变更。"① 同日，上海票据交换所又接奉上海市军管会金融处银钱字第2号训令，内开："①为便利各业票据收解，上海票据交换所应于6月2日恢复工作。②中央银行、中国银行、交通银行、中国农民银行、中央信托局、邮政储金汇业局、中央合作金库、江苏省银行、江苏省农民银行、浙江省银行、台湾银行、广东银行、中国国货银行、亚东银行、山西裕华银行等15家行局因尚在接管期间，一律暂行停止交换。"② 2日，再次接到中国人民银行上海分行函："接奉军事管制委员会财经委员会金融处通知，令敝行加入贵交换所为会员。"③ 上海票据交换所以所字第288号函正式通知各交换行庄于6月2日起恢复票据交换，并规定各行庄提出交换票据概以人民币为本位。同时，所有解放前各交换行庄在上海票据交换所交换余额原由交换所转存前中央银行，经交换所依照中国人民银行规定之折合率，以伪金圆券10万对1元折成人民币，汇存中国人民银行。中国人民银行上海分行自6月2日起也被列为"元"字号交换行

---

① 《上海票据交换所恢复办理票据交换》(1949年6月1日)，《银行周报》第33卷24、25期合刊，1949年6月20日。
② 1949年上海票据交换所报告书，上海票据交换所档案S180-1-12。
③ 1949年上海票据交换所报告书，上海票据交换所档案S180-1-12。

庄参加交换,① 因而中国人民银行实际上取代了原中央银行的地位。

上海票据交换所关乎全市金融业票据的清算与资金划拨,因此经过8天的短暂停业后(这是上海票据交换所开办以来第三次停业,也是停业时间最长的一次),即刻于6月2日起奉令复业。官僚资本银行被取消交换资格或暂停交换,并改以人民币为交换票据的货币本位。

6月8日,上海票据交换所发出第295号通函,指出:

(1)各行庄前存中央银行存款准备金项下现金部分已与该行商妥,自即日起发还,应请各行庄:①持同存款准备金现金存折,至前中央银行结算利息,并取回结息清单两份;②将上项存折及清单1份于每日下午3时前送交本所,按规定比率折成人民币,转收各该行庄交换存款户之账,并盖给回单。上项准备金总数,由所凭各行庄准备金存折及结息清单逐日汇总向人民银行转账。

(2)各行庄交换户存款(原由所汇存前央行)结至5月25日止之利息,业经前中央银行划交本所,由所于6月6日分别转收各该行庄交换户之账。

(3)各行庄于5月9日提存本所未付本票专户余额,业由所按规定比率分户折成人民币,并如数转存人民银行上海分行。②

上述办法的施行,使得交换行庄与原中央银行的关系彻底断绝,开始与中国人民银行上海分行建立了联系。

此外,上海票据交换所为保障行庄提出交换票据之安全,免滋流弊,重行规定8项办法,于9月15日通函各交换行庄。该办法内容如下:

(1)行庄提出交换票据一律须加盖明晰之交换戳记,其所盖地位,在中文票据,应盖在右上角,西文票据应盖在左上角。

(2)行庄对于各项票据支付现钞时,能详察票面有无曾盖交换戳记而被用"退色灵"等药物所褪去之痕迹,则更为慎妥。

(3)行庄向本组交换场提出票据之提示工作,至关重要,务请派由

---

① 参见1949年上海票据交换所报告书,上海票据交换所档案 S180-1-12 和1949年票据上海交换所月报,第六期,上海票据交换所档案 S180-2-197。
② 上海票据交换所第295号通函(1949年6月8日),上海票据交换所档案 Q52-2-21。

指定之交换员办理，勿交其他人员代办。

（4）本所各交换组均于每日下午1时开放，未到时间，请勿作进场之要求。

（5）各行庄向本组提出票据，不论能否于下午1时在交换组提出，为妥善起见，盼指派交换员1人，准于下午1时到所，俾可负责接受他行庄提出票据。

（6）"提出票据收据"至关重要，务须于交换终了前分别发交提出行庄交换员收执。

（7）交换员须待本所值场员按铃宣告交换终了，方得离席，在交换未终了前，至少须留有交换员1人，以便查复错账，并接洽交换未了事宜。

（8）交换员出席交换，请佩戴本所制发之交换员证章，以绝混杂。①

这一办法对几个比较重要的问题，如加盖明晰的交换戳记、严格遵守交换时间、指定交换人员、统一佩戴交换员证章等进行了明确规定，有助于交换所复业后，其交换业务能正常开展，并逐步走上正轨。

与此同时，中国人民银行上海分行在上海票据交换所的地位逐步确立起来。该所复业的当天，即规定人民币为交换票据的货币本位，人民银行上海分行被列为元字号交换行庄，交换准备金也转存人民银行，交换差额转账由人民银行负责，中国人民银行上海分行可以借此直接监控各交换行庄公司的营业状况，尽管日常管理和运作仍然由交换所进行，事实上上海票据交换所已由人民银行所掌控，人民银行成为最后的清算人。

1949年底，中国人民银行上海分行决定将该行在票据交换所的交换单位增加到12个，在给票据交换所的公函中指出：

查本行本为人民服务立场，力求票据交换处理迅速起见，拟将参加贵所原交换办法予以变更，改由本行业务部、合作储蓄部及汇兑部三部分分别独立参加交换，每部分在每一交换场成立一交换单位，即本行在贵所共有12个交换单位，本行应收他行票据分别向同场各行庄直接提示，各行庄应收本行票据亦分别向同场本行各交换单位作直接提示，本行交换体系及交换票据各场均如下表处理：

---

① 《华东区财政经济法令汇编·金融》，复旦大学图书馆藏书1949年12月出版，第41—42页。

表4—1 人民银行的交换单位编号及交换票据分类

交换单位名称	交换编号	本行提出票据	各行庄向本行提示票据
人民银行业务部	元	同场各行庄付款票据	本行付款票据印有"元"字号字样之票据（包括业务部公库部信托部及各支行办事处不属合作储蓄部科目之付款票据）
人民银行储蓄部	元甲		本行付款票据交换印有"元甲"号字样之票据（包括合作储蓄部及各支行办事处属于合作储蓄科目之付款票据）
人民银行汇兑部	元乙		本行付款之全部汇条汇票

上项办法拟自1950年开业日实行。①

票据交换所接到该函后，立即遵照办理，但所有该行各部交换席次因限于场地，只得暂将各场原有空缺席次加以应用。该所于是作出如下规定：第一交换场，元甲暂用3号席次，元乙暂用4号席次；第二交换场，元暂用62号席次，元甲暂用73号，元乙暂用75号；第三交换场，元暂用127号，元甲暂用130号，元乙暂用134号席次；第四交换场，元暂用181号，元甲暂用182号，元乙暂用184号席次。② 人民银行上海分行在票据交换所的交换单位增加到12个，这在上海票据交换所的发展历史上是绝无仅有的，说明此时其实力已大为增强，在票据交换所的地位可谓举足轻重。

三、上海票据交换所的附属机构

1950年2月至7月间，上海票据交换所先后成立了节约委员会、拆放委员会和整编委员会三个附属机构。自1950年2月下半月起，该所实行减薪并组设节约委员会，厉行节约。为了更好地开展人事整编工作，上海票据交换所又于7月29日设立整编委员会，作为执行整编事务的最高权利机关。节约委员会和整编委员会都是为了解决特定的问题而临时性设立的附属机构。而这一时期影响较大的附属机构应是拆放委员会。

3月29日，金融商业同业公会筹备会为保障社会正常信用，决议组设拆放委员会，办理临时同业拆放。所有经常拆放事务由票据交换所设科办理，

---

① 1949年票据上海交换所月报，第12期，上海票据交换所档案 Q52-2-21。
② 1949年票据上海交换所月报，第12期，上海票据交换所档案 Q52-2-21。

于3月31日经人民银行华东区行批准即日开办。[①] 同时大会还推定卢钝根、徐振东、陈朵如、毛啸岑、裴鉴德五人为委员[②]，并互推卢钝根为主任委员，有关基金数额之决定，拆放头寸之调拨，拆放额之审定，担保品之审核评价及保管等事项，均由委员会决定。所有经常拆放事务，由票据交换所设科办理。3月31日，经人民银行华东区行批准，即日开办，金融公会会员如需要补足当日交换差额，均得提供担保品向上海票据交换所拆款，其数额根据各该行庄存款总额15%为度，以一天为期，连续转期以二次为限，每月不得超过12次，所有拆放利息及手续费，均依照通行同业拆放办法办理。该会拆放基金按照各行庄存款总额2%筹集，每周末调整一次，如基金不敷时，即按照实际需要向多单同业拆入款项转放，由参加行庄按认缴基金额比例共同负担保证责任，必要时该会还拟订以行庄所缴存之担保品，转存人民银行作担保拆入款项，也由参加行庄按认缴基金额比例共同负担保证责任。[③]

拆放委员会成立后，首先按各该行庄拆款限额预先提供担保品，担保品一般为：①立时可以变卖之货物栈单；②上海市区内有收益之房地产及其他认可之财产。这些担保品均须经该会审核、评价，其中货物栈单至少占有五成，房地产及其他财产两项并计不得超过五成，但行庄缴存担保品，以货物栈单流动性较大，在不需拆款时，即向该会抽回，而房地产等仍交该会保管。担保品的征收无疑增加了拆放资金的安全性。4—7月终担保品数额如下表：

表4—2　1950年4—7月上海票据交换所拆放委员会担保品数额统计表

月别（1950年）	缴存家数	货物栈单（评价金额）	房地产及其他财产（评价金额）	合计
四月	59	11,783,168,100元	11,816,613,250元	23,599,781,350元
五月	48	5,804,857,700元	8,956,836,410元	14,761,694,110元
六月	33	3,357,805,000元	6,782,385,010元	10,140,190,010元
七月上半月	29	3,634,850,000元	7,067,336,940元	10,702,186,940元

资料来源：解放后上海票据交换所报告，上海票据交换所档案 Q52-2-23。

从上表可知，担保品总数额呈下降趋势，而房地产等非流动性担保品的

---

① 解放后上海票据交换所报告，上海票据交换所档案 Q52-2-23。
② 其中卢钝根和毛啸岑分别为现任票据交换所管理委员会的主任委员和副主任委员。
③ 解放后上海票据交换所报告，上海票据交换所档案 Q52-2-23。

比重则相对较大。担保品的征收只是拆放委员会运作的重要保证，此外还需要有营运资金，因此该会还须向会员征收拆放基金。征收基金的数额依照3月25日各行庄存款总额2%收集，计9019000000元，3月底公债缴款①以后，存款普遍减少，4月5日即改照4月1日存款额普遍调整，减为7233000000元，此后存款数字一般逐步上升，而该会拆放就原有基金已足应付，因由该委员会决议暂停普遍调整，仅就存款下降拆放款比照核减之行庄，将其所缴基金抽回一部分，如因存款额增加，需要增加拆放限额者，应比例增缴基金。此项局部调整办法每隔半月办理一次，迄今已调整五次，基金减少208500000元，又发还停业行庄所缴基金476500000元。截至7月15日，参加该会之行庄共计71家（银行39家，钱庄29家，信托公司3家），实存基金6548000000元，内公私合营银行所缴基金占总额44.46%。4月下旬因拆放数字逐渐减少，经4月28日该会决议，并商得人民银行同意，将部分基金按优待同业办法转存定活两便及定期存款生息。②拆放委员会在充分考虑会员承受能力的同时，也保证了自身能有足够的拆放基金。

该委员会成立之后，其办理的拆放金额如下表所示。

从以下两个统计表来看，拆放委员会开办之初，同业需求较多，拆放金额以4月为最高，合计7687750万元，其中最高额达531500万元，占基金总额73.48%。4月份每日平均拆放额占基金39.82%，4、5两个月拆放累计共1300家。这主要是由于经过"二六"轰炸③后，工商业遭受重创，偿债能力大减，因而银钱业发生集中性停闭，资金周转极度困难。该会的拆放业务，对于同业资金之周转起到了一定成效。到6月份，每日平均拆放金额仅占基金总额10.25%。7月初以来，私营行庄为集中力量，相继组织联营集团，开展业务需要资金周转，因此该会拆放额又随之增加。

---

① 即人民胜利折实公债，3月份为各界认购公债后缴款的最后期限。
② 解放后上海票据交换所报告，上海票据交换所档案 Q52-2-23。
③ "二六轰炸"是指1950年2月6日，台湾国民党空军出动17架飞机，轰炸上海杨树浦发电厂、闸北水电公司、南市华商水电公司等，妄图窒息新生的人民政权。在轰炸中有1000余间房屋被炸毁，1000多人被炸死炸伤，80%的电力供应遭破坏，80%的工厂被迫停产。见《上海辞典》，上海社会科学院出版社1989年7月版，第158页。

表4—3　上海票据交换所拆放委员会拆放金额统计表（一）

单位：万元

月别 1950年	拆放累计额		动用基金累计额		合计		附注
	家数	金额	家数	金额	家数	金额	
4月	608	6,800,650	157	887,100	765	7,687,750	包括3月31日
5月	435	3,609,900	96	370,100	531	3,980,000	
6月	140	1,376,900	45	338,800	185	1,715,700	
7月上半月	69	844,800	24	334,900	93	1,179,700	
总计	1,252	12,632,250	322	1,930,900	1,574	14,563,150	

资料来源：解放后上海票据交换所报告，上海票据交换所档案Q52-2-23。

表4—4　上海票据交换所拆放委员会拆放金额统计表（二）

单位：万元

月别 1950年	每日平均额			最高额			最低额		
	家数	金额	百分比	家数	金额	百分比	家数	金额	百分比
4月	29	295683	39.82	38	531500	73.48	21	162000	23.32
5月	20	153077	23.17	30	280800	40.61	11	31900	4.95
6月	8	65988	10.25	12	136200	21.16	2	29000	4.50
7月上半月	7	98308	15.10	11	154100	23.53	2	47000	7.22

资料来源：解放后上海票据交换所报告，上海票据交换所档案Q52-2-23。

总之，在私营行庄连续停业之际成立的上海票据交换所拆放委员会，为同业资金的周转提供了极大的便利。由于解放后，具有同业拆放功能的联准会和银钱业联合准备库等组织都已经不复存在，该所拆放委员会实际上临时性承担了上述机构的拆放职能。

四、上海票据交换所的减薪、裁员与机构精简

上海票据交换所复业后，按照该所的惯例，其营运经费是向交换行庄按月分期摊派的。但解放后，私营交换行庄公司对于交换经费，普遍觉得不堪重负，尤其是1950年。1949年6、7月，为缓解行庄负担，自7月至年终中国人民银行对上海票据交换所经费开支，逐月津贴一成，以资补助。1950年间，

行庄公司每交换一张票据所需费用与同业票贴收入仅能相互抵消，很大一部分行庄不能相抵。1950年该所全年经费的分派见下表：

表4—5 1950年交换行庄合计摊费业别分析表

单位：亿元

	公营银行	合营银行	私营银行	钱庄	信托公司	外商银行
金额	814732268	752478595	2113167750	1014863889	96868835	179399137
比重	16.39	15.14	42.50	20.14	1.95	3.61

资料来源：1950年上海票据交换所告书，上海档案馆藏档S172-4-34。

该所经费负担的业别比例，也一定程度体现了当时上海金融业中的公、合、私在金融市场中的地位及其所占份额。私营行庄公司三者的比重之和达到64.86%，显然，私营行庄公司是承担交换所经费开支的主体，另外，1950年全年盈利行庄47家，盈利2640000万元，亏损的行庄有24家，损失却达到4960000万元，盈亏两抵亏损2320000万元，从整体而言，1950年的金融业是亏损的。[①]因此，一方面，交换行庄的数量骤减，交换经费的负担无疑大大增加。另一方面，金融业实际上处于亏损状况，根本无力分摊交换所经费。因此，上海票据交换所不得不以自身的节流、裁员来进行缓解。

由于交换行庄的大量减少，致使上海票据交换所原有的四个交换场次明显过剩，因而被迫先后两次进行缩减。1950年3月份交换行庄已经减少了将近一半，交换所不得不第一次进行缩减。3月30日，上海票据交换所遵照该所管理委员会"票据交换所应并作三场"之决议，自4月3日起，将原有四个交换场并为三场办理交换，各参加交换行庄交换号次不予变更。[②]但是行庄退出交换的势头仍未减缓，于是票据交换所管理委员会再次决定票据交换应并作两场。该所自5月1日起将三场并为两场办理交换，号次不变。[③]交换行庄和交换场次的缩减逐渐突显出上海票据交换所人员臃肿的状况。

上海票据交换所的职员人数增加很快，1946年底，该所职员共134人，1947年，增加到157人。解放前夕，该所共有员工232人，上海票据交换所管理委员会接管后，尚有员工221人，人事费用占全部开支之大部分，因交换单位及交换票据数量之减缩，相形之下，顿见人事臃肿，开支庞大。1949年7

[①] 张徐乐：《上海私营金融业研究（1949—1952）》，复旦大学出版社，2006年1月版，第229页。
[②] 1950年上海票据交换所月报，第3期，上海票据交换所档案Q52-2-22。
[③] 1950年上海票据交换所月报，第4期，上海票据交换所档案Q52-2-22。

第四章 上海票据交换所的重新复业与交由中国人民银行接办（1949.6—1951.2）

月至1950年1月，平均每月开支计103000折实单位①，该所管理委员会基于劳资两利之原则，所有员工一律仍留原职，为兼顾行庄负担，即以紧缩开支为当时主要任务。因此，2月和5月先后两次实行减薪，并开展了厉行节约运动，减少人事和办公事务开支，以减轻行庄负担，克服当前困难。

该所管委会于1950年1月中旬向金融业工会提出减薪建议，并推请毛啸岑、王仰苏和陆允升三位委员与工会代表初步交换意见，工会方面表示愿意接受，但所减数额甚微，经几度协商并经方祖荫和韩宏绰两委员从中斡旋，减薪折扣才接近原先提议，恰好农历年终将至，职工援例要求照发年终津贴，而当时部分行庄颇加反对，致群情激昂，一度发生饿工行动，幸亏管委会多方折冲，打开僵局。2月14日，金融公会筹备会委员会通过如下决议：①交换所员工薪给减照八五折计算，自2月下半月起实行；②为照顾同人减薪后之困难，发给农历年终补贴费半个月，亦照八五折计算。②该所职工一致表示接受。

3、4月间，行庄发生比较集中性的停闭，交换单位急骤减少，4月下旬，工会认清当前困难，上书该所管委会，提出自动减薪要求，经管委会4月29日决议六折减薪，并请经理出面与工会代表协商，当时工会代表声明愿自5月起即开始减薪，惟请管委会珍视此次减薪出于自动，故希望维持七五折，6月份起可继续减至六五折，因双方意见有较大分歧，协商未有结果。不久，金融公会决定推请王仰苏和袁尹村两委员再次与工会代表磋商，达成如下协议：①5月上半月开始减薪依原薪工总额六五折计算；②为照顾低薪员工起见，在不影响总折扣之原则下，由经理与工会商定调整办法，并经管委会全体委员一致通过，第二次减薪遂告解决。③

除减少人事开支外，1950年2月份下半月，上海票据交换所还组设节约委员会，于3月初开展厉行节约运动，尽量紧缩事务上各项开支。因而，逐月摊费明显减少，6月份摊费54119.60单位，与过去逐月平均支出103000单位相比，减少47.46%。④1950年上半年逐月摊费单位数列表如下：

从下表可以看出，上海票据交换所自实行减薪和厉行节约以来，开支逐

---

① 新中国成立初期实行的以实物为基础折算出来的综合的货币记账单位。一个折实单位等于一定种类一定数量实物的价格总和，实际上是把货币的币值固定在几种主要生活消费品的使用价值量上，以保持币值的相当稳定。
② 1950年上半年度上海票据交换所人事报告，上海金融业同业公会档案 S172-4-34。
③ 1950年上半年度上海票据交换所人事报告，上海金融业同业公会档案 S172-4-34。
④ 1950年上半年度上海票据交换所人事报告，上海金融业同业公会档案 S172-4-34。

月缩减。与1月份的摊费数额比较，2月减少13.9%，3月减少36.16%，4月减少41.31%，5月减少48.72%，6月减少58.35%。

表4—6 1950年上半年上海票据交换所摊费数额统计（单位：折实单位）

月份	摊费数额	月份	摊费数额
1月	129,943.12（内1949年不请假奖金45,500单位）	4月	76,262.54
2月	111,851.53（内发给员工年终补贴费系向人民银行息借，于3月份摊还）	5月	66,631.22
3月	82,952.66	6月	54,119.60

资料来源：1950年上半年度上海票据交换所人事报告，上海金融业同业公会档案S172-4-34。

通过上述措施，交换所的开支已经大为减少，然而，人事臃肿的状况仍然没有消除。另外，交换行庄的负担虽比从前有所减轻，但仍感觉很重。因此，在减薪和厉行节约的同时，上海票据交换所又进行了裁员和人事整编。

1950年4、5月间，上海票据交换所原有的四处交换场经过两度归并仅剩下两处，因此，员工过剩的情况更为突出。单纯靠减薪和节约的办法不足以解决问题。5月下旬，该所于是与工会商定将全体职员分为AB两组轮流办公，预定每隔一个月轮换一次。[①] 实际上，这种两组轮流办公的方法也不足以从根本上解决问题。7月间，该所管理委员会认为，机构臃肿的状况亟待改善，为合理调整机构与工会达成协议，实行整编人事，并精简机构。

7月8日，上海票据交换所管理委员会制定员工整编决议案，主要内容是：①为合理调整机构并妥善处理剩余劳动力，授权经理与工会协商将原有留所员工193人中裁减80人，由本所协助转业；②经本所协助转业员工由所方给予必要之照顾，自行转业者作为解雇论，酌给解雇费；③调整组织，将原有交换一科、交换二科、会计科、拆放科、统计科、总务科六科缩编为交换、会计和总务三科；④联放处[②]借调员工12人商请该处正式调用。[③]7月25

---

① 1950年上半年度上海票据交换所人事报告，上海金融业同业公会档案S172-4-34。
② 即上海市私营银钱信托业联合放款处的简称。1949年9月23日正式成立，联放处主席为陈朵如，放款总额为40亿元，共分800个单位，每一单位500万元，由参加成员自行认定。该处的成立对于发挥业务合作的优势，克服各种困难，对私营工商业和其他经济与社会事业持续发展提供了急需的信用服务。参见张徐乐：《上海私营金融业研究（1949—1952）》，复旦大学出版社，2006年1月版。
③ 上海票据交换所管理委员会第六次会议记录（1950年7月8日），上海金融业同业公会档案S172-4-34。

日，所方与工会代表又达成如下协议：①整编名额为职员70名；②整编名单由所方提出经工会推选之审核代表同意后公布之；③编外人员由所方商请区行经过考试后分发调用；④关于整编工友10名、整编人员之解雇费和考试录用人员之照顾等问题，双方同意继续协商决定。①7月27日，所方正式公布整编名单如下：①原有组织缩编为总务、交换和会计三科；②留用人员名额，总务科13人，交换科48人，会计科30人（总务科内办理统计者6人）；③各科主任由副襄理分别暂时兼任，派定各科副主任。但是，编外人员认为上述协议尚不完善，要求修正。7月29日，该所组织整编委员会为执行整编之最高权利机关，开会30余小时，参加会议者为工会2人，留职同人代表5人，编外同人代表5人，上级工会代表2人，行政方面代表3人，共计17人，结果就原有整编名单加以修正，原列编外人员数人改为留用，而原列留用人员也有数人改为编外，其中孟昌祺和赵昌年由同人检举揭发改为编外，因他们分别担任交换科主管员和工会干部，整编委员会决议提请管理委员会及上级工会处决。②到9月份，交换所共计整编职员72人，工友1人，其中自愿转业编外人员33人经该所介绍，参加新四行职员考试及格，由华东区行分发各该行录用，所有上述转业职工33人解雇费、旅费等，经劳资双方协商达成协议于9月2日签订《上海票据交换所部分转业职工解雇劳资协议书》，③其中包含薪给发放截止月份、解雇费和旅费数额、本年度不请假奖金和年终奖金数额等，并规定1950年9月4日一次发给，自发清之日起劳资关系终止。

然而，剩余的40名编外职员的解雇费问题对于票据交换所来说非常棘手，双方经过长达5个月的协商始终无法达成一致意见。上海票据交换所根据协助整编人员转业的约定，商准华东区行续办第二次转业考试，录取后分发华东区内人民银行工作，但40名编外职员却无故拒绝参加考试。票据交换所对于解雇费也一再给予让步，如8月30日，决议解雇费除实际工资3个月外，并酌给旅费，12月22日，增加为照原协议发给解雇费原薪7.65个月。12月

---

① 上海票据交换所管理委员会第七次会议记录（1950年8月8日），上海金融业同业公会档案S172-4-34。
② 本所调整机构、整编人员的有关文书及留用、转业人员名单，上海票据交换所档案S180-4-3。
③ 上海票据交换所呈上海人民政府劳动局函（1950年9月2日），上海票据交换所档案S180-4-3。

27日，又增加为原薪7.9个月。① 最后确定的这一数额应该是非常高的，一般行庄反映及人民银行表示均认为过高，实际上，票据交换所当时根本无力承担。双方依旧没有达成协议。幸亏此时，上海票据交换所准备由人民银行接办，因而40名编外职员解雇费一案才告解决。12月30日，该所管理委员会议决："现在本所移归人民银行管理，原则上已取得人民银行同意，为兼筹并顾起见，对于编外40人亦商准人民银行，可与在职员工同样办理，故应通告该员等自即日起全部复职，再行分派工作。"② 至此，交换所的人事整编工作才得以宣告结束。

五、上海票据交换所交由中国人民银行上海分行接办

新中国成立以后，中国人民银行成了既是国家管理金融的机构，又是统一经营全国金融业务的行政经济组织，因而逐渐形成了高度集中的、单一的大一统银行体制。此时，对私营金融业进行社会主义改造的指导思想已经形成。1950年9月，周恩来在全国金融业联席会议上就指出："银钱业的前途是要逐渐走上国有化"，"使它（银钱业）'往工业转'，'往公家靠'，小的趋向合并，大的靠近国家银行，共同为工商业老老实实地服务。"③ 在这种背景之下以及上海票据交换所面临的一些自身无法解决的困境，最后，所方不得不将其交由中国人民银行接办。

其实，上海解放后就有人提出要将上海票据交换所改隶人民银行。1949年7月13日，陈朵如先生在银行公会第35次理监事联席会议上指出："查银钱两业合组之票据交换所，原为权宜性质，平津方面交换所均隶属人民银行。上海解放后，即与人民银行谈及此问题。重以人事经费种种困难，无法应付，遂由两公会呈请金融处④，将交换所改隶人民银行。乃几度接洽，迄无定议，口头仅允由人民银行担任部分之经费。然交换所执行委员会，既人数零落，

---

① 上海票据交换所管理委员会第十至第十八次次会议记录，上海金融业同业公会档案 S172-4-34。
② 上海票据交换所管理委员会第十八次会议记录（1950年12月30日），上海金融业同业公会档案 S172-4-34。
③ 转引自张徐乐:《上海私营金融业研究（1949—1952）》，复旦大学出版社2006年1月版，第405—406页。
④ 指上海市军事管制委员会财经接管委员会金融处。

<<< 第四章 上海票据交换所的重新复业与交由中国人民银行接办（1949.6—1951.2）

不能行使职权，现在之管理委员会，又属临时性质，且各行经费负担，亦不胜艰窘，势须早定办法，以免拖延。"主席徐寄庼及王志莘、蔡松甫、胡铭绅、沈长明、周德孙各理事先后表示意见，佥以症结之点在人员众多，同业负担不胜，致待遇极成问题，而目前又绝无标准可定，讨论久之，最后议决"前次既呈请金融处，将交换所移隶上海人民银行，目下仍以此为原则。但在未获正式批复及行庄增资问题未办妥以前，所有该所职工待遇总问题，应以一般同业薪给之数目为标准，不能如以往之专视某一银行之待遇为根据"。① 由此可知，所方认为，既然北平、天津的票据交换均隶属于中国人民银行，上海票据交换所自然也应该改隶人民银行，因而提出将交换所交由人民银行接办，但并未得到中国人民银行的批复。

1950年11月24日，金融业公会筹备会正式致函人民银行华东区行，指出：

"查票据交换所自1949年6月2日奉贵处训令恢复工作到今一年有余，幸赖贵处之督导，人民银行之协助，一切工作当然能平稳进行，惟交换所系上海全市清算机构，对于经济的计划、信用的调节、现金的管理、行庄的检查，均有极密切的关系，以金融系统言，自应由人民银行办理方可以指挥如意，不至隔膜，况市场情形瞬息万变，苟非直接措施则稍有耽搁，即不免贻误时机，以往视交换所为同业公益性的社团组织之观念，在国营经济领导私营经济之新民主主义下已不免落伍，平津等处商业金融之发达均不及上海，而票据交换早由人民银行直接办理，我上海岂可长此迁延，致不能获得正当途径之解决，抑更有进步者。交换所前受国民党反动派通货膨胀及信用膨胀之影响，机构非常臃肿，现因行庄家数减少以及物价长期稳定，票据张数骤减，是以职工精简问题随之而起，经劳资双方屡次协商业已部分解决，编余者计40人，内10人现已考取人民银行参加学习，尚有30人，只以转业地点及解雇费之事双方相持，已成僵局，如能改归人民银行统一调配，则有用之剩余劳动力不至废弃，而人民银行亦得人材之用，一转移间岂非一举两得。本公会第10次筹备委员会议鉴于上述各情，议决陈请贵处将上海票据交换所交由人民银行接收，直接办理，至于该所经费，自当按实际支出照旧分摊，决

---

① 《解放初期上海金融业同业组织史料选编（上）》，《档案与史学》2004年第1期。

不以移转之故而使公家顿增负担,相应备文奉达,即祈核准见复。"①

金融业公会筹备会所列举的上述理由确实是实情,并非夸大其词。首先,票据交换所乃全市清算机构,关乎信用调节、现金管理和行庄检查等,而人民银行作为国家银行和中央银行理应由其办理票据清算业务。其次,当时票据交换所面临着巨大的困境,如机构臃肿,经费窘迫,劳资关系紧张等等,只得交由人民银行接办才能解决。

不久,票据交换所管理委员会将该所由人民银行接管一事通知上海金融业工会票据交换所支会②。1950年12月19日,票据交换所支会即致函金融业公会筹备会,指出:"其中关于人事移转之一切问题在人民银行正式接管前尚须与交换所管委会协商解决,兹除函请管理委员会负责与本会取得协议外,特函请贵会查照转行管理委员会负责办理,倘上述案件未经与本会取得协议而管委会先行结束,则应由贵会负责协商,并盼书面见复。"③第二天,金融业公会筹备会即回复金融业工会票据交换所支会:"票据交换所改由人民银行管理一节,正在与人民银行洽商中,在公会尚未正式成立以前,贵会若有关于交换所一切问题自仍可随时与管理委员会联系。"④

1951年1月5日,金融业公会筹备会再次致函人民银行华东区行:"查票据交换工作关系货币流通,城市稳定,似以由国家银行办理为宜,现在全国除上海外,各大城市票据交换工作,均已由国家银行办理,以上海金融中心之地位,票据交换金额之巨大,尤应早日移归国家银行接办,对于指导方面更加便利,前由本公会于1950年11月间两次函请接收在案。目前票据交换所共有职工94人,工友28人,另有前编余人员,现经复职40人,为照顾职工生活,所有现有职工162人,拟请人民银行均予留用,本会成立在即,即望贵上

---

① 为上海票据交换所请由人民银行接收办理由(1950年11月24日),上海金融业同业公会档案S172-4-50。
② 上海解放后,在上海总工会的领导下,经过六个月的筹备,于1949年12月25日正式成立上海市金融工会。由于中国人民银行也派负责人加入工会,因此在资方看来上海金融工会无疑带有较大的权威性。该会下设分会和票据交换所等支会。
③ 上海金融工会票据交换所支会致金融业公会筹备会函(1950年12月29日),上海金融业同业公会档案S172-4-50。
④ 本会所属票据交换所改组及结束的有关文书,上海金融业同业公会档案S172-4-50。

海分行早日办理票据交换所之移转手续。"①1月11日，人民银行华东区行即回复金融业公会筹备会，正式作出如下答复"所请将上海票据交换所工作移由本行上海分行接收办理一节同意照办，除通知上海分行洽办具报外，特复查照"。②

经过上海票据交换所、上海金融工会第一分会票据交换所支会和人民银行三方就人事移转等诸问题的协商，最终确定从1951年2月1日开始由人民银行接办。1月31日，上海票据交换所发出最后一个通告（职字第82号）：本所票据交换工作，自1951年2月1日起由人民银行上海分行接办，所有本所全体职工，一律移归人民银行正式任用，并由金融业同业公会向区行尽力争取分发到上海分行工作，各级职工在本所薪给发至本年1月为止，自2月份款由人民银行按照人民银行薪给标准支给，本所为照顾职工减薪困难，特发给照顾费职员每人现薪两个月，工友每人现薪两个半月，均于本日发清，原有劳资关系宣告终止。③至此，完全由金融同业自己创办的上海票据交换所已经完成了它的历史使命，载入中国金融史册。

六、交换行庄与交换数额

（一）交换行庄的骤减

上海票据交换所于6月2日复业后，大量的私营行庄纷纷退出或者被撤消交换。到1949年底，因结束业务退出交换的有：兴文银行上海分行、福川银行上海分行、光裕银行上海分行、聚康银行上海分行、华西银行、永生钱庄上海分庄等26家；因交换存款户余额不敷支付其应付差额，而当日未能按时补足，予以停止交换之处分的有：大中银行、嘉昶钱庄等7家，此外还有恒利银行、华懋商业银行、永泰商业银行等3家经中国人民银行华东区行勒令停业清理，上海票据交换所奉令后即撤消各该行的交换席次。④1950年自动停业退出交换者30家，不能支付其到期债务或不能补足交换差额奉令停业停止交换

---

① 致人民银行华东区行为票据交换工作早日移转国家银行办理由（1951年1月5日），上海金融业同业公会档案 S172-4-50。
② 人民银行华东区行致上海金融业公会筹备会函（1951年1月11日），上海金融业同业公会档案 S172-4-50。
③ 上海票据交换所职字第82号通告（1951年1月31日），上海票据交换所档案 S180-4-2。
④ 1949年上海票据交换所报告书，上海档案馆藏档，上海票据交换所档案 S180-1-12。

者74家,因业务归并撤消者2家,共计退出106家。[①] 解放后,退出交换的行庄公司详细情况如下表所示:

表4-7 退出交换的行庄公司统计表(1949.5-1950.9)

退出日期	退出交换的行庄公司及其交换号次	数量
1949年6月	光裕银行上海分行150、聚康银行上海分行237	2
8月	华西商业银行上海分行88	1
9月	谦泰钱庄207、永生钱庄上海分庄217、成都商业银行上海分行172、中国工矿银行上海分行148、华威银行上海分行213、生大信托公司180、益华银行上海分行196、同心银行上海分行184、中国侨民商业银行上海分行175、昆明商业银行上海分行166、上海铁业银行83、长江实业银行上海分行147、泰和兴商业银行90、复兴商业银行上海分行146、国信商业银行85、济康商业银行上海分行227、中兴银行145、鸿兴银行上海分行189、汇通商业银行上海分行234、豫康商业银行上海分行132、复华商业银行上海分行205	21
10月	大升钱庄177	1
11月	荷国安达商业银行上海分行141、恒利银行62、惠丰钱庄197、通惠实业银行152、其昌商业银行上海分行127、华懋商业银行78	6
12月	永泰商业银行92	1
1950年1月	怡大钱庄108、信和钱庄124、宏昶钱庄159	3
2月	中和银行66、怡丰钱庄201、上海绸业银行30、辛泰商业银行88、浙江商业银行上海分行203、浙江建业银行69、裕康钱庄132、大德钱庄223、四川商业银行上海分行154、民孚商业银行93、开源商业银行上海分行158、大裕商业银行173	12
3月	同余钱庄220、元亨钱庄224、亿中商业银行170、和祥商业银行99、赓裕钱庄319、浦海商业银行239、中庸商业银行91、庆和钱庄210、光华商业银行70、元顺钱庄211、江海银行202、瓯海实业银行230、同孚商业储蓄银行199、川盐商业银行上海分行89、亚西商业银行86、浙江储丰银行206、国孚商业银行135、大东商业银行150、义昌钱庄112、嘉定银行79、安康余钱庄104、恒巽钱庄216、信中钱庄123、大同银行183、大康商业银行72、怡和钱庄122、协康钱庄225、晋成钱庄188、同德钱庄192	29

[①] 1950年上海票据交换所报告书,上海档案馆藏档,上海票据交换所档案 S180-4-5。

续表

退出日期	退出交换的行庄公司及其交换号次	数量
4月	四川建设商业银行165、上海工业银行212、光中商业银77行、云南实业银行上海分行163、瑞康诚钱庄219、征祥钱庄40、宝昌钱庄126、上海永庆钱庄133、鼎元钱庄228、中贸银行76、四川美丰商业银行上海分行55、永成商业银行156、福利钱庄120、煤业银行61、中华银行53、其昌钱庄44、广新商业银行195、浦东商业储蓄银行57、两江商业银行上海分行168、鼎康钱庄117、大来商业银行84、通汇信托商业银行95、福昌商业银行221、立昶钱庄190	24
5月	安裕钱庄33、义丰钱庄上海分庄167、永利银行上海分行229、均昌钱庄106、信孚永钱庄109、大赉钱庄178、永大银行54、两浙商业银行上海分行187、均泰钱庄107、振兴商业银155行、永裕钱庄上海分庄218、阜丰商业银行185、滋丰钱庄114、生大和记钱庄180、慎德钱庄121、滋康钱庄42、汇大钱庄129、庆大钱庄115、重庆商业上海分行74、至中商业银行65、人丰钱庄200、华康商业银行235、建华商业银行71	23
合 计		123

资料来源：1949年票据交换所月报，上海票据交换所档案S180-2-197和1950年票据交换所月报，上海票据交换所档案Q52-2-22。

从表4—7可知，1949年5月至1950年9月，共计退出交换的行庄达123家，其中以1950年3月的29家为最高。

解放后加入交换的行庄公司只有人丰钱庄，该庄遵照华东区行管理银钱业暂行办法之规定办妥核准登记及验资手续，在未经华东区财经会核准前准予自1949年11月21日起先行复业，并参加交换。上海票据交换所与该庄洽定自11月22日起列为200号参加交换。另外有几家行庄经停业整顿后准予复业，如信孚永钱庄、汇大钱庄从1950年2月1日起恢复参加交换，春茂钱庄从2月2日起恢复参加交换。2月3日上海工业银行奉准复业，2月4日起参加交换。可见，解放后申请加入交换的行庄只有1家，恢复交换的有4家，这与解放前的情形截然相反。解放后，交换行庄的构成与数量变化详见下表：

表4—8 上海票据交换所交换行庄的构成与数量统计表（1949.5—1950.9）

日期	公营银行	合营银行	银行	钱庄	信托公司	外商银行	本月共计
1949年5月	7	——	128	80	5	12	232
6月	13	5	115	80	5	12	230

续表

日期	公营银行	合营银行	银行	钱庄	信托公司	外商银行	本月共计
7月	4	4	112	78	5	12	215
8月	4	4	111	78	5	12	214
9月	4	4	93	76	4	12	193
10月	4	4	93	75	4	12	192
11月	4	4	89	75	4	11	187
12月	4	4	88	75	4	11	186
1950年1月	4	4	88	71	4	11	182
2月	4	4	76	69	3	11	167
3月	4	4	57	55	3	11	134
4月	3	4	44	46	3	11	111
5月	3	4	35	32	3	11	88
6月	3	4	35	30	3	10	85
7月	3	5	34	29	3	10	84
8月	3	5	34	29	3	8	82
9月	3	5	34	28	3	8	81

资料来源：1949年票据交换所月报，上海票据交换所档案 S180-2-197 和1950年票据交换所月报，上海票据交换所档案 Q52-2-22。

由上表可知，票据交换所复业以来，交换行庄数量骤减的趋势是显而易见的，从230家减少到81家，共计减少149家，下降了64.8%。其中私营行庄占绝大多数，钱庄计减少52家，银行计减少94家。从年份上看，1949年共减少44家，1950年又减少106家。1950年明显分成两个阶段，2、3、4、5月份交换行庄缩减幅度较大，共减少79家，占缩减总数的53%，占1950年缩减总数的74.5%。这主要是由于"二六轰炸"使电力破坏，工商业出现困难，偿债能力大受影响，银钱业也难以幸免。自从6月份以后，工商开始复苏，退出交换的行庄才见停止。因此，1949年下半年和1950年上半年都出现了交换行庄大量退出的现象，原因在于这两个时期都出现了私营行庄公司的集中停闭风潮。下图则更直观地反映了行庄骤减的趋势。

交换行庄的大量减少使得上海票据交换所原有的四个交换场次明显过剩，

<<< 第四章 上海票据交换所的重新复业与交由中国人民银行接办（1949.6—1951.2）

因而被迫于1950年4月和5月两次进行缩减。交换行庄的骤减和交换场次的缩减逐渐突显出上海票据交换所人员臃肿的状况，同时也意味着分摊上海票据交换所经费开支的行庄数量也大为减少，最终使票据交换所难以维持正常运转。

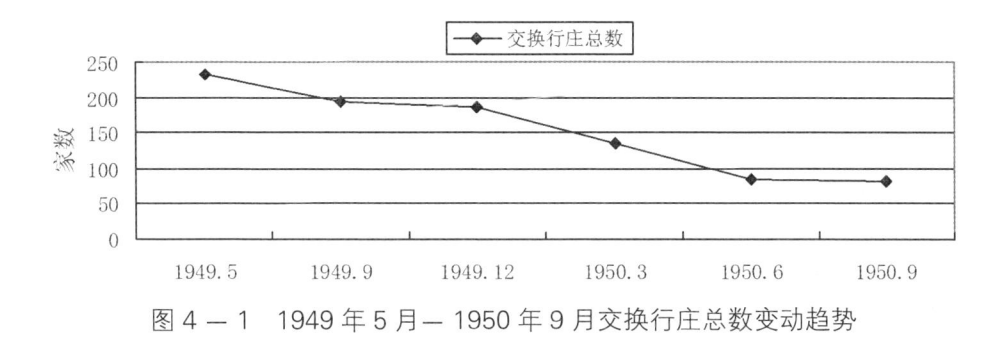

图4—1 1949年5月—1950年9月交换行庄总数变动趋势

（二）交换数额的变动

1949年6月是上海解放后的第一个月，由于收兑金圆券，查封证券大楼，接管原国家行局和官僚资本金融机构，工商业活动也没有充分展开，人民币刚刚开始流通，私营行庄公司经营谨慎，业务清淡，虽然6月2日上海票据交换所就恢复了交换，但开业的这一天，交换总数计金额18866950.03元，票据2229张，[①] 从交换张数来看，与此前相比是比较低的。当月的票据交换张数也只有155000张，每个交换日平均交换票据为6454张；当月交换金额只有433亿元人民币，每个交换日平均交换金额180571万元。而在该月不大的交换总规模中，人民银行上海分行因开业伊始，交换张数仅为4212张，约占2.7%；交换总额67亿1489万元，约占15.5%。[②] 到7、8月，全市金融业交换票据张数及金额就有明显增长，如8月份平均每日交换票据58382张，金额2398201万元，与7月份比较，张数增加40%，金额增加60%。随着交换票据及其金额的增多，退票张数及金额也有所增加，6月份退票计1971张，金额5153万元，7月份为9522张，金额211937万元，8月份则为17264张，金额454683万元。[③] 以下是上海解放后头三个月中国人民银行上海分行的票据交换情况表：

[①] 1949年上海票据交换所报告书，上海票据交换所档案S180-1-12。
[②] 中国人民银行上海分行一年来的报告书，上海市政府档案B1-2-350和项叔翔在全国金融业联席会议上的发言（1950年8月1日），上海金融业公会档案S172-4-5。
[③] 吴景平：《票据交换所与解放初期的上海私营金融业》，载吴景平、徐思彦主编：《1950年代的中国》，复旦大学出版社2006年8月版。

表4－9　人民银行上海分行6－8月的交换票据统计

单位：万元

	提出票据张数	提出交换金额	应付票据张数	应付票据金额
6月份总计	2425	209728	1787	461761
7月份总计	32416	1905519	9169	1457684
比上月增加倍数	13.3	9.1	5.1	4.0
8月份总计	107310	4335826	26207	4663960
比上月增加倍数	3.3	2.3	3.9	3.2

资料来源：中国人民银行上海分行一年来的工作报告，上海市政府档案B1-2-350。

上表显示，人民银行上海分行的提出票据和应付票据的张数与金额均大幅增长，其中提出票据张数与金额增长最快，8月与6月比较分别增长43.89倍和20.93倍，从而说明上海分行建立后其业务规模扩大速度之快。而对于上海票据交换所交换行庄的总体交换情况，1949年与1950年的变化趋势大不一样。详见下表：

表4－10　解放后上海票据交换所交换票据按月统计

1949年	交换票据		1950年	交换票据	
	张数	金额（元）		张数	金额（元）
			1月	3,201,120	5,428,136,746,418.00
			2月	1,655,017	3,940,135,653,353.00
			3月	1,545,570	4,918,162,306,091.00
			4月	889,053	3,163,199,907,101.00
			5月	851,551	2,876,005,147,110.00
6月	154,942	43,337,174,342.03	6月	1,044,167	3,666,648,037,808.00
7月	948,430	321,345,645,239.00	7月	1,298,102	4,815,677,451,355.00
8月	1,576,395	648,527,068,301.00	8月	1,477,242	5,855,306,848,830.00
9月	1,961,480	973,180,782,317.00	9月	1,973,075	7,773,169,324,991.00
10月	2,612,662	1,572,599,169,692.00	10月	2,255,648	8,616,067,195,743.00
11月	3,932,753	3,371,747,343,722.00	11月	2,445,990	8,276,106,080,023.00
12月	3,505,482	4,352,277,970,547.00	12月	2,482,619	7,714,844,077,327.00
合计	14,692,144	11,283,015,154,160.03	合计	21,119,154	67,016,458,775,650.00

资料来源：①1949年票据上海交换所月报，第12期，上海票据交换所档案Q52-2-21。②1950年票据交换报告书，上海银行公会档案S172-4-34。

<<< 第四章 上海票据交换所的重新复业与交由中国人民银行接办(1949.6 — 1951.2)

从表27可以看出,1949年6—12月,交换票据张数和金额增长率较高,6月和7月因票据交换所复业不久,票据张数较少,到12月时增长了近30倍。1949年7—12月,上海批发物价指数逐月平均涨落率为+51.2%,其中11月高达+132.7%,[①] 从而反映出这一时期通货膨胀率比较高。因此,1949年6—12月,虽然票据交换金额增长率很高,但实际增长金额并不高。1950年各月,张数或金额的变化趋势呈马鞍型,即由逐渐减少到逐渐增加。由于"二六轰炸"的影响,1—5月交换票据的张数和金额都在下降,到6月时,工商业开始复苏,因而张数和金额也开始缓慢回落。这一时期上海的物价指数上涨率平均为6.8%,[②] 物价相对较平稳。根据上表,可以算出1949年与1950年每月平均交换票据张数和金额分别为2098877张,1611859307737.15元与1759929张,5584704897970.83元。两者相比,扣除物价上涨因素,1950年金额有较大增加,而张数则有小幅下降,即每张票据平均金额有所增加。

另外,还可以1950年为例从业别上来分析,从中反映了各种性质金融业的力量消长。如下表所示:

表4—11 交换金额、张数业别分析表(1950年合计)

单位:亿元/张

合计	公营银行	合营银行	私营银行	钱庄	信托公司	外商银行
金额	121220.25	127643.58	263532.33	97638.20	12339.51	47790.70
百分比	18.09	19.05	39.93	14.57	1.84	7.13
张数	3515092	3997732	9038057	3985886	416250	166137
百分比	16.64	18.93	42.80	18.87	1.97	0.79

资料来源:1950年上海票据交换所告书,上海档案馆藏档S172-4-34。

从上表可以看出,公营银行和公私合营银行所占的比重,金额合计占37.14%,张数占35.57%,尽管私营银行所占比例仍独占鳌头,但是与公营银行和公私合营银行之和相差不远。私营银行和钱庄两者之和,金额占54.45%,张数占61.67%,说明二者仍然是该所交换业务的主体。

[①] 《上海解放后物价资料汇编(1921年—1957年)》,上海人民出版社1958年10月版,第355页。
[②] 《上海解放后物价资料汇编(1921年—1957年)》,上海人民出版社1958年10月版,第355页。

第五章

上海票据交换所的组织结构与管理

一、上海票据交换所组织结构的演变及其特点

组织管理学认为,组织结构是指一个组织内各构成要素以及它们之间的相互关系,它是支撑组织的框架体系。这个结构体系主要包括:①职能结构,即完成组织目标所需的各项业务工作关系;②层次结构,即管理层次的构成,又称组织的纵向结构;③部门结构,即各管理部门的构成,又称组织的横向结构;④职权结构,即各层次、各部门在权力和责任方面的分工及相互关系。[①]组织结构的模式多种多样,委员会结构是其中一个重要模式。委员会结构是将交叉职能部门的人组织在一起解决问题的一种组织结构。这些不同经验、背景的人聚集在一起,赋予特定权限,跨越职能界限处理问题。上海票据交换所的组织结构始终采取的是委员会制。不过,这种委员会制一直处在变化和调整当中,特别是1945年10月前后和1949年5月前后委员会制变化较大。

(一)组织结构的演变

1. 隶属于联准会时期的组织结构

抗战胜利之前,上海票据交换所的最高权利机关是联准会的委员银行代表大会。票据交换所委员会的产生、委员的改选、章则的核准以及其他有关交换事务的最终决定权等均由联准会委员银行代表大会议决施行。直接负责具体运作的机构为票据交换所委员会,平时该委员会主要商承联准会执行委员会和常务委员办理日常事务。

票据交换所委员会是1932年11月19日联准会第6次委员银行代表大会决

[①] 陈树文主编:《组织管理学》,大连理工大学出版社2005年10月版,第216页。

议设立的，除经理为当然委员外，设委员9人，并推选出票据交换所第一届委员。12月20日，联准会执行委员会决议通过《票据交换所委员会规程》，对委员会的组成、职权、运作等作了具体规定。该委员会经联准会委员银行代表大会之决议设立并商承执行委员会处理票据交换事宜，设委员10人，其中9人由委员银行代表大会就交换银行重要职员中推举之，联准会经理为当然委员。除经理外，其任期均为1年，连选得连任。票据交换所委员会的职权有："①票据交换事务之设计；②票据交换各项规则之厘订；③交换银行处分事项之审查；④交换经费预算决算之审核；⑤交换银行间交换事务上争议之调解；⑥本会经理提议事项之决定。"同时还规定"票据交换所委员会之决议应有全体委员三分二以上之出席，以出席委员三分二以上之同意行之。委员对于所代表银行本身之议案无表决权，票据交换所委员会议时以当然委员为主席。另设值场委员3人，由联准会执行委员会就当然委员以外各委员中推定之，商承联准会常委委员协助经理处理交换所日常事宜。值场委员得轮值办公，但每日交换时间至少应有一人到所"。①

此外，根据环境变化或交换事务上的需要，联准会对票据交换所委员会和联准会的相关职能部门进行了调整。1932年12月1日，朱博泉在第17次联准会执行委员会议上提出"增设交换科，办理票据交换事宜"，会议决议通过。②12月29日，联准会执行委员会又决议"设立交换所委员会值场委员，并推定程慕灏、杨介眉和李亦卿3人为交换所值场委员"，同时还决定"交换所值场委员由联准会每日致送车马费各100元"。③1935年6月13日以后，由于银钱业实行集中交换，交换所代收票据增多，因而决定在联准会会计及交换两科之下增设下列两组：会计科（第一组，单证拆放组；第二组，交换存款组），交换科（第一组，票据交换组；第二组，代收票据组），每组各设领组1人，以专责成。④1936年2月15日，联准会常务委员提请修正该会票据交换所委员会规程，最后议决"委员人数由10人增加为12人，值场委员改称常务委员，其人数由3人增加为5人"。修订后的规程明确规定"票据交换所设

---

① 《1933年份之票据交换所》，见金融史编委会编：《旧中国交易所股票金融市场资料汇编》上册，北京书目文献出版社1995年1月版，第40—41页。
② 联准会第十七次执行委员会议记录（1932年12月1日），联准会档案S177-1-2。
③ 联准会第十八次执行委员会议记录（1932年12月29日），联准会档案S177-1-2。
④ 联准会第三十四次执行委员会议记录（1935年6月24日），联准会档案S177-1-7。

委员12人，并设常务委员5人，由本会执行委员会就当然委员以外各委员中推定之，商承本会常务委员协助经理处理交换所日常事宜"。① 因此，1936年2月以后，票据交换所的组织结构有了较大变化，不仅委员人数增加，而且还将值场委员改称为常务委员。1942年11月3日，因交换范围扩充，票据交换所委员会委员又增加3人，共为15人。② 这一时期该所的组织结构示意图如下。

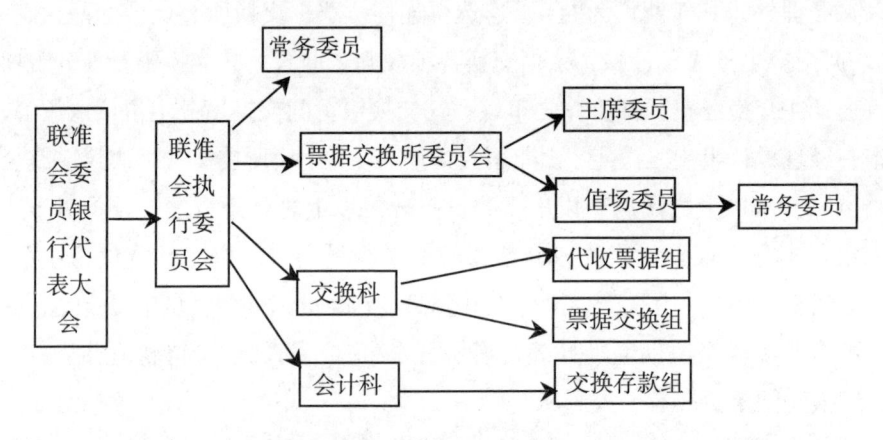

图5－1　隶属于联准会时期上海票据交换所的组织结构

从1932年11月28日到1945年5月21日，上海票据交换所委员会共召开正式会议26次，临时会议3次。上海票据交换所改组前共推选产生了八届票据交换所委员会委员，其任期和名单列表如下。

表5－1　第一至第八届上海票据交换所委员会委员名单

届数	任期	委员（所属银行）
第一届	1932.11.19 – 1934.2.27	朱博泉、☆程慕灏（中国银行副经理）、☆李亦卿（交通银行总行秘书）、周德孙（四行储蓄会副经理）、☆杨介眉（上海银行副经理）、陈朵如（浙江实业经理）、叶扶霄（大陆银行经理）、王伯元（中国垦业银行经理）、王子厚（东莱银行经理）、刘鸿源（通和银行总经理）
第二届	1934.2.28 – 1935.3.5	朱博泉、☆程慕灏、☆陈慕唐（交通银行襄理）、☆杨介眉、叶扶霄、陈朵如、王伯元、周德孙、王子厚、刘鸿源

① 联准会第三十七次执行委员会会议记录（1936年2月15日），联准会档案 S177-1-7。
② 联准会第四十六次执行委员会会议记录（1942年11月3日），联准会档案 S177-1-8。

续表

届数	任期	委员（所属银行）
第三届	1935.3.6— 1936.2.19	朱博泉、☆程慕灏、☆陈慕唐、☆杨介眉、叶扶霄、陈朵如、王伯元、周德孙、王子厚、刘鸿源
第四届	1936.2.20— 1937.3.9	朱博泉、★胡梅庵（中央）、★程慕灏、★陈慕唐、★杨介眉、★周德孙、叶扶霄、陈朵如、竹森生（浙江兴业银行经理）、王伯元、张竹屿（中国国货银行协理）、瞿季刚（国华银行经理）
第五届	1937.3.10— 1942.11.3	朱博泉、★胡梅庵、★程慕灏、★陈慕唐、★杨介眉、★周德孙、叶扶霄、陈朵如、竹森生、王伯元、张竹屿、瞿季刚
第六届	1942.11.4— 1944.2.22	朱博泉、★中储行代表、★程慕灏、★潘志吾（交通）、★徐谢康（上海银行）、★周德孙、竹森生、陈朵如、袁同人（大陆）、王伯元、张景吕（国华）、孙瑞璜（新华）、殷纪常（金城）、沈长明（中南）、陈森生（盐业）
第七届	1944.2.23— 1945.4.19	朱博泉、中储行代表、程慕灏、潘志吾、徐谢康、周德孙、罗郁铭（浙江兴业）、陈朵如、袁同人、王伯元、刘渐陆（国华）、孙瑞璜、殷纪常、沈长明、陈森生
第八届	1945.4.20—	朱博泉、中储行代表、程慕灏、潘志吾、徐谢康、周德孙、罗郁铭、陈朵如、袁同人、王伯元、刘渐陆、孙瑞璜、殷纪常、沈长明、陈森生

附注：名字前标有☆为值场委员，标有★为常务委员。另外，第七、第八届的常务委员不详。

资料来源：①上海银行业同业公会联合准备委员会第1—17次委员银行代表大会会议记录（1932年—1937年），联准会档案S177-1-2。②联准会第26—43次执行委员会会议记录（1934年—1937年），联准会档案S177-1-7。③第三次基本会员银行代表大会第一次常会（1944年2月23日），联准会档案S177-1-10。④联准会第54次执行委员会即第七届执行委员会第八次会议记录（1945年4月6日），联准会档案S177-1-68。

从表5—1可以看出，票据交换所委员会的委员有以下几个特点：首先，委员的组成大多为主要交换银行当中的重要职员，如中国、交通、上海商业储蓄银行、四行储蓄会和浙江实业等，而且多为该行经理或副经理亲自担任，无疑体现出票据交换业务的重要性；第二，抗战胜利之前，联准会经理朱博泉一直是票据交换所的当然委员、主席委员和经理，主持历次会议、并提出重要议案等，因而朱博泉先生从票据交换所的筹备到抗战时期交换所的勉力维持都发挥了重要作用；第三，委员的任期按规定为1年，然而抗战爆发后，由于社会经济环境的恶化，委员的换届变得极不正常，如第五届委员任期长达5年多（从1937年3月到1942年11月），第六届委员任期也近两年；第四，因票据交换业务发展的需要，委员人数经过了两次调整，从10人增加为12人，又增加到15人。最后，第六、第七和第八届委员除了联准会经理为当然委员外，中储行代表也列为当然委员，某种程度上说明太平洋战争爆发后，日伪逐渐控制了票据交换所。

值得注意的是，值场委员改称为常务委员后，常务委员的权力并非凌驾于其他委员之上，只是肩负票据交换所的日常事务而已。另外，有学者提到"1932年，唐寿民任交通银行常务董事兼总经理，……上海银行业票据交换常务委员"。[①] 根据以上论述，这一提法显然是错误的，唐寿民从未担任票据交换所委员，而且票据交换常务委员是1936年2月以后才出现的。

2. 上海票据交换所改组后的组织结构

抗战胜利后，上海票据交换所经改组后，钱业和外商银行也必须加入交换，因而上海票据交换所成为全市唯一的票据交换机构，这时其独立性增强，组织机构也随之发生了重大变化。

1945年10月8日，按照财政金融特派员办公处的规定，上海票据交换所"另组委员会，以中央银行代表为主任委员"，11月1日，改组后的交换所正式开业。1946年8月12日，票据交换所产生第一届执行委员会，正式接办上海票据交换所，因而从1945年10月8日到1946年8月12日，这期间实际上是一种过渡性质的组织结构。由于银钱业公会尚处在整理当中，其管理机构为按照特派员办公处的指示而成立的新票据交换所委员会。当时委员共有12人，可分成三个系统：

一是政府银行系统，计李骏耀（中央，兼主任委员）、徐维明（中国）、李道南（交通）、朱闰生（中国农民）、沈熙瑞（中央信托局）、沈境（邮政储金汇业局）、周炜方（上海市银行）；二是商营银行系，骆清华（中国通商）、陈朵如（浙江实业）、陈森生（盐业）；三是钱业系，计秦润卿（福源）、王怀廉（聚康）。[②]

[①] 徐矛、顾关林：《中国十银行家》，上海人民出版社1997年12月版，第410页。
[②] 《上海调查资料金融篇之六：上海票据交换所》，上海档案馆藏档 Y10-1-412-3。

改组后的新票据交换所委员会中,政府银行代表占7人,而且央行代表为指认的主任委员,银钱业代表仅5人,因此,这时交换所实际上掌控在中央银行手里。此时外商银行尚未复业,因而委员中未有外商银行代表参加。该委员会成立后,也没有确定定期开会的制度,遇有讨论事项时才由主任委员临时召集开会,分别于1945年10月18日和11月21日、1946年1月21日和2月25日召开了4次会议。

1946年6月,银钱两公会本身改选事项业已完成,正常工作也逐步恢复,交换所为同业公益性质的社团组织,理应在中央银行监督之下仍由两公会主办,于是商承中央银行赞同,由两公会拟订交换所章程呈请财政部核示。8月2日,奉财政部指令,以交换所由两公会商承中央银行之同意,订定章程,自行推选执行委员接办一案,应准照办等因,即由李主任委员致函两公会将前组委员会结束,陈代经理辞职,两公会理事会照章选任交换所执行委员15人。[①]8月12日,执行委员会举行第一次会议,接办上海票据交换所,同日票选出3人为常务委员,并由常务委员互推主任委员。第一届执行委员、常务委员和主任委员名单列表如下:

表5—2 1946年8月成立的上海票据交换所委员会第一届执行委员

执行委员	李道南(交通)、王伯天(中国农民)、刘连华(中央信托局)、沈境(邮政储金汇业局)、包玉刚(上海市银行)、丁葆瑞(中国通商)、王绍贤(盐业)、周德孙(四行储蓄会)、王怀廉(聚康钱庄)、居易鸿(上海银钱业联合准备会)、S. A. Gray(汇丰)、J. T. S. Reed(花旗)
常务委员	徐维明(中国)、陈朵如(浙江实业)秦润卿(福源钱庄)
主任委员	秦润卿(福源钱庄)

资料来源:根据《上海金融业概览:上海票据交换所》,上海档案馆藏档Y10-1-15-9的相关内容制作。

这时,15名执行委员中政府银行代表仅有6人,主任委员也非政府银行代表,而且财政部驻京沪区财政金融特派员办公处也于1946年4月底结束。[②]这说明,此后政府对票据交换事务干预的程度已经大为减少,仍以商办为主。后来由于邮政储金汇业局上海分局经理沈镜业已辞职,1947年3月11日,该

---

① 上海票据交换所第一届执行委员会第四次会议记录(1947年3月26日),上海票据交换所档案S180-1-12。

② 朱斯煌主编:《民国经济史》,银行周报社1948年1月初版,第784页。

分局致函上海票据交换所，要求将前经理沈镜所遗原任票据交换所执行委员由该局新任经理方根生担任。交换所执行委员会决议，撤销沈镜代表名义，改以方根生为执行委员。① 到1949年5月为止，上海票据交换所只产生过一届执行委员，共召开正式会议12次，临时会议7次。

1946年8月核准施行的上海票据交换所章程对执行委员会的组成、职权等规定如下：

本所设执行委员15人，由两公会理事会分别依左列名额推举之：银行代表12人，钱庄代表2人，银钱业联合准备会经理1人。执行委员任期均为3年，连选得连任。本所设常务委员3人，由执行委员互选之，设主任委员1人，由常务委员互推之。主任委员处理执行委员会议决事项，得随时提请常务委员会商行之。

执行委员会应议决下列事项：票据交换各种规则之订定；票据交换实务之审核及指示；交换行庄入会退会之审查及核定；交换保证金额之规定；交换行庄之处分；交换所开支预算决算之审核。执行委员会至少每两个月开会一次，由主任委员召集之。执行委员会议以主任委员为主席。执行委员会议应有全体委员过半数之出席，以出席委员过半数之同意行之可否，同数时取决于主席。执行委员会议应作成决议录，由主席签名保存于本所。②

改组后的上海票据交换所在组织结构方面有许多新变化，主要有：

（1）改组后的上海票据交换所设立了监理和咨询委员。章程规定："由中央银行指派监理一人监视本所一切事务；本所设咨询委员若干人，由两公会理事会就各行庄重要职员中聘请之，执行委员会处理本所事务，遇有重大事件在提交两公会核示前得提请咨询委员审议。"③

（2）改组后的上海票据交换所开始在所内设立各职能科，因而随之出现

---

① 上海票据交换所第一届执行委员会第四次会议记录（1947年3月26日），上海票据交换所档案 S180-1-12。

② 《上海票据交换所章程》（1946年8月），见朱斯煌：《民国经济史》下册，上海银行学会1948年版，第596页。

③ 《上海票据交换所章程》（1946年8月），见朱斯煌：《民国经济史》下册，上海银行学会1948年版，第596页。

部门结构。当时设有总务、会计、交换3科,不久增设代理交换科,各科设主任1人,副主任1至2人。1946年7月,该所改进交换手续,取消代理交换行庄名称,一律统称交换行庄,因此代理交换科名称也同时撤销,原有交换科改称交换一科,代理交换科改称交换二科。1948年1月,增设统计科,专门职掌各项统计事宜。1947年2月和1948年3月,又分别设立职工子女教育补助金委员会和实务研究委员会两个附属机构。

(3)1947年9月,该所还正式制定《上海票据交换所分科办事简则》,对各科的职能及其责任等规定如下:

(1)各科间职权或责任发生异议、疑义或抵触时应由主管官员陈明经理决定之;本所各级职员依组织之规定,分配于各科,其员额之增减得视事务之繁简随时酌定之;职员处理各项事务不得分歧凌躐;职员对于本所事务在未经公布前均应严守秘密;

(2)总务科职掌:关于文件之撰拟缮校及收发;各种章则契约之缮拟、印章之刊发及典守;各项文件之保管编档;职员之进退、迁调、考核、奖惩;人事异动之登记统计管理;各项开支之计核给付及预算、决算;一切公物之采办、收发、保管、整理、清洁等;公役之管理以及不属于其他各科之事项等;

(3)交换科掌管:关于交换手续之拟订修改、交换及结算;交换场之管理及场上之公告;交换票据与退票之收发及计算等;交换票据与退票数额之记录及有关报表之编制保管;其他有关交换之事项等;

(4)会计科则职掌:关于会计规程之拟订修改;账表簿册契约单据之记载保管等;预算之设计编制;摊派经费之计算;各项账册表单之编制;各行庄存款之收支;各项账册单据表报之稽核、统计事项;其他会计事项等。①

上述分析表明,战后的上海票据交换所正式建立了自己的科层制。所谓科层制就是一种与大规模的正规组织相适应的组织协调体系,也就是一个根

---

① 本所分科办事简则及各项人事规则(1947年),上海票据交换所档案 S180-1-10。

据明确的规则和程序进行工作的等级权力机构。任何大型团体，只有建立了完善的科层制才能使自己实现合理而有效的运转。典型的科层制主要有这样几个特征：①各种各级领导和工作人员都有明确的职责范围；②有一个逐级服从的权力等级制度；③有一套精心设计的规章制度制约着领导者履行职责和作出决议；④成员的前途常常与组织相联，领导人员的选任以资历和优点为基准。① 显然，上海票据交换所的组织结构具备了上述科层制的特征，因而不仅意味着该所独立性的增强，也使得该所更能有效运转。

此外，上海票据交换所还定期举行所务会议，并制定了所务会议组织简则，内容如下：

（1）凡本所甲乙全体职员均应出席会议；

（2）凡有关交换事务之研讨及内部办事效率之增进，均为会议商讨范围，但重要事项之决议，应由经理签请主任委员及常务委员核定后施行；

（3）会议讨论事项有涉及办事员经办部分者，其经办人员得列席会议及陈述意见；

（4）所务会议每隔两星期举行一次，必要时得召开临时会议，由经理召集之。②

很多涉及内部人事或交换业务等问题，一般先由所务会议提出和初步讨论，再提请执行委员会决定。实务研究委员会成立后，有关交换业务问题的研讨专门由该委员会负责。可见，所务会议成为该所重要的议事机构，也是票据交换所组织结构当中的重要组成部分。

根据以上所述，其组织结构示意图可以绘制如下：

从图5—2和图5—3不难看出，统一后的上海票据交换所在组织结构及职权结构方面发生了巨大变化。首先，将票据交换所委员会改称为执行委员会，并从中推选常务委员，再推举出主任委员。实际上执行委员会为票据交换所的最高权利机关，处理所有交换所内外事务，而中央银行和银钱两公会

---

① 虞和平：《商会与中国早期现代化》，上海人民出版社1993年6月版，第176页。
② 上海票据交换所第一次所务会议记录（1946年9月3日），上海票据交换所档案S180-1-5。

只是交换所象征性的领导机构。这时的常务委员,其权利也要高于其他执行委员。其次,票据交换所下设五科,分科办理日常事务,并设有经副襄理和各科正副主任。再次,还设有监理和咨询委员,并成立了附属性机构等。因此,战后上海票据交换所执行委员会与常务委员的设立和科层制的建立意味着该所组织结构的完善和独立性的大大加强。

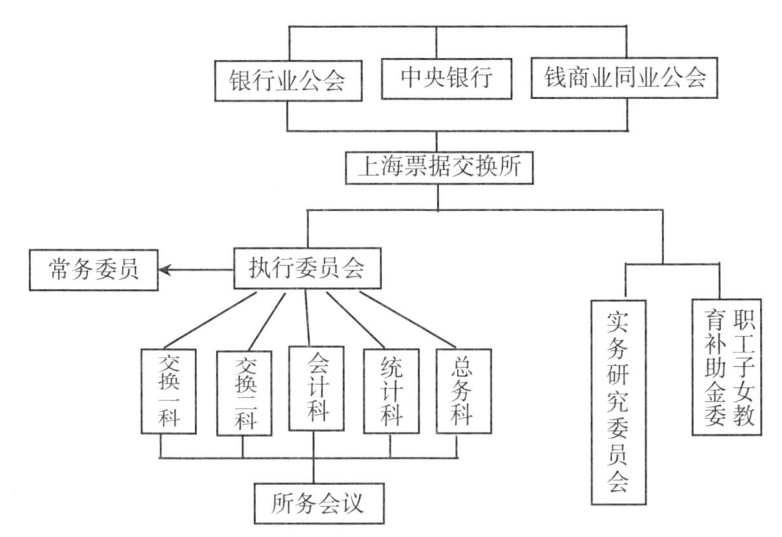

图 5—2 1946 年 8 月后上海票据交换所的组织结构

另外,再单独将其职权结构绘制示意图如下:

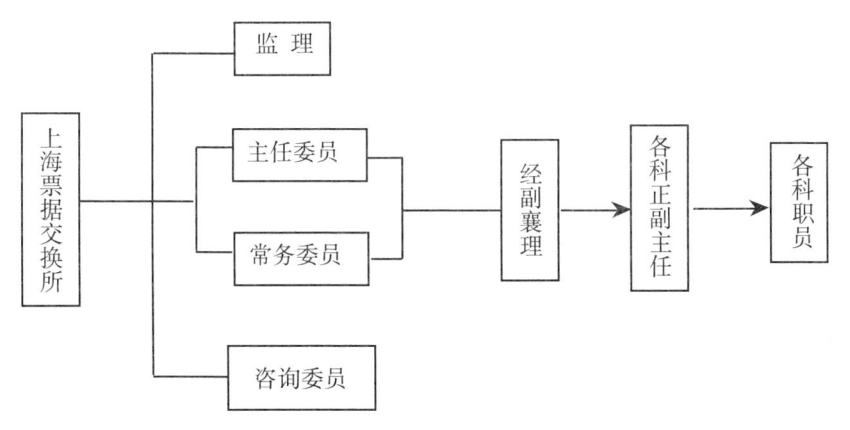

图 5—3 1946 年 8 月后上海票据交换所的职权结构

资料来源:《上海调查资料金融篇之六:上海票据交换所》,上海档案馆藏档 Y10-1-412-3。

3. 上海解放前后的组织结构

上海解放之际，上海银行公会理监事大批出走或告假，使银行公会议事决策机制几乎陷于瘫痪。而钱业公会的主要负责人则全部留在上海，因此还能维持日常运转。此时，上海银钱业联合准备会也已办理结束，银钱两公会合组的上海票据交换所也实际上陷于停顿。为了加强金融业内部协调，银钱信托三公会于1949年4月26日成立三业公会小组委员会，处理日常事务和紧急事项，如商议确定向中央银行领券、同业拆借、本票的发行和停发、票据交换所和仓库方面的事宜等。①

1949年5月21日，银行、钱业、信托三业公会小组委员会提议，鉴于在此局势之下应事实需要，对于票据交换所原有组织宜再加强，特建议设立临时管理委员会（以下简称临管会）并拟订简则八条，会议讨论通过，并推定秦润卿、陈朵如、王志莘、沈日新、蔡松甫等五人充任该会委员，共同负责主持，即提请三公会常务理事会核准签字实施。组织简则对临管会的设立、职权等作出如下规定：

（1）银钱两公会为适应事实需要并随时应付紧急事项起见，特组设上海票据交换所临时管理委员会。

（2）临管会设委员5人，其中2人由交换所主任委员1人及常务委员1人担任之，其余3人由银钱两公会推定之。

（3）临管会之职权如下：甲、本所重要事务之指示；乙、临时急要措施之处决；丙、本所逐日库存银币及纸币之检查；丁、本所逐日各项开支之审核。

（4）临管会每日举行会议一次，必要时将得召开紧急会议。

（5）临管会会议主席由各委员轮流担任之。

（6）临管会会议应由全体委员过半数之出席，以出席委员过半数之同意行之可否，同数时取决于主席。

（7）临管会会议应作成决议录由会议主席签名保存之。②

---

① 张徐乐：《上海私营金融业研究（1949—1952）》，复旦大学出版社2006年1月版，第277页。
② 银钱信托三公会小组会议决案（1949年5月21日），上海银行公会档案 S173-1-170。

因而，三业公会小组委员会实际上成为上海解放后该所最高权力机关，对票据交换事务有最后决定权。从1949年5月23日到12月16日，临管会共召开会议13次。在第一次会议上确定了轮值主席的次序，即第一周陈朵如，第二周秦润卿，第三周王志莘，第四周蔡松甫，第五周沈日新，此后依照上述次序周而复始。① 这一时期的组织结构示意图如下：

```
              ┌─────────────────┐
              │ 三业公会小组委员会 │
              └────────┬────────┘
                       ↓
              ┌─────────────────┐
              │ 票据交换所临时   │
              │  管理委员会      │
              └────────┬────────┘
        ┌──────┬──────┼──────┬──────┐
      交换   交换   会计   统计   总务
      一科   二科   科     科     科
```

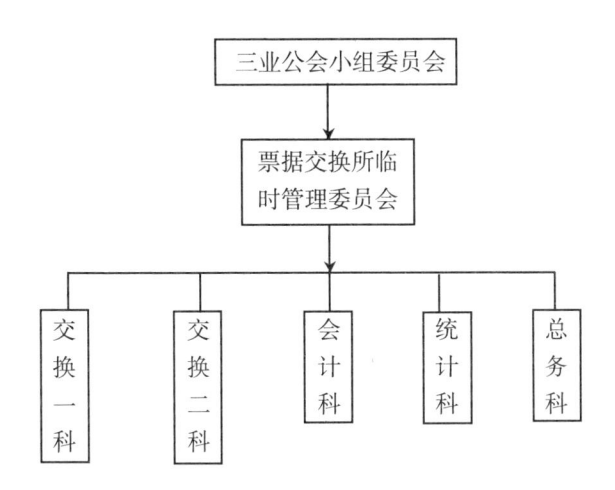

图 5—4　上海解放前夕票据交换所的组织结构

因此，由于时局的巨变，该所原执行委员会因人数不齐无法维持正常的运转，临时管理委员会则承担了上海解放前后这段非常时期的日常管理及交换所的运转等工作。1949年12月28日，上海市金融商业同业公会筹备会成立，旧银钱业公会宣告结束，该所临时管理委员会亦随同结束，所有票据交换一切事项，由金融商业同业公会筹备会接办。

4. 隶属于上海金融业同业公会筹备会时期的组织结构

1949年8月，在原上海市商会的基础上成立了上海市工商业联合会筹备会，其任务之一是"重新整理和改组全市工商业同业公会"，不久即决定由银钱信托三公会合并组成上海金融业同业公会筹备会。对于该整理方案，银行公会和信托业公会方面的态度是积极的，钱业公会虽然一度持消极态度，但在军事管制委员会金融处、工商联筹备会的积极工作之下，以及在银行公会和信托业公会的带动之下，钱业公会最终接受了合并。1949年12月28日，由

---

① 本所临时管理委员会第一次会议议事录（1949年5月23日），上海票据交换所档案 S180-1-4。

上海市银行业、钱庄、信托业三业联合组织的金融业同业公会筹备委员会宣布成立（以下简称金融公会筹备会）。这是一个集公营、公私合营以及私营三种性质的金融机构于一体的整个金融行业的同业组织。金融业公会筹备会不设事会、监事会，而实行委员会制，下设9个委员会。[①] 其中就设有票据交换所管理委员会（以下简称票交所管委会），负责核定各项章则，决定重要职员之任免，审核本所预算决算等。

12月30日，临管会的5名委员联名致函金融公会筹备会请求结束临时委员会，函中指出："上海解放后，公会及交换所等组织一仍旧惯，该管理委员会亦迄无变更，荏苒七月，润卿等勉负艰巨，每感惶悚，兹公会已经改组，此项临时组织应随旧公会同时结束，所有票据交换所一切事项，此后应由贵会接办，润卿等不便再行负责。"[②]

1950年1月3日，金融公会筹备会召开第一次会议，其中对"原有票据交换所临时管理委员会因任务终止函请接办案"进行讨论，议决由金融公会筹备会另行组织票据交换所管理委员会。[③] 新组成的票交所管委会人员如下：

表5－3　上海票据交换所管理委员会的成员名单

主任委员	卢钝根（人民银行上海分行副经理）
副主任委员	毛啸岑（中信银行总经理）、王仰苏（均泰钱庄经理）
委员（共12人）	方祖荫（人民银行）、王志莘（新华银行总经理）、王怀廉（聚康兴钱庄经理）、朱汝谦（上海银行）、沈日新（存诚钱庄经理）、袁尹村（聚兴诚银行经理）、孙同均（劝工银行）、夏杏芳（金源钱庄总经理）、殷纪常（金城银行副总经理）、陆允升（中贸银行总经理）、韩宏绰（四明银行）、庞安民（中国通商银行）

附注：1月7日，召开金融业公会筹备会临时会议，对票据交换所管理委员会的人事又重新做了调整，第一副主任委员改由中信银行的毛啸岑担任，韩宏绰改任委员，同时考虑到票据交换所事务繁忙，因而又增补3名委员，即王志莘、孙同均、夏杏芳，因而委员人数由11人增加到15人。

资料来源：1950年上海票据交换所报告书，上海票据交换所档案S180-4-5。

---

① 张徐乐：《上海金融业同业公会筹备会述略》，见复旦大学中国金融史研究中心编：《上海金融中心地位的变迁》，中国金融史集刊第一辑，复旦大学出版社2005年9月版。

② 票据交换所临时管理委员会致金融商业同业公会筹备会函（1949年12月30日），上海金融业同业公会档案S172-4-50。

③ 《解放初期上海金融业同业组织史料选编（下）》，《档案与史学》2004年第3期。

根据以上叙述，可以绘制出如下示意图：

```
┌─────────────────────────┐
│  上海金融业同业公会筹备会  │
└───────────┬─────────────┘
            │
┌───────────▼─────────┐    ┌──────────────┐
│  票据交换所管理委员会 ├───▶│ 主任、副主任委员 │
└───────────┬─────────┘    └──────────────┘
            │
┌───────────▼─────┐        ┌──────────┐
│   上海票据交换所  ├───────▶│  经副襄理  │
└───────────┬─────┘        └──────────┘
            │
┌───────────▼─────┐        ┌──────────┐
│ 交换、统计、     ├───────▶│ 主任副主任 │
│ 总务等各科       │        └──────────┘
└─────────────────┘
```

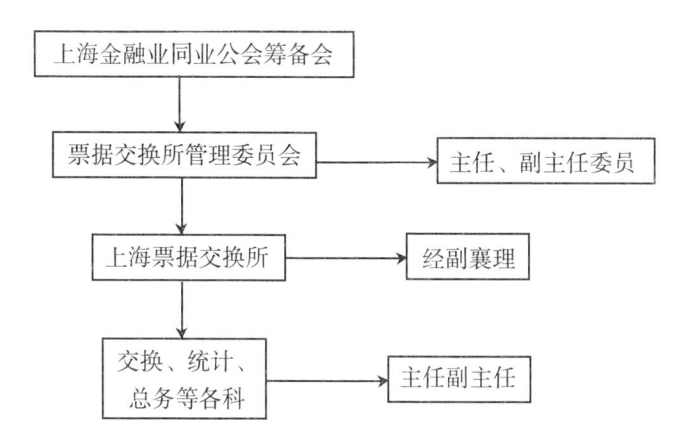

图 5 — 5 1950 年 1 月后上海票据交换所的组织结构

1950年1月7日，票交所管委会召开第一次会议，正式接管上海票据交换所。到1951年1月31日，共召开正式会议21次。票交所管委会接管上海票据交换所后，另行拟订"上海票据交换所章程草案"请求金融公会筹备会核议施行，经1950年4月13日金融公会第四次筹备委员会议议决通过，并于4月15日由金融公会筹备会备文并检同该项章程陈报中国人民银行华东区行签核备案。[①]7月12日，该章程经修正通过，其中对票交所管委会的规定为：金融公会依照组织规程设置票据交换所管理委员会，管理委员会委员由金融公会于公私合营行庄中推举15人充任之。管理委员会设主任委员1人，副主任委员2人。票交所管委会之职权如下："本所各项章则之核订；本所重要事务之决定；本所重要职员之任免；本所预算决算之审核；管委会每两周举行会议一次，必要时得召开临时会议；管理委员会会议主席以主任委员为当然主席，主任委员缺席时由副主任委员代理之；管委会日常会务及临时急要措施由正副主任委员处决之；管委会会议时得请本所经理列席。"[②]另外，还专门制定了票据交换所管理委员会组织规程，内容与章程中的相关规定基本一致。因此，票交所管委会成为金融公会筹备会下设的专门委员会之一，上海票据交换所自然也成为其下属机构了。

---

① 为拟订"上海票据交换所章程草案"报请人民银行华东区行核议施行（1950年4月15日）。上海金融业同业公会档案 S172-4-50。

② 上海票据交换所章程（1950年7月15日），上海票据交换所档案 Q52-2-23。

（二）组织结构演变的特点

一般来说，恰当地选择组织结构，对于实现组织目标、提高组织效率是十分重要的。通过组织结构可以把完成组织目标所需的人和事编排成便于管理的单位，又可以把组织内各个部门、各个岗位连接成为一个有机的整体，从而大大提高组织运行效率，降低组织管理成本，有利于组织目标的实现。由于社会经济环境的变迁或自身的变革，上海票据交换所的组织结构也不断调整、变化，其演变过程具有如下一些显著特点。

1. 始终采用委员会制

上海票据交换所自创立到被人民银行接办，其组织结构始终采用委员会制。按照管理学的理论，委员会结构是由专家或具有多种背景的人来参加委员会，可以做出合理而高质量的决策，可以弥补个人决策的不足；因为有利益关系的任何部门都可以参加，可以提高对决策的信任程度，从而提高决策的支持度，同时增大对所做出的决策被采纳的可能性；由于分散权力，有利于防止独裁及专断；委员会结构有助于传递和共享信息。委员之间对共同问题的讨论和交流，不仅有利于交流信息，而且可以对信息做出不同的解释，从而更有利于澄清问题。[①] 上海票据交换所组成的委员会由交换行庄的代表所组成，一般都要求过半数的委员出席会议，并由出席委员的半数以上表决同意，同数时取决于主席委员。因而主席委员不仅成为一个强有力的核心，而且可以从中协调，这样既有利于集思广益，发挥委员会制的优点，又可避免由于缺乏强有力的领导人而导致议而不决的现象。

另外，当时上海银钱业同业公会几乎都依据政府法令采用委员会的组织形式。1929年8月17日颁布的《工商同业公会法》第9条规定："同业公会置委员7人至15人，由委员互选常务委员3人或5人，就常务委员中选任1人为主席。"[②] 1938年11月1日施行的《商业同业公会法》同样有"商业同业公会设执行委员、监察委员，均由会员大会就会员代表互选之，其人数执行委员至多不得逾15人，监察委员至多不得逾7人。执行委员得互选常务委员，并从

---

① 陈树文主编:《组织管理学》，大连理工大学出版社2005年10月版，第221页和张勤国、朱敏主编:《管理学：理念、方法与实务》，上海立信会计出版社2003年1月版，第261页。
② 转引自朱英主编:《中国近代同业公会与当代行业协会》，中国人民大学出版社2004年12月版，第187页。

常务委员中选任1人为主席"①的规定。因此，委员会制已经成为近代工商同业公会较为成熟的组织形态，受其影响，上海票据交换所自然也不例外。

2. 委员会性质历经隶属型→独立型→隶属型的递变

上海票据交换所不同时期所采用的委员会制性质是不完全一样的。抗战胜利前，实际上是一种隶属型的委员会制。此时，上海票据交换所委员会并没有设立自己独立的执行委员会和常务委员，仅仅是联准会执行委员会的一个下属委员会，虽然1936年2月以后，该所也设立常务委员，但它不是由执行委员会所产生的一般意义上的常务委员，而且该所也未建立自己的职能部门，而是由联准会的相关职能部门来处理日常交换事务，说明这时的票据交换所只不过是联准会的一个附属机构而已。经过战后改组，上海票据交换所名义上隶属于银行公会和钱业公会，但这时它建立了自己的执行委员会，而且具有决策权，并由此推选出常务委员，同时还设立了自己的各职能部门和一些附属机构，因而可以看作是一种独立型的委员会制。1949年底，上海金融业同业公会筹备会成立后，上海票据交换所隶属于该筹备会，票据交换所管理委员会也只是该筹备会下属的一个分委员会，而且没有自己的执行委员会和常务委员，因此又转变为隶属型的委员会制。

3. 注重制定严密的组织制度

从上海票据交换所组织结构的演变过程可以看出，该所及其上级组织始终注重制定严密的组织制度，以文字的形式表达了有关组织的规则、程序和组织成员的职权关系，先后制定了1932年的《票据交换所委员会规程》、1947年的《上海票据交换所分科办事简则》和1949年的《临时管理委员会组织简则》等专门性的规章。另外在该所1932年、1944年、1946年和1950年的章程中也包含有关组织制度的详细规定。这些组织制度对该所委员会人数、组成、职权、运作等均有严格规定，从而体现了该所组织结构的严密化、制度化和规范化。

二、上海票据交换所的人事管理

（一）人事管理制度

现代管理学认为，人事管理是指把组织内人与人以及人与组织的关系协

---

① 国民政府主计处统计局编：《经济法规汇编》第二集，1938年12月版，第66页。

调妥当,使组织内的人力资源达到最有效的发挥。要达到以上的目标,人事管理必须顾及人力资源规划、员工招募、甄选、安置、培训、考核、薪酬管理、员工福利与保障、协调劳资关系等。[①] 上海票据交换所的人事管理制度也大致涉及以上内容。

1945年10月前,即附属于联准会时期,上海票据交换所没有建立自己专门的职能科室,因而不存在内部的人事管理制度,只是在上海票据交换所改组成为相对独立的机构后,这时才开始有了内部的人事管理,并逐渐正规化、制度化。

1947年9月,上海票据交换所专门制定了《上海票据交换所各项人事规则》,对该所的人事问题作了各项规定,是战后上海票据交换所人事管理制度的集中体现。该所执行委员会决议1948年正式实施。根据上述人事规则[②],其人事管理制度的主要内容如下。

1. 职员基本守则

职员应遵守本所一切章则,应服从上级人员之指导,不得利用本所兼营他业,非经常务委员及经理之特许,不得兼任本所以外之职务,不得从事投机事业;对于所务营守秘密,并不得以文件簿等示人;遇有调派差遣不得借故推诿;对于公物均应爱护节省;不得假借本所名义为人担保或其他一切行为;应遵守规定办公时间到所服务,不得迟到早退,非经主管人员之许可,并不得擅离职守;对于经办事务不得延宕积压;待人接物应谦恭和蔼,应充分合作,和衷共济,尤应注意学术上之修益,严谨操守,摒除恶习。

2. 奖惩制度

职员之奖励方法有:嘉奖、记功、升级、奖金。职员之惩戒方法有:警告、记过、罚薪、减薪和开除。经理之奖惩由常务委员行之,经理以下主任以上之奖惩由经理提请常务委员行之,主任以下由经理行之。职员之奖惩均由经理交由总务科用通告簿通告登记之。

3. 薪给制度

职员薪给由本所按月计算支给之,经理之薪给金额由常务委员核定之,

[①] 香港管理专业发展中心编:《组织行为与人事管理》,北京中国纺织出版社2001年1月版,第63、67页。

[②] 参见本所分科办事简则及各项人事规则(1947年),上海票据交换所档案S180-1-10。

副经理襄理之薪给金额由经理提请常务委员核定，其他职员之薪给金额均由经理核定。职员兼职不得兼薪，酌量支给津贴，其数额由经理酌定。职员因公派遣除应给旅费外，仍得支给本位薪金及津贴。职员辞职或被解职时，其薪给应算至离职之日为止。

4. 恤养制度

职员在职病故或因公残废者得酌给恤养金，恤养金之给付数额由本所依照该职员在职年限、办事功绩、最近薪金数额，以及其他情形临时酌定之。恤养金之给予应由本人或其直系亲属依法定序位之生存者，出具收据具领，如本所认为必要时，得向其索取相当之保证。

5. 请假制度

职员非因婚丧、生病或必要事项不得请假，对不同事由的请假日数有严格规定。所方紧张时，非经特准不得请假。请假应填具请假书，并委托代理人陈明主管人员核准登记。另外对未经请假而不到所者和全年出勤的职员分别给予一定惩罚和奖励。职员的请假、消假以及请假日数均由总务科逐日记录，并于每月月终编制请假报告表送呈经理核阅。

6. 职员保证制度

除经副襄理外，均应到所前觅妥保证人，保证人以在本埠银钱业服务之重要职员而具有相当信誉者为限。职员之保证人由经理核定之。父子兄弟伯叔配偶不得为保证人，本所职员不得互为保证人，保证书上应依印花税法规定贴足印花税票，并粘附被保证人相片。保证人须亲自填写保证书，签署姓名盖用印章。保证书应每年查对一次或二次。被保人如有违背规则，侵渔款项或重大过失以及其他不法行为致本所蒙受损失时，保证人应负完全赔偿责任，并抛弃先诉抗辩权[①]。保证人经本所认为不适当时得令更换。保证人在保证期间内无论被保证人有无迁调，其保证责任不变。保证人所用之图章作废或遗失时，在本所接到通知前本所仍认为有效。保证人退保时应以书面通知本所，在本所接到通知前虽经登报声明退保，不得免除其责任。因保证人退保或身故或本所嘱令换保时，如未能将新保证书送核认可者，本所仍以原保

---

① 先诉抗辩权是指在主合同纠纷未经审判或仲裁，并就债务人财产依法强制执行仍不能清偿债务前，保证人对债权人可拒绝承担保证责任。但是，因债务人的破产案件受理而中止执行程序时，一般的保证人享有的先诉抗辩权则不得行使。

证书有效，必要时得令该员暂时离职，停止薪给。不论保证人退保或被保证人离职，本所得将保证书留置满6个月后发还。

以上人事管理制度是针对现有职员的，实际上，上海票据交换所还有一套完善的职员录用制度。该所对职员的录用一般采取考试的方式择优录用。例如，1946年6月26日，代经理陈朵如上常务委员函中指出："本所此次招考练习生一案，业经职等依照招考简则所载各节之规定于本月25日举行考试，所有试验科目计分国文、珠算、阿拉伯字、口试、人品五项，兹依据各员成绩拟录取正取8名，备取6名，造送简表两份呈请核定，再正取8名，因事务需要，拟即通知其克日到所试用，所有试用期内之待遇并请核定为祷。"① 再如，1948年1月19日，另一上常务委员函也指出："交换科办事人员不敷应用，拟招考雇员若干名，经于上年6月17日签请核准在案，现在分组直接交换实行在即，乃于本月17日举行雇员考试，兹经评定成绩，录取36名（拟派在交换科工作者32名，会计科工作者4名），录取各员拟令其于本月24日报到。"② 因此，从以上两封信函中可以大致看出，当时录用职员时采取全面考核的方式，包括人品的考查，再择优录取，从而能保证使所录取的职员具备良好的素质。

此外，在特殊时期，上海票据交换所还曾专门制定临时性的人事管理措施。如1948年11月间，交换票据的增加和申请书的收付剧增，该所交换、会计两科原有职员不敷分配，尤其是交换上各项时间之延迟，会计科人员因办公过久，体力不支，病假者增多，长期如此勉强拖延，不仅影响职员健康，而且可能因此贻误公务。1949年1月20日起，该所规定两科互调职员办事，以资调剂，其办法是：①每日上午9时半至11时半调交换科员生22人到会计科办事；②每日下午1时起至交换开始时止调会计科员生10人至交换科办事；③每日交换终了调交换科员生12人至会计科办事。但照目前情形，仍感难以应付，若添用员生，则际此人事开支日益增巨，当为事实所不许。③ 因此，票据交换所只得采取向各行庄、厂商借用人员办法，由各关系方面介绍，同时制定了《上海票据交换所临时借用员工规约》，对临时借用员工的条件、办事时间和津贴等作了明确规定，规约格式如下：

---

① 本所职工任用、提升、离职等有关文书（1945年—1949年），上海票据交换所档案 S180-1-11。
② 票据交换所上常务委员函（1948年1月19日），上海票据交换所档案 S180-1-11。
③ 1949年第四次票据交换所所务会议记录（1949年3月15日），上海票据交换所档案 S180-1-5。

```
立规约        今由        君介绍        请求
                         君保证
上海票据交换所录用为雇员，愿遵守规约如左：
    一、遵守交换所制定之各种规程。
    二、薪金津贴由交换所随时酌定，并随时增减，决不要求与交换
        所其他一切员工待遇有何联系或比例。
    三、交换所其他员工有任何组织或行动不得参加或表示意见。
    四、交换所供给午晚两膳，不供给住宿。
    五、雇佣时期以六个月至一年为限，惟在六个月以后，得随时解雇，
        决不引用任何解雇条件。
                                            立规约人
中华民国    年    月    日                   介绍人
                                            保证人
```

资料来源：本所职工任用、提升、离职等有关文书（1945年—1949年），上海票据交换所档案S180-1-11。

图5-6 上海票据交换所临时借用员工规约

通过上述临时借用员工办法，票据交换所不仅节约了开支，也一定程度缓解了该所人手不足的矛盾。

（二）人事管理中激励方式的运用

按照管理学的理论，激励是管理过程中不可或缺的环节和活动。组织的发展需要每一个成员长期的协作努力。如何激发、调动组织成员工作积极性，是组织管理的一个基本课题。有效的激励可以成为组织发展的动力保证，可以把组织员工的潜在能量激发出来，更好地完成组织的任务，实现组织目标。激励可分为正激励和负激励。所谓正激励就是对表现好、工作有成绩的员工给予表扬和奖励，如表扬、加工资、发奖金、晋升等物质上的与精神上的奖励，以鼓励员工保持与发扬其积极性、创造性；所谓负激励，就是对于员工有些不理想的或不好的行为则加以批评、惩罚，使犯错误员工弃恶从善，积极性向正确方向转移。一般来说，正激励对员工起到的激励作用好，而负激励则往往带来员工的不满、反抗，正激励的效果比负激励的效果要好。[①]

[①] 谭力文等主编：《管理学》武汉大学出版社2004年8月版，第351页和程延江主编：《管理学教程》，哈尔滨工业大学出版社2003年10月版，第372页。

上海票据交换所的人事管理一般采取激励的方式，而且多为以物资激励为主的正激励。正激励的主要方式有奖励（包括嘉奖、记功、升级、奖金等）、恤养、发放职工子女教育补助金等。升级是票据交换所最常用的一种正激励。该所有一批中层管理人员和基层办事员因工作勤奋努力被提升。1947年12月，票据交换所陈棣如副理病故，因而由襄理叶占椿递补副理，交换一科主任许绳祖因平日办事成绩优异，由其递补叶襄理遗缺。1948年1月，会计科宋云孙副主任调统计科办事，而该科事务繁忙，因该科办事员林子同平日办事成绩尚嘉，遂以其升充副主任。4月，为增强办事效率，会计科再添设副主任一人，由统计科办事员萧垚升充。8月，统计科副主任升充该科主任，其遗缺由该科办事员陈泽浩升充。1949年2月，交换一科增设副主任一人，即由该办事员朱梁孙充任。另外"交换一、二科练习生严瑞庭、周中清、陈品珪、许仲文均分别于1946年7月间及1947年1月间考入本所服务，迄今已逾两载，平日办事尚称勤奋，兹拟升充同科助员，以示掖进"。① 以上那些因工作勤奋而得到提升的职员无疑对其他职员起到很好的激励作用。发放恤养金和职工子女教育补助金也是交换所常用的一种激励方式，如该所职工子女教育助学金办法就按工作年限区别对待，服务年限越长，享有的权利也越多。

该所采用的负激励方式主要有：警告、记过、罚薪、减薪和开除等，而这一方式在实际当中较少运用。只有对职员迟到和旷职等情况有一些相应处罚措施，如"职员迟到累积满二小时者，以半日事假论，其在办公时不经请假手续外出者，以旷职论。未经请假而不到所者为旷职，旷职一日应以事假二日计算"。② 1948年3月4日，该所所务会议还决定"交换科办事人员错误，拟由该科在办公室揭牌通告，使同人有所警惕，如有重大错误而有故犯情形者，当陈请处分"。③ 因此，上海票据交换所的管理者把正激励与负激励巧妙地结合起来，而坚持以正激励为主，负激励为辅。这样更有利于激发职员的工作热情，从而避免职员的不满和反抗情绪的发生。

（三）上海票据交换所管理层的变化

管理层主要指该所职能科主任、副主任以上的主管人员。隶属于联准会

---

① 本所职工任用、提升、离职等有关文书（1945年—1949年），上海票据交换所档案 S180-1-11。
② 上海票据交换所各项人事规则，上海票据交换所档案 S180-1-10。
③ 上海票据交换所1948年第四次所务会议记录（1948年3月4日），上海票据交换所档案 S180-1-5。

时期，票据交换所没有自己的职能科室，严格说不存在所谓的"管理层"，而是从属于联准会的管理层。票据交换所经理一直由联准会经理朱博泉兼任，抗战胜利前后票据交换所经理曾由陈朵如代理，而票据交换的统计、交换准备金的收取等事务均由联准会的交换科负责办理。交换科主任1933—1935年由联准会副经理徐宝琪兼任，副主任由陈棣如担任。

战后，上海票据交换所建立了各职能部门，各科设立主任、副主任，管理层因而随之形成，且变动较为频繁。上海票据交换所改组期间，中央银行业务局致函交换所委员会李主任委员，指出："查上海票据交换所经理一职应由本行派充，现因本行交换科主任王梁勤尚未来沪，而该职事务尤非熟练人员不能办理，为权宜计，在王主任未来沪前，拟请前银行业票据交换所经理陈朵如暂为代理，至副理一职由中央银行交换科副主任胡耀宗暂行兼代，业经签奉财政部陈特派员批准，相应函达查照，分别转知各该委员到职。"①李主任委员即于1945年10月26日将央行的决定函致陈朵如，并要求其到职具报。陈朵如即于次日到职。10月31日，经陈奉主任委员核定，陈代经理公布了该所交换科、总务科、会计科、代理交换科主任、副主任人选。同时交换所委员会还确定了该所副经理、襄理和各科外勤员、办事员、练习生的人选。改组之初的该所管理层如下：

表5—4 上海票据交换所改组之初的管理人员

职能科	主任	副主任	代理经理	陈朵如
总务科	罗志超	陈忠启、王燮民	代理副经理	胡耀宗、陈棣如
会计科	费仰山	宋云孙、许筱彦	代理襄理	叶占椿、王琪甫
交换科	许绳祖	袁显丹		
代理交换科	陈选钧	孟昌祺、郑季智		

资料来源：分发各科主任、副主任函（1945年10月31日），上海票据交换所档案S180-1-11。

1946年7月6日，由于王琪甫襄理因病辞职，李主任委员聘任洪政润为该所代理襄理。8月12日，票据交换所第一届执行委员会产生以后即取代了改组后成立的新票据交换所委员会，交换所的管理层也随之略有变化。同日举行的第一届常务委员第一次会议决议聘请曹吉如为该所经理。副经理仍为胡

---

① 李主任委员致陈朵如函（1945年10月26日），上海票据交换所档案S180-1-11。

耀宗和陈棣如，襄理为洪政润和叶占椿，同时派定各科主任、副主任。该所监理也由中央银行指派业务局副局长王紫霜担任，各主管人员名单如下：

表5-5 1946年8月至1947年底上海票据交换所的管理人员

职能科	主任	副主任	经理	曹吉如
总务科	罗志超	王燮民	监理	王紫霜
会计科	费仰山	宋云孙、许筱彦	副经理	胡耀宗（兼职）、陈棣如
交换一科	许绳祖	袁显丹	襄理	洪政润、叶占椿
交换二科	陈选钧	孟昌祺、郑季智		

资料来源：本所职工任用、提升、离职等有关文书（1945年—1949年），上海票据交换所档案S180-1-11。

1947年底陈棣如副理病故，1948年1月又增设统计科，因而票据交换所的管理层又有所调整。从1948年1月16日起，会计科副主任宋云孙调统计科任副主任。1949年2月26日，上海票据交换所决定增设交换一科副主任，由朱梁孙升充。其间还进行了一系列的调整。到1949年2月，交换所任用的管理人员如下：

表5-6 1949年2月上海票据交换所的管理人员

职能科	主任	副主任	经理	曹吉如
总务科	罗志超	王燮民	监理	王紫霜
会计科	费仰山	许筱彦、林子同、萧垚	副经理	胡耀宗（兼职）、叶占椿
交换一科	许绳祖（兼）	袁显丹、朱梁孙	襄理	洪政润、许绳祖
交换二科	陈选钧	孟昌祺、郑季智		
统计科	宋云孙	陈泽浩		

资料来源：本所职工任用、提升、离职等有关文书（1945年—1949年），上海票据交换所档案S180-1-11。

上海解放后，由于经理曹吉如辞职，因而暂由副经理叶占椿代理。1949年8月12日，代经理通函各行庄："奉临时管理委员会示，曹经理恳辞原职，情词真挚，经陈奉银钱两公会核准，俟本所正式改组时办理交替，目前一切事务暂由叶副经理占椿兼代经理职务，以资过渡等语，自应遵办，特函知各行庄。"[①] 票据交换所管理委员会正式成立后，叶代经理即提出辞去代经理。

① 代经理叶占椿致各行庄函（1949年8月12日），上海票据交换所档案S180-1-11。

1950年1月17日,票据交换所管理委员会准予叶占椿辞去代经理职,并决定聘请洪政润担任经理,聘任叶占椿为副理,委任许绳祖为襄理。[①]7月间,管理委员会将原有交换一科、交换二科、会计科、拆放科、统计科、总务科六科缩编为交换、会计和总务三科。因而这时交换所的管理层调整如下:

表5-7 1950年7月上海票据交换所的管理人员

职能科	主任	副主任	经理	洪政润
总务科	洪政润(兼)	罗志超、王燮民、陈泽浩	副经理	叶占椿
交换科	叶占椿(兼)	朱梁孙、郑季智、孟昌祺	襄理	许绳祖
会计科	许绳祖(兼)	费仰山、许筱彦、许以简		

资料来源:上海票据交换所管理委员会第七次会议记录(1950年8月8日),上海金融同业公会档案S172-4-34。

总之,上海票据交换所自建立起自己的管理层后,由于职能部门的不断调整或因病辞职等原因,其管理层也随之更替变化。仅就经理而言,除朱博泉外,之后又先后由陈朵如、曹吉如、叶占椿和洪政润4人担任。

三、上海票据交换所的业务管理

(一)业务管理中激励方式的运用

交换行庄及其派出的交换员是上海票据交换所管理的主要对象,如果交换行庄没有按规章履行其义务或者行庄交换员未能按规定时间到所以及发生手续上的错误等,必然影响整个交换业务的正常进行。对此,上海票据交换所更多地使用负激励的方式,以保持良好的交换秩序和维护全体交换行庄的利益。

在附属于联准会时期,该所就开始采用以罚金为主的负激励方式。1932年11月28日,票据交换所委员会第一次会议便提出和讨论票据交换所罚金规则,但在创办之初,对于所拟罚金数目,委员们认为:"殊觉过巨,宜酌减少,如1元改为5角,2元改为1元,3元改为2元,20元改为5元,50元改为25元。另外第二报告单[②]不于交换时间内送会者宜从严处罚,原定罚金3元反

---

① 上海票据交换所管理委员会第二次会议记录(1950年1月17日),上海金融同业公会档案S172-4-34。

② 第二报告单和下文提到的提出票据通知单、交换差额计算表、交换差额转账申请书等都是交换过程中需要填写的表单,其格式见文后附录或参阅第六章的有关内容。

觉过少，似可改为5元"，大家一致赞成。最后，原稿修正通过，并改称为暂行罚金规则。① 修订的暂行罚金规则内容如下：

（1）提出票据内有左列票据搀入者，每一票据罚金1元，但同一日内向每一他行提出此项票据逾5张者以5张计：①非对方银行付款之票据；②非同一种货币之票据；③不能交换之票据；

（2）提出票据通知单所载张数或金额与提出票据不符者，每一错误罚金2元；

（3）交换差额计算表贷方或第一报告单之错误，每一错误罚金3元；

（4）提出票据手续不完备者，每次罚金3元；

（5）交换员迟到者，每次罚金3元；

（6）交换票据递送或接收之错误，每一错误罚金5角；

（7）交换差额计算表借方或交换差额或第二报告单之错误，每一错误罚金1元；

（8）第二报告单不于交换时间内送交本会结算员者，每次罚金5元；

（9）交换差额转账申请书之错误，每次罚金2元；

（10）交换员在交换场有不规则之行为或有不听经理指导之行为者，每次罚金1元；

（11）本规则所定罚金均由经理通知交换员，由本会向被罚行收取之。②

1933年2月22日，票据交换所委员会再次讨论罚金规则，议决："①罚金规则第3条、第5条、第7条及第9条应于4月1日起施行；②罚金规则内补充一条于同日起实行，条文如左：交换差额转账申请书之错误每次罚金5元。"③3月23日，交换所委员会对罚金规则施行部分进行讨论，决议将规则内第3条之罚金数目改为3元，将上次会议增设条文之罚金数目改为2元，并将施行日期再行展缓半个月，即4月17日开始实行。④

---

① 票据交换所委员会第一次会议记录（1932年11月28日），联准会档案S177-1-18。
② 《1933年份之票据交换所》，见金融史编委会编：《旧中国交易所股票金融市场资料汇编》上册，北京书目文献出版社1995年1月版。
③ 票据交换所委员会第七次会议记录（1933年2月22日），联准会档案S177-1-18。
④ 票据交换所委员会第八次会议记录（1933年3月23日），联准会档案S177-1-18。

1945年6月18日，上述先行施行的五条又经修正，仅将罚金分别改为：1200元、2000元（另增加满10分钟者为缺席，不得参加当日交换）、400元、800元、400元。① 罚金数额提高以后，各行交换员违反规则的情况仍时有发生，经联准会常务委员核定，将上述修正条文中罚金数额再行改订，自7月30日起施行，罚金数额分别改订为：12000元、20000元、8000元、8000元和4000元。这一罚金数额比此前大大增加，促使交换员严格遵守该所交换时间。

此外，还专门制定联准会票据交换奖励暂行办法，对各行成绩优异的交换员予以奖励，办法如下：

（1）每一交换银行交换员在交换所办理交换工作未出差错和违反规则等情事持续满两个月者，由本会比照本会一般职员最近月份每人所支生活津贴之半数对该交换员一次发给奖金；

（2）各行交换员应得之奖金由本会以行为单位函送该交换银行，由该交换银行照数发给其交换员具领，受领奖金之交换员其交换工作如系由数人共同或先后担任者，所得奖金由交换银行依人数或工作时日比例分发之；

（3）本会于发给奖金外，并得对各交换银行中办理交换工作成绩优良之交换员个别发给奖金。

（4）交换员曾受本会奖励者应由各交换行列入职员考绩案内。②

上述奖励办法也于1945年7月30日起实行，对各行庄交换员起到了很好的激励作用。10月11日，上海票据交换所认为："本市金融复员正在进行，各同业停业清理者为数甚多，票据交换工作较前减轻，所有前项奖励办法自10月份起应停止施行。"③

1948年4月13日，该所实务研究委员会拟订"罚金规则草案"。6月14日，该所第一届执行委员会议决"罚金规则应改称违约金规则，应由所检同违约金规则，通函征询全体行庄意见，如多数赞同，再由执行委员会议订征收倍数，并定期实施"。④ 该违约金规则主要内容如下：

---

① 票字第316号通函（1945年6月15日），上海票据交换所档案 Q52-2-17。
② 票字第334号通函（1945年7月28日），上海票据交换所档案 Q52-2-17。
③ 票字第363号通函（1945年10月11日），上海票据交换所档案 Q52-2-17。
④ 票据交换所第一届执行委员会第九次会议记录（1948年6月14日），上海票据交换所档案 S180-1-2。

（1）凡遇有下列情形之一者超过第一次5分钟时，处违约金5元，超过第二次5分钟时，处违约金10元，超过第三次5分钟时，处违约金15元，以后每超过5分钟递加5元，不满5分钟者，以5分钟论：①交换员不按时到所者；②异组交换票据不按时送所者；③退票不按时送所者。如因特殊事故发生上列情形之一者，由本所酌情处理之。

附：延迟时间应处违约金计算表

违约金数额：5元、15元、30元、50元、75元、105元

延迟分数：5分钟、10分钟、15分钟、20分钟、25分钟、30分钟

（2）凡交换差额计算表贷方或第一报告单之错误，每一错误处违约金3元；

（3）凡交换差额计算表借方或交换差额计算或第二报告单之错误，每一错误处违约金1元；

（4）凡交换票据经所方发觉漏盖交换戳记或盖不明晰者，每一过失处违约金5元；

（5）凡交换差额转账申请书之错误，每次处违约金2元；

（6）凡交换员在交换场有不规则之行为或未经按铃宣示散场而先行退席或故意喧哗或不听劝导等情形者，每次处违约金5元。①

9月15日，该所执行委员会再次讨论"汇丰银行建议行庄交换员迟到禁止其参加当日交换及实务研究委员会决议对于行庄票据迟送及交换员迟到拟先实施征收违约金办法"。常务委员陈朵如认为："本年六、七、八月交换事务之繁忙实百倍于敌伪时期，幸赖经理辛劳督导，迄今本所并无一分错账。自币制改革后，交换情形渐复正常，实务研究委员会和汇丰银行之建议应予保留，视日后交换情形，如有实施必要时，可随时提出讨论。"②因此，实务研究委员会拟订的违约金规则草案实际上并未付诸实施。

1949年3月间，由于票据激增，以致该所难以维持正常秩序，在法币时代，交换员仅以算盘击桌，3月11日（星期六）竟发生交换员互殴事件，而且所内会计事务在当日所允许之时间内无法办妥，会计科每日办公约14小时。

---

① 《上海票据交换所违约金规则》（1948年4月13日），上海票据交换所档案S180-1-25。
② 票据交换所第一届执行委员会第十次会议记录（1948年9月15日），上海票据交换所档案S180-1-2。

于是，实务研究委员会专门讨论解决办法，对改善交换时间的几种方案进行讨论，但都难以实行，最后决议拟订出《征收交换逾时最迟五家行庄罚金暂行办法》。3月23日，该所执行委员会议决："原办法第2条关于罚金递加之计算改为每一星期为一计算期，其余各条照原案通过，定于4月4日起施行，此项罚金办法由所报请银钱信托三公会备案。"① 罚金办法内容如下：

（1）凡任何一日中，行庄有下列情形之一者，在同一计算期内第一次罚金10元，第二次罚金20元，以后每次递加10元：①送票逾时在同一日全体行庄中系最迟送到五家之一者；②出席交换逾时在同一日全体行庄中系最迟送到五家之一者；③退票送所逾时在同一日全体行庄中系最迟送到五家之一者。但行庄之逾时系由于不可归责于该行庄自己之事由时，不在此限；

（2）前条罚金递加之计算以每半个月为一计算期（即每月一日至十五日，每月十六日至月末日），期满重新计算；

（3）凡行庄在同一日中有第一条各款中两款以上之情形者，应分别计算罚金；

（4）本办法所定之罚金均为底数，应根据当期上海市政府发表之职工生活指数计算之，元位以下不计；

（5）上述罚金应于行庄逾时情事发生之次日由本所备具收据，以交换方式向各该行庄收款，一面以书面通知受到罚行庄经理查照；

（6）本所除逐日将受罚行庄在各交换场牌示外，并于每半个月造具罚金清单，分送各行庄经理查阅。②

总之，票据交换所在业务管理中始终将负激励作为一种重要的管理方式，主要采取罚金或违约金的形式，并不断调整罚金数额，对交换员起到了很好的督促和约束作用。

---

① 票据交换所第一届执行委员会临时会议记录（1949年3月23日），上海票据交换所档案S180–1–2。
② 票据交换所实务研究委员会第八次会议记录（1949年3月17日），上海票据交换所档案S180–1–7。

（二）业务管理的主要内容

实际上，上海票据交换所的业务管理内容涉及方方面面，除了上述对交换员的监管之外，还有以下一些业务管理。

1. 交换行庄入所的审核与入所后的监管

交换行庄资格的审核及入所的手续十分严格，尤其是对非同业公会会员银行。1933年9月26日修正施行的章程中规定："凡本会委员银行暨同业公会会员银行均得加入为交换银行，其他上海各银行或信托公司其总行营业满二年以上由交换银行二家以上之介绍经委员银行代表大会之可决亦得加入为交换银行"，交换银行"加入时应填具申请书交本会"。①介绍书和申请书的格式如下：

上海银行业同业公会联合准备委员会入会介绍书

上海银行业同业公会联合准备委员会

迳启者兹有贵委员会为交换银行敝行等谨为备函介绍并检送该核议见复为荷此致最近决算报告一份至请

愿加入

中华民国　年　月　日

交换银行

计送决算报告一份

同启

上海银行业同业公会联合准备委员会入会申请书

上海银行业同业公会联合准备委员会

迳启者本银行兹加入贵委员会为交换银行对於贵委员会兼办票据交换事宜章程本银行愿切实遵守并缴保证金银圆壹万元正入会费银圆圆正俟接到贵委员会通知即当照缴相应检同最近决算报告一份备函申请至希查照为荷此致

计检送决算报告一份

中华民国　年　月　日

启

资料来源：联准会致上海市银行业同业公会函（1932年12月1日），上海银行公会档案S173-1-266。

图5—7　交换银行入会介绍书及申请书

1934年3月，朱博泉在票据交换所委员会第14次会议上提议："公会会员银行及本会委员银行外，申请加入者之营业状况应列为审查要点，并预定一

---

① 《上海票据交换所章程（1933年9月26日）》，见金融史编委会编：《旧中国交易所股票金融市场资料汇编》上册，北京书目文献出版社1995年1月版。

种标准，以求公允"，因而议决："审查申请入会之交换银行及委托代理交换银行应依左列标准：①交换银行申请入会之资本总额及活期存款额应在50万元以上；②委托代理交换银行申请入会时之资本总额及活期存款额应在50万元以上；③前项标准于同业公会会员银行及本会委员银行不适用之。"① 由此可见，1934年3月以后，该所开始将"资本总额及活期存款额50万元"作为交换、委托代理交换银行申请入会的最低标准。所方把营业状况作为申请入会的考量标准，无疑是为了提高申请入会的门槛，以降低交换银行以及该所的信用风险。

1946年8月的章程则规定"凡上海市银行商业同业公会会员银行、钱商业同业公会会员钱庄及他种金融业，经本所执行委员会审查可决后均得加入本所为交换行庄，中央银行及其他国营金融机关均为本所交换行庄"。② 可见，战后，申请加入交换的行庄范围扩大，但仍然强调"审查可决"。

另外，交换银行申请加入时还应缴纳一定的入会费。最初章程规定"从银元1000元、500元、300元三种入会费中自行认定一项缴纳联准会"。1944年11月，入会费数额改为"国币10000元、5000元、3000元"。1946年8月，入会费又改定为国币5万元。1947年1月，入会费再次改定为国币10万元。1948年12月7日，陈常务委员认为"交换行庄入会费章程规定为国币10万元，自币制改革以后，此项入会费数额应予以调整，俾符体制"，因而决议交换行庄入会费改定为金圆300元。③ 上海解放后的章程中则取消了缴纳入会费这一规定。

行庄加入交换后，所方还会对参加交换的所员行庄进行一定的监管，必要时给予相应的处罚。如1933年的章程明确规定："交换银行之存款、放款、贴现及准备金等情况本会得随时查询，各行应据实报告。前项报告本会非得关系行同意不得公布"，"交换银行违反本章程或本会重要决议或损害本会或全体交换银行之信誉或营业有不稳之情形时，本会得予以左列处分：①书面警告；②罚金；③暂时停止其交换；④撤销交换银行资格"，"交换银行非提

---

① 票据交换所委员会第十四次会议记录（1934年3月21日），联准会档案S177-1-18。
② 《上海票据交换所章程（1946年8月）》，朱斯煌：《民国经济史》下册，上海银行学会1948年版，第595—597页。
③ 上海票据交换所第一届执行委员会第四次临时会议记录（1948年12月7日），上海票据交换所档案S180-1-2。

出理由并经委员银行代表大会之可决不得退出交换"。①1944年、1946年和1950年的章程也都仍然沿用上述规定。

2. 交换保证金的征收

由于交换结果不可避免地会出现应付大于应收的情况，因此，各交换行庄必须存入一定数量的准备金作为交换保证。1933年章程中就规定："交换银行加入时应于左列各项之保证金中自行认定一项（银元3万元、2万元、1万元）以本会单证或现金缴存本会，其以现金缴存者得酌计利息。"1944年的章程则将保证金数额改为"国币30万元、20万元、10万元"。1946年的章程只规定"依本所规定金额缴存交换保证金"，②没有规定具体数额。1946年1月21日，上海票据交换所委员会曾决定现金准备数目分50万、80万、100万，由各行自行认定，③但上海票据交换所就保证物品的种类等问题曾与中央银行的意见不一，并有过反复交涉，下文将具体论述。11月18日，该所第一届执行委员会讨论各行庄应缴交换保证金数额的问题，秦润卿主席指出："本所为简洁起见，所有交换保证金除中央银行外，似可一律暂定为60万，此项保证金均由本所转存中央银行保管，又查本所经常开支费用系每月终向各行庄摊派，是以在摊派前需用款项拟在前项保证金户内支用，每届月终悉数补足"，最后议决通过，并于本月25日向各行庄收取，公推常务委员陈朵如负责商得中央银行同意行之。④由此可见，1946年11月后，交换保证金开始用来充当该所交换经费的垫款，月底交换经费摊收后再补足。交换保证金逐渐成为该所重要的营运资金。1946年底，该所的交换保证金见下表：

---

① 《上海票据交换所章程（1933年9月26日）》，见金融史编委会编：《旧中国交易所股票金融市场资料汇编》上册，北京书目文献出版社1995年1月版。

② 《上海票据交换所章程（1933年9月26日）》（见金融史编委会编：《旧中国交易所股票金融市场资料汇编》上册，北京书目文献出版社1995年1月版）、《票据交换所章程（1944年11月2日）》（联准会档案S177-1-18）、《上海票据交换所章程（1946年8月）》（朱斯煌：《民国经济史》下册，上海银行学会1948年版，第595—597页）。

③ 上海票据交换所委员会第三次会议记录（1946年1月21日），上海票据交换所档案S180-1-18。

④ 上海票据交换所第一届执行委员会第二次会议记录（1946年11月18日），上海票据交换所档案S180-1-2。

表 5-8　1946 年 12 月 31 日上海票据交换所资产负债表

资产		负债	
科目	金额（元）	科目	金额（元）
存放中央银行	17,643,257,196.85	交换行庄存款	17,643,257,196.85
存放中央银行保证金	129,600,000.00	交换保证金	129,600,000.00
存放中央银行入会费	2,150,000.00	入会费	2,150,000.00
合计	17,775,007,196.85	合计	17,775,007,196.85

资料来源：票据交换所第一届执行委员会第三次会议记录（1947 年 1 月 13 日），上海票据交换所档案 S180-1-2。

1947 年 1 月 13 日，该所执行委员会再次改定各行庄交换保证金数额。秦主任委员指出："前经本会决定一律暂定为 60 万元，截至现在为止，本所共收存交换保证金 13200 万元，惟近来本所因参加交换行庄续有增加，内部事务益见纷繁，故决定添用办事人员若干人，同时本市物价仍复视前为高，本所一切人事上及事务上开支，此后自必增加，前项保证金数额，恐将不敷周转，兹拟将交换保证金数额改定为 100 万元，除原缴 60 万元外，其余 40 万元拟请授权常务委员视事实需要时，随时征收"，这一提议获得通过，并决定应增收的 40 万元由所于本月底前通知各交换行庄照缴。① 10 月 29 日，陈常务委员提出"交换保证金数额最初定为每家 60 万，嗣于本年 1 月改定为 100 万，共计收存交换保证金 2 亿 3400 万元。本年 6 月，因原有保证金不敷周转，经执行委员会决议自 7 月起，按月分两期摊收，三阅月来，物价指数上涨更速，本所一切开支，随之增巨，除原有保证金外，仍需借入款项方能周转，兹为适应事实需要，拟将交换保证金数额改定为 500 万元，除原缴 100 万元外，再增收 400 万"，最后议决"一律改定为每家国币 300 万，除原缴数额外，再增收 200 万元，由所于 11 月份通知各行庄照缴"。② 1948 年 1 月 30 日，陈常务委员又提出："原收交换保证金已不敷周转，拟将交换保证金数额改定为 600 万元，除原缴 300 万元外，再增收 300 万元"，执行委员会再次决定"一律改为 600 万元，由

---

① 上海票据交换所第一届执行委员会第三次会议（1947 年 1 月 13 日），上海票据交换所档案 S180-1-2。
② 上海票据交换所第一届执行委员会第六次会议（1947 年 10 月 29 日），上海票据交换所档案 S180-1-2。

所于2月份通知各行庄照缴。"①

总之，交换保证金的征收原为减少该所的风险，使交换业务有了一道安全保障，之后却无形中成为该所重要的营运资金，因此，为满足经费开支周转的需要，保证金数额不断调整，由60万、100万、300万，最终改定为600万。数额频繁改动，其原因表面上是该所经费开支不断增加而导致，实际上更主要的是恶性通货膨胀带来的影响。

3. 交换号次的编排、设计与交换结果的统计、公布

加入交换的行庄都必须要有一个固定的交换号次，这一号次实际为该行庄的代号，有时候交换号次即可等同于该行名称。交换所在附属于联准会时期，直接交换银行其号次是以阿拉伯数字按顺序排列，是一个单号。在1935年7月联准会自身加入交换之前，委托交换银行的号次是由其代理行自行编排的，如11号为新华银行，"11号甲"即为其委托交换银行四川美丰银行。1935年7月15日，联准会自身亦加入交换（号次为50），因而各委托交换银行的票据一般均由联准会代理交换。这时，委托交换银行号次改为在50总号之下再以天干和地支为序，如50甲、50乙、50酉等。因此，委托交换银行的号次为复号。1933年6月7日和10月27日，上海票据交换所先后专门规定了交换银行和委托交换银行票据上刊印交换所号次之式样。如图5－8②：

图5－8　1933年制定的交换号次式样

1941年9月12日，上海票据交换所开始重新编定交换银行号次，即委托

---

① 上海票据交换所第一届执行委员会第七次会议（1948年1月30日），上海票据交换所档案S180-1-2。

② 《1933年份之票据交换所》，见金融史编委会编：《旧中国交易所股票金融市场资料汇编》上册，北京书目文献出版社1995年1月版。

交换银行不再使用天干和地支编号，改以50、51、52、53、54、55为总号，其后分别再加阿拉伯数字1—15表示，而此时交换号次的式样并未进行很大调整。1942年5月1日起恢复定时票据交换制度，此后应在票据正面刊印的交换号次分为三类，并且交换银行提出交换之票据还应用绿色印油在正面加盖戳记，如下图[①]：

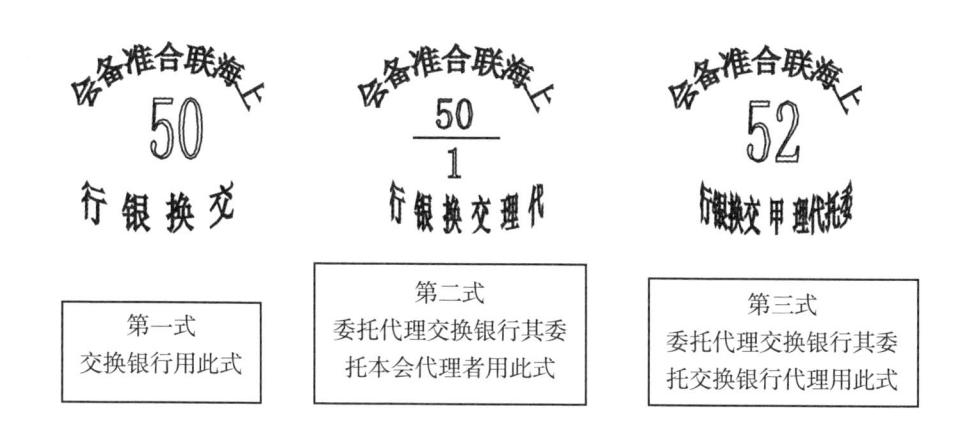

图5—9 1942年5月制定的交换号次式样

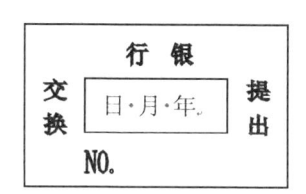

图5—10 1942年5月制定的提出票据交换戳记式样

1945年10月，改组后的上海票据交换所对交换行庄和委托交换行庄进行了重新编号，委托交换行庄的号次全部改为以交换所的50号为总号，其后再以阿拉伯数字按顺序排列，如永庆钱庄为50/95号。这时该所规定的交换号次与交换戳记式样如下图所示：

---

① 杨承厚：《最近上海票据交换制度变动之重要资料》，见杨承厚主编：《重庆市票据交换制度》，中央银行经济研究处1944年印行，第133页。

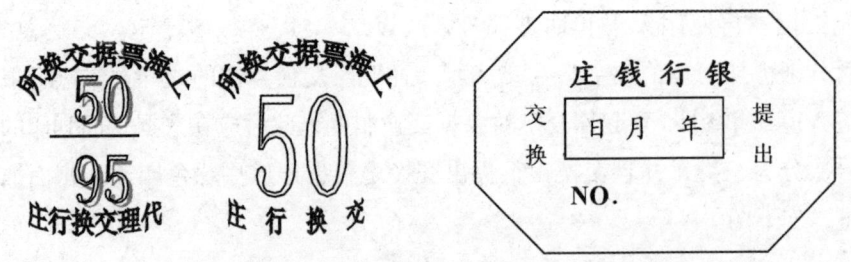

图 5－11　1945 年 10 月制定的交换号次与交换戳记式样

对于以上交换标记还作了具体规定，即：①上列交换所号次颜色应用大红双钩阿拉伯数字；②代理交换行庄之"代理号次"应用实心阿拉伯数字，排列总号之下端；③号次外框之文字应排成圆形；④外框圆形之直径应为1.25英寸；⑤刊印地位在中文票据应在票面下端右角，在西文票据应在票面上端右角。①

从1946年7月开始，上海票据交换所取消代理交换行庄的名称，一律改为交换行庄，再次对交换行庄的号次进行重新编号，不再以上海票据交换所的50号为总号，而是在50号之后（即从51号开始）按序顺延排号，不再有单号和复号的差别。这样一来，交换行庄与代理交换行庄在形式上完全趋于一致。该所规定各该行庄等印制各种票据，应在票据正面刊印（见图 5－12：图一）式样之新编交换号次，交换号次格式的具体要求与此前基本一致。另外，对于各行庄原印空白票据在未改印新编号次前，仍得通用，但为使收款行庄易于整理起见，凡开发旧印空白票据或以之发交顾客时，应该另照新编号次用深色印油加盖上述（见图 5－12：图二）之戳记。②因此，该所交换号次的编排与式样的设计随着交换制度的变化作了数次相应调整，最终由单号复号并存演变为全部为单号。这是该所业务管理当中的重要一环。

图一：　　　　　　　　　　图二：

图 5－12　1946 年 7 月制定的交换号次式样

---

① 所字第6号通函（1945年10月26日），上海票据交换所档案 Q52-2-17。
② 1946年上海票据交换所月报，第六期，上海票据交换所档案 Q52-2-18。

票据交换所还十分重视对于每日交换结果的统计,并加以公布。1934年3月,票据交换所委员会决定"编印本会票据交换所一览一册(1933年),内容包括事务概要、章程、规则、重要决议及统计图表等项,俟初稿送请常务委员及值场委员审定后,再行付印,约于下月出版"。① 因此,从1933年就开始按年编印票据交换所一览和报告。1936年1月起联准会开始编印交换月报,详载有关票据交换各种事项。② 1947年1月13日,该所第一届执行委员会决定"每日交换差额逐日在交换场悬牌揭示,本所每日交换差额之收付记录分为三类:①四行二局;②50号以前行庄;③50号以后行庄,此项差额收付数字足以显示银根松紧之趋向,爰经口头商得中央银行同意,拟在交换场逐日公布,以供同业参考"。③ 自1月15日起由该所逐日将四行二局、50号以前行庄、50号以后行庄当日交换票据收付差额,在交换场公布,以便各交换员抄回供各行庄参阅。然而实行以后,多数行庄认为除第一项四行两局收付差额应予公布外,其余两项可毋庸公布,并分别商请秦主任委员准予核办。于是,执行委员会即变更每日交换差额公布办法,经秦主任委员商得徐、陈两常务委员同意,自1月28日起,除将四行两局交换收付差额仍予公布外,其余行庄数字取消公布。④ 1948年11月间,因据报国家行局库每日票据交换数字,为一般商业投机分子利用作为投机市面之观测标准,为防止不良影响起见,上海金融管理局令饬该所停止国家行局库每日差额数字。⑤ 虽然各交换行庄详细的交换结果都逐渐停止公布,但该所总的交换数额还一直向外界公布,成为金融市场中一个重要的经济指标。

4. 交换经费的分派

交换经费是上海票据交换所运转过程中产生的所有费用,包括职员的工资、印制表单费用等。抗战胜利前后,交换经费的分派方式截然不同。战前附属于联准会时期,为减轻各行的负担,全部费用均由联准会在其纯益项下支

---

① 票据交换所委员会第十四次会议记录(1934年3月21日),联准会档案 S177-1-18。
② 联准会十年大事记,联准会档案 S177-1-38。
③ 票据交换所第一届执行委员会第三次会议记录(1947年1月13日),上海票据交换所档案 S180-1-2。
④ 票据交换所第一届执行委员会第四次会议记录(1947年3月26日),上海票据交换所档案 S180-1-2。
⑤ 1948年票据交换所报告书,上海票据交换所档案 S180-1-12。

付。而战后，上海票据交换所成为相对独立性的机构，因而经费也改由全体交换行庄平均分摊。附属联准会时期，该所交换经费的消长变化如下表所示。

表 5—9 1933 年—1944 年上海票据交换所交换经费数额统计

年份	交换经费总额		每交换千元票据所需费用	支付方式
1933	43,216.28 元		一分一厘	
1934	51,298.59 元		七厘九毫	
1935	交换票据	46,000 余元	六厘二毫	
	代收票据	33,000 余元	四分四厘二毫	
1936	交换票据	53,709.60 元	四厘五毫	
	代收票据	68,969.28 元	四分七厘四毫	由联准会纯益项下支付之
1938	交换票据	58,319.24 元	一分三厘四毫	
	代收票据	84,031.21 元	一角七分三厘	
1942	交换票据	451,422.84 元	三分六厘五毫	
	代收票据	277,810.78 元	一分四厘五毫	
1944	交换票据	8,577,713.96 元	二者平均为二分零八毫	
	代收票据	7,823,998.32 元		

附注：抗战以后其他年份的交换经费情况资料不详。

资料来源：①《1933 年之上海票据交换所》，载金融史委员会编《旧中国交易所股票金融市场资料汇编》，上册，北京书目文献出版社 1995 年版；②1934 年上海票据交换所报告书，复旦大学图书馆藏书；③1935 年上海票据交换所报告书，复旦大学图书馆藏书；④1936 年上海票据交换所报告书，联准会档案 S177-2-647；⑤上海银行业联合准备委员会 1938 年份业务报告，《中央银行月报》，第八卷第六期，1939 年 6 月。⑥1942 年份联准会会务报告，联准会档案 S177-1-17。⑦联准会 1944 年份会务报告书，联准会档案 S177-1-68。

上表显示，该所交换经费总额（包括代收票据）逐年上升。1936 年之前，每交换千元所需费用由 1 分 1 厘减至 4 厘 5 毫，但之后却又大大增加，1942 年高达 3 分 6 厘 5 毫。代收票据所需费用则相对更高。从一侧面反映出，1936 年以后，交换银行业务发展迅速，票据数量剧增。所有这些费用全部由联准会负担。

战后，该所交换经费改由全体交换行庄平均分摊，但是分摊的比例频频调整。1945 年 11 月 21 日，票据交换所委员会规定经费摊派的方法为"由各交换行庄及委托代理行庄以金额、张数为标准计算、分摊，其中张数与金额各半摊算，代理交换行庄减少20%，所减少之数由直接交换行庄负担"。[①] 该所改组成立后，前三个月的费用情况见下表：

表5—10 上海票据交换所改组后前三个月交换费用统计

月份	事务费用	印刷费用
1945年11月	4,808,045.05元	4,454,000.00元
12月	9,431,058.05元 包括发给各职工年终津贴一个月之数在内	836,500.00元
1946年1月（预计）	5,600,000.00元	800,000.00元

资料来源：上海票据交换所委员会第三次会议记录（1946年1月21日），上海票据交换所档案S180-1-18。

以上所列费用，印刷费用系由各交换行庄及代理交换行庄平均负担，事务费用系依照上述方法办理，交换行庄中负担事务费用最多者计12万余元，最少者计1千余元。[②]

上海票据交换所经费一般于每月月底向各行庄摊收，因而日常各项开支，系向中央银行透支，透支额为4000万元，但仍不敷周转。1946年8月12日，陈朵如提出："为便利起见，可否向各交换行庄依照上月份摊付金额预收全部或一部分，以利周转"，执行委员会讨论后认为，"暂照现行办法，不敷时设法借入款项。俟11月间中央银行透支契约到期时再行提出讨论"。[③]

另外，还可以从交换行庄及代理交换行庄逐月交换费用计算率来看交换经费负担的变化，如下表所示。

从下表可以看出，交换票据按金额每万元摊派数以1945年11月的0.15为最高，按张数每张摊派数则以1946年7月的17.70为最高。由于"订有代理交换行庄减少20%"这一规定，因而代理交换票据的实际摊派数远远低于交换票据的摊派数。显然，交换票据与代理交换票据分摊费用相差较大，因而交换银行提出必须改订摊收办法。

---

① 票据交换所委员会第二次会议（1945年11月21日），上海票据交换所档案S180-2-184。
② 上海票据交换所委员会第三次会议记录（1946年1月21日），上海票据交换所档案S180-1-18。
③ 票据交换所第一届执行委员会第一次会议记录（1946年8月12日），上海票据交换所档案S180-1-2。

表5—11 交换行庄及代理交换行庄逐月交换费用计算率简表
（1945.11—1946.7）

月别\类别	交换票据		代理交换票据	
	按金额每万元摊派数	按张数每张摊派数	按金额每万元摊派数	按张数每张摊派数
1945.11	0.15	5.57	0.10	3.61
12	0.14	6.81	0.09	4.35
1946.1	0.03	3.48	0.03	2.20
2	0.06	6.67	0.04	4.15
3	0.05	6.39	0.03	4.09
4	0.03	5.28	0.02	3.47
5	0.04	8.24	0.02	5.37
6	0.03	8.12	0.03	5.27
7	0.07	17.70	——	——

资料来源：票据交换所第一届执行委员会第一次会议记录（1946年8月12日），上海票据交换所档案S180-1-2。

1946年11月初，金城、新华、上海及浙江兴业等银行致函上海票据交换所，指出："除为数极微之印刷费用系由各行庄平均负担外，其他事务费用50号以前各行庄负担较50号以后各行庄为重，同一交换行庄负担不同，既属有失公允，而近来票据激增，相差之数日见增加，亦有不胜负担之苦，拟请贵所变更办法，自本月份起，一律由各交换行庄平均摊认，以昭公允而轻负担。"[①]实际上，该所经费大部分均为事务费用，因而交换票据数量较多的行庄与数量较少的行庄，其每月负担经费相差几乎达20倍。该所执行委员会最后决定"所有事务费用之半数，由各行庄平均摊派，其余半数仍依照各行庄逐月交换票据借贷两方之总张数及总金额各半比例分担之"，但上述办法并未立即实行。因此，许多交换行庄此后又不断要求改订摊收办法。1947年1月13日，该所执行委员会议决"自1947年1月起，所有本所事务费用及印刷费、器具购置费之总数，以40%由各交换行庄平均分担，以30%由各交换行庄依

---

① 票据交换所第一届执行委员会第二次会议（1946年11月8日），上海票据交换所档案S180-1-2。

交换票据收付总金额比例分担,其余30%由各交换行庄依交换票据收付总张数比例分担,由所按月计算通知各行庄照缴"。①6月25日,常务委员又提议"本所经费改为每半个月摊收一次"。秦主席指出:"近数月来,物价指数暴涨,本所开支随之增巨,原有交换保证金已不敷周转,必需借入款项,以资应用,如再增收数额一点颇难酌定,且为垫付开支之需,而增加保证金则恐有失交换保证金原义,兹为便捷起见,拟自7月份起,将本所经费摊算,每月分为两期,分别于15日及月终各按实际支出数摊收一次,如此办理原有保证金总数额2亿3700余万元,作半月开支之需,勉可应付,同时行庄方面亦无不便之处",该提议由执行委员会议决通过。②

自1948年2月份起,上海票据交换所将每月向各交换行庄摊收之交换费用改称为交换手续费。③6月14日,执行委员会再度讨论"改订经费摊派办法"。陈常委指出"本所现有职工220余人,本月份薪津总数约须70余亿元,而本所开支赖以周转之交换保证金仅有14亿元,每逢发放薪津之日,其不敷之数即须借支。在银根紧缩之时,常感困难,且此项借款利息列入本所开支仍由行庄负担",因而议决"本所经费之摊派应改为①经常零星开支于每月月终按现行摊费办法向各行庄摊收;②每逢发放职工薪津时,即于当日或次日向各行庄临时摊收,其摊派办法依照上月份交换票据收付总数,按现行办法比例计算之"。④1949年5月23日,票据交换所临时管理委员会决定将该所经费之摊派自即日起改为全部经费之一成半由各交换行庄平均负担,其余八成半按交换票据收付总张数及总金额,以每月1日起结算至15日止为上期,16日至月尾日为下期,凡每月1日至15日内应摊经费,根据上月下期数字为计算标准,16日至月尾日内应摊经费根据当月上期数字为计算标准。⑤此后,一直沿

---

① 票据交换所第一届执行委员会第三次会议(1947年1月13日),上海票据交换所档案S180-1-2。
② 票据交换所第一届执行委员会第五次会议(1947年6月25日),上海票据交换所档案S180-1-2。
③ 票据交换所第一届执行委员会第七次会议(1948年1月30日),上海票据交换所档案S180-1-2。
④ 票据交换所第一届执行委员会第九次会议(1948年6月14日),上海票据交换所档案S180-1-2。
⑤ 上海票据交换所临时管理委员会第一次会议记录(1949年5月23日),上海票据交换所档案S180-1-4。

用这一摊收方法。1946年—1950年上海票据交换所经费支出见下表。

表5—12 1946—1950年上海票据交换所经费支出统计表

年份	交换经费总额	与交换总金额之比	经费分摊方式
1946	956,755,483.00 元	万分之0.2092	事务费由各交换行庄依每月交换票据之金额及张数逐月比例分摊,但自1—6月代理交换行庄系照交换行庄八折计算。每月购置器具生财费则由全体交换行庄逐月平均分摊之。
1947	12,779,846,657.62 其中事务费: 11,337,250,957.62 印刷费及购置器具费用:909,675,700 特别开支:532,920,000	万分之0.1222	事务费由各交换行庄依每月交换票据之金额及张数逐月比例分摊。印刷费及购置器具费用和特别开支,即筹办"分组直接交换"扩充交换场及各项设备费用由各交换行庄逐月平均分摊其余七成,由各交换行庄依没有交换票据收付总金额及总张数各半比例分摊。
1948	法币 118,689,110,316.00 金圆 2,376,355.58 合计金圆 2,415,918.62	万分之0.2236	全部费用中三成按家数,三成半按张数,三成半按金额摊派。
1949	金圆 80,388,124,786.67	万分之0.54245	全部费用中三成按家数,三成半按张数,三成半按金额摊派。
1949	人民币 857,803,037.00	万分之0.40271	全部费用中一成半按家数,四成二五按张数,四成二五按金额摊派。
1950	人民币 4,971,510,474.00	万分之0.74183	全部费用中一成半按家数,四成二五按张数,四成二五按金额摊派。

资料来源:根据①票据交换所报告书(1946年),上海钱业公会档案S174-2-232;②票据交换所报告书(1947年),上海钱业公会档案S174-2-282;③本所历年票据交换报告书(1948年)和(1949年),上海票据交换所档案S180-1-12;④1950年票据交换所报告书,上海票据交换所档案S180-4-5等相关数据制作。

从以上数据可以看出,交换经费大部分由事务费构成,即交换所职员的薪津和其他开支。其间由于币制发生数次变动,因而无法就每年经费总额进行比较,但是从交换经费与交换票据总金额的比例来分析,交换行庄的负担是在渐渐增加的,尤其是1948年以后,随着交换行庄数量的急剧减少,行庄负担成倍增加。此外,由于交换经费的摊收直接关系每一交换行庄的切身利益,致使摊收方式一再调整,先是将事务费与购置器具费等分开摊算,而后又实行全部费用三成按家数，其余按金额和张数各半比例分摊。最后又改为全部费用一成半按家数，其余按金融和张数。这种变化其实是当时交换行庄经营状况的间接反映，许多行庄连最起码的交换经费都无法负担，同时也体现出后期的上海票据交换所机构和人事的臃肿。

5. 处理有关交换差额转账的事务

交换差额转账是指收付双方通过银行账户将款项从付款人账户划到收款人账户的货币支付行为。它是票据清算业务的最后一个关键环节。一般情况下，这一工作是中央银行责无旁贷的，但是抗战胜利前，中央银行始终未能担负这一职责。通过各交换银行在联准会或中央银行开立的往来存款账户，各行之间票据交换后的债权、债务得以划转、清结。

1933年该所章程规定：交换银行应在联准会开立银元和汇划银元两种货币往来户，为收付交换差额之需。往来存款由联准会依执行委员会之决议存放于上海中国银行及上海交通银行。交换银行应收、应付之交换差额，由联准会于每日交换终了后在各该行庄往来户收付之。交换银行往来户余额不敷支付其应付差额时，应于规定时间补足之。交换银行违反前条规定由联准会经理通告该行及当日与该行有交换关系之各行派交换员到会，将当日换回票据互相返还之，并将交换差额重行结算，但其不敷金额在保证金数额以内者，联准会经理得处分其保证金，径行转账。①

1943年6月以后，上海票据交换所的差额转账权被中储行攫夺。交换银行必须在中储行开立"交换清算户"，为收付交换差额之需。交换银行应收、应付之交换差额由准备会于每日交换终了后，将交换差额总结算表副本送由中储行照表列差额，就各交换银行"交换清算户"收付之。交换银行在中储行"交换清算户"余额不敷支付其应付差额时应于当日下午五时前补足之。②

战后，中央银行开始担负起理应由其担负的交换差额转账任务。这时交换行庄以直接方法办理交换者，在中央银行开立存款户，其以送票方法办理交换者则在该所开立存款户，为收付交换差额之需。该所收入前项存款应照数转存于中央银行。交换行庄每日交换后应收、应付之差额由中央银行及该

---

① 《1933年份之票据交换所》，见金融史编委会编：《旧中国交易所股票金融市场资料汇编》上册，北京书目文献出版社1995年1月版。
② 票字第284号通函（1944年12月30日），上海票据交换所档案Q52-2-16。

所分别就各行庄存款户收付之。

解放后，中国人民银行自然成为上海票据交换业务的最后清算人。这时交换行庄除公营及公私合营者，应在中国人民银行开立交换存款户外，其余各行庄均须在该所开立交换存款户，为收付交换差额之需。该所收入前项存款应照数转存于中国人民银行。交换行庄每日交换后应收付之差额由人民银行及该所分别就各该行庄存款户收付之。交换行庄之交换存款户余额不敷支付其应付差额时应于该所规定时间内补足之。

因而从其发展的整个历程来看，上海票据交换所的差额转账机关经历了数次变化，即联准会→中储行→中央银行→中国人民银行，但不管差额转账机关如何变换，上海票据交换所始终要担负的职责就是根据交换差额总结算表，分别开出转账申请书（应收、应付），送交差额转账机关划账。同时还要对交换行庄的交换存款进行监管，如果交换存款没有按时补足时，还应对交换行庄及善后事宜进行必要的处置。

6. 退票的管理

退票（returnedbill）是指凡为银行拒绝承受兑换或支付之票据而遭退回者。① 它是银行在办理结算以及票据交换时拒绝付款而退回的票据，也可称为掉票、拒票。1933年的章程对有关退票进行了原则性的规定，交换后之票据有拒绝付款者，拒付行应于当日下午6时前备具退票理由单，将原有票据直接退还原提出行，但退票之原因系由于他项票据拒付之连带关系而其退还手续并无迟延者，虽在当日下午6时后，提出行不得因其逾时退还而拒绝接收。退票之原提出行接到退票应即时将票面金额付还退票行，但在当日下午6时30分前请求联准会由往来户转账付还之。交换银行违反前条规定时准用第25条②之规定，并追缴其所欠之差额。

而在实际当中，票据交换所委员会对退票作了进一步补充规定。1933年1月24日，票据交换所委员会为减少退票起见，特订定：（1）各交换银行收入汇票遇金额较巨者，最好先用电话询问票根已否到达，俟票根到达，然后提

---

① 张一凡、潘文安主编：《财政金融大辞典》，上海世界书局1935年版，第905页。
② 即由本会经理通告该行及当日与该行有交换关系之各行派交换员到会将当日换回票据互相返还之，并将交换差额重行结算，但其不敷金额在保证金数额以内者本会经理得处分其保证金，径行转账。本会经理对于违反规定之银行得暂时停止其交换。

出交换;（2）各交换银行遇顾客开立支票户时，务宜注意审择，除熟人外，务需嘱其觅人介绍，此外再由本会拟具其他事先防止、事后制裁方法分函各行研究。① 这时，各交换银行原则上应按周将退票报告造送联准会。但由于退票报告所列并非退票之全部，而各项摘要亦多数不详，在统计方面殊无任何价值，而且办事细则关于退票报告之规定，也属听银行自便，因此交换所委员会于6月7日即通知停止造送，以省手续。② 7月12日，票据交换所委员会王伯元委员提出"退票时限之终止系在银行办公时间终止后，故在规定退票时间内，退票而提出行无人接受事属难免，应规定一种登记办法以明责任"，于是，议决制定如下办法：

（1）退票时间依章程规定以当日下午6时前为原则，其因连带关系而发生之退票，应于发现须退还时立即退还之，并以当日下午8时前为限；

（2）凡在前条规定时间内退还票据至原提出行，而原提出行已无行员留行接受，退票行应立即填具退票登记申请书，连同原票据一并送会申请登记；

（3）本会遇前条登记之请求，应即时电话询问原提出行，如确无行员留行接受，应即予登记，并填具登记证与原票据一并交与退票行；

（4）退票登记申请书、登记证及登记簿应记载左列事项：票据种类、提出行、退票行、发票人、受款人、金额、有号数者其号数、于6时后退票者其原因；

（5）当日无人接受之退票经本会登记者，应由退票行于登记之翌日，在营业时间开始时迅速退还原提出行，原提出行接到此项退票，应即付还票面金额，不得因其未于当日退还而有异议。③

这一办法于8月1日起正式实行。至9月初，申请登记之退票共计18张，大都系于6时左右退票而因原提出行无行员留行接受或无签字人签发划款证，故送联准会申请登记。之后，退票数量逐渐减少，因而交换所委员会决定于

---

① 票据交换所委员会第五次会议记录（1933年1月24日），联准会档案S177-1-18。
② 票据交换所委员会第九次会议记录（1933年6月7日），联准会档案S177-1-18。
③ 票据交换所委员会第十次会议记录（1933年7月12日），联准会档案S177-1-18。

1934年1月4日起废止退票登记办法。

另外，经常发生诸如退票行于退还提出行之前，将原有票据遗失或被盗的现象，导致提出行蒙受损失或双方发生纠葛。为此，票据交换所委员会于1934年6月27日决议通过《修正退票遗失处理办法》，内容如下：

（1）交换后之退票在退还提出行之前，原票据如由退票行遗失或被盗时，退票行应立即通知原提出行，向顾客直接接洽办理。

（2）退票行为前条之处置，并为左列2项之声明后，得填具退票遗失登记申请书，向本会申请登记。①缮具退票遗失证明书向原提出行证明遗失或被盗窃，并声明在遗失止付后，倘有任何纠葛发生，致原提出行蒙受损失，由退票行负完全赔偿责任。②开具票据要旨及遗失事由，登载本埠名报纸上2份以上，计期3日，声明作废。

（3）本会遇前条登记之请求，应于审查确实后，即予登记并填具登记，交与退票行。

（4）退票遗失登记申请书、登记证及登记簿应记载左列事项：票据种类、提出行、退票行、发票人、受款人、金额、有号数者其号数、退票理由、遗失原因。

（5）退票遗失经本会登记者，退票行得向原提出行提供担保，请求原票据金额之返还，不能提供担保时，得请求提出行将原票据金额提存于本会，经过三个月后，如无纠葛发生，由本会将原票据金额划付退票行收受。

（6）前条提存于本会之票据金额，在返还之前，仍为提出行所有，本会仅负责保管之责，在前条三个月之期间内，本会经退票行之请求，并经提出行之同意时，得将提存金额提前划付之。①

与此同时，银行学会还曾向联准会建议举办退票交换，但朱博泉认为"各行退票近已逐渐减少，事实上尚无举办退票交换之必要，且如日本之交换制度，对于退票采取缔方法，故至今未有退票交换，本会可俟将来交换范围

---

① 票据交换所委员会第十五次会议记录（1934年6月27日），联准会档案 S177-1-18。

扩大，退票增多时，再行酌量情形办理"。① 由于各行退票之多寡不一，若一律派员到所办理退票交换，则各行所获便利实属有限，因此，退票交换并无实行的必要。

1935年6月间，联准会开始为各行代收钱业及外行之票据，新雇员司专司外出收票之事，所有各行间交换后之退票可以利用现有人手集中于联准会，既可增加便利，也节省时间。鉴于此，8月21日，票据交换所委员会拟具"本会代理各交换银行间退票收付办法"，其内容有：

（1）各交换银行每日交换后之退票，除第6条规定之票据外，应一律送交本会，由本会代为退还原提出银行；

（2）各交换银行每日交换后之退票，应依左列时间送到本会：第一次退票，下午2时30分前，第二次退票，下午6时前；

（3）各交换银行每次退票，应分别货币种类，依原提出银行交换所号次，叠置成束，并将金额、张数各结总数，在送银簿内载明，以送银簿送交本会，本会核对无误后，应加盖回单（注明退票字样），收入往来户账；

（4）本会收齐各行每次退票后，应依原提出银行及货币种类，加以整理，将金额张数，各结总数，填具退票通知单，连同原退票，依左列方法，分别退还各原提出银行：第一次退票，由本会于当日第二次交换时在交换所中向各原提出银行提出之；第二次退票，由本会于汇集整理后，即时派员司分送各原提出银行；

（5）退票之原提出银行，接到本会送往之退票，核对无误后，应照本会通知单所载金额，依货币种类，开具划款证，交原手带回，由本会付往来户账；

（6）各交换银行应送还原提出银行补加背书或其他手续之票据，毋庸收回金额者，或因其他退票之连带关系，不及于当日6时前送会之退票，仍由各行间直接办理之。②

---

① 票据交换所委员会第十五次会议记录（1934年6月27日），联准会档案S177-1-18。
② 1935年上海票据交换所报告书，复旦大学图书馆藏书，出版信息不详。

由联准会集中代理各交换银行退票，无疑比由各个交换银行自行处理效率要高，而且交换银行可以节约成本，使得各行分散之退票趋于集中。从1935—1938年的退票数量来看，其比例是比较小的，退票数占每日交换票据张数的比例最高也不过4.75%。如下表所示：

表5—13　1935—1938年退票统计表

年份	全年退票总数	平均每日退票	占每日平均交换票据张数%
1935	86,427	291	4.75
1936	90,792	316	3.54
1938	40,487	137	3.46

附注：1945年以前其他年份的退票数不详。

资料来源：根据①1935年上海票据交换所报告书，复旦大学图书馆藏书；②1936年上海票据交换所报告书，联准会档案S177-2-647；③上海银行业联合准备委员会1938年份业务报告，《中央银行月报》，第8卷第6期，1939年6月等相关数据制作。

然而，集中退票对于联准会和交换所来说增加了不少工作量和开支，1944年的章程则规定"交换后之票据有拒绝付款者，拒付行应于当日下午6时前备具退票理由单，将原票据直接退还原提出行"。因此，退票方法又改为由各个交换银行自行办理。1945年1月21日，上海票据交换所通函各交换银行"取消隔日退票的习惯"，从同年1月23日起实行如下办法："①各交换银行相互之退票，除本会提示者外，应以当日退票到原提示行为原则，其不及当日退还者，至迟应于次日上午10时15分前退到；②本会各代理交换行交换后之退票及本会代收或提出交换票据之退票，统限当日下午7时前退齐，逾时送达者，本会不予接受，概由退票行直接退与原提示行，但其送到时间仍不得逾次日上午10时15分。"[①]对于同业交换后之退票及联准会代收票据之退票，自1937年8月退票时限放宽至次日清晨后，同业增设甚多，退票数量剧增，若于次日退到该会，则该会整个代收票据事务也因此延迟。因此，取消隔日退票的习惯有利于上海票据交换所按时完成各项交换手续。

1945年10月，上海票据交换所又对退票的处理办法加以修订，改为由该所集中办理，办法为"①各行庄、各信托公司在交换所换回票据或代收票据中，如有应退票据，应由退票行庄公司于当日下午5时前，用送款单送到本

---

① 票字第289号通函（1945年1月21日），上海票据交换所档案Q52-2-17。

所；②本所收到各行庄公司退票于即晚分别整理，分户备具退票通知书，各交换行庄及代理交换行庄公司，不论有无被退票据，均应于当日下午7时前派交换员来所收取退票，并照数开具退票转账申请书交付本所"。① 该办法于11月1日起开始实行。随后，1946年章程把退票办法调整为"由拒付行庄退还原提示行庄，原提示行庄应将票面金额返还之"。上海解放后，退票方法又转变为由交换所集中退票。该所1950年的章程就规定，交换后之退票"由拒付行庄将退票于规定时间内送存本所，由本所分别返还原提示行庄，原提示行庄应将票面金额返还之"。1946—1950年退票数额如下表所示：

表5-14　1946—1950年退票数额分析表

年份	全年退票总数	每日平均张数	占每日票据交换票据张数%	占每日票据交换金额%
1946	742,162	2,465	2.66	3.93
1947	—	3,200	2.53	1.37
1948	919,124	3,064	1.60	1.28
1949	580,627	1,995	1.04	金圆时期：0.81 人民币时期：0.84
1950	338,100	1,116	1.60	0.61

资料来源：根据①1946年上海票据交换所月报，上海票据交换所档案Q52-2-18。②票据交换所报告书（1947年），上海钱业公会档案S174-2-282；③本所历年票据交换报告书（1948年）和（1949年），上海票据交换所档案S180-1-12；④1950年票据交换所报告书，上海票据交换所档案S180-4-5等相关数据制作。

从以上各年统计数据来看，退票数占每日交换票据张数及金额的比例较之1935—1937年份更小，最高为1946年，分别为2.66%和3.93%。尽管退票的比例较小，但是相对数量仍比较高，而且从1946年底开始还形成了一股不良的退票风气。当时有如下记载："在通货膨胀期间，经济危机降临之信号，更是信用周转过程中障碍之增加，此即表现为退票次数之频繁以及退票金额之庞大。……一年来（1947年）退票金额及张数最恶劣之时期当为1月、2月、5月及10月，各该时期适值2月、5月、10月之物价涨潮，足证市场信用之脆

---

① 《上海票据交换所退票处理办法》，《银行周报》，第30卷第11、12、13、14期合刊，1946年4月1日。

弱"。① 莫基昌先生曾回忆"在头寸紧张的时候，一些银行想方设法利用退票来缓解本行庄资金周转的困难"。② 当时有学者还指出："退票风气之愈演愈烈，……由于退票之加多，致若干银钱业在计算每日头寸上，大费周章，增加头寸之紧凑"。③

退票的日见增多，不仅耗费人力、物力，也使票据信用日渐低落，足以影响社会、金融之安定，银行、信托、钱业等同业公会为整饬同业内部退票手续起见，经会商后拟订办法，并决定1946年12月1日起实行。该项办法内容如下：

（1）往来户向行庄开立支票户，除素所熟悉者外，应有行庄认可之介绍人；

（2）往来户开发支票超过存款或透支限额，经付款行庄退票者，应由付款行庄在原支票上加盖"存款不足"或"透支过额"之戳记，并书面警告。倘警告无效，仍有退票发现，连续退票达3次以上，经退票行庄认为该户系处于故意者，应即停止其往来，同时将户名姓名住址等报告公会，分函各会员查照；

（3）收款行庄如发现合于前条情形之往来户，亦得报告公会核办。④

此外，财政部也发觉"经核退票原因，各行庄不顾信誉以退票为轧平所缺头寸之手段者有之，各户违反规定开发空头支票者有之，而以代收他行票据未据遵令于未收妥前即予抵用，致发生退票者为数尤多"。⑤ 为此，财政部介入对交换行庄退票的监管，并制定相关办法。下文将对此进行专门论述。

7. 交换错账及票据被窃的处理、应对

票据交换过程中不可避免地会发生交换错账，因而交换银行建议上海票据

---

① 香港太平洋经济研究社：《中国经济年鉴》（1948年），转引自中国人民银行上海市分行金融研究室编：《金城银行史料》，上海人民出版社1983年2月版，第803页。
② 笔者曾于2005年10月采访过莫基昌先生，时任国货银行交换员。
③ 杨桂和：《银钱界应速谋防止退票及抵用问题》，《银行周报》，第32卷第4号，1948年1月26日。
④ 《银钱业防止退票办法已开始实行》，《银行周报》第30卷第49期，1946年12月16日。
⑤ 财钱庚二字第39839号代电（1947年11月24日），邮政储金汇业局档案 Q71－2－531。

交换所尽快办理错账登记。该所经过数次研讨后，制定出交换错账处理办法。

1948年4月28日，浙江实业银行致函票据交换所，指出："敝行本月10日提出交换票据贷方少提四川建设银行国币2000万元，因当时未能查明向何家少提，曾于14日在交换场以通函分送各交换行庄，冀能即时查出，并无回音，复于22日分送第二次通函，结果仍无着落，最后由敝行自行查出，径向该行照数补收在案，窃以近来通货数字日形庞大，交换票据愈见繁多，偶一失察，即有多缺，此系各行庄事实上难免，近时，此种错误日必数起，端赖同业互助合作，相互通知，庶能彼此即行补解轧平，倘轧少行庄一时未能查明错误所在，一再查询而轧多行庄置之不理，非但使对方蒙受利息上之损失，如为数较巨则平日头寸亦受影响，敝行为求整个交换效率健全起见，爰提出建议拟请贵所即行办理错账登记，并缮发通函，分致各交换行庄，一本同舟之谊，互助互谅，如当日交换发现或多或缺，应立即报告，贵所代为错账登记，如逾一定期，向约三月内不向贵所登记而结果错账仍由轧少行庄自行查出者，则应由轧多行庄贴还轧少行庄按日拆息，以示公允，庶于整个交换前途得以顺利"。①

5月12日，该所实务研究委员会讨论后认为，浙江实业之建议具有可行性，于是拟订出《交换行庄错账登记处理办法》，内容如下：

（1）各行庄交换后，因通知单或码单所载金额与实际票据金额不符，而发生错账，务须详加检查，如迟至次日中午12时，尚未能查明，则不论轧多或轧缺，均应于次日中午12时，即速备就通知书，每一行庄及本所各一份，一并汇交本所。

（2）轧多行庄除依前条办理外，并应同时将轧多金额，送交本所保存；

（3）本所根据行庄错账通知书，分别登录行庄错账登记簿。

（4）本所接到通知书后，除将错账多缺数目载各交换场悬牌揭示外，并将错账通知书，在交换场分发各行庄交换员带回。

（5）各行庄接到通告书后，应本互助合作之原则，再行检查同日本行庄有无错账，如有错账，即行各自直接洽对，及办理转账手续，办妥

---

① 上海票据交换所实务研究委员会第三次会议记录（1948年5月12日），上海票据交换所档案 S180-1-7。

后，由原报告行庄以书面通告本所，注销错账登记。

（6）本所悬牌揭示以三日为限，如轧缺及轧多行庄，在三日内仍未能查明者，本所不再悬牌揭示。

（7）轧多行庄事前不为错账之登记，复不于次日中午12时将轧多金额送交本所保存，而仍由轧少行庄查明时，则应由轧多行庄按同业日拆贴还利息，并由所方处以利息同额之违约金。

（8）轧多行庄提交本所轧多金额时应开具本所抬头之转账申请书，用"错账提存金送款书"送交本所，由本所盖具"错账提存金回证"。

（9）错账经查明后，无论拨全部或一部分金额时，应由轧缺行庄出具"错账金额收回证明书"，向轧多行庄换取"错账金额拨付证"，用存款对数单存入本所。①

7月10日，该办法正式公布实施，有效避免了轧多行庄故意利用头寸的情况发生，也加强了同业之间的互助合作。1949年4月14日，该所实务研究委员会决议将《交换行庄错账登记处理办法》修改为《交换行庄错账处理办法》，两者内容基本一致，只是后者特别又提出"以后由轧缺行庄查明时，应由轧多行庄按同业日拆之半数贴付利息"。并且后者取消了"由所方处以利息同额之违约金"的规定。②

1949年4月间，交换场还曾发生裕康钱庄交换票据被窃的事件，于是该庄致函上海票据交换所要求设法防止今后再发生交换票据被窃。该所实务研究委员会详加研讨后，于4月22日通函各交换行庄："兹特规定自即日起，本所交换场于每日下午2时30分开启，各行庄应先派交换员1人，在下午2时30分到达本所，接受本场交换票据，以防止失灭，而策安全。"③另外，交换所还于同年10月间重行制发交换员证章。由于该所以前制发的交换员证章，一部分行庄报称遗失或因交换员离职未经收回，因而为统一整理起见，由交换所

---

① 《交换行庄错账登记处理办法》（1948年7月10日），《钱业月报》第19卷8号，1948年8月15日。

② 上海票据交换所实务研究委员会第十次会议记录（1949年4月14日），上海票据交换所档案S180-1-7和《票据交换所交换行庄错账处理办法》，《银行周报》第33卷第21号，1949年5月23日。

③ 《票据交换所防止票据失灭办法》，《银行周报》第33卷第21号，1949年5月23日。

重行制发新证章一种，每一行庄分发两枚，专供出席交换员佩戴，自11月1日起务须一律佩戴新证章，方得进场。① 交换员统一佩戴证章出席交换，可以避免外人混入，有利于维持交换场的安全和秩序。

综上所述，上海票据交换所人事和业务管理的各项制度安排较为完善和周密，同时对交换保证金的征收、入所的审核与入所后的监管、交换号次的编排与交换结果的统计、公布、交换经费的分派和对退票等业务的有效监管、交换错账及票据被窃的处理、应对等业务管理，对于保证交换行庄的各项利益和交换业务的有序进行发挥了决定作用。在人事和业务管理中，该所非常注意运用激励的方式来提高管理效能，这是一个很显著的特点。另外，职员保证制度也是该所人事管理制度当中一项很有特色的制度，许多金融机构也曾推行过类似的保证制度。例如，20世纪30年代，上海商业储蓄银行制定《员役保证细则》，对新进银行的员工如何提供保证人、填具保证书等事项作了详细规定。该细则在总纲中规定："本行员役，除总经理副总经理及各行处顾问参事外，均需于到行服务前，觅妥保证人，填具保证书"，"本行员役之直系血亲、或配偶及伯叔兄弟，不得为该员役之保证人"。对于保证人资格，《细则》规定："本行行员保证人，例须负无限保证责任"，"酌定保证人之身家，以其保证行员所负责任，有使银行蒙受损失之可能性数目之4倍为准"，对于行员职务发生变化或服务行处调迁，主管人员如何对其保证人资格进行复核等事也作了明确的规定。② 因此，上海票据交换所实行的职员保证制度有很多方面与其相似，无疑是借鉴了原有制度的成功经验。

---

① 票字第326号通函（1949年10月27日），上海票据交换所档案 Q52-2-21。
② 马长林：《民国时期商业银行内部管理制度建设——以上海商业储蓄银行为中心》，2006年8月复旦大学"近代中国金融制度变迁"学术研讨会提交论文。

第六章

上海票据交换格局与制度的变迁：从二元并存、三足鼎立到三位一体

票据交换制度是金融制度的重要组成部分，也是金融业必备的资金清算制度。金融业通过票据交换可以减省大量繁琐的事务，加速资金的周转，提高经营效率。近代上海金融机构和币制纷乱复杂，"上海之金融组织既有银行钱庄之分道扬镳，又有华商洋商之背景各异；同一钱庄也尚有入园与未入园之殊，同一华商银行也又有交换银行与非交换银行之别，至于洋商银行则英、美、法、意、日、荷诸邦各以其本国之金融组织移植于亚洲大陆之第一市场，历史既殊，习惯自异不特此也。上海币制之纷乱，更足以使五花八门之金融组织增加其复杂性"。① 与此相应的，上海票据交换的格局与制度也有着错综复杂的变迁。迄今为止，学界仅对抗战以前的票据清算制度有所研究，② 但仍很欠缺，而且很少论及抗战爆发之后的情况。本章将以上海票据交换所为中心，通过一个长期的、横向的视角，对上海票据交换制度从二元并存、三足鼎立到三位一体的变迁作一全面的探析。

一、由二元并存到三足鼎立的雏形

近代上海金融市场通行的票据有两种，即划头票据和汇划票据。由于当时银两和银元并用，因而又可细分为划头银两票据、划头银元票据和汇划银两票据、汇划银元票据。钱业专用汇划票据，此种票据当日不能收现，须待翌日。外商银行专用划头票据，当日到期即可取现。而华商银行则汇划和划

---

① 李振南：《上海银钱业票据交换之方法》，《银行周报》，第20卷第3号，1936年1月28日。
② 主要有郑成林的《近代上海票据清算制度的演进及意义》(载复旦大学中国金融史研究中心编：《上海金融中心地位的变迁》，中国金融史集刊第一辑，复旦大学出版社2005年9月版)一文对抗日战争前的上海票据交换制度作了介绍和分析。另外，李一翔的新著《近代中国银行与钱庄关系研究》(学林出版社，2005年12月版)论及战后上海的票据交换制度，并进行了简要分析。除此以外，笔者尚未见到其他专门研究成果。

<<< 第六章 上海票据交换格局与制度的变迁：从二元并存、三足鼎立到三位一体

头两种票据皆用。因此票据交换所成立之前，上海实际上汇划和划头两个清算中心并存，而到了1931年1月后，中国银行取得主持划头银元清算的资格，又形成了汇划、划头银两、划头银元三个清算中心。

（一）二元并存的票据交换格局

1. 汇划票据清算中心——汇划总会

1890年成立的汇划总会是上海最早的票据清算组织，自成一个票据清算系统，以其悠久的历史长期以来（包括上海票据交换所成立后的很长一段时间）一直占据了汇划票据清算中心的地位。汇划总会尽管是上海钱业公会的附属机关，而实际上它已经成为当时上海一个重要的票据清算团体。上海钱业营业规则第20条就明确指出："入会同业收付银两在500两以上，银元在500元以上，均取公单，当晚至总会汇总，多凭总会划条向收，缺凭总会划条照解。"[①]因而，汇划银两和汇划银元票据都集中于汇划总会清算。汇划庄之间收付手续如前文所述，要经过第一次分散直接交换——送验票据、换取公单和第二次集中交换——汇划总会轧公单等步骤。至于非汇划庄，即元字号以下的小钱庄则不能直接加入清算，只能委托汇划钱庄代为汇划。1932年10月上海钱业联合准备库（简称钱库）成立后，钱业票据清算方法略有变更，即交换差额的清算，除了沿用原来方法外，多家尚可存入准备库，缺家可提供担保品自准备库借入。1924—1932年汇划总会清算业务发展情况见下表：

表6—1 1924—1932年钱业汇划总会公单收付简况

年份	银两公单		银元公单（千元）	共计（千元）
	银两数（千两）	折合银元数（千元）		
1924	4,042,255	5,579,884	879,086	6,458,970
1925	7,311,970	10,065,393	1,189,877	11,255,270
1926	9,861,303	13,684,107	1,590,127	15,274,234
1927	8,092,653	11,318,396	1,506,198	12,824,594
1928	9,471,590	13,246,979	1,849,292	15,096,127
1929	10,463,162	14,633,793	2,309,687	16,943,480
1930	13,416,373	18,764,158	2,918,304	21,682,462
1931	16,622,098	23,247,690	4,066,081	27,313,771
1932	10,640,504	14,881,824	2,649,704	17,531,528

附注：①1924年的数字只是4—12月数字的总和。②千位以下的数字均忽略。③银两

---

① 杨荫溥:《上海金融组织概要》，商务印书馆1930年2月版，第54—55页。

折合银元数按各该年月平均洋厘折合。

资料来源：①中国人民银行上海市分行编：《上海钱庄史料》，上海人民出版社1960年3月版，第203页。②崔晓岑：《中央银行论》，商务印书馆1935年10月版，附录第47页。

由上表可知，到1931年银两公单达到166余万两，比1925年的70余万两增加约125%，而银元公单则由1925年的10余亿元增加到1931年的40余亿元，增长近3倍。将银两折合成银元，1931年二者共计273多亿元。1932年因受"一二八事变"的影响，各项数字均大幅下降。这足以体现汇划总会在上海金融市场中的重要地位，而且公单汇划统计也成为当时上海金融界极为重要的统计之一。自1924年阴历3月起，逐日公单汇划统计由《钱业月报》按月发表。

2. 划头票据清算中心——汇丰银行

外商银行专用划头票据，划头票据清算系由汇丰银行主持。直接参加者为"外滩银行"和"与外滩通划条[①]"之一小部分华商银行。外滩银行指加入上海外国银行公会（Foreign Bankers Association）的银行，主要为外商银行，也包括少数华商银行。加入洋商银行公会的外商银行主要有汇丰、麦加利、花旗、运通、正金、东方、大英、大通、有利、荷兰、华比、三井、三菱、台湾、德华、住友、朝鲜、安达、华义、中法等21家，中央银行、中国银行、交通银行和中国通商银行也加入洋商银行公会，钱业联合准备库和四行准备库后也以团体名义加入其中。[②]

外商银行之间的票据清算，是由收款行买办间派栈司向付款行买办间收取，这时付款行买办间并不支付，而是出给一张凭条，通称"大划条"。各个银行买办间一天之中要开出很多大划条，同时也收进很多大划条。当晚结算之后，如付多收少，差数就要出库（也叫"出仓"）；如收多付少，差额部分就要入库（也叫"入仓"）。为了免除现金搬运的麻烦，一般有两种解决办法，一种是两行有交情，收款行用"寄库"的办法寄存于付款行，次日再轧算。另一种办法则由银行的外籍高级职员如大班、管仓（Cashier）相商拆款。后者比较少用，因为一般都在事前匡好头寸，如觉得当天头寸不够，就用出售外汇的办法作好准备。汇丰买办间是主持总清算的，所以每晚各外商银行的买办间将收付相抵之差额开具一横账（清单），写明上收某某等行、下付某

---

① 划条即指中国旧时银钱业同业间互相划拨款项的凭单。出票人和受款人均为银行或钱庄，只能凭以划账，不能取现。

② 崔晓岑：《中央银行概论》，商务印书馆1935年10月版，附录第2页。

某等行，并把收进的大划条附上，一并送交汇丰买办间核盖回单，由汇丰集其成轧平，其差额一般采用"寄库"的方式处理。①

由此可见，外商银行相互间之票据清算并无所谓集中之清算所（clearinghouse），实系一种不成制度之土法。到1931年1月后，由于中国银行成为划头银元清算中心，汇丰银行仅主持划头银两票据清算。1933年4月废两改元后，以银两为单位的票据不复存在，汇丰银行不再主持划头银两清算事务。

3. 委托代理清算方式对华商银行的制约

上海票据交换所成立前，华商银行与钱庄之间以及华商银行自身之间的票据收解均不得不委托与之往来的汇划庄借助于汇划总会代为清算。以下举例说明其具体手续或方法：例如甲行收得A庄支票后，不能直接向A庄取款，因汇划票据须在汇划总会清轧。甲行只得委托B庄代为办理。此后，不独A庄支票可即托B庄代为于总会轧算，即甲行自己向钱庄发出支票之应付者，亦可由B庄在总会对销。A庄收得甲行支票，本可凭票向甲行取现，但甲行已委托B庄代为收付款项，故票到时，甲行只须将支票收进，另给B庄划条一纸，嘱向B庄收款，A庄得此划条，可径赴B庄换取公单，B庄为谨慎计，将A庄所交划条再送甲行照过，倘无错误，甲行即盖发回单，B庄取得回单后，另以本庄公单发交A庄，A庄凭该公单当晚即可在总会轧账。以上情形不仅限于银行及钱庄间之汇划往来，即银行与银行间之债权债务亦可依上述手续托钱庄代为清理。假设，甲行收入乙行支票或本票，甲行可随时加盖银行亲收图章（加盖此章之后，只能同业汇划，不能取现），派司务持向乙行收银，乙行随时验迄，即随时给以向钱庄支取之划条，甲行领得划条，即以之转托B庄代为轧收，是两银行间之票据收付，均移由两钱庄为之转账。②

而华商银行与外商银行之间的票据收解也必须委托外滩银行代为清算。由于非外滩银行不能直接开给汇丰银行"划条"，所以它们对外滩银行的划头银两收付就必须委托外滩银行代理。凡应收外滩银行之款，由付款行出给"划条"，即"小划条"，应付外滩银行之款，则开具"代理行支票"，向代理行

---

① 参见《20世纪上海文史资料文库》第5辑，上海书店出版社1999年9月版，第21—22页以及朱博泉：《上海票据交换之过去现在与将来》，《银行周报》第17卷第16期，1933年5月2日。

② 杨荫溥：《上海金融组织概要》，商务印书馆1930年2月版，第63—64页；杨荫溥：《杨著中国金融论》，黎明书局1936年10月版，第262—263页。

换取"小划条",再将"小划条"分交收款各行。迨营业终了,乃将当日应收应付细数开具"小横账"[①],检同当日收入"小划条"一起送代理外滩银行核盖回单。与银行必须存款于代理钱庄一样,非外滩行庄如果有划头银两需委托"外滩银行"代理清算,也须存款于代理外滩银行,以便划拨。[②]

如上所述,当时华商银行委托钱庄和外滩银行代理清算,不但手续繁杂、效率低下,更主要的是华商银行必须在其委托行庄存款以备清算,故不得不分散银行支付准备金,严重制约华商银行业务的拓展和资金的流动。时人曾对此作出评论:"兼用汇划及划头之华商银行,一面需委托外滩银行,一面又需委托钱庄,于是钱庄与外滩银行,双方均要求相当存款,以作为代理清算之保证,并备短缺时支付之用。是以华商银行双方应付,处境最难。倘资本小者,一经开办,现款即将分散殆尽。查上海票据交换所未成立前,华商银行存款于钱庄者,不下七八千万两,存息甚低,钱庄则以高利放出,华商银行之被盘剥,累积计算颇有可观。"[③] 再加上废两改元以前,因两元并用,银行支付准备金须有划头银两、划头银元、汇划银两、汇划银元四种。尤其是因庄票流通颇广,银行的存入钱庄金额颇大,其利息又低,大部分为3、4分,而钱庄以8、9分或一成利率放出,获得巨额利益。银行存放外国的金额在1920年平均合计约300万,利息2分左右,也是外国银行利益源泉之一。[④] 显然,华商银行的命运已经操纵在钱庄和外商银行手里,一旦市场银根紧缩,或突遇金融风潮,银行无法避免不受影响。因而这种制约的存在正是华商银行要自己创办票据交换所的主要动因之一。

还需指出的是,钱庄与外商银行之间的票据收解也同华商银行一样须委托外滩银行代办。只不过上海钱业联合准备库成立以后,得到外滩各银行承认,加入团体汇划,遂不再托外滩之一家银行代划,而由准备库办理钱业对外滩之一切收解事宜,换言之,即同业间应向外滩收进之款,统汇付准备库,而应向外滩解款,亦由准备库划付,其手续与由一家外滩银行代理者尽同。而昔日对外滩收解,需有款项存诸外滩银行者,今收归准备库自存,无形中

---

① 横账是指某银行把其当日应收应付票据详细数额逐笔记录而列出的清单。
② 朱博泉:《上海银钱业票据清算方法之演进》,上海图书馆藏,1939年8月。
③ 王文柔:《上海票据清算制度之研究》,国立武汉大学第五届毕业论文(1935年)。
④ 宫下忠雄(日本)著、吴子竹编译:《中国银行制度史》,华南商业银行研究室1956年版,第138页。

<<< 第六章　上海票据交换格局与制度的变迁：从二元并存、三足鼎立到三位一体

增进钱业团结力，其依赖外滩者，遂亦顿减。①

根据以上所述，可以绘制出一幅当时票据清算制度的示意图：

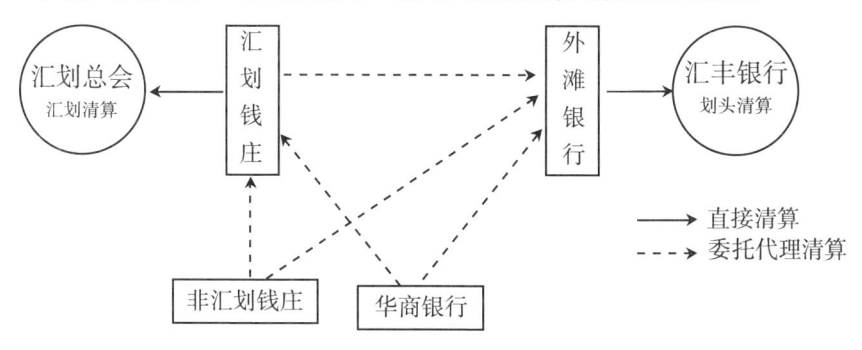

图 6—1　1931 年 1 月之前的上海票据交换制度示意图

（二）中国银行成为划头银元清算中心——三足鼎立的雏形

北洋政府时期，银元流通越来越广，在日常生活中已经取代了银两，但银两制度仍有相当势力。当时以银元为单位的票据，由各行庄直接收付。南京国民政府成立后，银元使用的范围有所扩大，其重要性更加突出。运送现洋既不方便也不安全，为改善这一状况，1930 年 11 月 6 日，浙江实业等三家银行致函上海银行公会，指出：

> 查华商银行承钱业之惯例，对于洋商银行收解款项应收者派人往收，应解者须派人送往。惟规银②收解得以汇划，其运送现金者仅为尾数，尚无十分困难。而银元则不许汇划，应解者须整批封箱送解，应收者复凭彼指派，分向各家零星收取，工役之劳力、装箱之费用、路上之危险皆归我华商同业单方负担，事之不便，理之不平，均无逾此。近年银元需要日繁，收解之数不亚于规银，废两改元又不久将成事实，收解办法岂容长此。……敝行等以上述问题其根本解决，固当在中外合组票据交换所成立之后，而目前治标办法，华商银行与洋商银行收解款项，如能依照华商银行相互收解办法，由收款行向付款行收取，以照平等。若一时不易办到，至少应将银元收解与规银一律汇划，而以现银找其尾数，俾得减少困难……此后华商银行应解外商银行之款一律嘱令各该行

---

① 王文柔：《上海票据清算制度之研究》，国立武汉大学第五届毕业论文（1935 年）。
② 即指九八规元，是 1933 年废两改元前上海通行的银两计算单位。

195

来收，不再封箱运送，以为后盾。①

由此可知，长期以来中外银钱业之间的关系是极不平等的。不管对外商银行是应收还是应解，都由华商银行、钱庄派人取现或送现。这不仅增加开支，而且很不安全，但是当时要改行一律"由收款行向付款行收取"也是难以办到的。

对于此项建议，上海银行公会立即进行了讨论，一致议决"以后会员银行对于洋商银行之银元收解，概照规银收解办法，一律汇划，以免危险而省手续"。②同时，上海银行公会致函外国银行公会和上海钱业公会商议改良收付办法。经过三方磋商，上海钱业公会和外国银行公会赞同上海银行公会的提议，议决凡银元收解，得比照规银办法，由中国银行担任总汇划，自1931年1月5日起实行。其办法是：所有华商银行、钱庄对于洋商银行应收之银元，一律悉数划交中国银行。应解之银元，一律向中国银行划出。收支相抵后的不足之数，由行庄将银元送至中国银行。但以兑换券兑换之银元，不能加入汇划范围之内，仍须照旧自行解现。③于是，中国银行成为总汇划，亦称"汇总"。

由于中国银行总管理处是单纯的管理部门，总汇划的任务实际上是由中国银行上海分行汇划组执行的。在成为"汇总"后，中国银行上海分行于1931年1月6日和8日分别函致银钱业，告知办理汇划的具体手续和相关事宜，主要内容如下：

（1）通启者：……（复述上项决议办法，故省略）敝行代同业服务，应即查照上项议决办法办理，自昨日（即5日）实行之后，各华商银行、钱庄依照上项办法者，固居多数，间有数家，未能照办，划进划出手续，亦未能一律；尾找现洋，仍有解钞票者。敝行担任代理义务，收进钞票，解出现洋，殊多未便，为特通告华商银行钱庄、洋商银行，务请自即日起，一律按照上项议决办法办理，以免纷歧。

（2）通启者：各银行钱庄之银元收解，改行划账，由公会委托敝行汇总代理，唯一原则，以第一次横账为准，不得再有更动。敝行依据而

---

① 转引自郑成林：《从双向桥梁到多边网络——上海银行公会与银行业（1918—1936）》，2003年华中师范大学博士论文。
② 郑成林：《从双向桥梁到多边网络——上海银行公会与银行业（1918—1936）》，2003年华中师范大学博士论文。
③ 《中国银行上海分行史（1912—1949）》，经济科学出版社1991年版，第77页。

第六章 上海票据交换格局与制度的变迁：从二元并存、三足鼎立到三位一体

轧账，彼此结束，得可以迅速。惟有退票一事，不无问题。假如甲银行退乙钱庄之票，照原议办法，乙钱庄直接解现洋或钞票与甲银行冲销，不在划账范围之内。现在试行三日，各会员银行，未能完全履行，往往即在敝账内扣除，以致全账紊乱；或者欲更动敝行横账，大费手续。应请乙钱庄如有存款于敝行者，补开支敝行之支票，交与甲银行，由甲银行提前向敝行收取，轧进横账。如无存款，请照原议办法，直接解现洋或钞票与甲银行。敝行为维持全盘轧账起见，故特通融时间，拟定如此办法，以免紊乱全账，务乞各银行钱庄，赐予合作，一律照办。①

从以上两则通函来看，由中国银行担任银元总汇划这一新办法推行之初，大多数行庄都能按照规定办理，增加不少便利。然而也出现了一些问题，如尾数须解现而有解钞票者或擅自更动第一次横账等，通过上述办法均得以解决。

中国银行担任银元总汇划改变了以往上海金融业一切听命于外商银行的状态，中国银行实际上成为洋商银行与华商银行、钱庄间的划头银元票据清算中心。划头银元清算方法极大地推动了华商银行和钱业业务的拓展。中国银行也因此成为上海金融业资金活动的枢纽之一，在30年代初已足以和洋商银行相抗衡，1933年废两改元以后，汇丰银行不再主持清算事务，而中国银行则成为了洋商银行和华商银行间的票据清算中心。因而在银行业票据交换所成立之前，上海的票据交换已经显现出钱业、外商银行和华商银行三足鼎立格局的端倪。

根据上述情况，可绘制出这一阶段票据清算示意图：

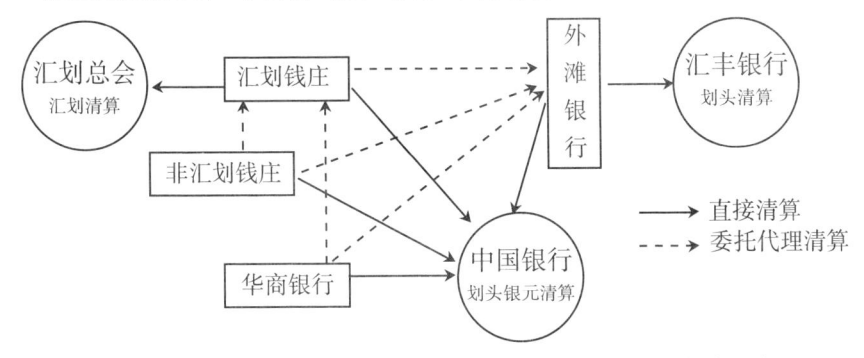

图6—2 1931年1月中国银行成为"汇总"后的清算示意图

---

① 转引自董昕：《中国银行上海分行研究（1912—1937）》，2005年复旦大学博士论文。

二、上海票据交换格局的三足鼎立

1933年1月上海票据交换所成立后，华商银行开始有了自己的票据清算机构。因而上海的票据交换制度随之形成了三足鼎立的格局，即华商银行，钱业和外商银行各有自己的票据清算中心，而且自成体系，三者之间的票据清算手续依然错综复杂。

（一）三足鼎立格局的形成及各自演进

1. 华商银行之间的清算——以上海票据交换所为中心

上海票据交换所成立后，华商银行有了自己的票据清算中心，银行之间的票据收解不用再委托钱庄办理。这不仅减少了银行业的信用风险和资金占用，加快了资金周转速度，也促进了华商银行之间的团结。根据1933年9月26日修正施行的《上海银行业同业公会联合准备委员会票据交换章程》和12月20日修正施行的《票据交换所办事细则》[①]，该所办理票据交换业务的一般程序如下：

凡"联准会"委员银行或同业公会会员银行均得加入交换银行，其他上海各金融机构具备一定条件经过议决后也可加入为交换银行。交换银行均须缴纳入会费。同时，交换银行还得先在"联准会"开立交换存款准备金账户，按资产等级缴纳1、2、3万元的单证或现金保证金，以备支付票据轧抵后的差额。"联准会"将这笔"交换差额准备金"按六四比例转存中国和交通银行。交换票据有本票、支票、汇票、汇款收据等4种。交换时间每日两次，第一次是下午1时起，第二次是下午3时起。

依票据交换所办事细则，票据交换业务的具体手续为：各交换银行须在行内按照付款银行及货币种类整理清楚，于交换时间前将当日所收票据金额及张数分载于"提出票据通知单"与"交换差额计算表"之贷方，结出总数，造具"第一报告单"。随后，由该行交换员将票据及报告单送至交换所。待时间一到，各行传送员即将"第一报告单"交于交换所总结算员，将票据送交付款行计算员。付款行计算员收到他行票据，检点张数签给"提出票据收据"（即"提出票据通知单"的复写副本）后，将应付票据金额逐笔记入"差额计

---

① 参见金融史委员会编：《旧中国交易所股票金融市场资料汇编》上册，书目文献出版社1995年版。

<<< 第六章 上海票据交换格局与制度的变迁：从二元并存、三足鼎立到三位一体

算表"之借方，结出总数，如借方大于贷方为应付，反之为应收，结出应收或应付之差额，将数据填入"第二报告单"，授与总结算员。总结算员则依据两份报告单，结算出全体应付总数以及各行应收与应付差额之总数。应收数必与应付数相等，应付差额数亦必与应收差额数相符，否则定有错误。总结算员结算无误后，各行交换差额即确定。在第二次交换后，各行交换员须结出当日总差额，填具"差额转账申请书"，送"联准会"转账，差额应收者作为存入款项，差额应付者作为划出款项，交换就此结束。（注：以上提到的交换用表单格式均见本书附录一）

交换方式除了上述直接交换外，还有委托代理交换，即由交换银行代理他银行和代理本市分支店票据交换。1933年3月16日，正式实行交换银行代理本市分支店票据交换办法，其中规定：本市分支店系包括各交换银行本市分支行、办事处及储蓄部、信托部、房地产部而言；其票据交换由各交换银行各自代理，票据正面应加盖交换银行本店名义之交换戳记，但为便于查核起见，交换银行应用英文大写字母将本市分支店分别编号列入交换戳记内自身交换号次之后。[①]12月20日起，交换银行开始代理他银行票据交换，其办法为："委托代理银行、信托公司或钱庄收入可以交换之票据除其代理行付款之票据得直接提示外均应提出交换，委托行提出交换票据戳记除其代理行名及代理行自身号次外应由代理行将委托行（自己分支店除外）另再用甲、乙、丙、丁编号列入戳记内，自身号次之后，并由代理行报告交换所。"[②]（交换号次式样见第五章内容）

1935年7月13日，联准会决定该会自身于7月15日也加入票据交换，于是大多数委托代理银行改由联准会代理交换，该会对其与各交换银行之交换票据种类规定如下：

甲、本会向各交换银行提出交换者：（1）各行托本会代收票据中当日由付款人退还本会之退票；（2）交换银行其他付款票据。

乙、各交换银行得向本会提出交换者：（1）交换往来户转账申请书；

[①] 票据交换所委员会第七次会议记录（1933年2月22日），上海银行业联合准备会档案S177-1-18。

[②] 《1933年份之票据交换所》，见金融史编委会编：《旧中国交易所股票金融市场资料汇编》上册，北京书目文献出版社1995年1月版。

（2）交换往来户支票。其他本会付款票据，暨未及提出交换之票据，仍照原来办法办理。①

因此，在联准会自身加入交换后，银行业实际上存在三种交换方式，即直接交换、由交换银行代理交换或委托联准会代理交换。

2. 钱庄之间的清算——仍以汇划总会为中心

银行业票据交换所成立后，钱业之间的清算机构和方法并无多大改变，仍以汇划总会为清算中心，方法还是借助于公单进行汇划收解，但此时钱业的汇划交换规模远远超过上海票据交换所。1933—1937年银钱业票据交换金额和1933年各月钱业公单收付数与交换所交换总金额的比较见下表：

表6—2　1933—1937年银钱业票据交换金额比较（单位：元）

年份	钱业公单收付金额数	交换所交换总金额
1933	13,989,977,600	1,966,451,761
1934	14,560,787,000	3,222,116,609
1935	13,580,830,000	3,715,828,325
1936	16,481,632,500	5,984,308,071
1937	16,825,627,799	5,808,128,309

附注：①废两改元以前的银两数均折合成银元数。②交换所交换金额只保留整数，角分均忽略。

资料来源：①中国人民银行上海市分行编《上海钱庄史料》，上海人民出版社1960年3月版，第271页。②交换所的数据参见第一章相关内容。

如表6—2所示，从交换数额的比较来看，1933—1937年上海票据交换所实际上远不如钱业公单收付金额数多，从1933年相差十几倍，到1937年相差3倍多。因而，尽管上海票据交换所自身的交换规模在逐步扩大，但始终无法与钱业的交换规模相比。从表6—3来看，交换所成立的1933年各月钱业收解数比票据交换所的交换额要高5、6倍，即使是1935年钱业发生恐慌时，钱业的公单收付数仍比票据交换所的交换数额高4、5倍。1933—1937年间，钱业公单收付数一直是呈增长趋势的，并没有因交换所的成立而急剧下降。另外，交换所成立之后与之前的钱业公单收付数相比较，1932年合计为175亿多元，而1933年合计为139亿多元，相差30多亿元，但显然这不全是因票

---

① 《民国二十四年份之票据交换所》，复旦大学图书馆藏书，出版信息不详。

据交换所的成立造成的，更主要的是废两改元给钱业业务带来的影响。可见，上海票据交换所的成立对钱业的汇划清算制度并未产生太大影响。

表6—3　1933年上海银行业票据交换额与钱业公单收解数目月别比较表

月别	票据交换所之交换额（元）	钱业收解数（元）
4	132,264,819	953,980,500
5	160,368,616	1,023,371,000
6	192,830,885	1,073,341,500
7	177,190,058	1,190,382,000
8	197,728,891	1,187,244,500
9	179,373,524	1,265,036,000
10	224,091,772	1,316,226,500
11	230,403,655	1,297,962,000
12	224,326,567	1,228,548,500

资料来源：吴承禧：《中国的银行》，商务印书馆1934年10月版，第125页。

3. 外商银行之间的清算——以中国银行为总汇划

上海票据交换所成立之初，外滩银行间的划头银两清算仍以汇丰银行为中心。1933年3月上海废两改元以后，汇丰银行不再主持银两汇划事务，中国银行成为华洋商银行之间和洋商银行间的总汇划。这时虽已由中国银行担任外滩银行之总汇划，但仍无所谓集中地点，仍系不成制度之土法。现以中央银行为例来说明其具体清算方法。

如中央银行收到票据应向汇丰银行去收款，于是派老司务持票送往汇丰，票据背面加盖"中央银行亲收"字样（一经盖章，则只供两银行间轧账，外人拾得不能兑取，实为废纸）。汇丰收到后并不立即付现，实际是票据送验。同时汇丰银行也收到应向中央银行收款票据，依同业方法送往中央银行，不即取现，以待晚间之轧账。双方应收、应付两两抵消之后，必定仍有差额。如抵消后汇丰尚欠500元应解中央。这时由中央差人向汇丰取"大划条"（如下图）。外滩20几家银行彼此间都发生同样之应收、应解关系，应解他行时皆用大划条请中国银行划拨。因此，中国银行实为总汇划。但实际上，各外滩银行并未在中国银行存有现款，而是另有其轧平方法。①

---

① 崔晓岑：《中央银行概论》，商务印书馆1935年10月版，附录第3—4页。

```
┌─────────────────┐
│           中     │
│      中   國     │
│      央    祈    │
│      五   匯 劃  │
│      百   豐     │
│ 年   萬   銀     │
│ 月        行     │
│ 日              │
└─────────────────┘
```

图6-3 大划条式样

外滩各银行使用的轧平办法是寄库或出仓。各银行晚间总计其对外应收应付两项，其结果非多即缺。于是由缺家电话询问各银行，如汇丰缺500万，而花旗多500万元，如花旗愿收现，则由汇丰将现银抬往花旗，此为出仓。倘花旗愿将500万元寄存汇丰库内，无须搬运现洋，于是一方面汇丰开寄库单（格式文字用英文），写明存花旗洋500万元，翌日归还，交给花旗银行，而他方面汇丰将此存库之500万元，加入于横账内，视为对花旗之应收项目。是以外滩各银行用寄库办法省现金搬运，多家与缺家大体得以轧平，故未尝经中国银行之手。①

各银行于每晚结束各项划条之后，向中国银行开一清单，名为"大横账"，以中央银行为例其格式如下：

图6-4 大横账式样

① 崔毓珍：《上海清算制度之研究》，《中央银行月报》，第9卷第8期，1934年8月。

其上方为中央银行应收进项目，下方为中央应解出项目（收进项目即为中央领进之大划条，应解项目系中央多打出大划条），而两项轧算之后，未能尽行抵消，而仍保留有余尾。此种余尾成为各银行对中国银行之存欠关系，亦并不付现，只暂为记账，以待明日轧算时，再行加入。是以外滩寄库办法虽可以避免解现之烦，而收解关系，固非英美制度之可以当日结清也。且寄库办法往往由一缺家银行向数银行电商方能轧平，倘多家不允寄库，则出仓解现手续仍不能免。寄库为暂时寄存保管性质，今日寄库明日未必，一家不足，尚须分寄数家，未足以言集中，遑论乎转账；且遇有对里滩各银行及钱庄票据，既不通汇划，收解事项，须用间接手续，更为烦碎，而战前外滩各银行，安之若素未尝改革。按票据收解清算事项，在中国各行由出纳科办理，而洋商银行则概归华账房（熟称买办间）。① 由于这样繁琐的收解手续都由洋商银行的华账房买办办理，因此洋商银行经理无从了解其中的繁杂，以致长期以来积习不改。

（二）三者之间相互的票据交换

1. 华商银行与外滩银行之间的清算

上海交换所成立之初，华商银行与外滩银行间票据收解，均照原来习惯委托外滩银行代理。1933年3月上海废两改元以后，汇丰银行不再担任银两总汇划，华洋商银行之间及洋商银行之间的总汇划统归中国银行担任。未参加外滩银行交换的华商银行都在中国银行开有账户，把应收的洋商银行票据存入委托代收，对洋商银行所收的票据，开出中国银行支票转解，中国银行为华商银钱业对洋商银行票据交换的总代理，又是外滩银行票据交换的总枢纽。②

自1935年6月以后，银行应收外滩银行付款票据，大都直接存入银行准备会，由准备会转托中国银行代理收款。至外滩银行向银行收票，即由付款行开给准备会支票，由收款行向中国银行换取划条，汇总清算。③ 这时，华商银行与外商银行的收解先集中于联准会，再由联准会负责办理收解，因此，比先前由各华商银行直接去收解有所改进。

---

① 崔毓珍：《上海外滩银行票据清算方法之转变》，《中央银行月报》，第10卷第11期，1941年11月。
② 《中国银行上海分行史（1912—1949年）》，经济科学出版社1991年版，第77—78页。
③ 朱博泉：《上海银钱业票据清算方法之演进》，上海图书馆藏书，1939年8月。

2. 钱庄与外商银行间的清算

钱业准备库未加入外滩清算集团之前，钱庄在中国银行开有账户，委托其代收。盖自1933年起，准备库已加入外滩之清算集团，列为外滩银行之一。各钱庄与外滩银行之票据收解，悉由钱业准备库代理。[①] 实际上，钱业联合准备库的主要业务包括"办理同业对于银行现银收解事项"及"办理同业票据交换及转账事项"，故事实上准备库与钱业汇划关系极切。凡钱庄同业对本国银行及外滩银行票据之清算，均由钱业准备库汇总轧算，其效颇著。[②] 换言之，即钱业同业间应向外滩银行收进之款，统汇付准备库，而应向外滩解款，亦由准备库划付，其手续与由一家外滩银行代理相同。此前对外滩收解，需以款项存储外滩银行者，现在收归准备库自存，无形中增进钱业团结力，其对外滩银行的依赖性也大为减少。

3. 本国银行与钱庄之间的清算

银行交换所成立之初，凡银行收入钱庄付款票据大都照旧存入代理钱庄，钱庄收入银行付款票据，亦仍由付款行开给钱庄划条，盖银行对于钱业汇划票据之收付，仍由汇划总会轧账，不在银行交换所清算范围之内。交换所成立之后，华商银行存款于钱庄者（即同业存款）仍有三四千万两之多。[③]

1935年6月，钱业发生风潮，当时各行存放钱业款项调度上发生困难，乃由银钱业双方议定采行集中汇划办法，因而银钱业之间的汇划清算制度发生了重大变化。6月10日，上海钱业公会特别委员会举行会议通过了五项办法，翌日由公会通告各庄，其中直接涉及汇划问题的有三项：

（1）各银行现存各庄汇划洋款，一律同时转存钱业准备库，嗣后各庄不再收各银行汇划存款。（2）各庄需用汇划头寸均向钱库拆借。（3）钱库需用划头，得提出押品向银团拆借。后来钱业联合准备库还决定加入银行公会联合准备委员会票据交换所。[④]

6月11日，财政部次长徐堪召集上海市金融领袖会议，讨论救济钱业、

---

① 朱博泉：《上海银钱业票据清算方法之演进》，上海图书馆藏书，1939年8月。
② 杨荫溥：《中国金融研究》，商务印书馆1936年8月版，第194页。
③ 马寅初：《中国金融制度之缺点及其改革方案》，载《马寅初全集》第七卷，浙江人民出版社1999年9月版，第22页。
④ 《上海金融风潮始末》，《钱业月报》，第15卷第7号，1935年7月15日。

稳固金融、安定市面案,结果议定三项办法:①汇划集中钱业准备库,由钱库向各庄收集押品,为此项汇划之担保;②钱库可以此种押品向钱业监理委员会换取二十四年金融公债;③钱库取得这项公债,得向银团抵借现款。① 显然,上述办法目的在于解决钱业汇划流通的问题。同日,上海银行公会召开紧急会议,讨论钱业公会提出的五项新办法,议决赞成第一项"各银行现存各庄汇划洋款一律同时转存钱库,嗣后各庄不再收各银行汇划存款",并于翌日通告各会员银行及联准会查照办理。同时考虑到该条实施后,银行业原有收解关系变更较大,为了避免实行以后发生窒碍,银行公会又于当日下午2时召集了第68次紧急执行委员会,拟定试行办法五项:

(1)各银行至6月11日止所存钱庄汇划存款,自12日起均拨存钱业准备库,开户往来;

(2)嗣后各行每日所收往来户之会员钱庄汇划票据,统送钱库,如支用汇划款项,一律支钱库,其所收外帮及非会员钱庄之汇划票据,统由各行自派老司务收取;

(3)各银行如轧缺必须抵解之划头,可以存在钱库之汇划,向钱库照市划用,钱库除向市上划进外,遇有短缺,可商向中央、中国、交通折借,折息由三行定之;

(4)各银行因必须装运现洋至各埠时,可向中央、中国、交通依照汇款办法,请求代汇;

(5)关于银行公会联合准备委员会第74号通函对于各行存在交换所汇划款项限制办法,暂仍适用。从6月12日起,银行公会成员银行暨联合准备会一体执行上述各条。②

同日,上海外商银行买办公会亦在麦加利银行内开会,决定接受上海钱业五项办法之第一项,并函复钱业公会。

6月12日,上海银行公会成立的专门小组委员会议定《银钱业汇划票据收解集中办法》六条:

(1)自6月13日起,各交换银行,收到会员钱庄付款票据,应一律

---

① 《1936年申报年鉴》,第H11页。
② 吴景平主编:《上海金融业与国民政府关系研究(1927—1937)》,上海财经大学出版社2002年3月版,第299—300页。

加盖凭收图章,送由本会代收,但外行付款票据,暂时仍由各行自行分别向其换取钱庄划条后,送由本会代收(候本会设备齐全后,再行通告代收外行票据办法);

(2)各行托由本会代收钱庄付款汇划票据,除星期日及例假外,每日应于下列时间送交本会:第一次上午10时前(各行上一日所收钱庄付款票据均应于上午10时前送会);第二次上午12时30分前;第三次下午2时30分前(以上各行当日所收钱庄付款票据,至迟应于当日下午2时30分前送会)。各行星期日托由本会代收钱庄付款票据,其送票时间,自上午11时起,至下午2时止;

(3)各银行向钱庄应收之汇划票据,由本会加盖本会凭收图章,送向付款钱庄取回对同,于下午4时前本会向各钱庄收入支钱业准备库之划条汇总送中、交两行,向钱库轧账;

(4)各钱庄向各银行应收之汇划票据,应加盖凭收图章,送向付款银行加盖收票回单,于下午4时前,再由收款钱庄向各银行收取本会汇划款单,交钱库收各庄之账,再由钱库汇总向中、交两行轧账;

(5)各行应付外行来收之汇划票据,应随时开给本会汇划拨款单。

(6)各银行与各钱庄间之退票时间,仍照旧例,以当日下午6时为止,其手续由各行庄于发现退票时,直接送还原收款行庄,并向之取回钱库划条或本会汇划拨款单,分别转账。[1]

银行票据交换所特地在香港路银行公会大厅内,设立交换银行存票处,另钱业联合准备库在宁波路钱业公会内设会员钱庄存票处,派办事人员专收会员钱庄之银行票据。凡票据交换所之会员银行,收得钱业公会会员钱庄之票据,不再向各庄直接收解,均交由票据交换所向钱业准备库轧账;同时钱业公会会员钱庄,收得票据交换所会员银行之票据,亦不向各行直接收解,均交由钱业准备库汇向票据交换所轧账。6月13日,银行票据交换所收到会员银行之钱庄票据,总额约180.7万元;钱业联合准备库收到会员钱庄之银行票据,总额约131万元,由交换所与钱库在中交两银行轧账。另外,当日票据交换所会员银行交换总额,为758.1675万元。[2] 由此可知,银钱业之间的票据

---

[1] 朱斯煌:《银行经营论》,商务印书馆1939年2月初版,第271—272页。
[2] 吴景平主编:《上海金融业与国民政府关系研究(1927—1937)》,上海财经大学出版社2002年3月版,第302页。

收解总额达311.7万元,接近银行业之间交换票据金额的一半。

银钱业集中汇划办法的实施限于加入票据交换所之会员银行及钱业联合准备库之会员钱庄(同时也是钱业公会会员钱庄)。交换所会员银行见前文,当时钱业联合准备库之会员钱庄共有55家,即:

大德、生昶、存德、志裕、怡大、恒巽、益大、大赉、志诚、和丰、恒隆、顺康、元盛、同润、均昌、信孚、恒宾、敦裕、五丰、安康、同余、均泰、恒兴、致祥、惠昌、仁昶、安裕、同庆、承裕、信裕、春元、振泰、惠丰、义生、福源、昇康、鸿胜、义昌、慎源、滋康、征祥、鸿丰、瑞昶、赓裕、滋丰、衡九、宝昶、福泰、聚康、庆大、衡通、宝丰、福康、庆成、鸿祥。①

因此,上述办法实行后,各银行存放各钱庄汇划款项,一律转存银行准备会,由准备会存放中、中、交三行,再由三行转存于钱业准备库,嗣后各钱庄不得收受银行汇划存款。从1935年6月13日起,银行与钱业之间分别以银行准备会和钱业准备库为中心实行集中交换。

根据上述情形,大致绘制出这一时期的交换制度示意图,以增加其直观性:

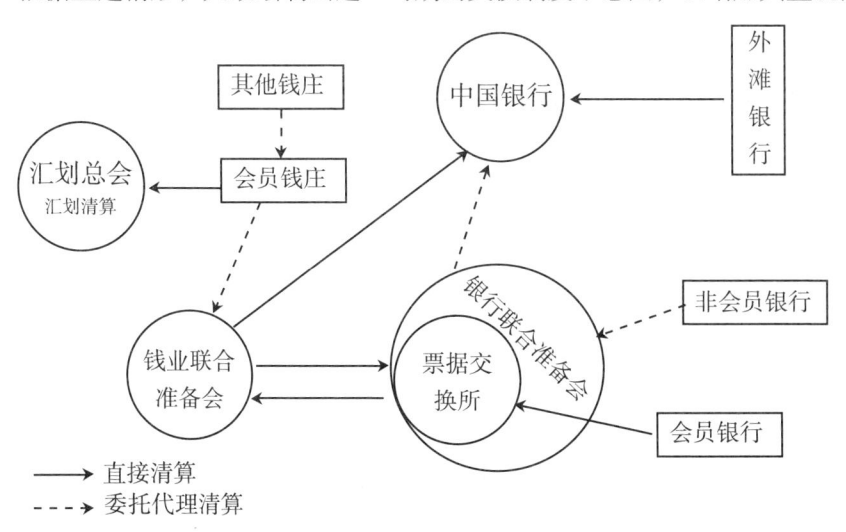

图6—5 1935年6月后至抗战爆发前票据交换清算示意图

---

① 《银钱业集中汇划》,《银行周报》,第19卷第23期,1935年6月18日。

三、三足鼎立交换格局的继续存在及其演变

"八一三"淞沪抗战爆发以后,三足鼎立的票据交换制度仍然继续存在,但在战时情况下,三个清算集团内部各自都发生了重大的制度变迁,而且三者之间相互的清算方法也有变化。

(一)钱业清算制度的变革趋新

淞沪抗战爆发后,各钱庄的营业所在地,与战区紧密相连,一部分钱庄迁移到西区办公,距离较远,往来送票,顿感不便;同时500元以上与500元以下之票据,分别清理,实际上是手续上的重复,鉴于此,钱业公会议定于1937年8月18日,将分头收票之办法,改为集中交换,同业间直接提示的习惯,由是废除。10月,经钱业公会执行委员会议决,设立票据交换所,先行试办同业票据交换,俟收效后再成为永久性质,业已假宁波路市场内设立交换所。规定会员钱庄福源等46家,每家各派交换员二名到会办理交换事宜,每日下午1时至2时为交换时间。自沪战发生后,钱业试办票据交换所颇收成效,11月,决定成为永久性质。交换时间暂行规定每日下午1时至2时,会员46家均为交换钱庄,办法与银行交换所同。[①] 由此可见,钱业开始主动仿行票据交换制度。于是,票据交换制度正式取代了钱业通行四五十年之久的汇划制度。

1937年11月间,钱业公会议定,同业收解无论大小之数目均打一纸公单。钱庄之票据交换系仿照银行交换所之办法,由各庄派交换员2人,老司务1人,于每日下午3时至4时,将当日收入同业付款票据,携送钱业准备库楼下之汇划总会。到会后,即由老司务将提出票据分别递交各付款庄之交换员,盖取回单。交换员收到他庄之提出票据,按照各提出庄,将金额分别记载于记录簿中,各户结一总数,照数开发公单,分交各庄交换员。交换员即将收入各庄之提出票据与所打公单携回本庄办理核对工作,应付款者,即行付账,不能付款者,将原票派老司务送还原提出钱庄,照数换回公单。至晚间6、7时,各庄按照当日收付公单,结出应收或应付差额,在收入之公单上注明,送交准备库轧账。准备库轧算无误后,即在往来户内转账,如往来户余额不敷解付时,得向准备库拆款补足之。钱庄同业间票据交换,最初仅有汇划交

---

① 中国人民银行上海市分行编《上海钱庄史料》,上海人民出版社1960年3月版,第541页。

换一种，自1939年1月16日起，复添办划头交换。① 钱业的清算制度虽已采用新的交换方法，但交换时间早晚不一，并没有实行定时交换，而且各庄所用簿册、公单，形形色色，格式颇不一致。

到1941年钱业的票据交换制度又进一步改进，模仿银行业的票据交换方法使用差额报告表代替公单，从而彻底废除了公单制度。2月间，上海市钱业联合准备库将拟订的"上海钱业联会准备库会员庄票据交换公单报告表"通函各会员庄，上载各会员庄名称，各庄每日将当日交换应收应付公单数目分别填入该表，再汇结总数，应解者开具钱库支单，应收者填写送款簿，连同已填就表格送交即可，各庄不必和从前那样把一束一束的公单交钱库，而只报告每家的收付总数。该办法原本自6月2日起实行，但是一部分会员庄认为手续繁琐，要求改善。6月17日，钱库专门设立公单问题研究委员会。经过多次研究，钱库最终决定废除"票据交换公单报告表"，采取"差额报告单"的办法。该办法共由三种表格组成，即"同业收票通知单""同业收票回单"和"差额报告单"。另外钱库发给各钱庄交换橡皮图章一颗，以备盖回单之用。② 上述"差额报告单"实际与银行业通行的交换用表单一样，因而，钱库完全仿行银行业的交换方法，这样免除了公单张数过多的繁杂，并且以总数向钱库轧账，既减轻钱库办事的手续，比公单制度简便而准确。

钱业同业票据交换事宜经钱库一再改革，但仍未能达完善目的，因而1942年钱库再次改善交换制度。钱库决定"将原有继续交换制度予以废止，另拟采用银联会定时交换制度，以期简捷"。交换时间初步改订为星期一至星期五下午3时15分起至4时止，星期六下午2时起至2时45分止。其中对交换方法规定如下：

（1）对于同业收票回单数字位置必须填写正确，例如千位不可偏向百位或万位。2、7、9字务请分明，其他数字亦然；

（2）收票回单经核对无误后，必须亲自盖给交换图记，切勿任收款庄代为盖取；

---

① 朱博泉：《上海银钱业票据清算方法之演进》，上海图书馆馆藏，1939年8月。
② 中国人民银行上海市分行编《上海钱庄史料》，上海人民出版社1960年3月版，第497—500页。

（3）收票回单抬头庄名（即收款庄）请勿遗漏；

（4）付款庄交换图章应盖在（付款庄盖印处）；

（5）交换后如发现错误，应双方互相对准，另开钱库支单找直，切勿在收票回单上任意消灭；

（6）差额报告表上"今日共付"数目必须与收到通知书总加数相符，并勿随意增减。①

另外，钱业的票据交换制度也分为直接交换和委托代理交换两种。钱库曾制定《代理交换细则》，规定委托代理交换钱庄须先向钱库申请委托代理交换，俟钱库核准派定开始日期，通告同业后方得代理交换之，并详细规定了委托代理交换的各项手续。1942年8月2日起，钱库将安孚庄等20庄代理交换一律改为直接交换，钱库理字第58号通函指出：

查本库以交换市场地位狭隘，未能容纳入会较后之会员钱庄一律予以直接交换，暂行为代理交换，实施以来叠据安孚等17庄函称"代理交换于手续上及匡计头寸均感不便"等语，一再申请改善办法，嗣经6月12日第三届第十二次理监事会议决议"将原有市场木阁接长，建造至东北首墙壁，可以容纳一部分代理交换钱庄（以入会先后为序）加入直接交换"记录在卷，现在上述工程业已竣事，本库订于8月2日起将后列之代理交换钱庄一律改为直接交换。17庄的交换号次为：252长德、253正宁、254同发、255信华、256宏发、257润利、258益新、259宝大、260利通、261富南、262福顺、263安孚、264永裕、265沪江、266锦成、267宝德、268大森、269瑞大、270惠昶、272万泰。②

因此，这一办法实行后，参加钱库交换的钱庄全部改为直接交换钱庄，而此时，上海票据交换所仍然采用直接和委托代理两种交换方式。

---

① 《钱业联合准备库改善票据交换》，《银行周报》，第26卷第45、46期合刊，1942年12月31日。
② 上海特别市钱庄业联合准备库理字第58号通函（1943年7月26日），钱业联合准备库档案S178-1-19。

<<< 第六章 上海票据交换格局与制度的变迁：从二元并存、三足鼎立到三位一体

1945年10月19日，钱业联合准备库被解散、改组，而此时银钱业票据交换所合并、改组也正在进行之中，但此时钱业之间的清算工作不能因此而停止。10月22日，钱库临时执行委员会于是议定同业票据交换清算工作暂托福源钱庄代理，并由该库常务委员会补具委托函件自10月20日起由该庄代理至办理移交为止。① 同日，钱库致函通告会员钱庄："因本库办理结束，……继续营业之各钱庄除向福源钱庄另立往来户与本库原有往来户划分外，所有每日应行补足款项直接解送该庄收账。关于各项应用收支及交换单据，福源钱庄不再另行印发，仍请向本库随时领取，继续使用。"② 因此，在这样一个过渡阶段，福源钱庄担任起从10月20至31日钱业之间的票据交换工作。

如上所述，整个抗战时期，钱业逐渐放弃了原有的汇划制度，并逐步仿行银行业的票据清算制度。这时，钱业与银行业清算规模的比较见下表：

表6—4　1938—1945年9月钱业公单收付数额与上海票据交换所交换额比较

年份	钱业公单收付数额	上海票据交换所交换数额
1938	9,834,451,798	2,176,335,120.89
1939	5,128,348,587	5,031,003,127.92
1940	3,388,284,820	11,080,089,722.44
1941	9,116,811,145	15,290,652,878.94
1942	（全年）14,706,651,220	（1—5月）4,086,201,619.99
		（6月始）8,397,533,971.62
1943	46,779,207,880	57,709,631,757.11
1944	264,595,106,554	258,700,980,947.95
1945	4,811,280,725,358	4,091,839,382,940.53

附注：①1942年6月起钱业公单收解数以伪中储券计算。②1945年的钱业公单收付数是计算至本年9月11日止，伪中储券的数字。票据交换所的数额为1945年1—8月的伪中储券数字。

资料来源：①中国人民银行上海市分行编《上海钱庄史料》，上海人民出版社1960年3月版，第332页。②1945年票据交换所月报，第10期，上海票据交换所档案Q52-2-17。

从上表可以看出，整个抗战期间，钱业与票据交换所的交换数额实际上相差无几，大体相当，即使1939年7月钱业加入票据交换所之后的大半年时

---

① 钱业准备库临时执行委员会记录（1945年10月22日），上海钱业联合准备库档案S178-1-3。

② 钱业准备库致各会员钱庄函（1945年10月22日），上海钱业联合准备库档案S178-2-45。

间里，其票据交换数额也并未因此大幅下降。因而，充分说明抗战时期钱业仍然是一个重要的清算中心，与票据交换所势均力敌。1940年7月底，钱业准备库交换存款总数为36119000元，而银行准备会交换存款总数为84697000元。[①]虽然钱业同业的交换存款不足联准会交换存款的一半，但掌握在钱业手中之存款及可运用资金仍然很可观。

（二）外商银行交换制度的转变

1."八一三"后汇丰银行票据清算所的设立

"八一三"抗战爆发后，外商银行的交换制度也有重大转变，即重新以汇丰银行为清算中心，并同时在汇丰银行内设立票据清算所。此时，各华商银行如中央、中国、交通及中国通商，先后均退出外滩而移入法租界内。总汇划既已迁出，群龙无首，于是外滩划账办法无形停顿，不得不另筹新法，以应时势之需要。战前银两尚未废除之时，洋商银行公会向来由汇丰银行为其领袖，总汇划也由汇丰银行担任。于是经洋商银行公会会商，决定在汇丰银行创设票据清算所，办理彼此间之收解、转账事宜，并废除从前分头收票与开发划条之习惯，改采交换方式，有外商银行19家参加直接交换者，华商银行中的外滩银行，均未参加交换。

洋商之票据清算所由汇丰银行供给场所，在该行后部华账房一隅，靠近福州路旁门。昔日大划条时代，向由华账房经手，故现在仍由华账房办理。其规模手续亦因陋就简，与香港路华商银行票据交换所不同，场所既不如其堂皇而手续也不如其严格。洋商银行票据交换场所，只以木栏为界，划出一部分地位，其入门之长桌为主人座，系汇丰所派代表，其余为中式之八仙桌数张，第一桌为日籍六家银行（6家有军用票票据顺便在此清算），以下依次而坐，沿成习惯，并未标明某银行某号。约11时半各银行代表渐来就座，每行派代表1人，间或因票据过多而派两人者。代表人员多系各银行之华账房职员，一向办理汇划者。交换时间除星期六外，为每日中午12时30分起，星期六则提早1小时，为上午11时30分起。每逢月底月初，票据较多时，于中午12时半及下午2时半起举行交换两次，但亦有因票据收进关系而迟至12时始

---

① 寒芷：《战后上海的金融》，香港金融出版社1941年版，第147页。

到场者。故往往各家均已填好，只候一家，约至12时半始行完毕。①

外商银行的交换方法，较之钱庄更进一步，而与银行交换所大致相同。各行每日营业上所收票据，在行内先行理清，于交换时间前，分别付款行，造就提出票据清单，并将每张票据之金额逐笔记入。②同时并将票据金额载入交换差额计算表之收方，结一总数，于交换时间开始前数分钟，连同票据，由交换员携赴汇丰银行，分别递交付款银行之交换员。交换员收到他行之提出票据，计算其张数及金额是否与其提出票据清单相符，按照提出行分别填载于交换差额计算表之付方，亦结出一总数；然后依收方付方总数，结算其应收或应付之差额。结出差额后，即将收方付方总数及交换差额，填入交换差额通知单，送交汇丰银行之交换员，作为转账根据。各外商银行均在汇丰银行开立往来户，当日收付差额，即由汇丰转账，往来户余额不敷解付其当日之应付差额时，大都由付款行当日解现于汇丰银行补足之。交换后之退票，均由各行直接退还原提出行，开给汇丰支票，交由退票行向汇丰转账。汇丰银行自"八一三"以后，事实上已成为外商银行之清算中心。③从交换至总结算约需一小时之久，虽不若华商票据交换所之敏捷，然较之先前的大划条办法，相去已不可以道理计矣。各银行代表携回其交换得来之本行应付票据，考察有无问题。交换每日只举行一次。尔后所收票据及退票等均留待翌日办理。各银行因票据清算关系，须存款汇丰银行，以备票据清算转账之用。此种户头只存不欠，名为同业往来，实为清算准备金，汇丰银行因此不啻为洋商银行之银行矣。④

加入交换的外商银行计有19家，中间德华银行及华义银行曾因欧战关系，一度退出，后复又加入。参加外商票据清算所的银行以日籍银行最多，计有6家，英美法荷次之。如下表所示：

---

① 朱博泉：《上海银钱业票据清算方法之演进》，上海图书馆馆藏，1939年8月和崔毓珍：《上海外滩银行票据清算方法之转变》，《中央银行月报》，第10卷第11期，1941年11月。
② 华商银行票据交换所之提出票据通知单，仅记载总张数与总金额，因为有此两总数，即使发生错误，已很容易查明。
③ 朱博泉：《上海银钱业票据清算方法之演进》，上海图书馆馆藏，1939年8月。
④ 崔毓珍：《上海外滩银行票据清算方法之转变》，《中央银行月报》，第10卷第11期，1941年11月。

表6—5　1939年加入洋商票据清算所的外商银行统计表

序号	行名	国别	序号	行名	国别
1	通运银行	美	11	华义银行	义
2	朝鲜银行	日	12	有利银行	美
3	台湾银行	日	13	三井银行	日
4	华比银行	比	14	三菱银行	日
5	中法银行	法	15	花旗银行	美
6	东方银行	法	16	安达银行	荷
7	麦加利银行	英	17	荷兰银行	荷
8	大通银行	美	18	住友银行	日
9	德华银行	德	19	正金银行	日
10	汇丰银行	英			

资料来源：崔毓珍：《上海外滩银行票据清算方法之转变》，《中央银行月报》，第10卷第11期，1941年11月。

总之，外滩票据清算方法之转变是因环境变化而促成的，华商银行没有参加外滩清算也只是暂时性的，此时汇丰票据清算所完全成为一洋商银行交换集团。然而，其交换方法改进之处是不言而喻的，时人就认为：

①以前之大划条老法手续既复杂而程序又迂缓，不若今日之敏捷，此次改革，实清算法之一大进步。②此种改革既集中交换，复由汇丰银行转账，是外滩集团已自演成一系统。③汇丰银行因转账关系，已集中各银行之票据清算准备金，事实上成为各洋商银行之银行。④此种组织纯为洋商银行之集合，已无华商银行参加，如中、中、交及四行准备库、钱库，在老法时代均通大划条。于是对于滩里之收解，反缺乏华商银行之具有外滩汇划资格者，介乎其间，以为清算沟通之路（老法用小划条代理收解）。⑤老法时代，中国银行为汇总。即总汇划，以华商地位在外滩各银行之中居领袖地位，不无增进威望之处，今已完全退出，论者惜之。①

2. 太平洋战争后由日本控制的外商银行票据交换所的设立

自1941年12月8日以后，因汇丰、花旗等英美银行停业，上海外商银行在日人操纵之下另订票据交换办法，于1942年3月31日在上海横滨正金银行内设票据交换所，参加交换的主要是日本的银行，此外还有中法工商银行，

---

① 崔毓珍：《上海外滩银行票据清算方法之转变》，《中央银行月报》，第10卷第11期，1941年11月。

东方汇理银行、德华银行、华义银行等。[①]8月26日，上海日本军事当局改组上海外商银行公会，英国、美国、荷兰、比利时等国的10家银行被宣布为敌性银行实施清算，丧失公会会员资格，由日本、德国、意大利等国的10家银行组成新的银行公会，日本横滨正金银行总经理任该会会长。

上述在日本人操纵下另订之外商银行票据交换办法，其内容有：

（1）外商银行票据交换所，设立于上海横滨正金银行内；

（2）下列之银行及个人得参加票据交换：朝鲜银行，台湾银行，三菱银行，三井银行，住友银行，横滨正金银行，中法工商银行，东方汇理银行，德华银行，华义银行，上海银行业同业公会联合准备委员会，龚星五君（为会员银行代收钱庄付款票据）；

（3）本所由横滨正金银行派一交换员处理交换所内一般事宜；

（4）凡参加交换者，均应在横滨正金银行开立往来户，其交换差额，即就各该往来户内为收付；

（5）可以交换之票据为支票，汇票及已到期之定期存单；

（6）票据交换于每日下列时间开始：星期一至五，下午1时，星期六上午11时30分；每月第一个营业日为下午1时及3时；每月最后一个营业日下午1时及3时30分；每月第一个或最后一个营业日，为星期六，时为下午1时；

（7）会员往来户余额不敷支付其应付之差额时，应于下列时间内支付现款：星期一至星期五下午3时前，星期六下午1时30分前；每月第一个或最后一个营业日下午4时30分前（但每月第一个或最后一个营业日为星期六时则为下午3时以前）；

（8）会员银行中欲就正金银行往来户支付现款时，横滨正金银行有权嘱交换差额应付之银行，以现款直接解付需款银行，而由横滨正金银行以同数支票付与该付出现款银行，以便将此项支票存入往来户内，以之抵付交换差额；

（9）交换后拒付之票据，应于下列时间内，开具退票理由书退还

---

① 中国人民银行金融研究所编：《中国货币金融史大事记》，北京：人民中国出版社1994年9月版，第264页。

之：星期一至星期五下午5时前，星期六下午2时前，每月第一个或最后一个营业日下午6时前（但每月一日或月末日为星期六时则为下午4时前）。此外如能提出充分之理由，得于次日上午10时前退还之；

（10）非会员银行得由会员银行代理交换，惟须于二日前预先通知交换所，并须注意下列三事：（甲）该非会员银行须将其签章样本送参加交换之银行等备查；（乙）票据交换之会员银行等有权要求提出票据之银行证实非会员银行所为之背书；（丙）拒付之退票得由各会员银行与该非会员银行间直接处理之；

（11）上海银行业同业公会联合准备委员会代表该会交换银行参加交换，所有该会交换银行所收得之"外商银行票据"均由该会提出交换，拒付票据由该会交换银行提出者，均应经由该会退还之。①

1945年1月，外商银行票据交换所又拟具《非常时期之票据交换对策》，其内容为：自上午11时起至下午1时止（星期六自上午10时起至11时）之间空袭警报解除时，如无交换所特别通知者，应于解除后1小时后举行交换；全体交换银行交换员已集合时，则虽在交换开始时间之前，亦得举行交换。提出交换之票据虽全体交换员未能集合前，如对方银行已出席者，亦得交换之。本所房屋如有破损或灭失时设置临时交换所于中央储备银行上海分行，中储行上海分行亦不能使用时再另设他处，横滨正金银行上海分行经理暂充本所代理，掌管一切事务。同时横滨正金银行上海分行出纳课长为本所主管员，掌管交换事宜。同行出纳课长于必要时得委托代理人办理主管员事务。②该对策对交换所或交换银行因空袭而发生被害时或本市在空袭警报发令时，票据交换的临时处理办法进行了较为详尽的规定，因此，太平洋战争后，外商银行交换制度又发生巨变，日本正金银行不仅取得了主持外商银行票据清算事务的权利，并正式设立外商银行票据交换所，而且控制了外商银行公会。

---

① 丁鹄：《沦陷后之上海金融市场（二）》，《中央银行经济汇报》，第5卷第8期，1942年4月16日和《洋商银行票据交换办法》，《银行周报》，第26卷第9、10期合刊，1942年3月10日。
② 上海票据交换所委员会第25次会议记录（1945年3月13日），联准会档案S177-1-18。

（三）华商银行交换制度的更改

1. 变定时票据交换制为常川交换制

抗战爆发后，因各交换银行票据减少，该所的交换时间改为每日下午3时1次，但仍然沿用以前的交换方法，即直接交换、委托代理交换和代收业务同时并用。为了应对日伪企图控制票据交换所的阴谋，联准会参照伦敦票据交换所常川交换之制，将所有交换票据一律改以代收办法清算。1941年9月6日，联准会正式通函各会员行庄："查各同业票据款项之收付，现已大部分集中于本会，其清算之方法，有'交换''委托代理交换''委托代收'等三种。近来各种票据为数日增，而清算手续难臻一致，本会事务方面益感繁复，就票据交换言，则计算之时间，场所之容积，各有所限，求简无从，兹为统一手续起见，爰参照伦敦票据所交换常川交换之制将所有交换票据，一律改以代收方法为清算，订定'变更票据交换制度办法'15条，于1941年9月15日起施行。"[①]

上述变更票据交换制度办法对各项具体交换手续规定如下：

（1）自本办法施行日起，本会原有之定时交换应即停止办理，所有原有各交换银行及委托代理交换银行，一律称特约往来银行；

（2）约特往来银行之交换所号次，应依原次序编为账号，但原有各委托本会代理交换银行之账号，除仍以第50号为总号外，应将原用干支字样改用数目字编列分号；

（3）各特约往来银行收入其他特约往来银行付款之一切票据均应委托本会代收，各行相互间照票及保付手续，仍依原有办法办理；

（4）特约往来银行每日应收其他特约往来银行付款票据应分别整理，依本会规定之时间，分批用存款对数单送交本会代收；

（5）前条委托本会代收之票据应由托收行在票据正面用绿色印油加盖本会制发之戳记；

（6）本会收到上述托收票据检点张数，计算金额无误后，即掣给存款对数单，照收托收行之账，一面将票据分别整理，缮具提示票据通知书，连同原票据分送各付款行，付款行检点张数无误后，应将通知书留

---

① 票字第172号通函（1941年9月6日），上海票据交换所档案 Q52-2-13。

存，并在付款申请书上，用该行在本会所开往来户支款印鉴，签名盖章交还本会，由本会凭以付付款行之账；

（7）各付款行每次收到本会提示之票据，应迅速核对印鉴，为付款之处置，如有应行拒付票据，应于本会规定之时间内，用存款对数单迅速退还本会收账，再由本会缮具退票通知书，连同原票据，退还原托收行，但应退票据中，其由于原托收行手续未曾完备，而手续补正后即可付款者，应向原托收行直接处理，毋庸退还本会；

（8）原托收行收到本会退还票据应即比照第六条规定办法，在退票付款申请书上签名盖章，交还本会付账；

（9）本会提示票据通知书，或退票通知书所载金额，如多于实际票据金额时，应由本会将相差之数收付款行往来户之账并补给存款对数单，如少于实际票据金额时，应由付款行将相差之数，开具转账申请书，交由本会付账，凡先发现之一方，有迅速通知对方之义务；

（10）特约往来银行之往来户存款余额，如不敷支付该行当日应付票据金额时，应于当日下午5时前补足之，逾时不补足时，比照本会票据交换章程第10、15条及第26条之规定办理；

（11）特约往来银行所开本会付款支票由外商银行收款者，以前一日往来户存款余额为限；

（12）特约往来银行依第8条之规定，付还退票金额，如该行在本会之往来户余额不敷支付时，应立即补足之，违反前项规定时，应比照本会票据交换章程第30条之规定办理；

（13）各特约往来银行对于原来不经交换而委托本会代收之各种票据，除本会别有规定外，应仍依原有办法办理；

（14）自本办法施行日起，凡本会票据交换章程，交换所办事细则及票字通函所规定事项，与本办法不抵触者仍应有效；

（15）本办法于1941年9月15日起施行，如有未尽事宜，得随时修正之。①

---

① 杨承厚:《最近上海票据交换制度变动之重要资料》，见杨承厚主编:《重庆市票据交换制度》，中央银行经济研究处1944年印行，第129—132页。

<<< 第六章 上海票据交换格局与制度的变迁：从二元并存、三足鼎立到三位一体

上述办法实施后，各特约往来银行收入其他特约往来银行付款票据，均分别整理，分批用存款对数单送交该会代收。该会收到票据，检点、计算金额无误后，即开出存款对数单，照收托收行之账，同时将票据分别整理，缮具提示票据通知书，连同原票据分送各付款行，付款行查核无误后，将付款申请书交还该会，该会以此为凭，从付款行账户划账。

不久，联准会对上述票据之送票、退票时间与往来户转账及补足时间等又进行了严格规定：①送票时间，星期一至星期五当日下午2时30分前，星期六当日中午12时前；②退票时间，星期一至星期五当日下午6时前，星期六当日下午3时前；③往来户转账时间，星期一至星期五当日下午5时前，星期六当日下午2时30分前；④往来户余额补足时间，星期一至星期五，当日下午5时前，星期六当日下午2时30分前。① 同时还规定了特约往来银行托收票据送会时间表：

（1）特约往来银行付款票据，星期一至星期五当日下午2时30分前，星期六当日中午12时前；

（2）钱业同业公会会员钱庄付款票据，星期一至星期五为当日下午3时前，星期六当日上午11时前；

（3）钱业准备库付款票据，星期一至星期五为当日下午5时前，星期六当日下午2时前；

（4）外商银行付款票据，星期一至星期五为当日上午11时前，星期六当日上午10时前；

（5）外行票据，（甲）特约往来银行以外之银行及信托公司在市区者，星期一至星期五为当日下午1时45分前，星期六当日上午10时30分前；（乙）非钱业公会会员之钱庄及其他一切华商外行票据，星期一至星期五为当日上午11时45分前，星期六当日上午10时前；（丙）外商银行票据，星期一至星期五为当日上午10时前，星期六当日上午10时前。②

对于一些例外的情况，联准会也给予特别规定或加以通融。例如，各特

---

① 《银行联合准备会统一票据交换办法》，《银行周报》，第25卷第36期，1941年9月16日。
② 《银行联合准备会统一票据交换办法》，《银行周报》，第25卷第36期，1941年9月16日。

约往来银行应收钱业公会会员钱庄付款票据，如不及在该会规定时间内送联准者，在星期一至星期五每日下午4时以前，星期六下午1时以前，得向付款庄直接提示，换取钱库支票存入该会。凡各会员钱庄在同一时间内各特约往来银行直接提示之票据，各行亦宜同样通融付款。再如，各特约往来银行应收汇丰及麦加利两银行付款之票据，如不及在该会规定时间内送会者，在星期一至星期五每日下午1时前，星期六上午11时前可以通融存入该会。

依据该会变更票据交换制度办法第二条之规定，将特约往来银行中原来委托该会代理交换银行之账号重新加以编定，号次如下[①]：

50/1浙江地方、50/2四川美丰、50/3江苏省农民、50/4浦东、50/5川康平民、50/6上海农商、50/7正明、50/8煤业、50/9恒利、50/10惠中、50/11惇叙、50/12至中、50/14中和、50/15和成

上述各行此后印制各种票据，都按照上列号次，并依该会制定交换号次之图样，刊印其账号，其已印未发之票据也应依样式制就橡皮戳，一律加盖戳记。虽然交换方法与手续比以前较为繁琐，但这是不得已的权宜之计。该会周密的安排使得交换制度改变后交换业务仍可顺利进行。

2. 恢复定时票据交换制度

上述常川交换制实际是一种不定时的分散收解，又倒退到早先的交换方式，实行了大半年之后，交换银行均感不便。因而，联准会依上海市银钱业同业会员临时联合委员会决议，定于1942年5月1日起恢复定时票据交换制度，并订定"恢复定时票据交换制度办法"18条，提经票据交换所委员会通过，经联准会常务委员会核准，于是年5月1起施行。同时要求所有各交换银行应预先派定交换员，将其鉴章式样送会备验。[②] 该办法规定：恢复1941年9月15日以前原行之定时票据交换制度，所有特约往来银行，其账号次序在第42号前者，应仍称"交换银行"，其总号为第50号而编有分号者，仍称"委托代理交换银行"。具体交换手续与9月15日前之手续基本相同。交换后之退票，已盖有交换戳记，由提出行退还顾客，为解除其平行线[③]拘束起见，将原

---

① 票字第177号通函（1941年9月12日），上海票据交换所档案Q52-2-13。
② 票字第191号通函、票字第192号通函（1942年4月27日），上海票据交换所档案Q52-2-14。
③ 因平行线支票票面划有两条红色平行线，这种支票也称为转账支票或划线支票。文中所指的平行线意思即指消除同业转账，因为票据上盖有交换戳记后只能在同业转账，不能取现。

盖戳记注销时，应由该行在注销之戳记旁，载明"某银行注销"字样，再由该行有背书权之职员，依该行签章样本规定之办法签章证明。每日票据交换之时间如左：星期一至星期五，下午2时；星期六，中午12时15分。逢决算日及春节前1日，除原有交换外，得增办交换一次，其时间由该会随时订定预先通知之。①

3. 日伪控制时期的票据交换制度

1945年1月4日，中储行将原有之华商交换银行增加为60家，分甲乙两组，该会原来之交换银行列为甲组交换银行，其交换事宜仍照向例办理。而其余26家委托代理银行列为乙组交换银行，改由中储行代理交换。中储行拟订甲乙组交换银行清算事务及代收票据新办法。

根据上述办法，甲组交换银行应在中储行开立"交换清算户"，由该行发给送款簿、拨款单及转账申请书。甲组交换银行对于甲、乙两组各交换银行拨款单及中储行本票应直接存入中储行，收入各该行"交换清算户"账。在每日下午5时前及周六中午12时前均可照收，但在交换时间内亦可于交换所提出交换。甲组交换银行对于代理交换银行拨款单仍旧持往交换所向银联会提出交换外，在交换时间内亦可直接存入中储行代银联会转账。甲组交换银行对于甲组交换银行票据应在交换所提出交换，不可直接存入中储行。甲组交换银行对乙组交换银行票据应于每日上午12时前直接存入中储行，由该行代收。

各乙组交换银行均须在中储行开立"交换清算户"，由该行发给送款簿、拨款单及转账申请书。乙组交换银行对于甲、乙两组银行拨款单及中储行本票应直接存入中储行收入各该行"交换清算户"账，在每日下午5时前及周六中午12时前均可照收。乙组交换银行对甲组交换银行票据应于交换时间前直接存入中储行由该行代理交换。乙组交换银行对乙组交换银行票据应于每日上午12时前直接存入中储行由该行代收。乙组交换银行对会员钱庄票据应于每日上午12时前直接存入中储行由该行代收。乙组交换银行对外滩银行票据应于外滩交换时间前送交中储行由该行送交外滩交换所代理交换。中储行于每日下午3时前，周六下午1时前，将收入各乙组银行票据分别汇结总数，开具转账凭证正副2张分送各该行，由该行点收后，于转账凭证正张盖章证明

---

① 杨承厚：《最近上海票据交换制度变动之重要资料》，见杨承厚主编：《重庆市票据交换制度》，中央银行经济研究处1944年印行，第130—136页。

交还中储行，凭以付各该行"交换清算户"账，不必另开转账申请书，其副张留为各该行存查。乙组交换银行因交换清算户存款余额不足支付该行当日应付之差额而需要补充资金时，可向中储行拆解或照向例办法向银联会拆解，悉听该行之便，但需于当日下午5时前补足。①

从以上日伪拟定的票据交换办法来看，26家乙组交换银行其票据收解已经完全由中储行代理，包括乙组银行之间、乙组与甲组银行之间、乙组银行与钱庄以及乙组银行与外滩银行之间，其交换差额转账也由中储行办理，但是甲组交换银行之间的票据交换仍由票据交换所主持，因而说明日伪并未完全控制上海票据交换所。

（四）三者之间交换方法的变化

1. 华商银行与外滩银行间之票据清算

"八一三"战事发生后，中、中、交三行迁到西区，因此三行对华商银行托解外滩银行之款项，暂停办理。于是各华商银行直接向外滩银行开立一往来户。此后收到外滩银行之票据，即存入该往来银行，托其代理交换。由于手续麻烦，而且使银行必须准备二重不合理之营业资金准备，故于1937年终由准备会与三行议定办法，由三行派员长期驻会，办理同业对外滩收付事宜，使三行之代解与准备会之付款，于时间上取得密切之联络。同年12月起，准备会交换集团内银行及其他银行往来同业，其对外滩之应付票据，仍一律以准备会支票支付，由三行代解，同业得以回复原有之便利。②

外滩银行收到华商银行应付票据后，则直接向各华商银行调取交换所之划头拨款单，再向中国或交通两银行收取，或由华商银行调给外商银行支票；如该项支票系本行者，即可直接付该出票者之账，如属他行者，则可提出交换。③

1941年9月15日，上海票据交换所将所有交换票据一律改以代收手续为清算之后，也相应制定了与外商银行直接办理收解应行准备事项，主要有：

（1）外滩交换银行除汇丰及麦加利银行已由会开有往来户外，其余各行（花旗、大通、有利等）宜于可能范围内请收受本会存款，并商定

---

① 票字第284号通函（1944年12月30日），上海票据交换所档案 Q52-2-16。
② 朱博泉：《上海银钱业票据清算方法之演进》，上海图书馆馆藏，1939年8月。
③ 石抗鼎：《银行票据交换实务及其会计之研究》，《中央银行月报》第9卷第9号，1940年9月。

常川存款；

（2）本会为往来同业代收外商票据以存款手续办理（即以票据存入外商银行）；

（3）外商银行收到本会付款之支票（即拨款单），由各该行径送本会，本会之付款以开给往来外商银行支票为之；

（4）本会外商银行相互每日应收、应付相抵之总差额，如为差出则由本会除以常川存款解付外，其不足之数应如何处理？（是否以法币支付之）如为差进除在常川存款以内者，作为存款外，其超出之数如何处理？除第2条外，均须会同三行与外商银行先行商妥；

（5）本会此后既为本国同业对外商银行之唯一清算机关，则票据收解自必比现在为更繁，似宜设法加入外滩之交换集团，庶一切事务俱臻便利（保留）（通知中、中、交转知外滩银行停止代理收解）。①

9月29日，该会为对外商银行收解便利起见，已向花旗、大通开有往来户，并规定自10月1日起，凡各行应收汇丰、麦加利、花旗、大通4银行票据，如不及在该会规定时间内送会者，在星期一至星期五每日下午2时前，星期六上午11时前仍得通融存入该会。②

12月17日，联准会正式加入外商银行交换集团，自同日起，该会各特约往来银行（中、中、交、农四行除外）与外商银行间应收、应付票据均由该会代理交换，并订定办法如下：

（1）各特约往来银行应于12月17日在本会开立现钞往来户，现钞户所用印鉴式样，仍凭各行原存本会之往来户印鉴；

（2）各特约往来银行每日收入外商银行付款票据，由各行用现钞户存款对数单，依左列时间存入本会：星期一至星期五，上午11时30分前。星期六，上午10时前、但每月1日或末日除例假日及星期六外，其存入时间如左，第一次，上午11时30分前，第二次，下午1时30分前；

（3）各外商银行每日收入各特约往来银行付款之现钞票据，由各外

---

① 关于变更交换制度实施方案及函件（1941年），联准会档案 S177-2-231。
② 票字第183号通函（1941年9月29日），上海票据交换所档案 Q52-2-13。

商银行在外滩交换处向本会提示,由本会取回此项票据后,用提示通知单分别送交各特约往来银行,各行收到上述本会提示票据,应即核定印鉴及账目,迅速为付款之处置,如有应行退还票据,应即迅速直接退还原收之外商银行,收回金额,退票之送到原收外商银行,最迟不得逾次日上午10时;

（4）各外商银行交换后,应退还各特约往来银行托会代收之票据,由各外商银行送交本会,由本会退还各原托收行,由原托收行开具现钞户退票转账申请书交与本会;

（5）左列银行为现在外商银行交换集团之会员:横滨正金银行、朝鲜、台湾、华比、中法工商、东方汇理、德华、华义、三菱、三井、住友、汉口、上海银行（虹口）、银行业联合准备会。①

2. 钱庄与外滩银行间之清算

各钱庄与外滩银行之票据清算悉由钱业联合准备库代理。自1933年起,准备库已加入外滩之清算集团,成为外滩银行之一。因而各钱庄收进外滩银行付款之票据,可存入准备库,由准备库与外滩银行轧账,外滩银行收到钱庄付款之票据,亦可存入准备库,由其与各庄清算轧账。②"八一三"后,外滩银行交换中心先后为汇丰银行和正金银行,但此时没有一家华商银钱业机构参加,使得华商银钱业与外滩银行之间的票据收解没有了直接的沟通渠道。钱庄与外滩银行的收解只能以钱库为一集中点,依靠中、中、交三行或联准会代理清算。1942年3月,横滨正金银行成立票据交换所后,只有联准会参加其中的交换,而钱库并未参与,这时,钱庄与外商银行的收解只能委托联准会代理了。

3. 本国银行与钱庄之间的票据清算

自1938年起,各钱庄为收解便利起见,大多向准备会开立往来户;其收入华商银行付款票据,即直接存入准备会,由准备会代收入账,其收入外商银行之应收票据,也常有委托准备会代收者。钱庄自己付款之票据,除钱庄同业交换者外,大都以准备会支票支付。钱业这种利用往来户为票据付款的

---

① 票字第187号通函（1941年12月16日）,上海票据交换所档案 Q52-2-13。
② 石抗鼎:《银行票据交换实务及其会计之研究》,《中央银行月报》第9卷第9号,1940年9月。

情况，与未有交换时银行之打钱庄划条相同。凡各银行向钱庄收票，则一律存入银行联合准备会，由该会向各钱庄收款，由付款钱庄开给一支钱业联合准备库付款之支票。各钱庄向银行收款，系由付款银行出给准备会之拨款单，由钱庄存入钱业准备库，至晚间再由银行准备会与钱业准备库划账。

1939年6月，银钱业奉财政部令，再度限制提存。当时以沪市游资充斥，套购外汇之风日盛，再次限制提存其旨专为对资金之逃避加以限制。实行之初，大量之外汇投机有所约束，同时一般普通存户却纷纷提取限度内之存款。银钱业虽有资力足以应付，而鉴于战时民众心理反应锐敏，不得不预先筹划，增强自身实力。经两业联席会议决议，将各行庄原有之汇划支付资金，分期换成法币。此后汇划筹码之供给由准备会专门负责，凡各行庄领用汇划，皆须以特定之确实财产，缴存准备会为担保，钱业同业间之票据收解，亦同时集中交换。

自1939年7月4日起，为增进银行与钱庄间之联系，钱业联合准备库依两业联席会议决议，以委托交换方式参加上海票据交换所之交换。联准会遂拟订出《上海银钱业票据集中交换办法》和《会员退票收付办法》，通告各会员银行。前一办法内容如下：

（1）自7月4日起，各会员钱庄收入本会交换银行委托交换银行及本会自身付款票据，应由各庄存入钱库，由钱库存入本会（即由各庄直接用钱库户名之本会存款对数单存入本会），除本会自身付款票据及其他本会代理交换之委托行付款票据外，均由本会代为提出交换；

（2）自7月4日起，各交换银行及委托交换银行收入各会员钱庄付款票据，在交换银行应由各行在交换所向本会提出交换，在委托交换银行，应由各行用存款对数单存入本会，本会在交换所换回之钱庄付款票据，连同委托行存入本会之钱庄付款票据，汇送钱库，由钱库转送各钱庄；

（3）钱库参加交换各项手续，除前项规定外，均照本会代理会员银行票据交换办法办理；

（4）钱庄与钱庄同业间之票据交换仍照向例办理。

后一办法主要内容为：

（1）各银行对于各钱庄提出票据，如有退票，应由各行用存款对数单送交本会，由本会直接退还各原提出钱庄；

（2）各钱庄对于各银行提出票据，所有退票应由各钱庄用钱库户名之本会存款对数单送交本会，由本会直接退还各原提出银行；

（3）其他关于退票手续，仍照本会票字通函之规定办理。①

因此，自7月4日起，上海银钱业相互间的票据清算，完全集中在银行业票据交换所中。当时参加交换的钱庄计有42家钱业公会和钱业准备库会员庄，钱库被编为第50号"泉"，其会员庄名单和交换号次如下②：

1、大德2、大赉4、元盛5、五丰6、仁昶8、慎源11、安康12、安裕13、存德15、同润17、同余18、志裕20、均昌21、均泰22、惠昌23、承裕24、怡大25、和丰26、信孚28、信裕34、春元35、益大39、致祥40、振泰43、顺康45、惠丰47、义昌51、福康52、福源54、赓裕55、聚康58、滋康59、滋丰60、庆大61、庆成62、鼎康64、征祥65、衡九66、衡通68、鸿胜71、宝丰76、建昌

但这种集中交换实行了不到一年，钱业方面颇感不便，遂决定退出上海票据交换所。1940年5月3日，钱业准备库临时执行委员会专门对此进行讨论，会议认为："本库乃代表整个钱业，家数众多，进出频繁，种种不便积久愈甚，现拟自动退出交换，恢复昔日原状。经全体代表一致表决赞成，准予5月6日星期一自动退出，并决定退出后办法五条，由库备函知照银联会。"③5月4日，银行准备会的回函指出："此事原则上敝会可以同意，惟因手续方面尚待洽商，不及于5月6日起实行，一俟商妥后，再定期办理。"④银钱业最终商定，钱库于5月13日正式退出银行票据交换所。

---

① 陈和章、沈雷春编：《战时经济法规》，第（5）7—8页，沈云龙：《近代中国史料丛刊三编》第20辑。

② 邵循怡：《上海之汇划制度》，《中央银行经济汇报》第1卷第9、10合刊，1940年3月16日。

③ 本会1935年11月—1940年执行委员会议记录，上海钱业联合准备库档案S178-1-2。

④ 银行准备会致钱业准备库函（1940年5月6日），上海钱业联合准备库档案S178-2-37。

第六章 上海票据交换格局与制度的变迁：从二元并存、三足鼎立到三位一体

这一时期上海的票据交换如下图所示：

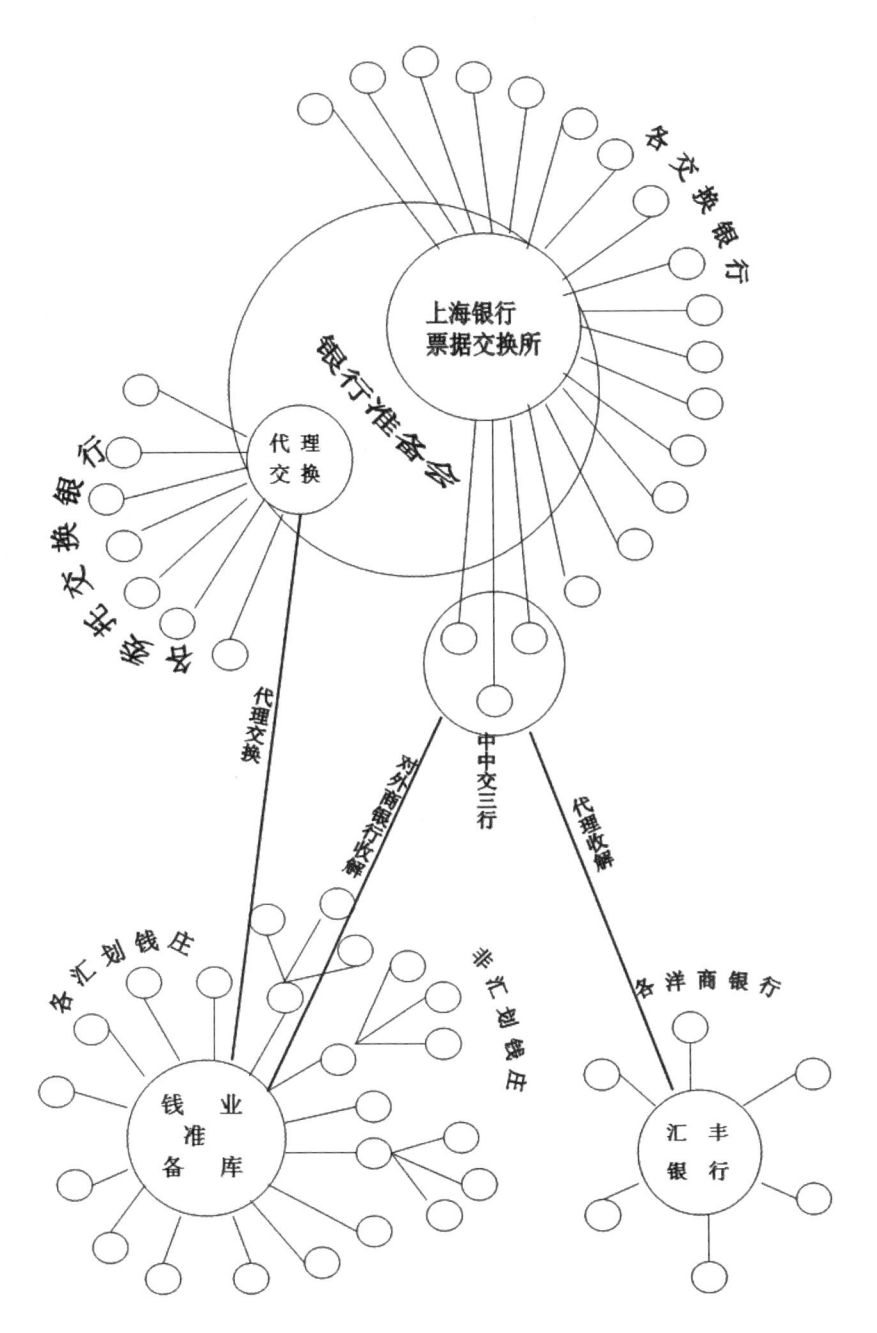

资料来源：朱博泉：《上海银钱业票据清算方法之演进》，上海图书馆馆藏，1939年8月。

图6—6 1939年间的上海票据交换示意图

除钱库外，计42家钱庄与由银行准备会代理之其他交换银行10家，都处于同一号（50号）中，因而此项办法实际上并不公平，对交换银行固可以因集中交换而称便，但钱业则因票据经过交换后须再由交换所整理后分送各钱庄，特别在投机狂热的几个月份，交换票据数量俱增，由交换所分送各钱庄时已很晚，不仅内部转账手续为之延迟，且巨额收付，钱庄在匡计头寸，极感困难，特别是遇有余额不敷支付，一时不易调拨。故经过了1940年票据交换最多的月份后，钱业便决定退出交换。钱业之所以不事先商讨改进办法，突然自动退出交换，其实另有原因。在5月前后，票据收解流入外商银行之手者极多，各银行钱庄咸感划头头寸缺乏，而银行准备会为减少资金外流起见，规定各行庄当日支取款项解入外商银行之款项不得超过隔日存款余额。而钱业准备库支出之支票，曾因超过隔日存款余额，遭银行准备会予以退票。经此龃龉，遂决定退出。① 因此，从1940年5月13日起，钱业准备库正式退出上海票据交换所的交换，于是银行与钱庄间之一切交换手续又恢复为1939年7月4日前之状态。

四、上海票据交换制度的三位一体

抗战胜利前，上海票据交换制度一直是三分天下，而且三者相互间的票据交换手续极其繁杂。当时许多业内人士和学者都强烈呼吁要统一上海的票据交换。朱博泉就提出"上海市金融业全体之票据交换宜如何再加改进，使之统一，依最合理之方法，或最高度之便利，仍为将来应行努力之目标"。② 马寅初也提到"华商银行虽已设立票据交换所，尚未普遍，各金融集团间又多阻隔，故余希望百尺竿头更进一步，使三者合而为一，实策之上者"。③ 然而，这些极富前瞻性的呼吁始终难以付诸实施。

显然，统一上海的票据交换制度已经成为一种客观要求和趋势，只是若仅仅依靠市场的推动来实现票据交换制度的大一统，其过程必将是漫长的。

---

① 中国人民银行上海市分行编《上海钱庄史料》，上海人民出版社1960年3月版，第541—542页。
② 朱博泉：《上海银钱业票据清算方法之演进》，上海图书馆藏1939年8月版，第1页。
③ 马寅初：《中国经济改造》（1935年1月），载《马寅初全集》第八卷，浙江人民出版社1999年9月版，第150页。

<<< 第六章 上海票据交换格局与制度的变迁：从二元并存、三足鼎立到三位一体

战后，金融当局利用对金融业的接收和清理这一时机，在对上海票据交换所改组的基础上，把原有钱业和外商银行的票据交换也纳入其中，因而，华商银行、钱业和外商银行的交换全部集中于上海票据交换所，实现了上海票据交换制度的三位一体，这一变迁过程即是在政府干预之下短时间内完成的。

1945年11月1日，遵从财政部驻京沪区财政金融特派员的训令，经过各方的筹备，新上海票据交换所正式开业，标志着上海全市金融业票据交换制度的统一，此前三分天下的票据交换制度已经彻底结束。这实际上是一次典型的强制性制度变迁。所谓强制性制度变迁是指由政府命令或法律引入而实现的制度变迁，其变迁的主体是国家及其政府。因此，财政部驻京沪区财政金融特派员办公处和中央银行等就成为变迁主体，它们主动设计和安排制度，以统一上海全市的票据交换制度，从而有利于金融当局的管理。政策出台后，按照自上而下的程序由银钱业两公会和上海票据交换所来推行。另外，这种强制性制度变迁显然具有激进性质，制度一出台就一步到位，同时推动力度大，制度出台和实施的时间短。

新上海票据交换所仍然沿用该所以前所通行的票据交换制度，即直接交换和送票交换（或称委托代理交换）相结合的方法。与此前相比，交换手续和方法大大简化，节约了行庄的成本，有利于票据更广泛地流通。战后，大一统的票据交换制度示意图如下：

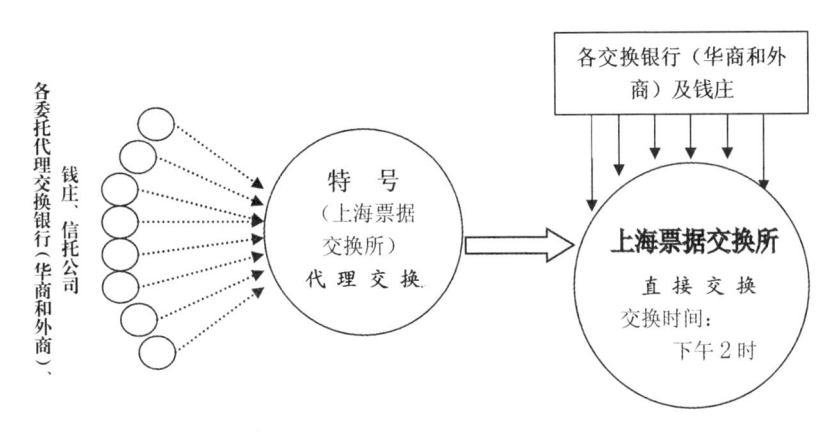

图6-7 1945年11月-1948年2月票据交换示意图

改组后的上海票据交换所还对有关提出票据交换戳记作了进一步规定。首先，交换行庄提出交换票据必须用绿色油印在正面加盖交换戳记，此项戳

记已由该所设计（见第五章）；其次，银行、钱庄、信托公司票据上加盖之交换戳记兼有取款背书及平行线同一之效率。但票面受款人非为提出行庄公司自己者，除加盖交换戳记外，仍应由提出行庄公司依法律、依习惯另为背书；最后，交换后之退票已盖有前项戳记，为解除其平行线拘束起见，将原盖戳记注销时，应由原收款行庄公司在注销之戳记旁载明"某行庄公司注销交换戳记"字样，再由该行庄公司有背书权之职员签章证明。①

由于统一后的上海票据交换所增加了钱庄和外商银行等新的交换成员，它们对该所票据交换手续并不是很熟悉，因此该所备具"票据交换手续须知"一件，分送各交换行庄及该所代理交换行庄公司，并发交给交换员及其他关系人员阅读。根据"票据交换手续须知"，②这一时期票据交换的主要程序与方法如下：

（1）提出票据之整理：

①交换行庄收入他交换行庄之一切付款票据，应先依付款行庄分别清理，分别结算张数及金额，依付款行庄之交换所号次，记载于"提出票据通知单"及"提出票据收据"内，再将各行庄应付票据张数及金额记载于"交换差额计算表"之贷方，结出总张数及总金额，记载于"第一报告单"，检同原票据于交换时间以前由交换员携到交换所。

②交换行庄对于交换所代理交换行庄付款之票据，除依前条办法列入票据交换所名下提出交换外，并应依付款行庄公司分别整理，结出张数及金额，分别记载于"码单"内，将码单与原票据扎束一起，依付款行庄公司之代理号次将各行庄公司名下之张数及金额记载于"提出交换所代理交换行庄票据分户清单"内，结出总张数及总金额。

③交换所代理交换行庄公司收入各交换行庄付款票据。应先依付款行庄分别整理，分别结算张数及金额，分别记载于"码单"内，将码单与原票据扎束一起，并将各行庄名下张数及金额，依交换号次记载于"提出交换票据分户清单"内，用送款单由交换员携送交换所收各该行庄公司之存款账。

④交换所代理交换行庄公司收其他交换所代理交换行庄公司付款票据，

---

① 所字第5号通函（1945年10月26日），上海票据交换所档案 Q52-2-17。
② 《上海票据交换所票据交换手续须知》（1945年10月26日），朱斯煌：《民国经济史》下册，上海银行学会1948年版，第597页。

由交换所以代收手续处理。各托收行庄公司应依前条规定手续另行理清，另行分别记载于"码单"，并另行于"提出交换所代理交换行庄票据分户清单"结出总张数及总金额，依前条办法，填具送款单送交换所收各该行庄公司存款账。

（2）交换票据之计算及差额收付

①每一交换行庄之交换员应分任计算及传送事务。到达交换所后，应由计算员将第一报告单交付交换所，由交换所总结算员依据单列张数及金额记载交换差额总结算表之贷方，结出总数。同时由传送员将提出票据交与对方各行庄之计算员点收，计算员点收无误后应即签给收据。

②计算员签给收据后，即将原票据交由传送员携回行庄，同时应依据提出票据通知单记载"交换差额计算表"之借方，结出总数，并结出借贷两方相抵后之交换差额，并应给借贷两方总数及交换差额记载"第二报告单"。

③交换所经理应于规定交换开始时间按铃宣示交换之开始。

④交换所经理宣示交换开始后，传送员应将"第二报告单"交付交换所。

⑤交换所总结算员接到"第二报告单"后，应即计算单列借方金额，结出总数及应收应付两项差额，如无错误其交换差额即为确定。

⑥交换所总结算员根据"第二报告单"内所载张数金额及差额，分别记载于交换差额总结算表之借方及差额栏，并结算其贷借总数及应收应付交换总数。

⑦交换行庄应于每日交换终了后，开具交换转账申请书，送交交换所，与交换差额总结算表核对无误，即将原申请书（两联）及交换差额总结算表副本送请中央银行转账。

（3）交换所代理交换行庄票据之收付

①交换所在交换场换回之代理行庄公司付款票据，应先依付款行庄分别理清，次依提出行庄号次记载于"代收交换换回票据分户清单"内，结出总张数及总金额。

②交换所收齐第4条之托收票据后，应先依付款行庄分别理清后，再依托收行庄号次记载于"代收代理交换行庄票据分户清单"内，结出总张数及总金额。

③交换所结出前两条之总张数金额后，应再依付款行庄公司结出合计数，

填具"提示票据通知书",并代填"付款申请书",连同原票据,分送各付款行庄公司。各付款行庄公司检点张数无误后,除将提示票据通知书留存外,应即在付款申请书上用存款户印签名盖章,交还交换所,由交换所就各该行庄公司存款内支付之。①

从上述交换手续不难看出,改组统一后的上海票据交换所,其票据交换方法并未改变,仅有一些细小调整。而且,许多行庄对于改组后交换号次的分配心存不满。1948年担任该所实务研究委员会秘书的盛慕杰就认为:"交换号次在业中人称为'大号头',而代理交换号次则称为'小号头'。本来有'大号头'的行庄改组后仍能保持固无所喜怒,但改组后忽然落空,一变而为'小号头',则多少有点愤愤不平。而在实际上有资格取得'大号头'的行庄因名额有限不能取得,无资格取得'大号头'的行庄因政治的或人事的关系却早已取得,尤使一般行庄引起当局有歧视的感觉。"②因此,这实际上为票据交换制度的再次变革埋下伏笔。

五、上海票据交换制度大一统后的变迁

(一) 变迁的动因

按照制度经济学的理论,制度变迁的诱致因素是制度非均衡。所谓制度非均衡就是人们对现存制度的一种不满意或不满足,意欲改变而又尚未改变的状态。之所以出现了不满意或不满足是由于现行制度安排和制度结构的净收益小于另一种可供选择的制度安排和制度结构。这种潜在利润的出现促使人们进行制度创新。因而,制度变迁实际上是对制度非均衡的一种反应。③上海票据交换所改组统一后,其非直接交换行庄(或称委托代理交换行庄)急剧增加,大大超过直接交换行庄。而且从形式上和所获得的便利程度上来看,非直接交换行庄都远远不如直接交换行庄,因而出现了制度非均衡,即对现存的直接交换和送票交换制度产生不满,由此产生制度变迁的需求。1945年11月,改组后的上海票据交换所有直接交换行庄,包括交换所在内共37家,

---

① 以上提到的表单格式可见附录一。
② 盛慕杰:《上海票据交换制度的统一和改进》,《工商月刊》1946年第1期,1946年8月15日。
③ 参见卢现祥的《新制度经济学》(武汉大学出版社2004年1月版)和袁庆明的《新制度经济学》(中国发展出版社2005年2月版)的相关内容。

而委托代理交换行庄已达95家,此后还在不断增加。这些非直接交换行庄逐渐成为变迁主体(或称变迁集团),直接推动了票据交换制度的变迁。

上海票据交换所还在改组之时,单个行庄就开始陆续要求加入直接交换,特别是那些原本是直接交换银行而改组后却被列为代理交换的银行,如四行储蓄会和上海女子商业银行等。1945年10月24日,上海女子商业银行提出"上海票据交换所发表交换银行名单共50号,未将敝行列入","特备文略陈敝行原有交换银行地位",呈请财政部驻京沪区财政金融特派员办公处(以下简称特派员办公处),要求"恢复列于直接交换银行之内"。11月9日,该处作出批示:"呈悉,查该行已列入交换行庄。"特派员办公处批示没有明确指明是列入委托代理还是直接交换,该行即认为意思肯定是即指"已准恢复直接交换",于是,上海女子商业银行认为:"钧处批示指示敝行已列入交换行庄则在11月9日,敝行奉批恢复直接交换银行既在被列代理交换行庄之后,在中央银行暨票据交换所自应遵垂钧处之批示,变更原议,何得以票据交换所第一次会议议决已有成案,遂置钧处事后之批示于不顾",因此,该行又于12月27日再次呈请特派员办公处参照10月24日该行所呈之理由,迅饬中央银行及票据交换所遵垂钧处11月9日批示将其列入直接交换银行。① 特派员办公处将该呈函移送中央银行业务局,中央银行业务局又移送给上海票据交换所。12月27日,上海票据交换所当即回复该行:"贵行业已参加交换,与特派员办公处批示贵行原呈并无不符,呈请改列直接交换,因直接交换行庄定额已满暂难照办。"② 由于上述特派员办公处的批示意思不够明确,上海女子商业银行也勿认为是批准该行加入直接交换,几经交涉后未能如愿。

此外,盐业、金城、大陆和中南四行储蓄会总会也曾致函特派员办公处,称"敝会自上海开始设立票据交换所以来,即已加入为交换银行,交换席次为第6号,此次交换所奉令改组未将敝会列入交换银行单内,特呈请财政部驻京沪区财政金融特派员,准敝会继续加入为交换银行,排定席次以便交换"。不久,特派员办公处批示:"该会所请加入票据交换所一节准予照办,仰即径行与银行业同业公会及中央银行接洽办理可也。"因此,四行储蓄会即函请上

---

① 上海女子商业银行呈财政部金融特派员办公处函(1945年12月27日),上海票据交换所档案S180-1-19。
② 复上海女子商业银行函(1945年12月27日),上海票据交换所档案S180-1-19。

海市银行业同业公会整理委员会转行票据交换所将该会交换席次重行派定，以利交换。①11月6日，上海市银行业同业公会整理委员会为此专门致函上海票据交换所委员会主任委员。11月23日，上海票据交换所回复上海市银行业同业公会整理委员会："上海票据交换所直接交换号数系经本会第一次会议议决，并陈准财政部特派员备案在案，该会既已列入代理交换行，所请重排席次加入直接交换一节，业经本会第二次会议议决，暂难照办。"②

单个银行的请求相继遭到拒绝后，代理交换行庄于是联合起来，联名要求加入直接交换。1946年1月21日，四行储蓄会上海总会等54家代理交换行庄联名致函上海票据交换所委员会，指出："票据交换制度之优点原在简化票据手续，以促进票据流通之效率，此次，贵所对于参加交换银行号名之整编分为直接交换、代理交换两组，敝行等均列入代理交换，因此，收受客户票据为时间之限制必须提早，而交换票据之提出及退票之收回又须经票据交换所再行分发，敝行等业务上深感困难，影响甚巨，特联名具函恳请贵所重行调整，俯允敝行等为直接交换，以资便利。"③23日，上海票据交换所回复："联名请求一律参加直接交换一节于全体之便利一点，恐反有减无增，殊难实行，惟今交换统一未久，本会仍当督促交换所不断研求以期改进，特申叙理由，复请查照。"④28日，上海票据交换所李主任委员又将上述复函副本备文呈请财政部驻京沪区金融特派员陈行查核备案。尽管54家代理交换行庄联名请求，但同样还是被断然拒绝。

随后，上海女子商业银行又再次据理力争，而且这时信托业也要求加入直接交换。1946年2月9日，上海女子商业银行又致函票据交换所强烈要求列入直接交换银行，其列举的理由是：①在1933年银行票据交换所成立之始，敝行为最先加入之一员，列为29号交换银行，以敝行之历史与地位亦应列入正式交换行庄之内；②上海票据交换所原系遵令就原有之交换所改组而成，

---

① 上海市银行业同业公会整理委员会致上海票据交换所委员会主任委员函（1945年11月6日），上海票据交换所档案 S180-1-19。

② 复致上海市银行业同业公会整理委员会函（1945年11月23日），上海票据交换所档案 S180-1-19。

③ 四行储蓄会等联名致上海票据交换所委员会函（1946年1月21日），上海票据交换所档案 S180-1-19。

④ 发四行储蓄会等函（1946年1月23日），上海票据交换所档案 S180-1-19。

实际上交换制度及交换手续均仍旧贯,是其对于前银行交换所之历史与原有各交换银行之固有权利亦必定加以顾全,敝行之由交换银行而改列代理交换权利实被削减,于情于理,未得谓平;③直接交换与代理交换手续上究有繁简之分,虽全体之直接交换在技术上或有不便,而原有交换银行中现经改列代理者仅居少数,交换行庄中增此数家不过多,亟宜恢复其直接交换权利,于交换场酌增数席,其事殊属合理而易行;④交换会员之交换号次在表面上仅一阿拉伯数字,而其关系至为重大,实际上每一会员之号次即为该会员之简称,亦即无异于该会员专用之商标。不论同业之间或顾客方面皆广泛使用此项简称。敝行系由第29号改为第50/2号,今昔比较显有轩轾,此项轩轾可能发生各种影响,此点关系甚巨,不能漠视。①2月11日,对于该行的合理要求,上海票据交换所的答复为:"关于票据交换直接与代理一点,原属权宜之计,实无轩轾,代理交换行庄中既有要求,本会自当予以考虑,惟在新办法未实行之前,仍应维持现状。"②2月27日,上海信托股份有限公司也致函票据交换所,指出:"本市票据交换所直接交换行庄共有50号额,其中40号额业经排定,尚余10号犹在虚悬,而敝公司前由贵会列在代理交换行庄之内,查银行钱庄各有直接交换,信托忝为金融同业,贵会一视同仁,不致特加歧视,函请贵会于所余10号之内,分予敝公司一席,俾利交换,而昭公允。"③28日,票据交换所委员会当即回函表示:"直接交换号内虚悬之10号系本会第一次会议议定留备在战前设立而未完备注册手续之钱庄32家支配应用,兹已奉财政部金融特派员办公处核准先予分配在案,至于各代理行庄要求改为直接交换,本会已予考虑,为昭公允起见,业经第四次委员大会决议,俟中央银行业务局人员大部回沪及觅场地后再办。"④因此,从这两封回函来看,面对代理行庄一次又一次的强烈要求,上海票据交换所的态度逐渐发生了变化,对于上海女子商业银行的据理力争,上海票据交换所并未加以断然拒绝。而对于上海信托股份有限公司的要求则表示要在适当时机进行制度变革,从而说明,此时上海票据交换所已经认识到现行交换制度确实需要变革。

---

① 上海女子商业银行致票据交换所函(1946年2月9日),上海票据交换所档案S180-1-19。
② 复上海女子商业银行函(1946年2月9日),上海票据交换所档案S180-1-19。
③ 上海信托股份有限公司致票据交换所函(1946年2月27日),上海票据交换所档案S180-1-19。
④ 票据交换所委员会委字第98号函(1946年2月28日),上海票据交换所档案S180-1-19。

由于上海票据交换所明确表示代理交换行庄改为直接交换的要求一时难以满足，因而有些代理交换行庄转而纷纷要求递补交换所空缺席次。1946年2月6日，四行储蓄会总会致函上海票据交换所，请求"恢复旧有直接交换之席次，如有直接交换之号码出缺拟请敝会尽先递补"，并指出"上次贵会派定敝会为代理交换第一号，在次序自亦以敝会有尽先递补之意义，兹查中孚银行已奉令停业清理，所有该行在票据交换所内之席次恳即以敝会补充，贵会上次以额满不能变更引以为歉，兹既有缺又属顶补，当蒙贵会主持公道"。① 另外，江苏农民银行上海分行也致函特派员办公处请求递补直接交换16号以利业务。3月4日，特派员办公处将该函转发票据交换所。不久，票据交换所回复特派员办公处："查自直接交换16号中孚银行奉令停业后，各代理交换行庄纷纷要求递补，前来本会，为郑重起见，经提出第四次委员会议决议，因要求行庄过多，支配更无标准，拟俟中央银行业务局全部人员到沪后及交换场地解决后，与宽放直接交换或一律改为直接交换案并案办理。"② 很显然，这封回函表明面对僧多粥少的这种状况，上海票据交换所难以作出决定，逐渐产生要变革现行票据交换制度的决心。5月13日，四行储蓄会的主要负责人钱永铭以个人名义致函上海票据交换所的李骏耀和陈朵如："限额之内已有缺额，衡诸情理，似宜由敝会尽先补充，务请两兄主持公道，提出会议，准予照补，公私两感，专此拜启。"③ 该月27日，四行储蓄会再次致函票据交换所，除重申加入直接交换的理由外，还指出："本年2月6日函在案已久，迄未奉复，准上次贵会以额满不能变更引以为歉，现在既有缺额而又属顶补，宜不复再有困难，相应再函奉重申前请。"④ 对于四行储蓄会的两次来函，上海票据交换所都未及时作出答复。

不难看出，面对代理交换行庄的强大压力，上海票据交换所无法一味加以拒绝，并意识到现行制度存在的缺陷，其态度终于由极力维护现行制度转变为俟机加以变革。以上海女子商业银行和四行储蓄会为代表的代理交换行庄是新制度的需求者，也是新制度安排的推动者和创新者。

---

① 四行储蓄会致票据交换所函（1946年2月6日），上海票据交换所档案 S180-1-19。
② 票据交换所委员会委字第99号函，上海票据交换所档案 S180-1-19。
③ 发李骏耀、陈朵如函（1946年5月13日），上海票据交换所档案 S180-1-19。
④ 四行储蓄会致上海票据交换所函（1946年5月27日），上海票据交换所档案 S180-1-19。

（二）对现行交换制度的微调

因代理交换行庄的强烈呼吁，而上海票据交换所又没有很好的解决方案，因而中央银行总裁贝淞荪曾面询上海票据交换所负责人能否将现有直接交换单位由50席酌量扩充为60席。1946年6月，陈朵如代经理致函贝总裁："经审慎研究，认为无益而有不便"，并列举了如下一些理由：

（1）定时票据交换贵乎迅捷，交换单位宜少不宜多。盖交换场内有若干席次，则每一行之交换计算及交换所之总结算，即各有若干笔之收付，逐笔相加，其所需时间视笔数多寡为准，单位愈多，需时愈长。一逢记载或计算错误，则必须当场逐笔核对，所需时间尤比原来计算时为多，从前银行交换所仅34单位，交换时间约需30分钟，自交换统一后，交换席增至50，交换上所需时间已比从前增加20分钟以上，倘再酌增席次则交换上更加迟滞；

（2）从前钱业交换所于抗战期内，改良手续，实行定时交换，而终究因各钱庄均系直接参加交换，单位过多，故交换手续不能迅捷，交换效率不如银行，此为技术上之事实也；

（3）美国纽约交换所之会员，战前为20家，最近减为17家，英国伦敦交换所之会员战前为10家，最近减为5家，虽英美并无广设新银行之事实，但实则纽约伦敦两地之银行，何止此数，此数家以外，规模相当大而营业相当繁忙者，亦不在少数，但其票据交换皆由交换所会员代理，分层集中，有纲有领，效率甚高。足见代理方法实为进步的票据交换制度之要件，席次之增设在技术上将为一种退化；

（4）上年交换统一，交换所对于交换席次之编配力求公允合理，而对于固有的交换效率仍不能不竭力保持，因此不但敝行（即浙江实业银行，陈朵如为该行经理）由原来之第4号退向无人要之第13号，而银行交换所原有交换银行中如四行储蓄会、广东、上海女子、华侨、东亚、中兴、永大、中一信托等9家，只得屈列代理席内，此9家者，在当初银行交换所创办时，多为热心促成分子，倘交换所一旦增设10席，以畀他行，则此9家本诸过去之历史，在所必争，若尽先畀此9家，则所余又仅1席，断断不敷分配，且10席而增设，必将有20席30席之请求，诚恐杨枝之水，遍及为难，势非全体直接交换，总不能使人人不满矣。①

因此，所方认为增设交换席次没有必要，且不方便，自上年交换统一后，代理行庄曾提出各种主张与请求，半年以来，交换所与同业间多方研究，现已筹划出良好方法足资补救，而无须倚赖交换席次之增加或整个交换制度之变更，此事已由交换所通函通告，订定办法，定于7月3日起实行。

事实上，代理交换行庄感觉不满者主要有两点：①为形式上之轩轾，即"交换行庄"与"代理交换行庄"称谓之不同，与刊印票据上交换号次之区别；②为实务上不便，即（A）照该所现行规定，交换行庄与代理交换行庄每日应收票据之发送时间约有40分钟之差别，凡12时左右顾客存入票据，在交换行庄至少可以从容处理，在代理交换行庄则感局促。（B）代理交换行庄每日获知应付票款总数与交换行庄相去约有1小时，于头寸之安排，颇有影响。因而，票据交换所为改善代理交换行庄对交换制度不满的现状，拟订出改善办法，即上海票据交换所所称的"良好方法"，其内容如下：

（1）取消"代理交换行庄"之名称，一律改称"交换行庄"：①凡参加交换之行庄公司，一律统称为"交换行庄"。②变更交换号次之编列方法，凡50/×之复号皆由本所改编为单号，由51号起顺序编列。③各行庄参加交换之方法，仍分为"直接交换"与"送票交换"两种，交换号次在50号以前者，皆以直接方法办理交换，在50号以后者皆仍以现行送票方法办理交换，由本所代办提示及交换计算事务，凡各行庄整理应收票据时，对50号后之各行庄付款票据皆视为50号（本所）应付票据，如此办理，形式上显有轩轾之一点当可完全免除。

（2）提早50号以前交换行庄应收50号以后交换行庄付款票据之提出时间。凡50号以前交换行庄应收50号以后交换行庄付款票据（即原来交换行庄应收代理交换行庄票据），应改由各收款交换行庄依付款行庄交换号次，另行整理，缮具另备之提出票据通知，照本所规定时间（与50号以后行庄相互间应收票据之送票时间同），派人送到本所，取回本所出给之收据，一面仍将此项票据之总金额记载于交换计算表贷方

---

① 1946年上海票据交换所月报，第6期，上海票据交换所档案Q52-2-18。

第50号名下，作为本所应付票据。①

上海票据交换所于6月7日将上述办法通函各交换行庄，并经交换所委员会决定，于7月3日起实行，新编定各行庄交换号次及交换上一切时间之改订另行函告。6月17日，上海票据交换所又对一些具体问题进一步补充规定，由该所将原编50/1号起各行庄公司之交换号次改为51号起，依原来顺序编列。

该办法于7月3日实行以后，上海票据交换所自认为："对50号以后行庄付款票据可以一次收齐，整理计算与分发之时间，大可提早，同时50号以后交换行庄每日应付总数之获知，可与直接交换行庄相等。所有原定送票时间及交换时间，反可稍予放宽，而每日整个清算事务之结束，仍可比现在提早，同业营业上之便利，不无增进。"② 实际上，这是面对各方压力而不得不对现行交换制度进行的局部微调，但调整之后仅仅是形式上的均等，即50号以后代理行庄交换号次由复号变为单号，实质上对于现行交换制度并无多大改进。当时盛慕杰就指出："这一次上海票据交换所的取消代理交换行庄名称而在交换技术上保持原有的精神，不失为善于应付。"③ 上海票据交换所明显过高估计了这一办法的功效。

1946年9月20日，中央银行贝总裁又致函上海市银行业商业同业公会，指出："关于本市票据交换成立后，代理交换行庄以待遇不平请求改善一案，据本行所派监理查报，直接交换及代理交换（亦称送票交换），各行庄因处理不同，差别难免，照现在情形最显著者有两点：（一）直接交换行庄送票时间较代理交换行庄可迟45分钟（前者为下午2时后，后者为下午1时15分）；（二）直接交换行庄于交换开始时即可明了头寸情形，而代理交换行庄须俟直接交换办理终了后方可明了其相差，时间至少为半小时。前项差别对于代理行庄之业务不无影响，目前办法确属有失公允，若辈仍感不满亦基于此，似应由交换所亟加改善等情，所陈各节核属实在，相应函请查照，迅予核议补救办法，并见复为荷。"④ 不久，上海市银行公会将贝总裁的来函转发给上海票据交换所。9月27日，上海票据交换所回复上海银行公会，认为"为奉抄示中央银

---

① 所字第50号通函（1946年6月7日），上海票据交换所档案 Q52-2-18。
② 所字第50号通函（1946年6月7日），上海票据交换所档案 Q52-2-18。
③ 盛慕杰：《上海票据交换制度的统一和改进》，《工商月刊》1946年第1期，1946年8月15日。
④ 沪央字第1746号函（1946年9月20日），上海票据交换所档案 S180-1-19。

行函关于现在交换办法应加改善一案,原函所称与目前略有未符。目前交换办法虽经一度改进尚未臻于完善,是以本所仍继续妥慎研讨,以期改进。奉示前因,并遵即迅加研究,征求同业意见,一俟拟有方案当再陈报"。① 中央银行的来函明确表明1946年7月3日起上海票据交换所对交换制度的微调并未达到其预期效果,非得进行大的变革不可。

(三)制度变迁方案的设计与选择

1946年10月18日,上海票据交换所列出除现行办法外其他可能的五种交换方法,即"(一)全体直接交换;(二)全体送票交换;(三)分组直接交换;(四)视票据之多寡分为直接交换及由本所分组代理直接交换;(五)维持现行办法,惟将交换时间改在每日营业时间以后"五种,并分别函送该所各咨询委员征询意见。该所认为,将上述办法与现行办法比较,"可能增加之便利有限,可能发生之不便利较多,惟既奉央行函知会员,意见未能一致,兹为集思广益,冀在上述办法之外能获一最完善之交换制度起见,经常务委员会决定,由所函请咨询委员对现行制度及上述五项办法赐予审核,各抒高见或另有妥善办法或五种办法有可采之处或在未有妥善办法以前暂仍维持现行办法,应请于本月月底以前函示交换所,以便定期召开会议,汇案商讨"。②

上述五种交换方法实际上各有其优缺点。

(1)全体直接交换理论上是最理想的交换方法,可使交换集团内各行庄所享便利完全一律,但当时全体交换行庄数达190家,而且将来仍有可能增加,每一交换行庄计算及交换所总结算所需时间也数倍增加,约需3小时。单位愈多则错账必然更多,一旦发生记载或计算错误,查核起来费时越久。

(2)全体送票交换在原则上可使各行庄享有同等待遇,但因为没有固定的交换时间为标准,则绝大多数行庄未必能严格遵守送票时间,这样会使交换所难于应付。发生错误时核对所需时间也大大延长。

(3)分组直接交换即将全体行庄分为若干组,由各组指定代表参加交换,在交换场设有一席,此种办法对于代理行庄事繁责重,被代理行"面子"问题姑且不论,交换时间固然一律,而被代理行庄应收票据仍须在交换时间以前送至代理行庄,与该所现行办法几无区别。

---

① 上海票据交换所据字第285号函(1946年9月27日),上海票据交换所档案 S180-1-19。
② 上海票据交换所据字第305号函(1946年10月18日),上海票据交换所档案 S180-1-19。

（4）视票据之多寡分为直接交换及由该所分组代理直接交换，这种办法即由所方将交换票据较多之行庄列为直接交换行庄，在交换上各自成一单位，其余交换票据较少各行庄则分为若干组，以一组为交换单位参加直接交换。由交换所派员充任各组之交换员，但是票据多寡之标准难以确定，且各分组相互间以及分组内各行庄相互间仍须经局部计算手续与该所现行在代办51号以后行庄之手续仍无差别，更易发生错误。

（5）维持现行办法，惟将交换时间改在每日营业时间以后。此种办法可使每日全部应收票据得在营业终了以后完全交换清讫，凡送票交换各行庄与直接交换行庄可以再无丝毫之差别，但是交换上各项时间必然延迟至夜间，调度头寸困难。

到1946年10月底，以上五种交换方法有了初步的征询意见，即5票（孙瑞璜、陆允升、袁尹村、朱旭昌、沈日新）赞同分组直接交换，3票赞同全体送票交换，15票赞同仍维持现行办法，其他两项办法则无人表示意见，另外还有咨询委员提出新增方案，如裴鉴德的不定时连续交换和沈浩生的隔日交换。① 尽管孙瑞璜（新华信托储蓄银行）、陆允升（中贸银行）、袁尹村（聚兴诚银行）三位咨询委员赞同分组直接交换，但是他们对该办法进行了修订和补充。孙瑞璜提出50号以前行庄及50号以后行庄可以形成两个集团，举行直接交换，两者时间之差别既可消弭而在所方更可减少为50号以后行庄间相互送存转账之工作，以原有第二交换场所改为50号以后行庄之交换场所，人力场地均无问题，若干第二交换场所行庄家数太多或再为划分只需另辟场所。陆允升对第三种分组直接交换办法进行了补充，即以50号为一组，现有全体行庄约共200家，可以分为甲、乙、丙、丁四组，仿照现行之50号以前直接交换办法，由交换所派员在各该组交换场设席代理提出交换。袁尹村则另提"全体分组直接交换制度"，将全体交换行庄分成甲、乙、丙、丁四大组，每组50家，交换所除外。交换所共设4个交换场同时分别进行交换，交换方式与目前50号以前各行庄之交换方法相同，本组应收本组付款票据与现行50号以前各行庄所采用办法相同。本组应收他组付款票据由交换所代理。因此，上述补充办法与该所拟订的分组直接交换办法有着本质区别。该所拟订的分

---

① 本所为改进票据交换由原来直接交换与代理交换两种方法改变为分组直接交换的有关文书（一），上海票据交换所档案 S180-1-19。

组直接交换办法是将全体行庄分为若干组，每一组指定一代表参加直接交换，同时还要负责代理组内其他行庄的票据交换，实质上与现行制度并无太大区别，因而上述补充办法较为科学合理，也更具有可行性。

上海票据交换所常务委员及经理认为孙瑞璜和袁尹村分别建议之"分组直接交换"办法最为合理而切实，当经参酌交换实务就各该原建议略加修正合并，拟订出新的"分组直接交换"办法草案。11月8日，执行委员会讨论后，认为可行，并交咨询委员会审议。接着又召开执行委员会、咨询委员会联席会议，详加商讨，各咨询委员发表意见，有赞同改采"分组直接交换"者，亦有认为现行办法仍宜维持，不宜变更者。执行委员会以咨询委员意见既未一致，而该所章程规定咨询委员无表决权，为慎重起见，经出席咨询委员一致赞同，决定由该所检附上述"分组直接交换"办法草案通函征询各交换行庄对（一）改行"分组直接交换"及（二）仍维现行办法两项，赞同何项办法表示意见，尽量于11月20日以前函复，以便根据多数行庄之主张，所方再作决定。截至20日为止，先后收到各行庄复函共计136家（未复者64家），其中主张改行"分组直接交换"者48家，主张仍维持现行办法者62家，另提办法者26家（系执行委员会及咨询委员联席会议决议案范围以外）。该所执行委员会认为，如依照全体交换行庄复函之可否而取决于多数，则于中央银行函嘱改善现行办法一点，未能符合，因此，难以作出决定。同时该所还认为："此项'分组直接交换'办法（一）在理想的全体直接交换极难实现之现在，惟此项办法最与理想接近，而实行亦无困难。（二）可使全体交换行庄交换手续完全臻于一律，行庄之中不致再有'有失公允'之观念。（三）各交换行庄交换员可因此而获到范围较广之交换实务经验，而且此三种优点颇有实行之价值。"[①] 于是，上海票据交换所于11月22日将经过情形，并检附上述通函及办法草案函送银行和钱业公会核议。上海银行公会又将分组直接交换办法函致中央银行，转请中央银行核定，但一直都未得到任何有关批示。

由于前经一度研究改进制定的"分组直接交换办法"向全体交换行庄征询意见，但并未得到多数行庄的支持，现在同业又开始要求改善现行交换办法。1947年5月5日，上海票据交换所第7次所务会议拟就"全体行庄直接交换办法"草案一件。5月8日，曹吉如经理将该办法草案并附列实行之利弊陈请常务委员核示。常务委员认为"此项办法之实行困难极多，未可尝试，倘

---

① 发银行、钱业两公会函（据字第355号函，1946年11月22日），上海票据交换所档案S180-1-19。

召集行庄讨论此案,则因行庄方面对实际技术上之甘苦及交换错误在市面变动时可引起之结果或未有深切与完全之体会,万一匆匆通过,将进退维谷,为求全体交换手续之一律,满足若干行庄对于一律待遇之要求起见,似宜由所将前拟'分组直接交换办法'先行准备,定期实行,俟全体行庄办理交换人员对于直接交换之方法与技术,具有更充分之经验,更熟练之技术后,再将此方案提供商讨"。①

刚好这时,中华民国银行商业同业公会联合会在南京举行成立大会,其中收到昆明公会"拟请上海中央银行增加交换单位按照实有银行家数依照在沪设行及复业先后排列一视同仁以利票据交换"的提案,内称:"上海现有银行132家,俱系经财政部注册批准开业,对于票据交换之处理,自中央银行设置交换科主持票据交换之后,同业无不称便,惟是中央银行所定交换行庄单位名额仅得50号,在50号以后者,必须附入50号以前行庄办理,表面上谓业务太繁人手不敷,仅能办理50号,实则避责任意歧视,致使市面上对50号以后之银行信用多怀疑虑,至少亦以单据交换不便之故不愿与之往来,倘遇金融风波则影响之大,非仅票据交换手续之不便已也。窃以银行之设施既经财政部注册批准,平日业务又复随时督导,倘有不合自可正式以适当处置,固无须中央银行在交换上划分界线,形成无谓纷扰。抑且50号以后之银行业务信用亦未见与50号以前有何轩轾,自应一视同仁,勿存歧视。"大会议决交上海市银行商业同业公会及票据交换所会商切实改善,提前办到直接交换。② 6月9日,该联合会正式致函上海票据交换所,要求迅与上海银行公会会商办理。6月25日,票据交换所执行委员讨论后认为"本所为公益社团组织,事关变更章程,自应征询全体交换行庄之意见,以便取决。又因同业中不满现行办法者均属51号以后之行庄,凡51号以后行庄之整体意旨宜予特别尊重"。最后,执行委员会决定"依银联会③决议意旨采行原拟'分组直接交换办法',即由本所将此项提议函请51号以后全体交换行庄表决,至50号以前行庄应请勿行使表决权,仅由所函知"。④

---

① 上海票据交换所第八次所务会议(1947年5月17日),上海票据交换所档案S180-1-5。
② 1947年上海票据交换所月报,第7期,上海票据交换所档案S180-2-197。
③ 即指中华民国银行商业同业公会联合会。
④ 上海票据交换所第一届执行委员会第五次会议记录(1947年6月25日),上海票据交换所档案S180-1-2。

7月3日，上海票据交换所遂将分组直接交换办法通函征询51号以后各行庄请予表决，截至7月15日为止，先后收到各行庄复函130件，结果为：赞成采行"分组直接交换办法"者计115家，不赞成者计15家，未复者计53家。该所51号以后交换行庄共计183家，按上述结果赞成采行分组直接交换者占115家，已属超过半数以上。①7月18日，上海票据交换所致函银行公会："为依据银联会决议意旨采行分组直接交换办法，经各行庄表决，结果赞成此项办法者已属多数，拟即筹备，定期实行，函请查核。"②同时又将这一结果函致钱业公会查核。

正当变迁方案已初步确定之时，银行联名要求将所有银行单独列为一个交换单位。同孚银行等51家银行联名致函银行公会理事长李馥荪，指出："票据交换所已洽定自行办理分组直接交换，银钱两业于法令上虽视同一例，然于沪埠商场习惯及一般人心目中则显分轩轾，是以对于票据交换，深望能由银行同业单独成一交换单位，而以钱庄及信托公司之属别立单位交换，如此则眉目既易分清手续亦较简捷，似属一举两得，爰特贡献意见，拟请转提理监事会核议施行。"不久，李馥荪将此函转给上海银行公会。8月16日，上海银行公会又转函上海票据交换所，要求"详加研讨，对于该行等意见是否可予采纳，即希惠示，以便据复为盼"。③8月20日，上海票据交换所列举了充分的理由婉言相拒，其理由为："原函所主张之分立交换单位一节，似系指实行分组直接交换后之内部分组而言，查本市金融业票据从前本国银行、本国钱庄及外商银行分成三个集团办理，其统一与集中原为同业一致所期望。银行、钱庄、信托公司名称虽有不同，但同为本所组成份子，在交换事务上不宜再另分畛域。凡内部分组之事，若依行庄公司本身名称异同而重行编列，则交换号次将被颠倒或改编，无论颠倒或改编，均足以使票据整理发生重大不便，盖每一行庄交换号次在全体行庄实务人员心目中，无异即为该行庄之别名，全体行庄日常整理票据均依号次而办，认其收付行庄，故一经编定，原则上宜予永久使用，非可轻易变更，本所研究结果，以为所请一节殊难采行。"④

---

① 上各常委函（1947年7月17日），上海票据交换所档案 S180-1-20。
② 上海票据交换所致钱业公会函（1947年7月18日），上海票据交换所档案 S180-1-20。
③ 银行公会来函（1947年8月16日），上海票据交换所档案 S180-1-20。
④ 发银行商业同业公会函（1947年8月20日），上海票据交换所档案 S180-1-20。

因此，从1946年10月正式决定开始设计方案到1947年7月选定分组直接交换办法，票据交换制度变迁方案的选择历时将近9个月，经过各方的努力，最终确定了最合适的一种方案，即分组直接交换制，接下来的工作是如何进行具体的筹备和实施。

（四）分组直接交换制的实施及内容

变迁方案选定之后，就要按照既定方案实施制度变迁，这是制度变迁的实际和直接的操作阶段。这一过程需要耗费较多的人力、物力和财力，还需要较长的时间。因而，分组直接交换制的实施还必须解决许多实际问题。

首先，拟订分组直接交换办法实施细则。上述分组直接交换办法仅仅是一个初略的纲要，而分组直接交换办法对现行办法更改很大，这需要对各项手续进行具体的解释和规定。为使行庄交换员及该所办事人员对于各项手续有所准绳起见，1947年8月29日，上海票据交换所所务会议根据分组直接交换办法拟订实施细则草案。在交换场问题与有关方面洽妥后，9月9日，该所所务会议将分组交换实施细则再次逐条研究，最后修正通过。[①] 分组交换实施细则内容包括交换行庄之分组、分组直接交换方法、交换上各项时间之订定和退票处理办法等，从而使得该办法更加充实具体，也更具有可操作性。

其次，开辟新场所，添置设备和用品，并将费用成本均摊。按照原方案，实施分组直接交换制必须增设三处交换场，所需房屋计划在银行公会大楼4楼或5楼全层开辟为交换场三处，每一交换场各设50交换席位。该所于是请银行公会转商银行公会大楼管理处设法解决，然而几经洽商，4楼及5楼原租户银行俱乐部不愿全层腾让，不得已仅商定暂将3楼房客一部分迁至4楼，一部分贴费迁让该所，即由该所在3楼开设交换场两处，连原有第一、第二交换场共为4处，每场设60个交换席。10月29日，该所第6次执行委员会决议通过改设交换场4处，至于增设交换场所与添置器具及贴付3楼房客迁让费等均列为该所特别开支，由全体行庄平均负担。[②] 交换场开辟之后，该所添置了许多相关设备和用品，如购置或安装电话、日光灯、电钟、电铃、铅丝、票框、算盘、黑板、通告牌、办公用桌椅和挂衣壁橱等；定制交换员及该所职员证

---

① 本所所务会议记录（1947年8月29日和9月9日），上海票据交换所档案S180-1-5。
② 参见筹备实施分组直接交换办法情形，上海票据交换所档案S180-1-20和上海票据交换所第六次执行委员会会议记录（1947年10月29日），上海票据交换所档案S180-1-2。

章；购备印制表单用纸张；印制分组直接交换用各项印刷品等。实施分组直接交换制的各项费用，包括建筑费（主要是增开第三、第四交换场工程费及屋顶建筑小屋等）、添置器具费、交换场设备费、定制交换员及该所职员证章和交换用表单纸张印刷费等，总计国币32亿6780万6000元，按236家行庄平均摊派，每一行庄摊付1384万6805元1角。所有各项筹设费用，均已由各行庄平均摊派。[1]制度经济学认为，制度的生产是有成本的，而制度的消费也不是免费的。因此，上海票据交换所对实施分组直接交换制的所有费用按照全体交换行庄的数量平均分摊，即每一个参加交换的行庄都要付出制度变迁的成本，这样很好地解决了制度变迁当中"搭便车"的问题。

最后，正式实行前进行了五次模拟练习。由于50号以后各行庄原系以送票方式办理交换，其原派交换员并未参加直接交换，不熟悉直接交换手续，而且各组须于同时举行交换，每一行庄交换事务有关全体，该所为慎重起见，决定举办练习交换，使得改制后之一切交换手续在全体行庄交换员中无一人不臻于熟练，无一家不全部明悉，以免一家生疏或错误影响全体行庄之清算。1948年1月10日，交换所通函各行庄："现在筹备工作，业告完成，订定自本年2月21日起，正式实施，并检附分组直接交换实施细则和交换行庄分组名单查照办理。在此次改制伊始，为使交换事务得臻完善迅捷谙熟起见，兹特规定：①各行庄均须派优秀人员充任交换员。②于1月18日、25日、2月1日、8日及15日各星期日上午10时在本所举行练习交换，请各交换员准时来所参加。"[2]然而，很多交换员对此却极不重视。1月22日，上海票据交换所便致函银钱业两公会，指出："第一次练习交换时少数行庄交换员未能准时出席，且50号以后行庄中竟有3家未派交换员参加，又当讲解交换手续时，多数行庄交换员均能认真研究，惟仍有少数交换员不守秩序，恣意谈话，致影响其他交换员之听讲，此种情形殊以为憾。不论为全体或自身着想均宜认真与本所合作，谨将经过情形备函奉陈。"[3]1月26日，钱业公会复函称："已由本会根据尊函对于各庄为普遍之劝告，请其转知派出之交换员于下次练习之时均应准时到场，悉心听讲，俾事前手续娴习，庶实施时得免错误。"29日，银行公会也函称："准函前由特为分函转达，至希贵行查照，按期派员莅场准时参加并

---

[1] 所字第180号通函（1948年2月18日），上海票据交换所档案 Q52-2-20。
[2] 1948年上海票据交换送月报，第二期，上海票据交换所档案 Q52-2-20。
[3] 发银、钱两公会函（1948年1月22日），上海票据交换所档案 S180-1-20。

切诚来员切实练习,勿忽视为要。"[1]因此,经过五次必要的模拟练习,交换员很快掌握了新办法的交换程序,使得新制度于1948年2月21日能如期实施。

根据分组直接交换实施细则[2],对分组直接交换办法的内容作一简要分析:

(一)交换行庄之分组:将全体交换行庄分成四组,设定交换场四处,第一交换场为元—60号,第二交换场61号—120号,第三交换场121号—180号,第四交换场181号—237号,具体行庄见下表。各组均于同一时间分别办理各组内票据交换。

表6-6 上海票据交换所交换行庄分组名单

第一交换场	元、中央银行1、中国银行2、交通银行3、中国农民银行4、中央信托局5、邮政储金汇业局6、上海市银行7、中国通商银行8、中国实业银行9、四明商业储蓄银行10、中国国货银行11、江苏省银行12、浙江兴业银行13、浙江实业银行14、上海商业储蓄银行15、盐业银行16、四行储蓄会17、金城银行18、新华信托储蓄银行19、东莱银行20、大陆银行21、永亨银行22、中南银行23、国华银行24、中国垦业银行25、中国农工银行26、聚兴诚银行27、中汇银行28、中华劝工银行29、中国企业银行30、上海绸业银行31、宝丰钱庄32、福源钱庄33、安裕钱庄34、福康钱庄35、惠昌源钱庄36、顺康钱庄37、信裕泰钱庄38、同润钱庄39、聚康兴钱庄40、征祥钱庄41、金源钱庄42、滋康钱庄43、敦裕钱庄44、其昌钱庄45、存诚钱庄46、花旗银行47、汇丰银行48、麦加利银行49、大通银行50、中央合作金库上海分库51、中孚银行52、女子商业储蓄银行53、中华银行54、永大银行55、四川美丰银行56、江苏省农民银行57、浦东商业储蓄银行58、川康平民商业银行59、农商银行60、正明银行
第二交换场	61、煤业银行62、恒利银行63、惠中商业储蓄银行64、惇叙银行65、至中银行66、中和银行67、和成银行68、亚洲银行69、浙江建业银行70、光华银行71、建华银行72、大康银行73、大中银行74、重庆银行75、大中商业储蓄银行76、中贸银行77、光中商业银行78、华懋银行79、嘉定银行80、谦泰银行81、和泰银行82、统原银行83、上海铁业银行84、大来商业储蓄银行85、国信银行86、上海亚西实业银行87、四川兴业银公司88、辛泰商业银行89、川盐银行90、泰和兴银行91、中庸商业银行92、永泰银行93、民孚银行94、通易信托公司95、通汇信托公司96、中国信托公司97、东南信托公司98、上海信托公司99、和祥信托公司100、生大信托公司101、元盛钱庄102、五丰钱庄103、仁昶钱庄104、安康余钱庄105、存德钱庄106、均昌钱庄107、均泰钱庄108、怡大钱庄109、信孚永钱庄110、致祥钱庄111、振泰钱庄112、义昌钱庄113、赓裕钱庄114、滋丰钱庄115、庆大钱庄116、庆成钱庄117、鼎康钱庄118、衡通钱庄119、建昌钱庄120、福利钱庄

---

[1] 上海市钱业公会来函(1948年1月26日)和银行公会来函(1948年1月29日),上海票据交换所档案S180-1-20。
[2] 《分组直接交换实施细则》,《银行周报》第32卷第4期,1948年1月28日。

续表

第三交换场	121、慎德钱庄 122、怡和钱庄 123、信中钱庄 124、信和钱庄 125、永隆钱庄 126、宝昌钱庄 127、其昌银行上海分行 128、泰来钱庄 129、汇大钱庄 130、嘉昶钱庄 131、元成钱庄 132、裕康钱庄 133、上海永庆钱庄 134、空缺 135、国孚银行 136、茂华银行 137、友邦银行 138、有利银行 139、华比银行 140、荷兰银行 141、荷国安达银行 142、广东银行 143、华侨银行 144、东亚银行 145、中兴银行 146、复兴实业银行 147、长江实业银行 148、中国工矿银行 149、光裕银行 150、大同商业银行 151、中一信托公司 152、空缺 153、通惠实业银行 154、四川农工银行 155、振业银行 156、永成银行 157、东方汇理银行 158、开源银行 159、上海市兴业信托社 160、中法工商银行 161、台湾银行 162、上海国民银行 163、云南实业银行 164、建业银行 165、四川建设银行 166、昆明商业银行 167、义丰钱庄 168、松江典业银行 169、春茂钱庄 170、亿中商业银行 171、永庆钱庄上海分庄 172、成都商业银行 173、大裕银行 174、兴文银行 175、中国侨民银公司 176、谦泰豫兴业银行 177、大升钱庄 178、大赉钱庄 179、莫斯科国民银行 180、生大钱庄
第四交换场	181、山西裕华银行 182、浙江省银行 183、大同银行上海分行 184、同心银行 185、阜丰信托公司 186、春元永钱庄 187、两浙商业银行 188、晋成钱庄 189、鸿兴银行 190、立昶钱庄 191、恒丰钱庄 192、同德钱庄 193、源源长银行 194、国安信托公司 195、广新商业银行 196、益华商业银行 197、惠丰钱庄 198、云南矿业银行 199、同孚银行 200、人丰钱庄 201、怡丰银行 202、益大昶钱庄 203、浙江商业储蓄银行 204、同庆钱庄 205、复华银行 206、浙江储丰银行 207、谦康钱庄 208、中级信用信托公司 209、亚东商业银行 210、庆和钱庄 211、空缺 212、上海工业银行 213、华威银行 214、志裕钱庄 215、同康信托公司 216、恒巽钱庄 217、永生钱庄 218、永裕银号 219、瑞康诚钱庄 220、同余钱庄 221、福昌银号 222、鸿祥钱庄 223、大德钱庄 224、元亨大钱庄 225、协康银号 226、致昌银号 227、济康银行 228、永利银行 230、瓯海实业银行 231、元顺钱庄 232、浦海商业银行 233、振兴钱庄 234、汇通银行 235、华康银行 236、宝成钱庄 237、聚康银行

资料来源:《分组直接交换实施细则》,《银行周报》第32卷第4期,1948年1月28日。

（二）分组直接交换方法:

（1）交换所在每一交换场内各设一总结算台及交换席,派定各场总结算员2人及交换员2人,其交换号次均用"特"字号。

（2）各分组内各行庄均应指派交换员至少2人,分任计算员及传送事务,每日准时到所办理交换。

（3）各分组内直接交换方法:

①交换行庄收入本组内他行之一切付款票据,应先依付款行庄分别清理,分别结算张数及金额,依付款行庄之交换号次缮制"提出票据通知单"及"提

出票据收据",再将各行庄应付票据张数及金额记载于"交换差额计算表"之贷方,结出总张数及总金额,记载于"第一报告单",检同原票据,于交换时间以前,由交换员携到本所;②交换员到达本所后,应由传递员将"第一报告单"交付本所总结算员,由总结算员依据"第一报告单"所列张数金额记载"交换票据总结算表"之贷方。并结出总数,同时传递员即将提出票据连同"提出票据通知单"及"提出票据收据"交付对方行庄计算员点收,计算员点收无误,即签给收据;③计算员签给收据后,即将原票据交由传递员携回行庄,一面依据"提出票据通知单"记载"交换差额计算表"之借方结出总数,并结出贷借两方相抵后之交换差额,贷借两方总数及交换差额应记载"第二报告单";④本所值场主管员应于规定交换开始时,按铃宣示交换之开始;⑤交换开始后,各行庄交换员应将"第二报告单"交付本所总结算员;⑥本所总结算员接到"第二报告单"后,应即计算单列借方金额结出总数,即应收应付两项差额,如无错误,其交换差额即为确定;⑦本所总结算员根据"第二报告单"内所载张数金额及差额,分别记载于"交换票据总结算表"之借方及差额栏目,并结算其贷借总算及应收、应付交换差额总数;⑧交换行庄应于每日交换差额确定后,开具"交换差额转账申请书"交付本所。

（4）每一分组内各行庄应收其他各组内行庄付款票据,除依第三条第一项办法列入本所"特"字号名下,视作本所付款票据外,并应依付款行庄分别整理结出张数及金额,分别填记"码单",将"码单"与原票据一并扎束（并应按组分段）,再依付款行庄号次将各行庄付款票据张数及金额记载于"交换行庄提示票据分户清单"内（此项清单每组一份）,结出总张数及总金额,连同"提出票据通知单"于规定时间送到本所,本所收到各行庄送来票据,先发给铜牌,以资凭证,候凭"码单"数字复核无误,签给收据,于交换场内调回铜牌,一面即将各行庄送来票据依付款行庄号次分别整理,并依据"码单"所列张数及金额填制"交换行庄应付票据分户清单"及"提出票据通知单",提出票据收据于交换时间分别在各组交换场向付款行庄提出交换并取回收据。①

（三）交换上各项时间之订定：交换时间各组一律为下午2时,送票时间为下午1时15分,退票送所时间为下午5时,本所将退票分发各行庄时间为下

---

① 以上表单格式可见附录一。

午6时，退票后缺额补足时间下午8时。

从1947年7月选定方案到1948年2月21日正式开始实施历时大半年，最终完成了票据交换制度的变迁。分组直接交换制最大改革是"50号以后行庄之得以直接交换，盖未改制前50号以前行庄本系直接交换，对50号以后则送票交换，至50号以后行庄则一律送票交换，改制之后，50号以前行庄并无变化，50号以后行庄除异组仍送票交换外，组内则可直接交换，故改制之后，全体行庄之权益均立于同一水准"。① 该所经理曹吉如对此作出如下评价"自票据交换所成立后，上海清算制度逐渐统一，实为上海金融制度一大进步，尤以分组直接交换制度实施，各行庄自该所取得之权益，彼此均等，该所对同业之服务，亦无倚轻倚重之弊，虽然分组办法并非最理想，但却是当时最合适的交换办法"。② 从实际交换手续来看，组内的交换与过去并无不同，但增加了组与组之间的交换，手续上稍微繁琐一点，该所必须同时派出8名总结算员，费用开支亦大为增加，但分组直接交换制无疑是当时最为合适的。分组直接交换制示意简图如下。

从以上对制度变迁整个过程的分析来看，这显然是一种典型的诱致性制度变迁。诱致性制度变迁是指现行制度安排的变更或替代，或者是新制度安排的创造，它由个人或一群人，在响应获利机会时自发倡导，组织和实行的。诱致性制度变迁必须由某种在原有制度安排下无法得到的获利机会引起。③ 因而，从直接交换和送票交换制到分组直接交换制的变迁具有诱致性制度变迁的许多特点④。

（1）赢利性和自发性，即只有当制度变迁的预期收益大于预期成本时，有关群体才会推动制度变迁，也是初级行动团体对制度不均衡带来的获利机会的一种自发性反应。上海票据交换所的直接和委托代理交换行庄所享有的便利程度差别很大。除了交换号次的外在差别外，更为主要的是两者送票时间和获知交换差额的时间不一样，严重影响委托代理交换行庄的业务开展，只有改革现行制度，才能增加代理交换行庄的获利机会，而且这种制度变革

---

① 本所经理曹吉如撰写的上海票据交换所概况（1948年），上海票据交换所档案 S180-1-13。
② 本所经理曹吉如撰写的上海票据交换所概况（1948年），上海票据交换所档案 S180-1-13。
③ 卢现祥：《新制度经济学》，武汉大学出版社2004年1月版，第184页。
④ 关于诱致性制度变迁的特点可以参见刘秀生的《新制度经济学》（中国商业出版社2003年10月版）和袁庆明的《新制度经济学》（中国发展出版社2005年2月版）的相关内容。

<<< 第六章 上海票据交换格局与制度的变迁：从二元并存、三足鼎立到三位一体

并不需要太大的成本，从而代理交换行庄自发性的组织起来，共同推动了票据交换制度的变迁。

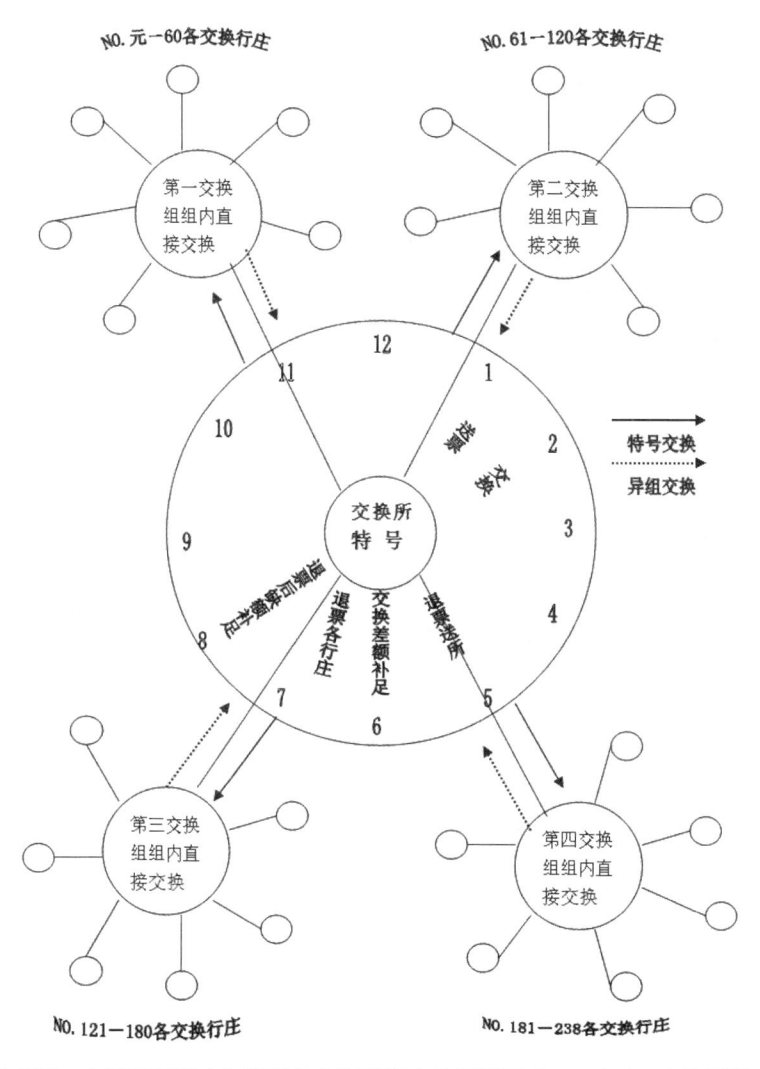

资料来源：本所经理曹吉如撰写的上海票据交换所概况（1948年），上海票据交换所档案 S180-1-13。

图 6-8　分组直接交换示意图

（2）变迁主体来自基层，程序为自下而上进行的。诱致性制度变迁以基层的各种行为人为变迁主体，正是这些基层的行为人看到了潜在的利润，而提出了相应的制度需求，它就为制度变迁提供了方向，然后自下而上产生对

251

制度的需求或者对制度需求的认可。这些行为人是新制度的需求者，也是制度安排的推动者和创新者。代理交换行庄是上海票据交换所数量最多的基本成员，他们首先意识到现行交换制度存在诸多缺陷，先后单个或联合提出制度变革的要求，因而成为所谓的变迁主体，同时这些代理交换行庄也是所谓的初级行动集团。在他们的强大压力下，上海票据交换所后来也逐渐认可了代理交换行庄的制度需求，开始组织、实施制度变迁，上海票据交换所就成为所谓的次级行动集团。

（3）变迁的路径是渐进的，即采取一种需求试探性质的、非突发式的方式，以基层行为人对制度的需求来慢慢诱导制度的出台。因而制度的转换、替代、实施需要较长时间，其间要经过许多复杂的环节。很显然，从票据交换制度变迁需求的产生、到分组直接交换制的选定、实施等一系列过程并非突发式进行的，而是经历了许多复杂环节。从1946年10月正式决定开始设计方案到1947年7月选定分组直接交换办法，历时将近9个月，从选定方案到1948年2月21日正式开始实施又历时大半年，因此，前后耗时一年零几个月，其间经过了无数次试探性的摸索才最终完成。

上海解放后，上海票据交换所的交换制度仍然沿用分组直接交换办法，但随着交换行庄的骤减，上海票据交换所不得不进行了数次调整，由四组并为三组，又由三组并为两组，直至最后票据交换所不得不交由中国人民银行接办。

六、上海票据交换制度变迁的主要特点

近代上海票据交换的格局与制度历经二元并存到三足鼎立，再由三足鼎立到三位一体的演变，从总体上来看，具有如下一些特点。

1. 变迁历程的错综复杂性

由于华商银行、钱业和外商银行三足鼎立的金融业格局长期并存，再加上币制的混乱和独具特色的汇划票据的运用等，这些无疑导致整个近代上海票据交换制度的变迁历程极具复杂性。与金融业格局相对应的是上海的票据交换制度也一分为三，各自都形成了自己的清算中心，每个清算中心其交换机构、方法、程序等每个时期都有所变化。如，外商银行清算中心就先后由汇丰银行、中国银行、汇丰银行、正金银行担任。钱业与银行业各自的交换

制度也始终都在调整。更为复杂的是，三者之间的票据交换缺乏一个共同的平台，而是华商银行与钱业、华商银行与外商银行、外商银行与钱业两两之间分别进行票据清算，其方法与程序也不固定，因此形成"三个清算中心，六种交换方式"。这种繁杂的交换制度不仅增加了金融业的成本，也不利于票据的流通。直到战后才建立起三位一体的交换格局，然而，票据交换一体化格局后，其内部又出现许多不尽人意的地方，于是又不得不再次实施制度变革。

2. 市场诱致下的渐进性变迁

综合而观，近代上海票据交换的制度变迁基本都是在市场诱致下的渐进性变迁。由于缺乏政府的必要干预，如提供一个公共信用基础、相关政策和措施等，上海票据交换制度的变迁基本是在市场诱致下发生的。上海票据交换所是由商业银行因市场需要而自发创办并由其自行经营。上海票据交换所的交换制度随着市场的变动、需要不断作出调整，从而逐渐发展、完善。外商银行和钱业的清算制度也是在市场诱致下不断自我改造。这种变迁方式表现为自发性、盈利性和渐进性等特征。只有当新制度的推行会大大节约成本、增加赢利，市场才会自发地推动相应的制度变革，而且这一变革过程是比较缓慢的，无论是钱业和外商银行各自交换制度的演进，还是上海票据交换所的创设、发展，以至于分组直接交换制的实施等都无一例外。

3. 旧式清算制度因自我改进而不断延续

旧式清算制度包括钱业的公单清算制度和外商银行的划条清算制度，这两种清算方法实际上十分相似，所不同的是二者使用的清算工具名称不一而已，前者利用公单，后者利用划条，公单和划条虽名称各异，但发挥的效用是完全一样的。然而与现代票据交换制度相比，旧式清算制度其手续繁杂和效率低下是显而易见的。事实上，这两种清算制度存续了较长时间，究其缘由在于旧式清算制度不断地进行自我改进，逐步仿行现代票据交换制度，提高了清算效率，最终与现代票据交换制度趋同。因此，旧式清算制度才能基本满足同业对提高清算效率的要求，得以不断延续，也体现了传统与现代之间的借鉴、共生的关系。

4. 现代票据交换制度逐渐成为主流方向

票据交换所是现代的票据清算机构，无论其方法、手续，还是效率都是旧式清算机构无法相比的。因而，票据交换制度自然成为近代上海旧式清算机构变革趋新的仿效对象。事实上，钱业和外商银行最后都完全仿行上海票据交换所的制度。1937年10月起钱业开始试办同业票据交换，不久决定把票据交换所办成永久性质。同时，外商银行也摈弃了原来利用划条、寄库等方式进行清算的传统办法。"八一三"淞沪抗战爆发后，外商银行于是在汇丰银行正式创办票据交换所，太平洋战争后，外商银行票据交换所改设于正金银行。因此，票据交换制度无疑成为近代整个上海票据清算制度发展的主流方向，这也是金融现代化的必然趋势。

5.票据交换制度变迁具有一种手续由繁到简、效率由低到高、制度由非均衡到均衡的内在逻辑。

近代上海票据交换制度的变迁显然具有其内在逻辑，即手续由繁到简、效率由低到高，如钱业和外商银行的清算制度要经过分散的直接交换，以换取公单或划条，再将公单或划条集中进行轧账，因而逐渐废除公单和划条，直接进行集中交换，手续简便。而银行业在票据交换所成立前，其票据清算要假手于钱业的汇划制度，手续更是复杂，在上海票据交换所建立后，则手续极为便利。因此，随着手续由繁到简，其清算效率自然大为提高。尽管内部的清算手续较为便捷，但不同清算集团间的交换手续仍很复杂，一体化格局建立后，则消除了不同清算集团间的繁杂手续，但是一体化格局后内部对于制度的公平、合理性又产生置疑，于是，经过一系列环节，原先的直接和委托代理交换制度被否定，取而代之的是分组直接交换制，这一制度是较为合理可行的，从而最终达到了制度的均衡。

第七章
上海票据交换所与上海银钱业团体的关系

上海票据交换所是由商业银行自发创办的同业服务性机构，其主要服务对象为众多的银行和钱庄。票据交换所作为金融同业资金清算的场所，是上海金融市场的重要组成部分，因而上海票据交换所必然会与上海的银钱业团体发生种种联系，择其要者有联准会、上海银行公会、上海钱业公会等。本章试对其与上述同业团体的关系作一粗略考察，可以更进一步展现上海票据交换所发展演变的轨迹和影响。

一、上海票据交换所与银行业同业组织的关系

（一）上海票据交换所与联准会

从统系上来看，抗战胜利之前，上海票据交换所是联准会创办的一个比较特殊的附属机构，因而从财务、组织结构和人事上分析，其与联准会具有直接的从属关系。因此，二者业务上有着密切联系。另外，两者会员的构成也基本上相同。抗战胜利之后，联准会清理结束，上海票据交换所也被改组，二者关系至此完结。

首先，在财务上，票据交换所的经费开支全部由联准会承担，在该会纯益项下支付，以减轻各交换银行的负担。因此，票据交换所在财务上依赖联准会，从这一点来看，二者的从属关系十分明显。

其次，在组织结构上，二者具有上下级和附属关系。票据交换所委员会是由联准会委员银行代表大会产生，平时秉承执行委员会，办理日常交换业务，联准会委员银行代表大会是最高权力机构，二者是上下级关系。由于票据交换所是由联准会附设的机构，因而，抗战设立之前，交换所内没有设立专门的职能科，交换业务相关的计算、整理、统计等工作均由联准会的相关

职能科来完成的,如交换科、会计科等。这充分体现了二者的附属关系。然而,票据交换所显然是联准会的一个非常特殊的机构,票据交换所委员会也不同于联准会的其他委员会,如评价委员会、保管委员会等,而是专门负责票据交换事务,该业务的运作也有一定的独立性。

第三,在人事和会员的构成上,二者存在很大的交叉性。票据交换所委员会的当然委员、主席委员以及票据交换所经理一直由联准会经理朱博泉兼任。另外,大陆银行经理叶扶霄于1933年2月至1942年担任联准会执行委员,同时他于1932年11月至1942年11月又一直兼任票据交换所委员。中国垦业银行经理王伯元于1937年3月至1942年任联准会执行委员,同时他也担任了第一至第八届票据交换所委员。①再从会员的构成看,凡联准会委员银行皆可加入为交换银行,其他上海各银行或信托公司也可加入为交换银行。1932—1937年,联准会委员银行如下所示:

表7—1 联准会历年在会银行情况(1932—1937)

年份	入会委员银行	总数
1932年2月	中国、上海商业储蓄、四行储蓄会、交通、邮政储金汇业局、中国实业、四明、中南、金城、大陆、盐业、浙江兴业、浙江实业、中国垦业、东莱、中国通商、明华、国华、中国农工、通和、中孚、女子商业储蓄、永亨、江苏、中华	25
1933年9月	中汇、中华劝工、中国企业、中国国货	29
1934年2月	恒利	30
1936年2月	江浙、绸业	31
1937年3月	聚兴诚、永大、浦东	33

资料来源:转引自吴晶晶《上海银行业同业公会联合准备委员会研究(1932—1937)》,2005年复旦大学硕士论文。

上表显示,1933年9月,联准会的委员银行共29个,同时期票据交换所的交换银行共35个(见第一章内容)。将两者的会员银行相比较,联准会的委员银行除邮政储金汇业局外,均为交换银行。其余的香港国民、中兴、聚兴诚、东亚、新华信托、广东、华侨七个交换银行为非联准会会员银行。二者会员银行的主体基本是一致的。之后又有恒利、江浙、绸业、聚兴诚、永

---

① 参见吴晶晶:《上海银行业同业公会联合准备委员会研究(1932—1937)》,2005年复旦大学硕士论文。

大和浦东六家银行加入联准会，这六行有些已经是交换银行，其他的也都同时加入成为交换或代理交换银行。然而，这时候交换银行又增加了四川美丰银行、中一信托公司、中央银行、江苏农民、中国农民、川康殖业银行及农商银行，这几家都不是联准会的会员行。因而，交换所的会员行有十几家不是联准会的会员行，而联准会的会员银行基本都是加入了交换所。从这一点来看，上海票据交换所无疑是联准会的一个特殊附属机构。由于票据交换是每家银行必不可少的业务之一，且非联准会会员银行也可自愿申请加入，因此，加入交换所的银行肯定比联准会的会员银行为多。

上述这种附属关系决定了二者之间在业务上联系十分密切。交换银行的入会费、保证金均存入联准会。交换银行还在联准会开户，以便收付交换差额之需要。这些往来存款由联准会转存于中国、交通两行，中央银行加入交换后，再以四四二的比例分存于中、中、交三行。1934—1936年，交换存款数变动如下表：

表7—2　1934—1936年上海票据交换所交换存款数统计

年份	年终交换存款总数	每日平均交换存款	交换差额与交换存款之比
1933	12000万元	不详	不详
1934	10024万元	不详	31比1
1935	11820万元	8413万元	22比1
1936	9884万4千元	9592万4千元	16比1
1937	3737万9千元	8234.9万元	不详

资料来源：①1934年上海票据交换所报告书；②1935年上海票据交换所报告书；③1936年上海票据交换所报告书，联准会档案S177-2-647。④吴晶晶：《上海银行业同业公会联合准备委员会研究（1932—1937）》，2005年复旦大学硕士论文。

上表显示，1933年终，联准会收到的交换存款总数达12000万元，但到1937年终就骤减为3737万9千元。这些交换存款大大增强了联准会的准备基金，联准会可以暂时运用一部分交换存款以资调剂。1933年5月，朱博泉就建议，联准会规定以交换银行往来存款总额之若干，为公单付款、拆放及贴现的基金。该成数暂定为十分之二，经过执行委员会的同意可以变更，并以十分之四为上限。① 另外，交换银行在其交换存款不足支付其交换差额的时候，也可

---

① 转引自吴晶晶：《上海银行业同业公会联合准备委员会研究（1932—1937）》，2005年复旦大学硕士论文。

以向联准会拆款。1935年6月24日，联准会对交换银行拆款办法修正如下：

（1）交换银行需要银元头寸时，可依照本会公单拆放章程之规定，以公单向本会拆借，其欠息按照本会每日挂牌公单拆款息计算，每月结算一次。

（2）交换银行需要汇划银元头寸时，得以公单或以银元存款余额作抵向本会拆借，其欠息按照钱业月结息加一厘半计算，每月结算一次。

（3）交换银行间得互相拆款，通知本会，在各该行往来户收付之。①

1935年7月联准会自身加入交换后，委托交换银行的票据交换大部分改由联准会代理，退票也由联准会集中办理。此外，票据交换业务经常是以"本会"的名义开展的，因为票据交换所作为其附属机构有时不需特别指出。如在交换表单上的落款为"上海联合准备委员会台照"，都直接以联准会的名义。联准会为了改进票据交换制度，还曾以该会的名义于1934年1月发布《调查国内各地金融业票款清算习惯征文启事》，内容如下：

本会自二十二年一月十日创办票据交换所以来，时历一载，交换数量日增，同业便利日显，惟服务范围犹未能遍及于沪市金融业之全体，虽粗具成绩，去理想尚远，扩充改进，诸待力行搜讨研求，未容稍懈也。又自本会票据交换实行后，他地金融同业亦有积极举办之议，宁、杭、津、汉等处同业先后派员来会考察，详加咨询，具见事属切要，已由提倡而进于实行，声应气求，实堪欣幸。本会省察既往经历，瞻望此后进境，深觉事之兴革，必先于实际习惯，有明澈之认识与研究，因势利导，乃克有济，更赖博采众见，期臻妥善，爰拟调查国内金融同业票款清算习惯及其利弊所在，征求改进意见，由会整理编辑刊印成书，为本会自身研求借镜之资，供各地同志筹划缔造之助，兹订定征文简章，敬乞国内金融界人士本其观察研究所得，惠赐鸿文，不胜厚幸。②

---

① 1935年上海票据交换所报告书，复旦大学图书馆藏书，出版信息不详。
② 《上海银行业同业公会联合准备委员会调查国内各地金融业票款清算习惯征文启事》，《银行周报》第18卷第1期，1934年1月16日。

第七章 上海票据交换所与上海银钱业团体的关系

总之,上海票据交换所是联准会的一个比较特殊的附属机构,联准会也承担了许多相关的票据交换工作,二者的共同协作使票据交换业务得以顺利进行。

(二) 上海票据交换所与上海银行公会[①]

1. 抗战胜利前二者的特殊关系

抗战胜利前,上海票据交换所与上海银行公会的关系极为特殊,二者有一定的联系,但关系又极不密切。上海银行公会一直将创办票据交换所作为自己的一项重要任务,前文曾分析了上海银行公会五次试图筹建票据交换所,以及联准会成立不久,上海银行公会即委托联准会创办票据交换所,但均未能实现。之后,联准会重新提议并开始筹备,附设于该会的票据交换所最终于1933年1月正式成立。因此,银行公会对票据交换所的正式建立仅有间接影响,上海银行公会没有参与其中的筹备工作,因而票据交换所建成后与银行公会的关系并不十分密切。另外,这也是由于联准会与上海银行公会的关系比较特殊所导致的。有学者就认为:名义上,联准会是银行公会的附属机构,但在实际运作中,联准会却表现出相当的独立性,无论人事还是财务,都与银行公会没有直接的从属关系,从业务角度来看,除了将重要文件及每年的业务报告送银行公会备案之外,联准会跟银行公会仍然甚少发生往来。联准会及票据交换所成立之初,无论是否银行公会会员皆可加入,直至银行公会第64次执委会(1935年3月16日)决议:"凡加入联合准备委员会之银行,须同时加入本会为会员",这种松散的行政隶属关系才被加以强调。[②] 联准会的委员银行代表大会对该会事务具有最高决策权,其作出的决议可以直接施行,不需要再提请银行公会讨论通过。票据交换所直接与联准会往来,而不需直接与银行公会往来,而且票据交换所又是联准会的一个比较特殊的附属机构。抗战胜利前,上海银行公会执行委员会和委员银行代表大会历次会议的议程当中基本上没有专门讨论过有关票据交换的事务。

尽管票据交换所与上海银行公会的关系疏远,但在会员银行的构成和

---

① 上海银行公会自1918年正式建立到1949年停止活动,因改组关系曾几次变更名称,如从"上海银行公会(1918年7月—1931年9月)"到"上海市银行业同业公会(1931年10月—1945年8月)",再到"上海市银行商业同业公会(1946年5月—1949年)"。为行文方便,统称为上海银行公会。

② 吴晶晶:《上海银行业同业公会联合准备委员会研究(1932—1937)》,2005年复旦大学硕士论文。

人事上二者仍有较多联系，而这种人事上的联系也仅是两者形式上的联系。1937年7月，二者会员银行的构成如下：

表7—3　1937年7月上海银行公会会员与交换银行的对比

银行公会会员	二者共同的会员银行	交换银行
至中、正明商业储蓄银行、中和商业储蓄银行（3家）	中国、交通、浙江兴业、浙江实业、上海商业储蓄银行、盐业银行、中孚、聚兴诚、四明、中华商业储蓄银行、金城、新华储蓄银行、东莱、大陆、东亚、广东、永亨、中国实业、中国通商、中南、华侨、江苏、国华、中国垦业、中国农工、中兴、通和、中国国货、中汇、上海绸业、中国企业、中华劝工、女子商业储蓄银行、四川美丰、中国农民、江苏农民、浙江地方、永大、浦东商业储蓄银行、农商、川康平民、上海市银行（42家）	中央、四行储蓄会、中一信托，联准会自身除外（3家）

资料来源：①1937年票据交换所月报，上海票据交换所档案Q52-2-9；②王晶：《上海银行公会研究（1927—1937）》，2003年复旦大学博士论文。

从上表来看，二者不仅会员的数量基本相同，其构成也绝大部分相同，仅有3家会员是各不相同的。而银行公会中不是交换银行的3家会员后来也先后加入交换。交换银行当中的3家非银行公会会员银行，除中一信托公司外，都未曾加入银行公会。到1945年8月，上海银行公会会员银行共193家，而交换、代理交换银行115家（联准会除外），交换、代理交换银行当中只有伪中储行、四行储蓄会、新大、中华实业、振兴5家银行不是银行公会成员。[①]另外，人事上二者也有互相兼职的情况，而且很多都是银行公会管理层当中的重要职员兼任票据交换所委员，如下表：

表7—4　抗战胜利前银行公会与上海票据交换所中互相兼职人员名单

任期	银行公会执行、常务委员等	任期	票据交换所委员会委员
1933.9—1935.9	叶扶霄（常务委员）、王伯元（执行委员）	1932.11—1936.2	叶扶霄、王伯元
1935.9—1937.6	王伯元（执行委员）、瞿季刚（执行委员）	1936.2—1937.3	王伯元、瞿季刚

---

① 有关银行公会会员的资料转引自张天政：《上海银行公会研究（1937—1945）》，2004年复旦大学博士论文。

续表

任期	银行公会执行、常务委员等	任期	票据交换所委员会委员
1937.6—1941.12	杨介眉（常务委员）、王伯元（执行委员）、瞿季刚（执行委员）、陈朵如（执行委员）	1937.2—1942.11	杨介眉、王伯元、瞿季刚、陈朵如
1943.6	叶扶霄（理事长）、朱博泉（常务理事）、陈朵如（理事）、孙瑞璜（理事）、王伯元（理事）	1942.11—1945	朱博泉、叶扶霄、陈朵如、孙瑞璜、王伯元
1944.6	叶扶霄（理事长）、朱博泉（常务理事）、陈朵如（理事）、孙瑞璜（理事）、王伯元（理事）		

资料来源：①王晶：《上海银行公会研究（1927—1937）》，2003年复旦大学博士论文；②张天政：《上海银行公会研究（1937—1945）》，2004年复旦大学博士论文。

当然，在关乎全体银行利益的问题上，上海银行公会则会积极参与相关问题的决策。如，1935年6月间，钱业发生风潮，当时各行存放钱业款项调度上益感困难，乃由银钱业双方议定采行集中汇划办法。上海银行公会对钱业公会议定的办法多次进行讨论，又制定相应的试行办法，并成立专门小组委员会议定《银钱业汇划票据收解集中办法》6条等。联准会和票据交换所遵照这一办法，实行银钱业集中汇划。再如，1941年12月10日，上海银钱两业公会联席会议议决成立上海市银钱业同业会员临时联合委员会，推定吴蕴斋、潘久芬、王伯元、周叔廉、朱如堂、叶扶霄、竹森生、朱博泉、徐懋棠和钱业的裴云卿、陆书臣、王怀廉12人为该委员会委员。在此后的一年多时间内，银钱两业公会以该委员会的名义，与日伪当局进行接洽或办理交涉，试图在恶劣的政治环境中，促使各银行钱庄逐步恢复开展金融业务（包括票据交换业务），尽可能地减少日伪势力对同业及客户利益的侵害。到1943年3月，该临时委员会终因日伪当局的压迫而解散，结束了它的历史使命。①

还需指出的是，上海票据交换所有时也必须请上海银行公会出面进行协调。如，票据交换所认为"各银行例假之不一致久为同业往来不便原因之一，尤其于交换上颇觉不便，本会宜设法统一交换银行假期，应请同业公会酌核办理"。1933年7月12日，票据交换所委员会建议同业公会将会员假期规定如下：

---

① 李一翔：《近代中国银行与钱庄关系研究》，学林出版社2005年12月版，第256页；张天政：《上海银行公会研究（1937—1945）》，2004年复旦大学博士学位论文。

（1）请将同业营业规程第五款内之春假由3日改为4日；

（2）公会会员假期应完全依照营业规程第3条第1款至第5款之规定（倘目前事实上不得不有例外者则至少例外各行须一致），兹列举如下：星期日、国庆日、新年3日、半年决算2日、春假4日、夏秋假各1日，其第6款中外银行习惯上之休假日宜即废除；

（3）会员规定例假或例假中有为星期日者，应于该例假日数届满之次日补足一日。①

12月间，上海银行公会公布订定明年会员例假日期，除少数广东银行因有特殊关系尚未一致外，各行均已同意，但统一假期仍不能完全实现。又如，1935年12月联准会决议邀请中央银行加入票据交换所，这也必须由银行公会出面。因此，涉及整个银行同业问题时，当然还包括同钱业公会、外商银行的协商，只有请银行公会出面才能协调。

2. 抗战胜利后二者隶属关系的确立

从1945年10月8日宣布对上海票据交换所改组到1946年8月12日该所第一届执行委员会成立，这是上海票据交换所管理机构的过渡时期。由于银行和钱业公会尚处在整理当中，新组设的票据交换所委员会成为临时性的管理机构。1946年6月，银钱业两公会因本身改选事项业已完成，正常工作逐步恢复，经中央银行批准认可，上海票据交换所仍由两公会主办，于是商承中央银行赞同，由两公会拟订交换所章程呈请财政部核示。8月2日，财政部核准同意由两公会拟订的章程，并自行推选执行委员接办。因此，这时从统系上讲，上海票据交换所是上海银行公会和上海钱业公会的下属机构。上海票据交换所执行委员中的银行代表是由银行公会推选产生的，但上海票据交换所执行委员会是相对独立运作的，且具有决策权，除一些重大问题需提请银行公会核定外，一般情况只是将决议报请银行公会备案而已。实际上，上海票据交换所有很大的独立性，而且交换经费也由其自身解决，不需依赖银行公会。上海票据交换所与上海银行公会在组织上的隶属关系同之前该所与联准会的隶属关系相比，显然要松散得多。

战后，上海票据交换所与上海银行公会在人事、会员构成上仍有较多联

---

① 票据交换所委员会第十次会议记录（1933年7月12日），联准会档案 S177-1-18。

系。1946年3月,上海银行商业同业公会选举出理监事,其中有常务理事徐维明、李道南,常务监事骆清华,监事朱闰生等。① 以上4人同时还兼任改组后新成立的票据交换所委员。1946年8月选举出上海票据交换所第一届执行委员,其中徐维明当选为常务委员,李道南任执行委员。1948年5月28日,上海银行商业同业公会第15届会员大会选举产生新的理监事,其中徐维明、李道南继续担任常务理事,包玉刚、王伯天、王绍贤3人又当选为理事,周德孙为候补监事。② 此时,徐仍兼任交换所常务委员,而其他4人也都是交换所执行委员。上海银行公会的会员银行绝大部分都是上海票据交换所的交换或代理交换银行。1946年3月,上海银行公会有234家会员银行,其中银行占123家,钱庄77家,信托业14家,储蓄会、局2家,合作金库1家,外商银行11家,银公司3家,银号3家。③ 同时期,上海票据交换所的交换行庄共有150家,其中私营银行80家,钱庄48家,信托公司7家,外商银行9家。因此,该所的交换行庄基本上同时又是银行公会的会员银行。

另外,对于一些重大问题或上海票据交换所自身无法处理的问题则需提请银行公会处决,并由其出面协调。如,上海票据交换所在筹备分组直接交换期间,对于增设交换场所需房屋就请银行公会出面解决,结果由银行公会与各有关方面洽商才得以解决。再如1948年2月,经理曹吉如提议"近来交换票据金额递见增加,每日交换总额达10万亿元之巨,数字档位则达16位之多,特临时提议,凡行庄公司票据金额概以千元为最小档位,千元以下之数拟不采取四舍五入制,而概行舍去不计,以资简捷而利清算,由所建议银钱两公会转呈财政部核定是否可行"。各执行委员讨论后,对于减少档位均表赞同,但对于以千元为最小档位能否获得财政当局之核准表示担忧,因而议决"凡行庄公司票据金额以元为最小单位,元以下之数,概行舍去不计,仍由所陈请银钱两公会转呈财政部核定施行"。④

上海银行公会作为上海票据交换所的上级组织,有时会因其他机构的请

---

① 《1947年上海市年鉴》,第 H31 页。
② 上海市银行商业同业公会第十五届会员大会会议录(1948年5月28日),《银行周报》第32卷第27期,1948年7月5日。
③ 《1947年上海市年鉴》,第 H31 页。
④ 上海票据交换所第一届执行委员会第八次会议记录(1948年2月26日),上海票据交换所档案 S180-1-12。

求敦促该所对交换业务加以改进。例如，中央合作金库曾致函银行公会："本库为国家金融机构之一，并奉参加四联总处与四行两局，负有同等任务，望设法将本库号码提至50号以前。"1947年3月21日，银行公会便致函上海票据交换所："查该分库所称交换号码能否设法提前，使能参加直接交换一节，事关交换实务之是否可予变更，即希酌夺见复，以便核转。"[①]此前，该库曾数度向陈常委提出，陈常委的答复为"50号前之交换席次已经额满，恐难设法，如贵公库坚持原意，应请总库函致两公会洽商"。不久，王紫霜监理与陈常委商谈此事，王监理认为"交换所自身之50号席次因自身并无票据，似可以50号号次让给该库，本所改用'特'字号参加交换"。这样在交换实务上并无困难，最后决定"中央合作金库上海分库准改列为第50号交换行庄参加直接交换，本所自身改为'特'字号。兹由所与该库洽定自4月15日起由所将该库列为第50号交换行庄参加直接交换，该分库原有交换号87号同日起撤销，本所自身交换号次，亦于同日起改为'特'字号，各行庄应用表单中有因上述更换交换号次关系须有更改之处，已由本所另行印制新表单"。[②]6月9日，中华民国银行商业同业公会联合会曾要求上海银行公会及票据交换所会商，切实改善现行交换办法，提前办到直接交换。6月13日，上海银行公会便致函上海票据交换所，指出："本会接全国银行会联合会函请与贵所会商提前办到直接交换等因，拟请贵所将上年早经研究之分组直接交换一事并案办理，示复，以便讨论进行。"[③]因而，上海票据交换所接到通函后又决定将原拟"分组直接交换制"继续征询50号以后行庄意见，经大多数行庄认可后即开始筹办，并正式实施。

此外，上海银行公也会就相关业务作出决议或制定办法，要求所方进行研讨，并通函会员银行执行。1947年10月22日，上海银行公会召集第17次理监事联席会议，讨论同业一般业务情形。与会的理监事认为"交换退票日见增多，交换所职司票据交换，为全市金融业清算机关，与各行庄发生直接关系，既深且切。凡退票时间等牵涉同业业务上之利害。若某一行庄不能解足交换差额，被停止交换时，该所发出停止交换之通知书，可能在时间上会

---

① 上海票据交换所第一届执行委员会第四次会议记录（1947年3月26日），上海票据交换所档案 S180-1-12。
② 所字第132号通函（1947年3月26日），上海票据交换所档案 S180-2-197。
③ 上海市银行业商业同业公会来函（1947年6月13日），上海票据交换所档案 S180-1-20。

发生责任问题"，会员聚兴诚银行曾对此已有二点提议：

（1）行庄代收票据在通常退票时间后，偶有因特殊事故将现款通融付与委托人，且于次日营业时间内，委托人已将代收款提用后，代收行庄方接获某付款行庄遭停止交换之处分者，此两种现象均非当日抵用①可比。前者尤以为非营业时间内，为代收行庄之徇情。如属后者，则代收行庄更不能无辜受损。

（2）外埠联行寄来汇票或其他代收票据，在退票时间后例须以快电咨照收清与否，在外埠联行以接获收清电后，委托人已将款支取，此后发生代收行庄之当地再退票事实，此责任究将谁属。②

上述二点经银行公会转函交换所及银行学会分别进行研究，交换所和银行学会分别将研究结果函致银行公会。上海银行公会认为"关于第一点后段，交换行庄当日交换差额及退票后缺额，依照该所规定应于下午8时前补足，逾时未能补解，应予停止交换，所有停止交换通知之送达，原则上可以当日办妥，惟该所系同业集体组织，首重同业集体之安全，遇有行庄周转失灵，诚恐牵一发而动全局，故在不致妨害同业收付及业务范围内，总予尽量通融。非不知延长补足缺额时间，该所所负责任之重大，然为顾全整个交换集团安全计，自有其万不得已之困难情形，尤其在最后一点钟或半点钟之间，出入所在，真有千钧一发之势，但金融动荡之今日可能因此发生时间上之责任委托，自不得不迅谋预防方法。至于第二点外埠联行托收票据应快电咨询一节，按例自应于翌日晨营业时间开始后，票据收清再行拍发，惟可视付款行之信用，自行斟酌活用"。公会各理监事对于第一点问题经长时间的审议，并参考交换所及银行学会的报告，仍觉得交换行庄之集体安全应尽力维护，而交换所本身责任也应兼筹并顾，因而为加强各行庄与交换所联系起见，决议如下：

---

① 即指票据抵用。票据抵用是指客户解入银行的票据或委托银行收款的票据，在办妥入账手续后可以支用款项的行为。银行开户单位将收进的他行票据委托开户银行收款，经过银行办理票据交换、款项划转等手续，当日可以收妥入账支用的，称为当日票据抵用。
② 上海市银行业同业公会通函通字第262号（1947年10月25日），《银行周报》，第31卷第46期，1947年11月17日。

嗣后凡交换行庄应于每日上午8时半以前，各派员1人至该所报到（开始日期由交换所订定通知）。其任务为与该所取得种种联络，举凡每天交换完毕之时间，退票之数量金额均由该所预为揭示，至迟不得逾上午8时半之定限，庶各行所派之员可以摘录接洽，如有重大事故，尤不难立时获悉，携同通知，各自回行报告，分工合作，迅速收效。自可避免因送达通知之迟速，而发生时间上之责任等弊患，惟此事须各行庄经常注意，而所派人员亦须绝对负责，否则日久懈怠，或有隔膜，自非该所之咎。其一切报到详细手续，由两公会函知交换所从速拟订，定期另行通告实施。①

上海银行公会将上述决议分别通告各会员银行，切实查照办理。可见，上海银行公会对于退票时间和在时间发生的责任等涉及全体银行业利益的问题非常重视，经过与交换所反复协商后才得以解决。

由于政局的巨变，上海解放前后银行公会的会务实际上陷于停顿。1949年4月26日，成立银行、钱业和信托三公会小组委员会，负责办理非常时期的日常工作，包括票据交换业务在内，并决定组织票据交换所临时管理委员会。因此，此时上海票据交换所与银行公会之间的隶属关系已基本结束。12月28日，三公会联合组织的上海金融业同业公会筹备委员会正式成立，12月31日，上海银行公会宣布终止公会会务，并向金融业同业公会筹备委员递交了移交清册目录。②

（三）上海票据交换所与上海金融业同业公会筹备委员会③

1949年12月28日金融业公会筹备会正式成立，上海票据交换所即改隶于该筹备会，到1951年1月28日上海市金融业同业公会正式成立，金融业公会筹备会历时一年多。而上海市金融业同业公会成立后，上海票据交换所即由中国人民银行上海分行接办。因而，上海票据交换所与金融业公会筹备会之

---

① 上海市银行业同业公会通函通字第262号（1947年10月25日），《银行周报》，第31卷第46期，1947年11月17日。
② 张徐乐：《上海银行公会结束始末述论》，《中国经济史研究》，2003年第3期。
③ 上海金融业同业公会筹备会是由银行、钱业和信托三公会联合组成的，但是银行业在其中占据主导地位，无论是会员还是筹备委员和下设委员会的主任委员绝大部分都是来自银行方面，因而为行文方便暂且把金融业公会筹备会列为银行业同业组织。

间存在一种名副其实的从属关系。与前银行公会相比，二者的从属关系更加明确具体。

首先，在组织结构上，金融业公会筹备会专门设立票据交换所管理委员会，作为其下属的管理机构之一。金融业公会筹备会不设理事会、监事会，而实行委员会制，下设9个委员会：（1）组织委员会：审查会员资格；分组；调整会员组别。（2）业务计划委员会：改善业务；推进业务；推行政府政策。（3）法规委员会：协助研究金融政策；审核金融法规之实施。（4）文教委员会：规划金融业人员学习；规划金融业出版；规划金融业各种文教等事项。（5）财务委员会：筹划各项临时经费；审核会计账目等。（6）财产保管委员会：保管财产契据及关于财产等重要文件；财产之处理及变更。（7）票据交换所管理委员会：核定各项章则；决定重要事务；重要职员之任免；本所预算决算之审核等。（8）利率委员会：议订存放款利率。（9）国内汇兑管理委员会：配合国家政策发展国内汇兑；内汇市场之管理；内汇汇率之议订；同业内汇交易之核计；同业内汇交易上争执之调处等。[①] 此前，交换所与银行公会实际上仅存在名义上的隶属关系，这时票据交换所管理委员会并非独立存在，而是金融业公会筹备会的下属委员会之一，再由交换所管委会负责其下辖的上海票据交换所的运作、决策等事务，是金融业公会筹备会下设的9个委员会中较为重要和特殊的机构之一。此外，1950年7月的上海票据交换所章程中也明确规定上海市金融业同业公会依据组织规程设立上海票据交换所，办理全市金融业票据交换事宜。

其次，在人事关系上，二者联系密切。金融业公会筹备会共设27位筹备委员，其中项叔翔为主任委员，项克方、王志莘、沈日新、毛啸岑、蔡松甫为副主任委员，另有21位筹备委员分别来自不同性质的金融机构，即卢钝根（中国人民银行上海分行副经理），杨修范（交通银行上海分行副经理），伍克家（上海商业储蓄银行总经理），陈朵如（浙江第一银行总经理），殷纪常（金城银行副总经理），张重威（中南银行副总经理），谈公远（大陆银行经理），袁尹邠（聚兴诚银行经理），胡铭绅（和成银行上海分行经理），陆允升（中贸银行总经理），罗伯康（中华银行经理），邓瑞人（国华银行总经理），王仰苏（均泰钱庄经理），陆书臣（顺康钱庄经理），裴鉴德（同润钱庄经理），沈浩

---

① 张徐乐：《上海金融业同业公会筹备会述略》，见复旦大学中国金融史研究中心编：《上海金融中心地位的变迁》，中国金融史集刊第一辑，复旦大学出版社2005年9月版。

生（宝丰钱庄经理）、黄立鼎（宏昶钱庄经理）、王怀廉（聚康兴钱庄经理）、夏杏芳（金源钱庄总经理）、孙翼青（徽祥钱庄经理）、严成德（中一信托公司总经理）。① 其中副主任委员王志莘、沈日新、毛啸岑在票据交换所管理委员会兼任副主任委员或委员，其他还有卢钝根、殷纪常、陆允升、王仰苏、裴鉴德、王怀廉、夏杏芳等筹备委员也同时兼任票交所管委会主任委员或委员。

还需指出的是，这时二者的会员银行已经完全趋于一致。如1950年6月底止，金融公会筹备会共有会员75家，包括由国家直接掌握的金融机构、公私合营银行和私营行庄公司。② 同一时期，上海票据交换所的交换行庄公司共85家，除了10家外商银行外，也正好是75家，说明二者的会员是一致的。

二、上海票据交换所与上海钱业公会的关系③

上海钱业公会是近代上海具有相当影响力的金融同业组织之一，也是历史最为悠久的金融业团体。1917年2月，上海南市与北市的钱业团体合并为统一的钱业公会。此后，曾先后改名为上海市钱庄业同业公会（1931年起）、上海特别市钱庄业公会（1943年起）、上海钱商业同业公会（1946年起）等，直到1949年12月28日，与银行公会、信托业公会合并组成统一的上海市金融业同业公会筹备会。为行文方便，本书将其统称为上海钱业公会。上海钱业公会还先后附设汇划总会和钱业联合准备库（简称钱库）。汇划总会办理钱业内部的票据清算，而钱库主要负责同业对本国银行和外商银行的票据收解，抗战爆发后，汇划总会不复存在，由钱库所取代。因此，抗战胜利前，上海票据交换所与上海钱业公会的关系主要是指与其附设机构汇划总会和钱库而言。

（一）抗战胜利之前的竞争与合作

由于抗战胜利之前的票据交换所是联准会的附属机构，因此，上海钱业公会更多是与联准会直接往来，很少单独与票据交换所发生联系。上海钱业

---

① 张徐乐：《上海金融业同业公会筹备会述略》，见复旦大学中国金融史研究中心编：《上海金融中心地位的变迁》，中国金融史集刊第一辑，复旦大学出版社2005年9月版。
② 张徐乐：《上海私营金融业研究（1949—1952）》，复旦大学出版社2006年1月版，第304页。
③ 现有研究成果对此缺乏专门、深入地探讨，有些已有观点还存在较多疏漏之处。即使是研究银行和钱庄关系的专著（李一翔：《近代中国银行与钱庄关系研究》，学林出版社2005年12月版）也并未对此加以系统分析。

公会（汇划总会、钱库）与联准会（票据交换所）之间存在既竞争又合作的关系，二者在各自独立发展自己的票据交换业务的同时，也有过数次的合作。

1．二者的竞争以及钱业对银行交换制度的借鉴

钱业公会附设的汇划总会可以说是票据交换所的雏形，银行与钱庄以及银行与银行之间的票据收解都必须借助于汇划总会办理。随着银行业资力的不断上升，逐渐要求变革这种受制于人的清算方式。上海票据交换所于1933年1月成立以后，于是担起银行业间的票据交换业务，由此，银钱业票据清算开始分立，各自独立发展自己的票据交换业务。凭借着高效的运作机制，上海票据交换所的作用和影响越来越大，成为上海又一个新的票据清算中心。然而，此时的钱业汇划制度也仍旧按照它自身的发展轨迹在运转，钱业间的票据清算仍由汇划总会办理，钱庄与本国银行以及钱庄与外滩银行之间的票据收解由钱库负责办理。因此，汇划总会依然是一个重要的票据清算中心，只不过它的业务因银行业的票据交换独立出来而略有下降，而且成立初期的上海票据交换所其票据交换数额也远不如汇划总会。此时，汇划总会和上海票据交换所只能说是并行发展。

上海票据交换所采用的是新型的票据交换方法，而钱业之间的汇划制度则比较原始、落后，因此钱业票据清算方式在其演进中也不断借鉴、吸收上海票据交换所的运作方式，二者的票据交换制度最终出现趋同的现象。1937年10月，上海钱业公会决定在钱库内正式建立票据交换所，11月，又决定将其办成永久性质的清算机构，交换办法与上海票据交换所基本相同，于是钱业以票据交换所取代原有的汇划总会。1941年，钱业的票据交换所模仿银行业的票据交换方法，使用差额报告表代替公单，从而彻底废除了公单制度。1942年，钱库再次改善交换制度，采用上海票据交换所的定时交换制度。

另外，从钱库制定的一些具体交换办法也可以看出，钱库对上海票据交换所相关制度的借鉴。1941年3月26日，钱库临时执行委员会修正通过《本库办理同业收解办法》，主要规定了交换钱庄的送票时间，交换差额补足时间及手续等。由于钱库同业交换票据激增，事务纷繁，而各交换钱庄间有不依章则办理，以致错账层出，如上午9时开始交换，各钱庄应行提出交换票据竟不于前1日预为整理，甚或交换员迟到、早退，并有故意将第一报告书延不缴库，以致影响整个交换清算工作。为此，钱库于1943年10月拟订《上海钱庄

业联合准备库同业交换罚则暂行办法》17条和《上海特别市钱庄业联合准备库同业票据交换规则》，以便整饬和改善交换秩序。[①] 前一办法主要对交换过程中各项手续发生的错误给予一定处罚。《同业票据交换规则》经钱业公会第3届第3次理监事会议决议修正后，于11月1日起正式公布施行。其内容主要有：每庄派交换员2人按时到场，不得迟到、早退；同业交换之票据限于入会之会员钱庄票据；非会员钱庄可以委托入会之会员钱庄代理之；票据交换的时间规定；同业办理票据交换之各项手续；交换时间以后票据交换及退票等处理的手续以及交换员违背情事其处理办法等。[②]

以上钱业制定的各项交换手续、退票及对交换错误的处罚等均借鉴了上海票据交换所的相关制度，1942年以后的钱业清算制度与上海票据交换所的现行制度已经没有太大差别了。上海钱业公会附设的汇划总会、钱库与上海票据交换所的交换制度在并行发展和共生共存中，钱库主动仿行银行业的票据交换制度，最终二者趋同。

实际上，从同业交换票据数额来看，上海票据交换所与钱库两者也相差无几，即使是上海票据交换所成立10余年后的1944年。如下表所示：

表7—5 1944年上海票据交换所与钱库票据交换所同业交换数额比较

月份 （1944年）	上海票据交换所		钱库票据交换所	
	张数	金额（元）	张数	金额（元）
7月	251,888	15,119,308,446.85	258,552	15,740,660,515.83
8月	310,906	23,154,698,005.09	328,300	27,105,116,006.21
9月	340,108	26,686,986,673.84	327,653	29,104,015,985.75
10月	373,467	36,100,617,031.34	351,063	33,986,233,914.04
11月	334,299	36,120,868,465.85	325,956	36,122,400,598.66
12月	379,625	55,643,295,494.70	367,918	59,136,623,652.69

附注：上海票据交换所的各项数额不包括交换和代理交换银行以外的代收数额。

资料来源：①1944年上海票据交换所月报，上海票据交换所档案Q52-2-16；②本会1936—1945年会员代表大会记录，钱业联合准备库档案S178—1—1。

---

① 上海市钱业联合准备库同业票据交换规则以及拟办理隔日交换办法征求会员庄意见的文书。钱业联合准备库档案S178-2-45。

② 《上海特别市钱庄业联合准备库同业票据交换规则》（1943年10月12日修正），钱业联合准备库档案S178-1-12。

从上表明显可以看出，1944年7—12月，上海票据交换所和钱库票据交换所同业票据交换数额，无论张数或金额都大体相当。这无疑说明，此时二者仍然分别是银行业和钱业的票据清算中心，而且势均力敌。这时，钱库作为一个重要清算中心的地位是无法替代的。

2. 非常时期的两次合作

联准会之票据交换所成立伊始，即开始谋求与钱库的合作，以使票据交换更为便利。朱博泉当时就指出："华商银行同业内部及钱庄同业内部其交换制度，现在既各具相当成绩，而彼此收解仍以极不便利、极不经济之方法为之。以两者间收付往来之繁忙，业务关系之密切，其间交换制度之接连与沟通，实为当前急务之一。……目下，华商银行之同业收付以交换所为集中点，钱庄之同业收付以汇划总会为集中点，今后可由银行联合准备委员会及钱业联合准备库两者已成立之组合团体，商订一互相交换之具体办法，使华商银行收钱庄之票据集中于交换所，使钱庄收华商银行之票据集中于钱业准备库或钱业交换所，再于两集中点互为交换，则各银行各钱庄收付票据其可以由交换而获清偿者，将为全数75%以上。"①可见，上海票据交换所成立不久，朱博泉即认识到银行与钱业之间的票据清算缺乏沟通渠道，提出双方实行集中交换的设想。

联准会经理朱博泉与钱库章程的起草人，钱业公会秘书长秦襗卿商谈此事，秦襗卿表示原则上当然赞成，但自废两改元后，同业汇划的收解已经不归该库办理，各会员对于此事的意见尚未一致，他曾与秦润卿交换过看法，认为事关重大，应该从长计议。于是，联准会首次尝试与钱库合作的计划，便在"尚须宽以时日，继续筹商"的结论中不了了之。②

时人潘恒勤也曾提出"在未废除汇划隔日收现办法以前，则银钱业交换票据之先行合作洵为当务之急矣"，并制定如下合作办法：①钱业准备库代表各汇划钱庄，加入交换所为交换员；②中、交两行与钱业逐步开立划头户及汇划户，以便调拨；③各交换银行收入各汇划钱庄票据，应在交换所提出向

---

① 朱博泉：《上海票据交换所之过去现在与将来》，《银行周报》第17卷第16期，1933年5月2日。

② 转引自吴晶晶：《上海银行业同业公会联合准备委员会研究（1932—1937）》，2005年复旦大学硕士论文。

钱业准备库交换，再由准备库照转付款钱庄之账；④各汇划钱庄收入各交换银行票据，应送准备库，在交换所提出向各行交换。①

因此，以上关于银钱业票据交换合作的尝试或者设想充分说明，二者都在独自发展自己的交换业务，而缺乏一个相互沟通的平台，然而在非常时期，两者之间曾有过两次合作。

（1）第一次合作

因为受美国1934年白银政策的巨大冲击和影响，再加之中国自身农业和工商业的萧条以及金融业的畸形发展，上海钱庄业在此次白银风潮中遭遇格外的打击。许多钱庄纷纷停业清理或倒闭，如下表：

表7—6 1932—1936年新设、歇业钱庄一览表

年份	家数	新设		歇业	
		庄名	家数	庄名	家数
1932	72	生昶	1	同新，厚丰，益慎，慎益，义兴	5
1933	68	仁昶，同庆，慎源	3	元大，仁亨，永聚，长盛，源昇，汇昶，鼎盛	7
1934	55	同润，惠昌	2	同安，同春，恒祥，益丰，乾元	5
1935	48	—	—	永兴，永丰，同泰，信康，益昌，益康，寅泰，荣康，德昶，宝大裕	10
1936	46	—	—	生昶，志诚，恒赉，恒兴，义生，福泰，宝昶	7

资料来源：《上海钱庄史料》，上海人民出版社1960年3月版，第261页。

上表显示，1935年有多达10家钱庄歇业，而且没有一家新设钱庄。然而，钱庄老板手中不乏房地产，但这时房地产已无人问津，不能换成现款，钱庄生存岌岌可危，不得不向国家银行求救。②因此，在对钱业实施救济的过程中，上海钱庄业进一步被南京国民政府和中、中、交等大银行所控制。许多交换银行都在往来钱庄有存款，以备汇划之需。这时，各钱庄的资金调度皆发生困难，上海钱业公会不得不制定应对之策。尽管银行业票据交换所已经成立，但银钱业之间的票据清算仍要通过汇划总会。1935年6月10日下午，上海钱

---

① 潘恒勤：《银钱业交换票据应先合作》（1934年6月12日），见潘恒勤：《金融问题讨论集》，商务印书馆1948年11月版。
② 《上海金融史话》，上海人民出版社1978年6月版，第128页。

业公会召开经理会议，决定组织特别委员会。当晚10时，钱业公会特别委员会举行会议，出席者有秦润卿、裴云卿、俞佐廷、钱远声、刘午桥、傅松年、邵燕山、谢韬甫、席季明、李寿山、王怀廉、盛筱珊、陈绳武等，①财政部钱业监理委员会主席徐堪列席参加。这次特别委员会会议一直进行到次日晨2时许始散。会议通过了五项办法，翌日公会通告各庄。②（五项办法内容见第六章）钱业制定的办法实际上是一种联合准备制度，即将以前分散存放于各庄的银行存款全部集中于钱库，钱庄不再收银行存款，钱庄需要汇划头寸向钱库拆借，而钱库还可以向银团拆借。这一办法使得原来分散的资金全部集中于钱库，有利于钱庄之间的资金周转和调度。上海银行公会和外商银行即召集会议进行详加研讨，最后均表赞同。上海银行公会还拟定相应的补充办法，并组织小组委员会从详讨论。12日下午4时30分，该小组委员会在香港路银行公会大楼举行会议，出席委员：中国、交通、上海、浙江兴业、浙江实业、金城、大陆、中南、盐业等9行委员9人，暨联准会票据交换所经理朱博泉等，由朱博泉主持研究五项办法实行后之手续问题，至下午5时，该小组委员会讨论银钱两业汇划票据收解事项，经决议订立暂行办法七项（内容见第六章）。③由银行公会委托联准会执行，联准会遂通函各交换银行，该办法实际上是实行银钱业集中汇划，并详细规定了各项时间及手续等。对于上海银行公会制定的这一银钱业集中汇划办法，上海钱业公会只能无奈地接受，并将该办法通函各会员钱庄。从6月13日开始，银钱两业正式实行集中汇划。银钱两业都认为此项办法"非仅简而易行，且沪市汇划问题亦赖以全部解决，同时外商银行亦实行收受此项汇划，市面金融流通更形活跃矣"。④因此，双方之间就票据的收解进行的第一次合作是钱业迫不得已而作出的让步，钱业中就有人如此感叹："查此次我同业受金融怒潮所激荡，除向中、中、交三行拆借款外，复与票据交换所互相携手，实出于万不得已，原属暂时权宜之计。

---

① 以上人员都是钱库的主席、常务委员或执行委员等。
② 《上海金融风潮始末》，《钱业月报》，第15卷第7号，1935年7月15日。
③ 吴景平主编：《上海金融业与国民政府关系研究（1927—1937）》，上海财经大学出版社2002年3月版，第300—301页。
④ 《上海金融风潮始末》，《钱业月报》，第15卷第7号，1935年7月15日。

此中无形之痛苦，凡我同业，当能谅解。"①

还值得一提的是，上海钱业公会当时还曾决定，钱库加入联准会的票据交换所，但不知何故，事实上，钱库最终并未加入，双方一直是分别以钱库和联准会为中心通过委托代收的方式进行票据的清算。有学者认为"由于钱业准备库主动表示愿意加入，银行票据交换所经议决通过后，即由该所经理朱博泉与钱业准备库经理秦润卿接洽加入之种种手续。6月11日起，钱业联合准备库正式加入后，票据交换所的成员仍为38家，但银行业占绝对的支配地位"。②王晶的博士论文中也提到"6月11日，上海钱业公会财产准备库正式加入上海银行业联合准备委员会票据交换所，成为第38号会员"。③可见，许多学者都十分肯定钱库当时已经正式加入票据交换所，交换号次为38号。笔者认为这些提法或观点值得进一步商榷。对有关上海钱业风潮较为确凿的记载是《上海金融风潮始末》一文（载于1935年7月15日的《钱业月报》），该文是由《钱业月报》的编辑撰写，其中对钱库加入交换一事的报道全文如下：

钱业联合准备库决定加入银行业联合准备委员会票据交换所为交换者后，探悉银行票据交换所对钱业联合准备库之加入已通过，即由该所经理朱博泉与钱业准备库经理秦禊卿接洽加入之手续，查该交换所交换银行原为38家，明华银行退出后为37家，此次加入钱业准备库仍为38家。闻11日起即可实行，至加入之各项手续，依照银行票据交换章程第五条规定，交换银行加入时应于左列各项之入会费中自行……。第六条规定应于左列各项之保证金中自行……。今钱业准备库系55家汇划庄之总机关，其纳会费与保证金及加入之后交换时间等，均须协商。昨日，该所经理朱博泉与钱库经理秦禊卿商议一切，因手续繁杂，预料须明后方能正式加入交换云。

---

① 转引自吴景平主编：《上海金融业与国民政府关系研究（1927—1937）》，上海财经大学出版社2002年3月版，第299页。

② 参见吴景平主编的《上海金融业与国民政府关系研究（1927—1937）》（上海财经大学出版社2002年3月版），第299页。另外，李一翔的《近代中国银行与钱庄关系研究》（学林出版社2005年12月版）、吴晶晶的《上海银行业同业公会联合准备委员会研究（1932—1937）》（2005年复旦大学硕士论文）和石涛的《票据交换流通与金融发展——以近代上海银钱业为中心》（2005年苏州大学硕士论文）中的相关内容也都有此观点。

③ 王晶：《上海银行公会研究（1927—1937）》附录（大事记），2003年复旦大学博士论文。

<<< 第七章　上海票据交换所与上海银钱业团体的关系

从上述报道来看，钱库当时还尚未正式加入交换所，而是双方正在洽商，而且钱业方面的代表是钱业准备库经理秦禊卿，而不是秦润卿。① 二者名字只有一字之差，很容易混淆。另外，还有资料表明实际上"从6月13日开始，银行准备会经理朱博泉和钱库经理秦禊卿才接洽加入之手续问题"。② 当时对此事的报道使用的都是"闻"或"预计"某日加入这样的不确定之词。至于双方谈的怎样、钱库什么时候正式加入或究竟有没有加入并不得而知，且后续报道中也没有提及钱库加入交换所之事。因此，可以推断出钱库加入交换所一事最后是不了了之。但现有研究成果中可能没有注意上述"闻""预计"这一关键词，而误认为是确切加入时间。再从1935年银行票据交换所报告来看，其中列出的直接交换和委托代理交换银行名单中也都没有列出钱库，仅仅提到从6月13日起委托代理钱业的票据收解。另外，这一时期票据交换所委员会的历次会议的提案或临时提议中都没有提及或讨论钱库加入交换所一事。下文将要论述的第二次合作，钱库曾加入和退出交换所，对此银钱双方都有明确记载。因而从这一点也可以断定，此前钱库并未加入交换所，因为有加入必然会有退出，如果1935年确认已经加入的话，那什么时候退出交换所文献中也根本没有提及，既没有加入，也没有退出的记载，所以只能说明此前钱库并未加入交换所，因而才会有1939年钱库正式加入交换所。事实上，从6月13日开始实行的集中汇划只是银钱业票据收解手续的变化，钱库以委托代收的方式与联准会实行集中汇划，并不需要直接参加票据交换所的集中交换，这种方式也是票据交换所一种最松散的、临时性的交换方式。因此，以上分析充分说明，1935年钱业风潮时，钱库并未加入票据交换所。

另外，还应当指出的是，许多学者对当时银钱业之间的票据清算体制都曾作出了自己的评价，如"票据交换所很快取代汇划总会成为上海新的票据清算中心"，"钱庄业推行了数十年的汇划制度，实际上到1935年时终于为银行业的票据交换制度所代替，这是社会经济发展的必然结果，……本国银行所采用的票据交换方式，是由钱庄汇划制度互轧公单的简单办法改变成为一

---

① 1935年钱业联合准备库的重要职员有：主席为秦润卿，常务委员为俞佐廷、王怀廉、裴云卿、席季明4人，执行委员李寿山、陈绳武、盛筱珊、刘午桥、张梦周、陈笠珊、郑秉权、邵燕山、钱远声、严大有10人，经理为秦禊卿。从1933年10月钱业公会改选，钱库执行委员亦完全由钱业公会改选后之委员兼任之。见《全国银行年鉴1935年》，第D66页。
② 《银钱业集中汇划》，《中央银行月报》，第4卷第7号，1935年7月。

275

种较为完备的现代交换制度",①"同年（1935年），钱庄沿用多年的汇划制度又被否定",②"现在钱庄不再接受银行汇划存款，意味着退出了汇划中心的地位，从此已不再有控制银行业的任何直接的手段了"，"钱庄业从汇划体制中枢部分淡出，由银行业取而代之并且重新构架这一体制"③等。笔者以为上述观点都没有给出直接的材料和有力的分析来支撑，未免失之偏颇。首先，"钱庄不再接受银行汇划存款"目的是要改变原先银行各自分散存款于往来钱庄的现状，而全部集中转存于钱业准备库，这样无疑使分散的钱业资金集中起来，增强各钱庄资金的调度能力。之后，若有新设银行要与钱庄发生收解关系，就不再存款于钱庄，而是要转存于钱业准备库，并不是以后银行再也不用向钱业存款了。例如，1936年9月14日，银行准备会就以该会的名义向钱库开立汇划往来户，开送该会中国银行支票一纸，计国币1万元作为第一次存款。④其次，票据交换所成立后，汇划总会和票据交换所成为银钱业各自独立的清算中心，两者并行发展，根本谈不上取代的问题。实际上，票据交换所仅办理银行业间的交换，而银行业与钱业之间的票据清算仍然要依赖钱业的汇划制度。到1944年，交换所与钱库的交换票据张数和金额仍然不相上下。第三，直到1941年钱业的汇划制度才彻底废除，改用票据交换制度。1935年6月实行的只不过是银钱业之间的集中汇划，而票据交换制度此时并未扩展到整个金融业。最后，银行采用的票据交换方式是仿行欧美国家的交换制度，当时学术界和业内人士曾大力宣传和介绍国外相关制度。因此，银行的交换制度并不是在汇划制度互轧公单的基础上改进而来，但也不可否认汇划制度对银行交换制度建立的促进和借鉴作用。

  联准会票据交换所和钱库在合作期间，就票据收解业务双方往来十分频繁，对某些问题还曾反复进行协商。1935年6月19日，联准会曾致函钱库："本会代理收解银行中国、交通银行业于6月19日设立联合办事处于香港路59

---

① 参见李一翔：《近代中国银行与钱庄关系研究》，学林出版社2005年12月版，第142页、第148页。
② 参见洪葭管：《中国金融史》，西南财经大学出版社2001年2月版，第276页。
③ 参见吴景平主编的《上海金融业与国民政府关系研究（1927—1937）》（上海财经大学出版社2002年3月版），第299页和第303页。
④ 银行准备会致上海钱业准备库函（1936年9月14日），上海钱业联合准备库档案 S178-2-37。

<<< 第七章 上海票据交换所与上海银钱业团体的关系

号本会第10号办公室内,自6月19日起,贵库所收本会交换银行汇划拨款单,请径送上述联合办事处,以便汇总轧账。"联准会还将该会办理汇划的职员签章送请钱库存验。10月26日,又致函钱库"兹再送上敝会职员姚鸿初、时铁孙、费仰山印鉴及会章式样一纸。自即日起所有敝会对于贵库往来户之收款回单,除原有签章外,凡盖有会章及敝会职员中有一人盖章即为有效"。次日,钱库回复联准会,并附上钱库的印鉴,函中指出"兹送上敝库印鉴一纸,嗣后敝库收贵会往来户款,深盖图示图记外,并须有钱、袁、夏三君中有一人盖章即为有效"。① 然而,对于联准会交换银行与钱库会员庄之间的退票该如何办理才更符合双方的习惯,双方则多次协商。银钱业集中汇划实行不久,双方即议定退票方法为由各关系行庄直接办理,但钱库认为"贵会会员银行营业极为发达,分支行办事处几遍全沪,若直接退票则疲于奔命"。6月18日,钱库致函联准会,指出:"前与尊处协定第六条退票手续,由各关系行庄直接办理,由退票行庄向收款行庄取回钱库划条或本会汇划拨款单转账。实行以来,窒碍较多,应请尊处更变前议,仿照星期日办法(由各行庄直接退交尊处或敝处,如是则双方便利),请查照惠复为荷。"② 次日,联准会回复钱库:"对于贵库建议一节,原则上可表同意,惟事实上不无困难之处。……当经票据交换所委员会决议:嗣后,各庄在本会老司务送票盖取的同时,立时发现之退票,可由各庄直接交还来人带转,并在对同数目上扣除该项退票,在下午4时前,本会老司务向各付款庄收取各庄支钱库之支单时,如先已有退票发现,亦可由各庄将该项退票交还来人带庄,并在支单内扣除退票金额,在下午4时后6时前,各庄如于本会代收票据中尚有退票,仍拟借重各庄多数老司务之劳务,请由各庄直接退还原收款银行,藉收分工合作之效,准函前由,函达请勉予同意。"③ 联准会制定的这一办法虽比之前的办法有所改进,也更节省费用,但实际上还是由各关系行庄直接办理退票,钱库对此也无更好的办法。

(2)第二次合作

1939年6月22日,财政部马电对"八一三"后存入之法币存款实施限制提存,目的是对外汇投机及资金逃避者加以约束。然而"惟以沪市环境,近

---

① 以上函件均引自"本库与银行业联合准备委员会一般业务方面的来往文书及押品清册",钱业联合准备库档案 S178-2-37。
② 钱库致联准会票据交换所函(1936年6月18日),钱业联合准备库档案 S178-2-37。
③ 联准会致钱库函(1936年6月19日),钱业联合准备库档案 S178-2-37。

来大不如前，无谓及恶意之谣言，至此乘机纷起，一般普通存户，原无提取存款之意，颇多因谣言而误会，亦纷纷尽量提取限度内之存款，而加以窖藏"。① 银钱业对限度之内的提存一时也难以应付。为增强银钱业实力，银钱业两公会于是根据马电的原则制定办法，实行同业汇划制度，即前文所论述的新汇划制度。同业汇划制度的推行，大大增加银钱两业之间的票据收解业务。为求银钱业间票据收解便利起见，钱库依照两业公会联席会议决议，以委托交换方式于7月4日起参加上海票据交换所的交换。这次二者的短期合作也使得银钱业票据清算制度发生巨变。钱库以42家会员钱庄总代表的名义加入票据交换所，其交换号次被编为50号泉字。由于同业汇划制度的推行是以上海票据交换所为主体，钱库其实是出于从属地位。钱库之所以同意以团体名义加入票据交换所实属无奈，第二次合作期间汇划中心由钱业完全转向票据交换所，这时钱业才真正失去了其汇划中心的地位。

钱库与上海票据交换所的第二次合作与第一次合作相比，银钱业之间的票据收解有很大改进，即由集中收解改为集中交换。此前，银钱业之间实行集中收解，分别以联准会和钱库为中心，交换银行收到会员钱庄的付款票据全部集中于联准会，由联准会交由钱库代收，而会员钱庄收到交换银行的付款票据也全部集中于钱库，由钱库交由联准会代收。因此，钱库并未直接参加票据交换所的交换。这次钱库于7月4日加入票据交换所后，各会员钱庄收入交换银行付款票据，可存入钱库，转送联准会提出交换，各交换银行收入会员钱庄付款票据，也可由各行在交换所向联准会提出交换。因此，上海票据交换所其时已经成为银钱业票据清算的总枢纽，这次的合作也使得二者的关系更加密切。时人就指出"盖就范围言，准备库固与大交换银行相若；就性质而言，则准备库与准备会谊属联枝；就事实言，则准备会原有代收票据及代理交换之业务，故准备库之参加交换与其以交换银行资格为之，不如以特种方式委托准备会代理最为得体。……银钱两业数年来共所盼望之集中交换，屡次商讨而迄未实现者，幸得一旦告成，此则在艰苦之今日，差堪欣慰者也"。②

---

① 董文中编：《中国战时经济特辑续编》，上海中外出版社1940年1月版，第329页。
② 朱博泉：《上海银钱业票据清算方法之演进》，上海图书馆馆藏，1939年8月和石抗鼎：《银行票据交换实务及其会计之研究》，《中央银行月报》第9卷第9号，1940年9月。

钱库是以团体名义加入交换的,与票据交换所在交换手续上还是有一些不太便利的地方,因而双方就交换时间的调整曾进行了多次协商。1939年7月11日,钱库曾致函联准会,要求自该月12日起,将联准会交换时间提前至3时举行。联准会对此答复为:"自可同意,当即通函各行庄知照,惟各钱庄向各银行收款之票据自12日起,务请贵库于每日下午2时30分前存入敝会,俾得准时提出交换,拟请贵库告知。"①次年,钱库又致函联准会要求改善交换手续,该函指出:"敝库自委托贵会代理交换以来,凡银行收入敝业付款票据均由各行向贵会提出交换,由贵会将换回票据送交敝库,再经敝库整理后送到各庄,每在下午5时以后,深感不便,兹为手续简捷起见,自3月11日起,凡各银行向贵会提出交换之敝业票据拟请贵会于交换后直接送交各付款庄掉取敝库支票,再由贵会连同敝库付款票据汇送敝库转账。至敝库会员钱庄收入各银行付款票据仍由敝库集中后委托贵会代为提出交换,请查照办理。"②3月6日,联准会回复钱库表示同意,为手续便利起见,拟订两点办法:

(1) 每日交换后,敝银联会收入各庄付款票据,当日即由敝会填具送票通知书及支款申请书,载明金额、张数,连同票据送交各付款庄,各庄收到此项票据应即照数签给支款申请书,由敝银联会送交贵库转账(此项申请书即代替贵库支票之用,又为手续便利起见,各庄收到本会所送票据得先盖给对同章,再由本会凭对同收取支款申请书);

(2) 各付款庄对于敝会送交之票据,如发现退票,应即退还贵库,由贵库汇总后存入敝会,以便退还原提出行,各庄不得将退票金额再支款申请书所载金额内扣除,以免耽搁时间。③

尽管联准会与钱库就交换手续进行了多次协商和改进,但钱库仍觉窒碍颇多,因而钱库执行委员会议决于1940年5月6日起自动退出联准会交换,恢复昔日原状,并拟订今后办法如下:

(1) 钱庄收下各银行当日各种票据,上午12时止仍送准备库代收,

---

① 联准会致钱业联合准备库函(1939年7月11日),钱业联合准备库档案S178-2-37。
② 钱业联合准备库致联准会函(1940年),钱业联合准备库档案S178-2-37。
③ 银联会致钱业联合准备库函(1940年3月6日),钱业联合准备库档案S178-2-37。

逾时，各饬栈司向各行分别掉换贵会划条，汇齐后解交敝库；

（2）银行收下各钱庄当日各种票据，由贵会或各行栈司向各庄分别掉取敝库划条，由贵会汇总；

（3）银行钱庄对当日各种票据付款时间一律以下午3时为限，逾时改为次日照付；

（4）贵会与敝库每日收下对方划条，彼此轧账以下午5时为限；

（5）对方如遇退票务于当日5时前向原家掣回划条，当日轧账清楚。①

5月4日，联准会原则上表示同意，但认为手续方面还需协商，建议改期再行办理。于是，钱库决定延期至5月13日起实行。为此，联准会曾与钱库经理面洽关于钱库退出交换后各项轧账及收票手续，联准会认为："各项手续须俟双方商妥后方能办理，现在首应决定者即为轧账方式。查贵库退出交换后，钱庄对银行之划头收付，想系恢复昔日原状，由中、中、交三行转向敝会轧账，惟汇划收付是否由贵库与敝会直接轧账，抑由中、中、交三行转轧，未蒙见示，如须直接轧账，拟请贵库另向敝会开一同业往来户，以资便利，如何之处尚希明示，俾便进行。"对于钱库制定的上述办法，联准会认为："除第1项及第2项办法可无问题外，其余各项管见如左：（1）原办法第2项规定银行钱庄对当日各种票据付款时间一律以下午3时为限，惟查银行付款时间大都至下午4时为止，为便利同业收解起见，拟请规定钱庄银行对同业收票时间一律以下午4时为限，逾时归次日照付；（2）原办法第5项规定同业退票时间以当日下午5时为限，事实上本无问题，为第4项规定贵库与敝会彼此轧账亦以下午5时为限，似应稍予延迟，俾得从容办理，兹拟改定以下午5时半为限，以资便利。请迅予核议，以便通函查照。"②钱库参照联准会提出的意见，又改定办法为：（1）划头由中、中、交三行转向贵会轧账；（2）汇头仍请贵会直接轧账，以原有户名进出；（3）收票时间彼此以4时为限；（4）退票时间彼此以5时为限；（5）轧账时间定为5点半。5月10日，钱库执行委员会又致函联准会，提出："（1）敝库与贵会双方所收票据当日各结一总数，互开三行支单轧直；（2）敝库汇划准向贵会开一往来户，以资便利；（3）收票时间彼此以

---

① 致银联会稿（1940年5月3日），钱业联合准备库档案 S178-2-37。
② 银联会复钱业联合准备库函（1940年5月9日），钱业联合准备库档案 S178-2-37。

4时为限；（4）退票时间彼此以5时为限；（5）轧账时间定为5点半。"① 在各项手续商妥之后，钱库于5月13日正式退出票据交换所。两者的第二次合作仅仅持续了10个月的时间，银钱业之间的票据清算制度又回复到原状。

1945年4、5月间，银行、钱庄开发联准会、钱库支票为数日增，每日由联准会、钱库收入转账者不下2至3万张，若依照银钱两业现行之相互收票办法处理，则不仅于时间、人力均有困难，即对同业轧出票据影响收入甚大。鉴于此，经联准会、钱库负责方面数度洽商，乃共同议定相互收票新办法四项以资补救，并决定于5月1日起开始实行。该办法内容如下：

（1）凡银行收进钱庄所发钱库支票（甲乙两组交换银行如收进钱准库支票已逾中储银行限定时间，而托由银联会代收，亦包括于内），得于汇集后以银联会送款簿送至钱准库，由该库代银联会收盖回单，各行应即凭回单登账；

（2）凡钱庄收进银行所开发银联会支票，于汇集后，以钱准库送款簿送至银联会，由该会代钱准库收盖回单，各庄应即凭回单登账。上项支票之送到时间，每周一至周五为每日下午4时15分以前，周六为下午1时30分以前；

（3）银联会、钱准库所盖之回单，应于双方汇报后计算之，并以转账方式收付之；

（4）银联会钱准库所有应退之支票，应由该会库直接处理。②

不久，为使联准会、钱库代收票据手续比较迅捷起见，经双方会同商定各银行、钱庄相互间收票新办法如下：

（1）各银行应收各会员钱庄付款票据，原由各行送交本会代收者，此后应用复写三联送款单，径送钱库代收，钱库收到此项票据检点张数、计算金额无误后，即盖具回单将丙联交还托收行，将乙联存查，将甲联送交本会收账；

---

① 钱业联合准备库回复联准会函（1940年5月10日），钱业联合准备库档案S178-2-37。
② 《银联会钱库订定收解票据新办法》（1945年6月1日），《银行周报》第29卷第21、22、23、24期合刊。

（2）各钱庄应收甲乙组交换行付款票据，原由各庄送交本库代收者，此后应用复写三联回单径送准备会代收，其手续比照前条规定办理；

（3）凡各钱庄、银行托本会、库代收上述行庄票据，皆应将每张票据之付款行庄、票据金额两项逐笔记载托收票据清单，以复写本存查，以正本与托收票据一并送交本会、库，清单之缮写务须清晰，倘各行庄发送托收票据而无清单者，本会、库一概不予代收；

（4）上述托收票据之送达本会、库，在星期一至星期五应在下午1时30前，在星期六应在上午10时40分前；

（5）本会与本库间互相解付代收票据款项，以转账方式为之；

（6）本会、库代收票据中如有应行退还者，应于当日下午7时前（星期六为下午5时前）用第1及第2条规定之回单送到本会、库，再由本会、库于次日返还原提出同业。①

以上办法于5月17日起实行。5月15日，联准会通函各银行查照，并备就上述复写三联回单及托收票据清单供各同业领用。因此，钱库退出票据交换所之后，为了使双方票据收解便利起见，联准会与钱库之间就交换手续继续进行了沟通与协商。

总之，汇划总会和钱库代表的是中国传统的票据清算机构，而票据交换所则是现代化的票据交换机构，抗战胜利以前二者一直是共生共存，分别成为银钱业的票据清算中心。其间，钱库也不断仿行上海票据交换所的相关制度，最终钱库的交换制度与银行业基本相同，但上海票据交换所终究也无法取而代之。在两次非常时期，二者有过两次合作，第一次合作尽管钱业是被动接受的，但无疑可以改善银钱业之间的清算手续，对双方都是有利的，但第二次合作则对钱业来说有许多窒碍之处，因而合作不到一年，银钱业交换制度又恢复原状。上海票据交换所与上海钱业公会关系的演变说明在中国金融制度现代化过程中，传统的与现代的票据交换机构存在竞争、合作、利用、借鉴、共生等多重关系。

（二）抗战胜利之后隶属关系的形成

由于战后在金融当局的推动下发生强制性制度变迁，上海票据交换所与

---

① 票字第309号通函（1945年5月15日），上海票据交换所档案 Q52-2-17。

钱库二者由抗战胜利之前的共生共存，走向合并。不久，该所由银钱业两公会共同主办。因此，抗战胜利之后，上海票据交换所与上海钱业公会之间名义上形成了隶属关系。

1945年10月，按照财政金融特派员办公处的指示银钱业的票据交换所合并，改组为新的上海票据交换所，而钱业准备库此时已被解散。合并后的上海票据交换所是以原银行业的票据交换所为主体，所址仍在原银行业票据交换所。改组之初，会员钱庄在上海票据交换的交换席次仅有5个，其他大部分钱庄只能成为委托代理交换行庄。1946年初，上海票据交换所议决给会员钱庄增加了10个直接交换行庄的名额。因而，会员钱庄在50个交换席位中仅仅占据15个。1946年6月银钱两公会自身改组已经完成，上海票据交换所交由银钱业两公会共同主办，并由两公会拟订票据交换章程，其中也明确规定：上海市银行商业同业公会及上海市钱商业同业公会合组上海票据交换所，受中央银行委托办理全市金融业票据交换事宜。同时，还组成了该所第一届执行委员会，其中钱业委员是由钱业公会选定。因此，上海钱业公会不仅是上海票据交换所的主办方之一，还参与拟订该所章程，并由其推选出执行委员会中的钱业代表。二者之间实际上是一种上下级的隶属关系，但上海票据交换所很少就票据交换业务问题直接与钱业公会往来，只不过将一些决议或重大问题通告钱业公会或报请该会备案。

在人事上，二者也有较大联系。改组之初成立的新票据交换所委员会共有12名委员，而其中钱业委员仅有两位，即秦润卿（福源钱庄）、王怀廉（聚康钱庄）。随后成立的第一届执行委员会共产生15名执行委员，钱业仍然只有秦润卿和王怀廉两名委员。不过，是由秦润卿担任主任委员。秦润卿虽于1935年冬辞去钱业公会会长职务，此后不再担任会长，但钱业中每遇大事仍多就商，实际上仍是上海钱业领袖。1947年全国钱商业同业公会成立，秦当选为该会理事长。[1] 1948年3月1日，选举出了最后一届钱业公会理监事会，秦润卿又当选为该会理事。[2] 因此，作为钱业公会领袖人物的秦润卿一直担任上海票据交换所第一届执行委员会的主任委员。另外，王怀廉在此期间也一

---

[1] 吾新民：《旧上海钱业领袖秦润卿》，见《上海文史资料第六十辑·旧上海的金融界》，上海人民出版社1988年8月版。

[2] 1943年8月15日开始，上海钱业公会由委员制改为理监事会制。

直担任上海钱业公会的理事，1948年3月1日开始还担任常务理事。

上海解放前夕，上海钱业公会在维持上海票据交换所业务的正常开展方面也发挥了一定的作用。上海解放之际，很多银行的主要负责人因各种原因离沪，使银行公会议事决策机制面临危机。理事长李铭以养病名义去了美国，随后常务理事徐国懋请了病假，徐维明、李道南、杜月笙、骆清华也借故离开上海，常务理事中仅剩下徐寄顾和王延松，以致常务理事和理监事联席会议均无法正常举行。然而，钱业公会方面的负责人则全部留在上海，仍能继续以常务理事会议、理监事联席会议、各庄经理会议、各庄代表会议为议事决策机构，公会的正常运作没有受到影响。① 银钱信托三业公会于是组成三业公会小组委员会，加强金融业内部的协调。三业公会小组委员会还决定设立上海票据交换所临时管理委员会，以维持其业务的正常运作。其中选举出的5名委员，钱业代表有两人，即秦润卿和沈日新。沈日新时任钱业公会理事长。1949年12月28日，金融公会筹备会的建立标志着上海钱业公会的结束，因而票据交换所与钱业公会的关系也至此完结。

综上所述，上海票据交换所与银行业同业组织的关系始终都较为密切，抗战胜利前，尽管与上海银行公会的关系并不密切，但它一直是联准会的附属机构，双方之间的关系实际上是密不可分的。而战后，由于联准会的整理结束，该所转而先后与银行公会和金融业公会筹备会成为上下级的隶属关系。因此，可以说该所由始至终都以银行业同业组织为依托，由银行同业发起成立，并以银行同业为主要服务对象。另外，该所与上海钱业公会的关系则经历了竞争与合作之后，最终由并行关系转变为隶属关系。由于钱业在上海票据交换所只占少数，因而实质上这种隶属关系很大程度上是名义上的。

---

① 张徐乐：《上海私营金融业研究（1949－1952）》，复旦大学出版社2006年1月版，第271、275页。

第八章
上海票据交换所与金融管理当局的关系

金融管理当局主要指国民政府的财政部、中央银行以及解放后的中国人民银行,还包括国民政府财政部的派出机构,如财政部驻京沪区财政金融特派员办公处和上海金融管理局等。上海票据交换所与金融管理当局实际上是一种监管与被监管的关系,而且金融管理当局还可以借助于上海票据交换所来加强对众多交换行庄的监管。当然,抗日战争时期汪伪财政部和中央储备银行曾经妄图攫夺上海票据交换所,极力想控制上海票据交换所,并且也颁行了一些金融法规对包括交换所在内的金融机构实施严格管制,这应另当别论。第二章对此也作过分析,不再赘述。

一、上海票据交换所与财政部

国民政府财政部除了管理全国财务行政事务外,还专门设有钱币司,其职权有:整理币制及调查、化验新旧货币事项;金属货币及生金银出入事项;监督银行及造币厂事项;发行货币及准备金事项;国内外金融事项;监督交易所、保险公司、储蓄会及特种营业之金融事项;关于其他币制银行一切事项。[①] 显然,财政部负有对全国金融业的监管之责,而上海票据交换所既是银行同业的服务组织,又是整个上海金融业的枢纽,自然成为财政部的重要监管对象。

抗战爆发以前,由于上海票交所是由商业银行自发组成的票据交换机构,而票据交换业务并非财政部关注的重心,其更多关注的是诸如改革币制和实施金融统制等问题,因此与财政部之间甚少发生直接往来。上海票据交换所仅仅是遵行财政部公布的货币改革政策。例如,1933年4月5日,财政部公告:

---

① 财政部财政科学研究所、中国第二历史档案馆编:《国民政府财政金融税收档案史料:1927—1937》,中国财政经济出版社1997年1月版,第89—90页。

兹定4月6日起，所有公私款项之收付与订立契约、票据及一切交易，须一律改用银币，不得再用银两。① 上海票据交换所则遵照部令及时废除了该所的银两及汇划银两票据交换。

1937年8月15日，《安定金融办法》颁布不久，上海银钱业公会即拟订《安定金融补充办法》四条，呈请财政部核准。财政部虽同意上海银钱业的补充办法，却命令上海银钱业公会交出联合准备库和票据交换所，该部批函指出："呈悉。所拟补充办法四条，在此非常时期，姑准照办；但为保持金融正轨，并维护正当业务起见，应将该两公会所组之联合准备库及票据交换所，由部委托中、中、交三行切实管理，以杜流弊而奠金融。除函三行外，仰即遵照，此批。"② 然而，中、中、交三行总行这时已经迁出上海，这一命令难以真正实施。因而，在抗战期间，由于国民政府西迁重庆，其对上海经济的控制力和影响力明显下降。

到了沦陷时期，国民政府方面的力量（包括政府金融分支机构和法币）遭到全面驱逐，对上海经济难以有实质性的影响。这时财政部与上海票据交换所更是少有往来，但是财政部对于处在敌伪控制范围的上海票据交换所的安危十分担忧。财政部据密报函称："目前最关重要者，厥为银行公会。盖银行公会涉及票据交换所，联合准备库及中、中、交之地位问题也。如银行公会被接收，则下列问题势将发生：（1）宁系各行势将加入交换所及联库，如华兴、农商等是，且将利用势力攫得重要地位，进而发号施令为所欲为；（2）宁储必将进而提取各行现存于联库而由联库转存于中、中、交之交换准备。现此项存款约为15000万元，同业存款亦超过2000万元，两共约17000万元，此巨额款项如被迫移存宁储，则结果将不堪想象"，因而提出如下对策："（1）公会移港办公；（2）准备库之存在与否，应由中、中、交决定。中、中、交不能行使职权，准备库应即暂时取消；（3）准备库暂停后，票据照常交换（停止票据交换为不可能）。惟交换差额暂用前外滩所行之寄库办法，由各行各自理清。"③ 该办法目的在于避免中储行攫夺交换准备。1941年5月3日，财政部长

---

① 中国人民银行总行参事室编：《中华民国货币史资料》第二辑，上海人民出版社1991年3月版，第94页。

② 《战时中国的经济动态》，《文汇年刊》1939年，第25—26页。

③ 重庆市档案馆、重庆市人民银行金融研究所合编：《四联总处史料》上册，北京档案出版社1993年7月版，第452页。

孔祥熙致函四行联合办事总处，指出：上海环境恶劣，银行公会为敌伪攫取之标的，自在意中，自应预为准备应付。兹经由部核拟意见如下：

（1）密饬该公会将重要文件密为移存美军防区，以策安全。

（2）目前仍应力持镇静态度，如敌伪果有企图接收之具体表现时，即为移港办公。

（3）关于沪中、中、交三行之同业存款，前据宋、唐①两总经理电，以据沪三行议定同业存款逐步减缩办法：①三行直接同存，斟酌各户情形，限制存额，逾额不给息。②交换所最近存三行总数为8000万，拟减至3500万为度。前来，经核原则尚属可行，已饬知镇静处理。人民存款可移存可靠之商业银行，或委托其代理，自可照前案饬沪三行迅为办理。

（4）联合准备库在中、中、交三行不能行使职权时，暂行取消，自属正办，应密饬沪三行妥为准备，仍随时与该联库密切联系，静观演变，以为应付。②

财政部提出的以上各点要求四联总处详密核议，以资周妥。不久，四联总处致函财政部："以关于防止敌伪攫取银行公会，贵部所定对策第1、2两项至为妥善，应请密饬遵办，至2、4两项似可合并为一项，是否可行，密复查核办理，见复。"5月26日，孔祥熙又再次致函四联总处，指出："查贵处所拟2、4两项合并为一项，将来如四行内移时，沪银行公会应即移港办公，沪联合准备库应予解散一节，尚属可行。除由部分电上海市银行业公会暨中、中、交、农四行遵照办理外，相应抄同本部分电原文各一件，函复洽照。"③从上述财政部与四联总处的往来函件可以看出，票据交换所拥有17000万元的交换和同业存款，且票据交换不可一日停止，万一为日伪控制，后果将不堪设想，

---

① 即指宋汉章和唐寿民。
② 重庆市档案馆、重庆市人民银行金融研究所合编：《四联总处史料》上册，北京档案出版社1993年7月版，第452—453页。
③ 重庆市档案馆、重庆市人民银行金融研究所合编：《四联总处史料》上册，北京档案出版社1993年7月版，第452—453页。

因而财政部对此十分担忧，并认为交换差额应暂用前外滩所行之寄库办法，由各行各自理清。虽然财政部也曾将上述办法函致银行公会，但银行公会考虑到会员行的利益，并未遵令迁移，联准会和票据交换所也依旧办公，此时是由联准会独立承担起包括交换存款和差额转账在内的各项票据交换业务。

尽管联准会和上海票据交换所并未遵从财政部的意旨，而实际上它们在稳定战时上海金融市场方面发挥了重要作用。财政部对此也是十分肯定和赞赏的。1941年孔祥熙通过重庆交通银行董事长钱新之辗转送来了这年8月21日他亲自签署的信函，对朱博泉"安定金融，主持正义"作了高度评价。信中指出："博泉先生执事，敬启者，上海孤悬敌后，三载于兹，盗窃横行，环境险恶。遥闻执事不避艰险，翊戴中枢，安定金融，主持正义，下风逖听，钦慰曷胜。现在远东风云日紧，上海处境益艰，至祈继续努力，共匡国难，临风布臆，不尽所怀。"[①] 当时正值太平洋战争爆发前夕，上海处境更加艰难，孔祥熙的勉励也给朱博泉很大的鼓舞。1943年7月13日，国民政府财政部在渝钱稽字第41933号训令中也提到："上海联合准备会颇收调剂金融之效"，即指票据交换所办理的同业拆放之事，也含褒奖之意。[②]

战后，鉴于票据交换所的重要作用，财政部逐渐加强了对它的控制与监管。抗战胜利之初，财政部主要是通过其派出机构，即财政部驻京沪区财政金融特派员办公处来负责对上海票据交换所及其交换行庄的监管。日本宣布投降前夕，财政部就决定分区设置财政部驻收复区财政金融特派员，办理区内敌伪财产的接收和清理事项。抗战胜利后，京沪区之财政金融，亟待整理。财政当局爰即委派陈行为京沪区财政金融特派员，并在沪成立财政部驻京沪财政金融特派员办公处，任命方东、丁贵堂、李骏耀、王鳌堂、凌显扬等五人为专门委员，筹划京沪财政金融之整理及复员工作。该处下设财政组、金融组和检查组。[③] 京沪区财政金融特派员陈行原先打算接收上海票据交换所，另外重新设立一票据交换所，但遭到上海银行家反对，最后决定对其进行改组。于是陈行拟定出上海票据交换所改组办法四条，陈报财政部后得到认可。

---

① 朱博泉：《补叙上海票据交换所二三事》，《上海文史资料第六十辑·旧上海的金融界》，上海人民出版社1988年8月版。

② 朱博泉：《补叙上海票据交换所二三事》，《上海文史资料第六十辑·旧上海的金融界》，上海人民出版社1988年8月版。

③ 《1946年上海市年鉴》，第112页。

之后，正式发出京沪区财政金融特派员办公处财特字第357号公函，在中央银行、银钱业公会和上海票据交换所的相互配合之下，银钱业票据交换所即实行合并，外商银行也加入交换，从而建立起统一的上海票据交换制度。改组后的上海票据交换所其管理机构也是按照特派员办公处的指示而成立的新票据交换所委员会。对于交换行庄资格的审定、交换所重要职员的委任等均要先陈报特派员办公处批可。1946年4月底，特派员办公处奉令宣告结束。4月22日，特派员办公处发布公告："奉财政部2月26日电，兹本办公室遵至4月底结束，所有本区财政金融事宜，自5月1日起，由财政部各主管司署分别接办，本办公室不再收交。"①因此，战后初期，财政部及特派员办公处通过强制性的政府干预，完成了上海票据交换所的统一，并对交换行庄的资格及职员任用等进行了严格的审核。

1946年6月银钱两公会整理、改选完成以后，上海票据交换所即由两公会合办，不久制定了上海票据交换所章程，该章程也得到财政部的审核、批复，同时财政部还决定由两公会自行推定执行委员接办票据交换所。10月31日，财政部专门给上海票据交换所发来训令："查加入该所票据交换之各银钱行庄，除由本部因案饬知停止各该行庄之交换者外，凡有自行请求停止交换或由该所依照规定停止各该行庄票据交换情事者，嗣后应即随时将停止交换情形电呈本部，并应候本部考查各该停止票据交换行庄业务后，凭本部核示，再行准予恢复交换。"②票据交换所接到该训令后即转函银钱两公会，并通函各交换行庄查照。1947年财政部给票据交换所发来代电，内开："查各行庄票据交换情形，恒足表示各该行庄业务之正常与否，亦属本部考核各行业务情形重要根据之一。在业已举办票据交换地方之各行庄，自应一体加入，不能有所例外，且在此严格执行加强管制金融业务办法之时，如同在一地之行庄，而有加入交换与不加入交换之分别，尤易滋规避取巧之流弊，兹规定所有举办票据交换地方，其所在地之行庄必需一律加入交换，并不得自请退出。"③8月13日，上海市银行同业公会即通函各会员银行一体遵照。12月间，财政部又颁布"处理交换行庄补充规定"，即凡分支行庄停业时总管理处不受影响，

---

① 中央银行经济研究处编：《金融法规大全》，商务印书馆1947年8月版，第238页。
② 所字第86号通函（1946年11月9日），上海票据交换所档案Q52-2-18。
③ 《财部规定行庄应一律加入票据交换》，《银行周报》，第31卷第35期，1947年9月1日。

规定指出："关于商业行庄因周转不灵停止交换而停业清理时，其总管理处制与总行制是否有别一节，财政部业有明文规定，兹录如次：'查行庄为总管理处制者，自与总行制情形不同，如总管理处所在地之分支行庄被停止交换时，应仅撤销该分支行庄核准设立原案，勒令停业，限期清理。其总管理处应即迁设其他分支行庄所在地'，按总行制之总行被停止交换时，其各地分支行处亦应一并停业清理。"①从以上财政部给票据交换所发来的诸多训令来看，财政部不仅加强对票据交换所本身的监管，如停止和恢复行庄交换业务应报部审批、所有行庄应一律加入交换等，但财政部监管的目的并非是为了该所业务的稳定，而是借助于票据交换所加强对交换行庄的严格监管。

1947年底，财政部决定于上海、天津、广州和汉口设置金融管理局，防制各地金融机关之投机及非法活动，以安定市场。12月1日，行政院第32次会议议决通过《财政部金融管理局组织规程》，并由院公布施行。金融管理局秉承财政部之命，办理各地金融机构之检查、监督及检举事项，其中也包括"银钱业联合准备委员会及票据交换所之督导及检查事项"。②12月2日，财政部决定派李立侠为财政部上海金融管理局（以下简称金管局）局长，毕德林为副局长。李、毕二人于11日就职，并开始办公，局址设在外滩24号中央银行四楼。金管局即发出沪管发秘字第6号训令，将上述情况告知上海银行公会，并要求遵照执行。12月13日，银行公会即通函转饬所属会员行庄一体知照。③

12月11日上海金管局成立后，即按照组织规程的要求对上海票据交换所实施监管，如及时了解该所业务状况、委派驻该所稽核等。12月23日，金管局指令交换所："查交换所组织及业务情形，本局亟待明了，仰即抄录交换所组织章程暨有关票据交换之通函及定期表报各一式两份送局，以备查核为要。"④接到训令后，上海票据交换所检同该所章程、所字通函、交换月报暨交换票据及退票统计表各两份备文呈请金管局查核。为及时了解该所业务状况以及实施现场稽核，金管局还专门派驻一名驻该所稽核。由于资料的限制，何时开始派驻稽核不得而知，但以下函件足以说明，金管局曾委派过几任驻

---

① 《处理行庄交换财部颁布补充规定》，《银行周报》，第31卷第48期，1947年12月1日。
② 《中华民国金融法规档案资料选编》上册，北京档案出版社1992年版，第764—765页。
③ 《沪金融管理局成立》，《银行周报》第32卷第1期，1948年1月5日。
④ 沪管发稽字第35号训令（1947年12月23日），上海票据交换所档案S180-2-87。

该所稽核。1948年1月17日，金管局就派员前来该所检查即日（1月17日）交换票据退票情形，5月17日，正式派稽核陆燕民常驻该所监督。8月5日，金管局致函票据交换所，指出"查本局原派驻贵所稽核陆燕民业已离职，调回国行服务，该员遗缺现奉派稽核郭可侗接替"。11月27日，又致函票据交换所："查本局原派驻贵所稽核郭可侗业已调回，该员遗缺现奉派稽核杨叔温接充。"①因此，通过上述办法，金管局大大加强了对上海票据交换所业务的监管。

另外，上海金管局还按照财政部的要求对该所的退票进行了较为严格的监控。1947年10月，财政部修订退票理由27条，以财钱庚字第15684号训令通令全国各地银钱信托业遵照。修订后的退票理由分为以下几类：

（1）存款及透支额：存款不足、发票人托收款项尚未收到、透支过额、暂停透支；

（2）金额之填写：非用墨笔或墨水笔填写、金额文字非大写、金额文字不清；

（3）日期：票非即期、发票年月日不全或不明、照发票日期已满一年；

（4）盖章背书：发票人签章不全不清或不符、未经受款人背书、受款人背书不清或不符、背书不连续；

（5）破碎或字迹：支票破碎（法定要项不全）、支票涂坏、字经擦改、字迹模糊、保付后字迹经涂改、更改处未经发票人照印鉴签章证明；

（6）其他：无此存户、此户已结清、已经止付、非该户领用之支票、划线支票应由银钱业者来收、特别划线支票应由指定银钱业者来收、外埠支票只可代收。②

11月24日，财政部又制定"防止退票办法"指令上海票据交换所遵照执行。财政部的训令指出："据部派人员呈送检查该所退票情形报告到部，经核退票原因，各行庄不顾信誉以退票为轧平短缺头寸之手段者，客户违反规定开发空头支票者皆有之，而以代收他行票据未据遵令于未收妥前即予抵用，

---

① 上海金融管理局致上海票据交换所函（1948年1月17日、5月17日、8月5日、11月27日），上海票据交换所档案 S180-2-124。
② 《财政部批准之修订退票理由》，《银行周报》第31卷第40期，1947年10月6日。

致发生退票者为数尤多,兹为防止流弊起见,制定办法三项:(1)各行庄退票所附理由单应一律使用新订修正支票退票理由单;(2)各行庄于规定退票理由27项之外另立名目,如'与出票人接洽''请再来收''接洽可付'等退票及未注明理由退票者均有未合,应严予纠正;(3)各行庄退票理由因未收妥票据抵用而发生者,所占成数甚大,嗣后应切实遵照前令办理,至存款不足或透支过额、开发空头支票之客户并应由各行庄停止其往来,同时报告各公会,通告全市行庄不得接受其开立新户,必要时并应由关系行庄向法院提出检举,以资整饬。"①票据交换所即通函全体交换行庄查照办理。12月29日,金管局又指令票据交换所:"交换行庄公司应自1948年度开业日起,逐日将退票情形填报,交由该所汇转本局,其退票金额在500万元以下者,可并计总额,注明张数,除分令上海市银钱信托三公会遵照外合行抄发退票清单式样一纸,仰即遵照办理具报为要。"②退票清单式样如下:

提出交换行庄（号次）	往来客户		票据		金额	退票理由（说明或号次）
	账号	户名	种类	号次		

行庄名称　　退票清单　　民国　年　月

图8-1　政部制定的退票清单式样

12月31日,上海票据交换所委员会即通函各交换行庄一律遵办。

由于财政部和中央银行对有关退票的规定存在差异,1948年3月,银钱信托三公会在函中指出:"前以1947年12月财政部颁布之加强金融业务管制办法第9条'商业行庄之退票金额占当日交换总额百分之五以上,连续三次者,应予彻查'之规定,与国行原定办法四项'关于商业行庄退票不论其金额或张数超过其交换票据数百分之五连续三次'之规定互有异同,无所适从",于是银钱信托三公会联合呈请财政部上海金融管理局解释。金管局认为"国行原订办法在《加强金融业务管制办法》颁布之前订定者,已不适用",特指定

---

① 所字第160号通函（1947年12月3日）,上海票据交换所档案S180-2-197。
② 沪管发稽字第51号训令（1947年12月29日）,上海票据交换所档案S180-2-87。

"银行、钱庄、信托等三同业公会转知各金融业行庄公司,一律遵照1947年12月财政部颁布之加强金融业务管制办法第9条之规定办理"。①

金管局还曾指令行庄、公司和上海票据交换所对客户退票如有存款不足、透支过额情形应切实向金管局呈报究办,但该所和行庄、公司都认为确有难处,因而由银钱信托三公会出面,呈请金管局予以更改。1948年8月7日,银钱信托三公会致函金管局:"为客户开发空头支票由行庄公司向法院检举一层,办理为难,请免于实施,又客户退票如确有特殊原因时,请准由行庄公司代为声明,免予制裁。"金管局8月22日的训令则表示核准照办,并转呈财政部核示。9月22日,财政部在训令中指出:"各行庄票据交换时,如有发现有以存款不足、透支过额等理由而退票之空头支票,应责由票据交换所依法向法院检举究办,仍由行庄负提供证件之责,核与本部训令原旨相符,可准照办,如行庄提供证件向该局呈报者,自亦可由该局径移法院究办,至所称客户因到货衍期或次货充数,而发生之退票得由行庄呈局释明,准予免受停止往来之制裁一节,如行庄提供客户止付之确切证件,经该局审核属实,自可免制裁,仰即遵照,并分别转行遵照。"三公会则认为财政部的训令可解释为:"(1)各行庄于票据交换时,如发现空头支票应由票据交换所向法院检举;(2)如各行庄提供证件向金管局呈报者,亦可由该局径移法院究办。因此就第1点由票据交换所检举而言,以其立场为同业清算机构,而手续方面亦不直接参与行庄业务,较之由行庄检举更多困难,兹为恪遵功令加强整肃退票起见,应即遵照第2点办法,嗣后由各行庄每日严格审查退票原因,除有特殊情形得向金管局释明,请酌免制裁外,其有故意滥发空头支票触犯票据法第136条规定暨违反银钱业原订《限制往来户退票办法》者,同业应尽量向金融管理局呈报,以凭究办,并负提供证件之责,倘有为客户隐匿不报情事,则交换所随时有退票记录,经常供金管局查核,难免因此反受惩处,殊非得计。"②10月20日,银行公会将上述情形除呈复金管局,并通函各会员银行一体照办。10月25日,票据交换所委员会通函各交换银行指出:"续奉银行公会10月20日通函,以本案业经银钱信托三公会议定,凡客户退票如有存款不足

---

① 《退票限制办法应遵照财部规定》,《银行周报》第32卷第22期,1948年5月31日。
② 以上函件均引自《上海市银行同业公会通函通字第311号》(1948年10月20日),《银行周报》第32卷第46期,1948年11月15日。

或透支过额情形应由行庄公司尽量向均局呈报,以凭究办,并经三公会呈复均局存案。"金管局接到上述银行公会呈函后即呈请财政部核示。财政部批复"由上海票据交换所检举空头支票事实上既有困难,应责由付款行庄提供证件,向该局呈报,仍由票据交换所随时协办,并分饬切实遵照"。①12月28日,金管局将财政部的批复以训令的形式通函交换所。

财政当局还曾因其他事项指令票据交换所调整或严格执行已有规章。如1948年10月4日,金管局指令票据交换所:"据报国家行局库每日票据交换差进差出数字表为一般奸商不法之徒利用作投机之标准,为防杜起见,该所应自奉文之日起对于该项每日差进差出数字不得再行发表新闻消息,用谋安定金融。"②11月29日,上海金融管理局转发财政部令,内开:"银行钱庄票据交换应付差额应于规定时间内补足,早有明文规定,兹据报行庄屡有超越规定时间始行补足差额情事,特通告令自文到日起,各行庄对于补足票据交换应付差额务须规定时间内办理完竣,不得申请延长,逾限补足,以符规定。"③该训令转发到银行公会,同时票据交换所也接到中央银行业务局同样内容之通函,该所即函请银钱信托三公会核议。12月2日三公会联席讨论,认为"在此金融动荡之际,对于交换差额补足之时间如于原规定外绝无伸缩余地,行庄确有其困难而影响集体之安全,尤不得不妥为计谋,当再商诸中央银行以期兼筹并顾,惟行庄内部如收票、送票、交换、退票等时间原均有规定,只以步骤未能一致,往往参差,尤以交换时间之不克准时举行,致退票及补足交换差额、补足退票缺额等时间遂连带延迟。际兹戒严时期,交换所已深感迫促困难,推原其故,各行庄对于原定上午12时为止之收票时间不免有所宽放,于是不获恪守交换时刻",于是议决"分别通告,务祈各行庄公司协助集体服务之便捷,严格截止收票时间,俾交换得准时办理,庶于补足交换差额等等亦可提早完竣,实为全体同业及交换所所利赖"。④12月4日,银行公会特致函会员银行查照,并切实注意为要。

从实施的实际情形来看,上述关于退票的监管措施已经得到切实遵行,

---

① 财钱庚字第1207号指令(1948年12月18日),上海票据交换所档案S180-2-124。
② 沪管发稽字第2656号训令(1948年10月4日),上海票据交换所档案S180-2-124。
③ 沪管发稽字第3297号训令(1948年11月29日),上海票据交换所档案S180-2-124。
④《金管局令行庄公司遵守票据交换时间》,《银行周报》第33卷第1期,1949年1月1日。

许多违反财政部训令的交换行庄都受到了严厉的惩处。例如，金管局给交换所的训令就曾经提到："查四明银行等22家行庄公司5月28日之退票清单未交由该所汇转，有碍考核，殊属不合，除分令各该行庄公司嗣后应照规定填送外，应由该所转知各交换行庄嗣后应按时将每日退票清单送由该所转局，其未按时送达或漏送者，并应由所拟订议处办法，分转知照，仍报局备查，合行令仰遵照办理。"1948年6月10日，票据交换所即通函各行庄："查行庄填送退票清单手续本属简单，嗣后务盼遵照规定，按时送所汇转，以符功令，如仍有未按时送达或漏送者，本所须遵令陈请该局议处。"①复华银行致函票据交换所，提出："敝行每日应填送之退票清单是否遗失，并请赐复。"6月16日，票据交换所的通函则表示"该行该日退票清单本所确未收到，除径复该行外，兹为明确责任起见，特规定自即日起，各行庄每日应送之退票清单务须用本所印制之专用'送退票清单之回单'按时径送本所交换科检收，取回回单，回单上应请填明'退票清单、理由单份'，以备查考"。②回单格式如下：

```
兹送上月日左列退票
  清单    计
  理由单  计

退票清单正副各    份
退票理由单共      张

上海票据交换所   此致
                 台照
                 行莊 具

年月日
```

图8－2 上海票据交换所制定的送退票清单之回单

7月间，金管局发觉大公银行于银根奇紧之时擅退客户票据，借以轧平该行本身交换头寸等情况，因而金管局令饬该行撤换负责人，切实整顿业务，将处理情形分令银钱信托业公会各会员行庄知照，以示整饬，并呈报金管局。之后，又察觉中国工矿银行上海分行设立暗账，另立字号兼营商业。另外，经金管局派员检查发现大同银行上海分行、大公银行、农商银行和通易公司等

---

① 上述两函件均引自所字通函第194号（1948年6月10日），上海票据交换所档案 Q52-2-20。
② 所字通函第195号（1948年6月16日），上海票据交换所档案 Q52-2-20。

又设立暗户，隐匿资负，逃避管制等情况，金管局对上述行庄公司均给予了严厉惩处，同时还令饬上海票据交换所停止其票据交换，交换所均遵照执行。

综上所述，抗战胜利之前，上海票据交换所其实与财政部当局的联系甚少，可以说是相当疏远，财政当局关注的重心不在于此，更是因为对上海票据交换所的特殊地位也缺乏足够认识，直到沦陷时期，才开始意识到其重要作用。而此时，国民政府已经西迁，财政当局对处于孤岛的上海票据交换所鞭长莫及。抗战胜利后，财政部及其派出机构渐渐加强对票据交换所的监管力度，由于行庄公司的资金清算必定离不开交换所，因而很大程度上财政当局是利用票据交换所来加强对交换行庄的监管。再从财政当局与上海票据交换所往来的具体内容来看，更多是关于退票的严格管理，究其缘由是财政当局力图杜绝商业行庄以非正常退票的方式来弥补资金缺额，以防止其投机行为和通货膨胀的加剧。

二、上海票据交换所与中央银行

票据交换所与中央银行的关系从学理上说应该是极其密切的。1942年任中央银行业务局业务专员的朱祖晦曾撰文指出："中央银行在理论上本应为清偿之最后归宿。欲达到此目的，则办理票据交换工作，亦应为其分内事务之一。各国之中央银行，或则直接办理票据交换工作，或则担任最后清算工作。"[①]一般来说，中央银行主持票据清算业务实际上有两种方式：①组织票据交换清算，并由中央银行负责组织与管理，通过银行或清算机构在中央银行开立的账户来完成资金清算。②为私营清算机构提供差额清算服务。一些国家存在着各种形式的私营清算机构。为了实现清算机构参加者之间的差额头寸清算，各私营清算机构都愿意利用中央银行提供的差额清算服务。[②]由此看来，集中主持票据交换与清算应该是中央银行的一项基本职能。因为中央银行独占货币发行权，且收存各商业银行存款准备金，各银行都在中央银行开有存款往来账户，这使得中央银行极易采取合理步骤、方法主持银行间票据交换和差额清算。如中央银行通过直接增减各银行存款准备进行结算轧差，不但手续简便，结算时间短，又可借此之机及时了解和监督各银行业务经营

---

① 朱祖晦：《重庆市票据交换问题之今昔》，《财政评论》第8卷第2期，1942年8月。
② 殷德生：《金融学导论》，华东师范大学出版社2004年3月版，第218页。

状况，准确把握资金流向，同时可以调和缓急，防杜偏枯，并可减少社会上对于通货的需求量，从而减少钞票的发行。[①]因此，中央银行必定是一国清算业务的参与者和管理者，但近代中国中央银行票据清算职能的建立与完善却相当迟缓，因而上海票据交换所在其筹建和发展过程中与中央银行的关系就显得极为特殊。

（一）中央银行从游离到应邀加入

1928年成立的中央银行是有名无实的，很多职能根本无法履行。在中央银行主持票据清算职能缺失的情况下，商业银行只好自发组成票据交换所。上海票据交换所成立之后到1936年1月28日，中央银行却一直是游离于票据交换所之外。这与中央银行的地位实在是极不相称。实际上，中央银行也并不赞成筹建上海票据交换所。1932年3月，上海银行业计划组织票据交换所，要求外商银行参加，但外商银行买办一致反对，乃由买办公会推荷兰银行买办虞洽卿走宋子文的门路，结果1933年上海银行业票据交换所成立，外商银行都未参加，中央银行也没有参加。[②]之后，联准会将交换银行的交换存款以7∶3的比例分存于中国、交通两行，这更引起中央银行的不满。

1935年12月30日，联准会第36次执行委员会讨论"常务委员会提请同业公会邀请中央银行加入票据交换案"，主席李馥荪指出："本会依照同业公会章程第二条第一款之规定设立票据交换所，业将三载，其目的在谋各银行间收解之妥便，本月28日，本会常务委员会议以近自政府改行新货币政策以来，各商业银行与政府银行间之收付往来日益繁忙，业务关系更为密切，为增进同业收解之便利起见，经决议拟请同业公会邀请中央银行加入本会为元号交换银行，并拟即请中央银行与中国、交通两行同为本会代理收解银行，以便交换差额之拨解。"唐寿民和叶扶霄也认为："自币制改革后，中央银行与同业间之收付日繁，关系更密，今如加入交换对于同业收解必可更感便利。"各委员对于中央银行加入交换一致表示欢迎，因而议决"由本会函请同业公会备函邀请中央银行加入本会为元号交换银行，并即请中央银行与中国、交通两行同为本会代理收解银行，将来中央银行代理本会交换往来户之收解，

[①] 刘慧宇：《中国中央银行研究（1928—1949）》，中国经济出版社1999年1月版，第206页。
[②] 吴培初：《旧上海的外商银行买办》，见《20世纪上海文史资料文库（5）》，上海书店出版社1999年9月。

其手续悉照现在中国、交通两行代理收解办法办理"。① 可见，这时的中央银行仍未认识到主持票据清算业务的重要意义，而是商业银行自己认为没有中央银行的参与，会引起诸多不便，于是由银行公会出面邀请其加入。

1936年1月28日，中央银行正式加入上海票据交换所，因1、2号席次已被中、交两行占去，央行被编为元号。而交换存款这时也改为以4：4：2的比例分存于中、中、交三行，并由三行负责代理交换差额之收解。不久，中央银行业务局副局长胡梅庵被选为第四届票据交换所委员会委员。因此，中央银行并不是主动要求加入票据交换所，而是因联准会的邀请才加入。实际上，在交换银行集团中，中央银行仅仅是以交换会员的身份与其他银行间的收解结算发生关系，而并非由其主持清算。

（二）中央银行从退出到自行主办

淞沪抗战爆发以后，中、中、交、农四行总行即奉令由上海迁至汉口，最后迁至重庆。中、中、交三行的分行则留在上海租界继续营业，但此时三家分行的业务范围已经大大缩小，不再担负交换存款的收解事宜。联准会和票据交换所独自承担起所有交换存款的保管及其交换差额转账等业务。太平洋战争爆发后，日军占领租界，逐渐加强对上海票据交换所的控制，而此时中央银行已经完全退出了上海票据交换所。到1943年6月，交换存款及差额转账也被迫交由伪中储行来办理，因而实际上中储行取代了原中、中、交三行的地位。

在抗战时期，中央银行先后在重庆和成都等地开始自行主办票据交换。早在1936年政府筹划改组中央银行为中央准备银行时，中央银行改组委员会就提出"上海及金融中心各地均应设置一银行之票据交换制度，即在全国之间亦应设置一广泛周密之交换制度，使国内汇款简捷，费用减少，在各商业银行现金准备集中准备银行时，此种全国统一交换制度即可应运而生。由中央准备银行任全国划账之职务，各银行相互间之清结债务既多用划账而少用准备银行之兑换券，于是准备银行对于现金准备亦可减少"，因此该委员会将"发展国内票据交换所制度"作为近期之主要任务之一。② 但由于抗战的爆发，

---

① 联准会第36次执行委员会会议记录（1935年12月30日），联准会档案S177-1-7。
② 转引自刘慧宇：《中国中央银行研究（1928—1949）》，中国经济出版社1999年1月版，第209页。

该计划被迫终止。

1940年9月间，中央银行开始主持局部的清算制度，即四行轧现制度。当时重庆市市面收解大都以中、中、交、农四行为中心，四行彼此间之收解极为庞大和频繁，其收解数额在全市收解总额中占极大比例，当银根紧急之时，筹码奇缺，甚至有若干银行对数百元或一二千元之现款亦不照付。鉴于此，1940年9月6，四联总处制定《救济重庆市目前银根紧缩暂行办法》，规定：四行票据彼此应一律畅收。自1940年9月9日起，重庆四行往来，暂行另户记载，逐日由中央银行轧现，如有困难，并得互商借款。不久，又拟定《四行轧现暂行办法》及其他若干补充法令，明确规定：四行总轧账暂由中央银行办理之，对于轧账之手续及收票、退票时间，以及有关轧账处理程序都有详细规定。[1]轧现制度的推行，实际上是一种局部范围的清算制度，并由中央银行主持，因而可以看作是中央银行主持票据交换业务的最初尝试。

1941年12月24日，财政部致函中央银行，指出："本部迭据各方建议，开办渝市票据交换制度，经察酌情形，认为重庆现已为后方金融重心，亟应提倡行使票据，以期金融市场得以正常发展而逐渐取消比期[2]存款之高昂利率，兹拟于1942年1月起开办票据交换所，以实现上述之目标。复查中央银行法第28条第三项规定有办理票据交换及各银行间之划拨结算等语，所有开办重庆市票据交换事项，应请贵行克期实行，其他重要市场并希次第举办，以利金融。"[3]中央银行接到财政部之公函后，即开始积极进行筹备。中央银行业务局分别拟具《中央银行办理票据交换办法》及《中央银行附设票据交换行庄保证金估价委员会办事规程》。央行常务理事会议决定于1942年1月5日在重庆开始实行，并以该局营业室为交换地点，即日分函渝市各银行钱庄查照参加交换。不久，因交换工作事务繁巨，乃经该行常务理事会议决修正业务局组织规程，增设票据交换科。但由于渝市各银行钱庄意存观望，不肯踊

---

[1] 《四行轧现制度之演进》（1942年7月），见《四联总处史料》上册，北京档案出版社1993年7月版，第609页。

[2] 比期是中国旧时各地银钱业和工商业公定的一种债权债务结算日期。一般大约每隔5日为一个小比期，届期，银钱业同业进行债权债务结算；以每月15日和月底最后一天为大比期，届期，全市银钱业和工商业进行大结算。拆放以半月为期的短期贷款，至大比期即收回或续转，称"放比期"。

[3] 杨承厚编：《重庆市票据交换制度》，中央银行经济研究处，1944年1月版，第17页。

跃参加，因而未能如期实行。直到1942年5月底，所有筹备的各项程序才告完成，于是渝市票据交换工作乃自6月1日起正式开始。①

根据《中央银行办理票据交换办法》的规定，可以看出其交换方法和手续基本上是仿行上海票据交换所的交换制度而制定的，其主要内容有：

（1）由中央银行集中办理票据交换及转账事宜，参加交换之行庄限于银钱两公会会员行庄。

（2）交换行庄应填具申请书，经中央银行审查认可，并缴足应缴保护金及保证准备。

（3）各交换行庄应每月底抄具资产负债表一份，每半年决算期并抄具财产目录一份，送中央银行备查，必要时中央银行得随时通知某行庄抄送以备查核。中央银行对交换行庄存放款、贴现及其所发票据情况得随时派人调查，各行庄应据实报告，但不得关系行庄同意，中央银行不得公布报告内容。

（4）交换行庄应于加入时认定相当金额之保证准备，认定后应随时缴足保证准备，以左下列种类经本行审定者为限，其金额照估价七折计算：①政府公债；②著名公司、工厂之股票或债票在当地有市场者；③货物栈单立时可以变值者；④其他财产经本行许可者。

（5）采取常川交换制度，所有交换票据一律以代收方法清算，交换行庄应于缴存保证及保证准备外，在中央银行开立存款户，保持相当存额以供划拨。如存款户不敷支付该行庄当日应付票据余额时，应于当日营业终了后半小时前补足，如感头寸不敷，不足支付应付票据时，得随时向中央银行拆款，但不得超过其所缴保证金之数，拆款以一日为限，次日即须清偿，但可连续拆借。

（6）对交换票据之种类、退票和处罚等也作了相关规定。②

需要指出的是，上述办法实际上并非仅适用于重庆，而是全国性的法令，只是无法推行到已处于日伪控制之下的上海而已。而且，中央银行办理票据

---

① 杨承厚编：《重庆市票据交换制度》，中央银行经济研究处，1944年1月版，第20—22页。
② 《中华民国金融法规档案资料选编》下册，北京档案出版社1992年版，第903—908页。

交换业务是逐步展开的，先主持四行之间的局部清算，进而拓展到办理整个重庆市金融业的清算业务。时人对此曾作出如下评价："查办理票据交换为中央银行之主要业务，早已载在正式公布之中央银行法，此次得以付诸实施，实为我国国家银行走向专业化之先声。该行此次办理票据交换不收任何费用，足以提高其领导地位，而使'银行之银行'名实日趋相符。其次，采取耗时费力之常川交换制，并为交换行庄居间办理事繁任重之退票工作，足以表现服务效能之尽量提高，于其拆款期限之短与保证准备之严，则均为信用制度之巩固与健全树立规模，尤足为目前之矜式也。"①

中央银行在重庆办理票据交换的办法（以下简称重庆票据交换）与当时上海的票据交换制度相比具有如下一些不同特点：

（1）重庆票据交换系由中央银行主办，不但完全由中央银行主持，即其交换业务完全由中央银行设科办理，而未另设交换所，这也是遵照了中央银行法第28条之规定。上海之票据交换则由上海银行业同业公会联合准备委员会主持办理。

（2）重庆票据交换采用常川交换制而非定时交换制。上海的票据交换多采用定时交换制，每日至多交换两次，清算方法虽然简便，但各交换银行均需派交换员及传送员参加，并需较大场所，费用较大。而中央银行主办票据交换则采取常川交换制，每日可以随时分批交换，交换科即设于该行业务局内，各行庄仅派差役送票即可（不必派员参加交换及计算）。清算时方法虽较繁琐，但大部事务均集中中央银行，各交换行庄实享受极大之经济与便利，且可随时得知本行交换差额，以准备不敷之头寸。这很大程度上是受1941年9月上海票据交换所改行常川交换制的影响。

（3）重庆票据交换规定必须缴纳一定金额的保证准备，对于保证准备之物品限制甚严，必要时交换行庄还可借此进行期限极短的拆款。对保证准备品的种类限制也十分严格，有利于加强票据交换主持机关之切实保障，不致受其牵连而发生周转失灵。同时规定交换行庄的拆款以一日为限，这样既可成为交换行庄临时之救急，又可避免头寸不足的行庄乘机长期透借。上海票据交换所则没有银行加入交换时必须缴纳一定保证准备品之规定。如果交换银行资金不敷，只能向联合准备会拆款，而不能直接向票据交换所拆款。

---

① 杨承厚编：《重庆市票据交换制度》，中央银行经济研究处，1944年1月版，第17页。

（4）中央银行办理票据交换不收费用。上海票据交换所系独立性组织，设有专任之人员，每月均有相当数目之支出，需向交换行庄征收清算费用，上海票据交换所章程也明确规定缴纳入会费和分摊交换经费。但"目下中央银行主持之票据交换，非但无入会费之缴纳，即清算费用亦毫不收取，所有该行票据交换科之开支完全由该行业务局支付，可见纯以便利同业为目的，减轻各行庄之负担殊非浅鲜也"。①

（5）重庆票据交换其退票工作完全由中央银行居间办理（退票行庄将应退票据送中央银行收账，再由中央银行送回原提出行庄，并为付账），虽增加了中央银行的事务与责任，但可以大大提高其服务效能。上海票据交换所对于拒付票据之办理，先前也曾由联准会集中办理，但抗战后期则改为交换银行自行办理，由拒付行庄直接将原票据退还原提出行庄，并由原提出行庄将票面金额付还退票行庄，因此，票据交换所得以置身事外，减少自身的工作量。

重庆票据交换的场所设在中央银行内，专门由1942年1月在业务局下增设的票据交换科负责办理，交换科具体负责项目为：（1）关于交换票据代收事项；（2）交换票据之提示；（3）各银行间款项划拨结算；（4）票据交换行庄保证金及存款之收付登记；（5）票据交换上补助账簿之登记及其表单之缮制；（6）票据交换之统计图表之缮制；（7）关于本科之文电拟撰；（8）其他关于票据交换事项。②

开办之初核准加入的行庄计银行有37家，钱庄有42家，到1945年6月底统计加入票据交换之银行钱庄已达96家。③中央银行集中办理票据交换以来，各项数字急剧增长，如下表所示：

表8-1　中央银行票据交换历年统计表（1942年6月—1945年12月）（国币元）

年份	交换张数	交换总额（元）	交换差额（元）	差额占总额%
1942	343,762	32,835,294,310	7,050,949,926	21.47
1943	777,606	139,110,565,630	31,865,916,540	22.91
1944	1,409,566	581,041,936,216	123,456,730,802	21.25
1945	2,028,325	2,610,429,160,662	574,715,171,601	22.02

附注：①1942年的统计数字为6月开始办理票据交换至12月份；②1942年和1943年交换

---

① 杨承厚编：《重庆市票据交换制度》，中央银行经济研究处，1944年1月版，第17页。

② 转引自刘慧宇：《中国中央银行研究（1928—1949）》，中国经济出版社1999年1月版，第212页。

③ 潘世杰、黄宇乾：《票据常识》，中国文化服务社1946年10月初版，第70页。

差额占总额的比重原文分别为41.47和22.96，经核对后发现原文有误，表中为订正后的数字。

资料来源：《四联总处史料》上册，北京档案出版社1993年7月版，第634—635页。

从上表可以看出，中央银行办理票据交换成绩斐然，无论张数还是金额均成倍增长，从而也某种程度上反映了大后方票据的广泛使用、流通以及商业金融的繁荣。同时期上海的交换票据，1942年6—12月为858584张，1943年为2643758张，1944年为3422827张。因为从1942年6月开始，上海票据交换所被迫改用中储券为交换本位，无法从金额上比较，但仅从张数上来看，重庆的票据交换相当于同时期上海的三分之一强，已经形成一定规模了。

自1942年6月中央银行在重庆开始办理当地银钱业的票据交换业务后，其他城市银钱两业人士均认为很有必要由央行主持办理当地的票据交换。成都银行业同业公会因而致电财政部，恳求由中央银行主持办理成都市的票据交换。于是，财政部函请中央银行指令成都分行迅即开办。经中央银行成都分行的积极筹备，1942年5月25日，在中央银行主持下的成都市票据交换正式开办。

除了重庆和成都外，中央银行还在其他地方办理票据交换及四行两局间票据收解，详见下表：

表8－2　中央银行办理票据交换及四行两局间票据收解地点一览表

办理票据交换		办理四行两局票据收解	
地点	开办日期	地点	开办日期
重庆	1942年6月1日	贵阳、万县、宜宾、浙江、自流井、内江、南宁、北碚、兰州、宁夏、宝鸡、福建、南郑、吉安、南充、嘉定、雅安、合川、酒泉、涪陵、天水、江西、泉州、泸县、广东、洪江、沅陵、老河口、邵阳、零陵、梧州、衡阳、江津	略
成都	1943年5月25日		
桂林	1944年2月5日		
西安	1944年5月16日		
昆明	1944年11月27日		
贵阳	1945年2月19日		
兰州	1945年6月15日		

资料来源：①《四联总处史料》上册，北京档案出版社1993年7月版，第633页；②《中央银行1946年度营业报告》，《中华民国史档案资料汇编》第五辑第三编财政经济（二），江苏古籍出版社2000年1月版，第596页。

显然，中央银行主持办理票据交换业务是在逐步扩大，推而广之。正如时人所指出的"渝市为战时首都，中央银行在该地实行票据交换制度实具有试验及示范性质，今渝市推行情形既较顺利而获初步成功，自应将其推行于全国各大都市，以期中央银行可以逐渐主持全国各银行间之清算"。①而当时制定的有关票据交换的法令也是全国通行的。就中央银行方面而言，办理票据交换及各银行间之划拨结算并非是总行的单独业务，所有各地中央银行分行均负有就地办理之责。中央银行参考和借鉴了上海的票据交换制度，并体现出了中央银行主办票据交换的独有特点，也因此积累了经验。

（三）受中央银行的委托办理上海市票据交换

抗战胜利前夕，鉴于上海票据交换所的重要地位，中央银行副总裁陈行（兼任财政金融特派员）即打算接收上海票据交换所，另设新交换场，但遭到反对，不久，特派员办公处拟订出改组原银钱业票据交换机构的办法，力图将上海票据交换所纳入中央银行的清算体系。当时"中央银行当局鉴于过去各自为政之交换制度应加以改进，且复以沪上银行钱庄过多，若由中央银行办理，根据经验，手续及时间均有所不及，为适应环境起见，经即令饬银行钱庄两业公会原有之票据交换所即行合并，成立上海票据交换所，并另组委员会主持一切事务，以中央银行代表为主任委员，四行二局及外商银行一律参加，交换所所有各行庄间交换余额之划拨结算，则集中于中央银行办理，从此数十年来金融界所希望之统一票据交换制度，至此乃见实现"。②1945年10月，中央银行公布实施《中央银行暂行委托上海票据交换所办理票据交换规则》，指出：依据财政部特派员规定原则暂设上海票据交换所委员会，并委托上海银行业同业公会及上海钱业同业公会合组之上海票据交换所办理全市金融业票据交换事宜，对有关委员会的设置、交换行庄、交换方法等作出原则性的规定。③同时，中央银行于1942年1月拟订的《中央银行办理票据交换办法》仍然有法律效力，上海票据交换所此时也必须遵行。

从1945年10月至1946年8月上海票据交换所第一届执行委员会成立的这一过渡时期内，上海票据交换所受中央银行的委托主办全市的票据交换。由于此时银钱业公会均在整理当中，上海票据交换所由中央银行直接主管。在

---

① 杨承厚编：《重庆市票据交换制度》，中央银行经济研究处，1944年1月版，第83页。
② 宋汉章：《五十年来中国金融之演进》，见周开庆主编：《五十年来之中国经济》（近代中国经济丛编之四），台湾海文书局1967年版。
③ 中国第二历史档案馆等编：《中华民国金融法规档案资料选编》（下册），北京档案出版社1992年版，第927页。

第八章 上海票据交换所与金融管理当局的关系

过渡时期内，中央银行的代表不仅担任票据交换所委员会主任委员，经理和副经理也由央行指派，并且还专门委派一名监理常驻该所。第一届执行委员会成立后，中央银行则将上海票据交换所交由上海银钱两公会主办，中央银行仍然是其主管机关，并负责最后的交换差额转账，但这时中央银行的直接影响并不明显。

与上海截然不同的是，抗战胜利后的其他主要城市均由当地中央银行分行集中办理票据交换，如天津、武汉等地。1946年1月7日，中央银行宣布正式接收天津中、交两行临时轧账处，成立"天津市银行、钱庄票据交换所"。1946年2月，按照《中央银行法》的规定，取消天津市银行、钱庄票据交换所，由中央银行天津分行设票据交换课主持票据清算业务，直到1949年1月被人民银行接收时止。[①] 中央银行汉口分行筹办的票据交换则于1946年6月1日正式开始。1946年上期，武汉的商业银行次第开业，需要办理全面交换，而央行武汉分行原有行址狭小，不敷应用，乃于4月底迁入正金银行旧址后，准备举办。按照央行规定本应采用集中交换制，但武汉银行公会"以当时人手不敷，票据尚不甚多，请援重庆例，用常川交换制"致函央行，经央行业务局批准暂行试办，并于6月1日起成立交换课，开始办理全体银行同业交换。[②]

1945年度中央银行办理票据地方为7处，1946年度至年底止，增至15处，除上海一处仍委托上海银钱业公会合组票据交换所代办外，其余均由中央银行各地分行主持办理。其中采用直接交换制度者，计天津、北平、沈阳、广州4处，采用代理交换制度者，计南京、杭州、汉口、青岛、重庆、成都、贵阳、昆明、西安、兰州10处，又有厦门、自流井、宁波、镇江、长沙5处。其余各重要城市已由中央银行筹备就绪，即可于1947年春开办，如济南、南昌、福州、长春4地正在筹划中。中央银行未设分行的地方，其票据交换则由中央银行委托其他国家行局代办。[③] 抗战胜利后，中央银行在各地主持票据交换情况和各地票据交换数额的比较详见下表：

从表8-3可以看出，战后，除了上海之外，中央银行在各大城市开始办理当地的票据交换业务，再加上抗战时期已经开办的城市，这时由中央银行

[①] 郭凤岐编：《天津通志·金融志》，天津社会科学院1995年1月，第343页。
[②] 中国人民银行武汉市分行金融研究所编：《武汉银行史料》，出版信息不详，第333页。
[③] 《中央银行1946年度营业报告》，《中华民国史档案资料汇编》第五辑第三编财政经济（二），江苏古籍出版社2000年1月版，第591页。

主持票据交换业务的城市基本涵盖了当时的重要城市，而没有央行分行的地方则由央行委托当地其他国家行局代办。因此，足以说明抗战胜利后，中央主持全国票据清算的职能才渐趋完善。表8-4则显示，从票据交换各项数字来看，上海票据交换所无疑占有绝对比重，其他城市的票据交换数字无法与上海相比，其中每日交换票据张数最少的仅188张（兰州），交换票据金额最少的仅1098085189.29元（贵阳）。因此，抗战胜利后，上海无疑又重新成为全国金融中心。

表8-3 抗战胜利后中央银行主持各地票据交换一览表

城市	开办时间	当时参加行庄数量
天津	1946年1月7日	100
北平	1946年1月7日	21
南京	1946年5月1日	27
汉口	1946年6月1日	31
广州	1946年8月1日	16
杭州	1946年9月2日	20
青岛	1946年9月2日	16
沈阳	1946年11月1日	18

资料来源：根据《中央银行1946年度营业报告》，《中华民国史档案资料汇编》第五辑第三编财政经济（二），江苏古籍出版社2000年1月版，第593-596页的相关内容编制。

还要特别说明的是，抗战胜利后，中央银行为何没有亲自主持上海的票据交换，而其他城市则都是由中央银行主持办理。第一，接收上海票据交换所的计划遭到上海银行家的反对，因而只好对其进行改组，先以委托的名义由上海票据交换所办理全市的票据交换，后交由银钱业公会自行办理。第二，若由中央银行主持办理上海的票据交换，重新建立新的交换场所，则需要较长的时间，而上海作为全国重要的经济、金融中心不可一日停止票据交换。第三，上海一地的交换行庄数量众多，上海票据交换所已有较长的发展历史和雄厚基础。若由中央银行主持办理，所需经费、场地、各项手续等央行都一时难以应付。

表 8 — 4 1946 年上海与各地票据交换数额比较金额单位：元

城市	票据张数	交换金额	每日平均交换张数	每日平均交换金额
上海	18,834,615	45,732,536,713,814.08	62,573	151,935,504,030.51
天津	3,803,409	4,759,726,436,458.57	12,763	15,972,236,363.95
北平	325,015	573,192,856,815.66	1,091	1,932,465,962.46
重庆	1,440,758	6,230,145,374,550.06	4,787	20,698,157,390.53
成都	535,089	1,096,307,881,576.08	1,814	3,716,294,513.82
昆明	576,419	1,523,950,230,984.66	1,912	5,079,834,103.28
西安	312,815	1,479,000,222,878.04	1,044	4,946,491,380.85
贵阳	144,894	328,327,471,537.27	484	1,098,085,189.29
兰州	56,568	330,525,916,861.33	188	1,098,092,747.05
南京	208,512	1,015,873,294,247.15	504	1,114,697,280.16
汉口	58,472	566,367,115,390.29	332	3,217,994,973.81
广州	55,084	324,371,148,685.11	441	2,594,969,189.41
杭州	88,249	263,108,909,353.23	874	2,645,543,656.96

资料来源：根据《中央银行1946年度营业报告》，《中华民国史档案资料汇编》第五辑第三编财政经济（二），江苏古籍出版社2000年1月版，第595—606页的相关内容编制。

因此，从某种程度上可以说，抗战胜利之后，上海票据交换所的特点是"官督民营"，尽管形式上是独立机构且由商业银行自行经营，但实际上还要受中央银行的监管，这种管理与运营分开的模式其实更有利于形成一个公平的协调机制。通过受中央银行委托的形式，上海票据交换所已经纳入到中央银行的票据清算体系。有学者就指出，"1945年11月合并成立的上海票据交换所形式上是独立机构，但实际上由中央银行组织办理金融机构之间的票据交换工作，成为中央银行资金清算制度的重要内容"。[1] 笔者认为，"由中央组织办理"这一表述并不准确，虽然名义上上海票据交换所已经纳入中央银行的清算体系，但实际上交换事务仍由商业行庄自行经营。

（四）中央银行对上海票据交换所的监管

战后，其他城市均由中央银行主持办理票据交换，唯独上海是由中央银

---

[1] 叶世昌、潘连贵：《中国古近代金融史》，复旦大学出版社2001年4月版，第389页。

行委托上海票据交换所来办理。这时，中央银行已充分认识到该所的重要地位，因而，开始逐渐加强对上海票据交换所的监管。

首先，就交换保证金问题，上海票据交换所与中央银行等曾进行了反复磋商与交涉。这明显体现出两者监管与被监管的关系。中央银行办理票据交换办法第6条规定，交换行庄应于加入时认定相当金额之保证准备。1945年11月21日，上海票据交换所委员会提出，"照办法第6条规定保证准备种类，于沪地目前情形不尽适用，迅函国行请从速办理保证准备事宜，以便同时规定现金保证准备数目"。[①]11月27日，该委员会便将上述意见函致中央银行。12月25日，中央银行业务局批复："查各交换行庄应缴保证准备仍应按照本行办理票据交换办法第6条规定办理。"[②]上海各行庄可以提供的准备品大都为房地产，这与中央银行办法规定之政府公债、有价证券、栈单不符，而该办法第4项有"其他财产经中央许可者"之规定，于是交换所委员会又再次函请中央从速办理保证准备事宜。然而中央银行业务局的答复是仍须按照上述办法规定办理，因此各行庄应缴保证金仍无法解决。1946年1月21日，票据交换所委员会再次进行讨论，议决："①现金准备数目分为50万、80万、100万，由各行庄自行认定。②保证准备品除中央银行办理票据交换办法规定各项外，房地产必须加入，惟总数不得超过60%，并得加入金条为保证品。"[③]陈行特派员对该决议案的批示为"除房地产不得加入外，数目及金额可准如所请。"不久，票据交换所委员会又将上项决议及陈特派员的批示备函送请中央银行业务局核夺。业务局依然坚持应按央行办法第6条办理，交换所委员会则主张除第6条规定外，房地产必须加入，此时业务局也不知如何规定，只好呈请央行总裁和副总裁核定。1月22日，中央银行副总裁批复："业务局意见较为正当，数目及金额可准如所请。"[④]1月28日，交换所委员会将1月21日议决事项及批示函请上海票据交换所查照办理。随后，该所又再次提出将黄金列为抵押品，而财政部仍持否定态度。2月14日，中央银行业务局对各行庄应缴保证准备品一案进行了更详细地解释和规定，并函致交换所，指出："查黄金一项行庄

[①] 上海票据交换所委员会第二次会议记录（1945年11月21日），上海票据交换所档案S180-2-184。
[②] 中央银行致上海票据交换所委员会公函（1945年12月25日），上海票据交换所档案S180-1-18。
[③] 票据交换所委员会第三次会议记录（1946年1月21日），上海票据交换所档案S180-1-18。
[④] 中央银行业务局呈总裁、副总裁函及批复（1946年1月22日），上海票据交换所档案S180-1-18。

不得买卖及作为押品，业经财政部1月23日钱乙字第219号电再度规定在案，未便收充准备。至政府公债除救国公债外，余均可以缴送，各债均按票面面额七折计算，英金、美金公债、美金储蓄券可依官价汇率十足计算。其原办法第六条第二款公司、工厂之股票或债券因现尚无正式市价，同条第三款货物栈单以目下物价上涨不已，为避免助长囤积计，本行均暂不收受。"①

1946年2月25日，票据交换所委员会讨论后认为，从上海的实际情形来看，"应以存款保证准备收条为第一担保，房地产或黄金为第二担保"。②2月27日，上海票据交换所委员会于是致函财政部总裁和中央银行副总裁，详细陈述该会历次会议讨论的有关各交换行庄须认缴保证准备之提案，并指出："盖上海市各行庄持有政府公债多系战前所购置，以票面金额而论总数实属有限，若以票面七折或官定汇率十足计算，则所能担保之总数殊为微小，远不足以资调剂，而最近市场之变动，物价之升腾，所有上海光复后渐露恢复迹象之市面信心，顿受打击。最近行庄存款有减无增，存款之时去时来亦益不稳定，各商业行庄还有急难亦惟有自相调剂，其力量殊为绵薄，倘不决定一切实有效之调剂方法，诚恐万一发生风潮则措手恐有不及，爰经决议'①凡交换保证准备品除政府公债外，应再增加存款准备金收据一项，照收据原开金额十足计算，但此项收据应作为第一担保性质，同时须附缴适当价格之上海市房地产或黄金作为第二担保，如此办理则担保即因具有双重而益臻确实，且房地产、黄金两者仅充为第二担保，又黄金之充作担保仅限于国家银行，对同业融通资金时而方始承受，于法令无抵触；②凡行庄以交换保证准备亦可向中央银行拆借款项，其利率宜照市拆计算，行庄非遇必要，不致轻易拆借'，呈请钧核，迅饬批准施行。"③3月19日，财政部即作出批示："呈悉，查原建议黄金作为第二担保性质一节核与本部本年1月23日财钱乙字第219号代电之规定不符，未便照准外，其余建议各节核尚可行，应准照办。"④可见，财政部虽不同意将黄金列为交换存款保证金担保品，但房地产则可以列入，并已正式得到财政部的承认和允许。4月10日，上海票据交换委员会正式通函

---

① 中央银行业务局复函（1946年2月14日），上海票据交换所档案S180-1-18。
② 票据交换所委员会第四次会议记录（1946年2月25日），上海票据交换所档案S180-1-18。
③ 上海票据交换所委员会呈财政部总裁、中央副总裁稿（1946年2月27日），上海票据交换所档案S180-1-18。
④ 财政部批示及财钱庚三4838号公函（1946年3月19日），上海票据交换所档案S180-1-18。

各交换行庄"除黄金作为第二担保外至其他各节自应从速开始办理，以厚准备而策安全，除转饬上海票据交换所迅行通函各行庄外，函陈中央银行总裁、副总裁转饬业务局遵办"。[①] 随后，中央银行致函上海票据交换所委员会，提出"兹奉财政部3月19日批示，自可暂予试办，惟关于以房地产作第二担保一节，其房地产之分类及估价等等尚应请贵会具详细办法函送本局，以便核夺"[②]。

　　上述上海票据交换所与中央银行及财政部就交换行庄认缴交换保证准备问题的分歧与磋商，其产生的主要原因在于政府法令缺乏实效性和地域性，以及上海作为金融中心的特殊性。抗战胜利后，中央银行仍然推行1942年1月制定的"中央办理票据交换办法"，当时主要针对重庆地区及大后方，而上海战后又重新成为全国金融中心，因此，该办法在未作任何修订的情况下要推行于上海，显然没能做到因地制宜。从结果来看，以中央银行为代表的金融当局最后还是接受了上海票据交换所的部分请求，将房地产列入担保品范围，也说明上海票据交换所作为金融同业的服务组织在当时有一定的影响力，再加上上海的特殊性，因此中央银行不得不作出一些让步。

　　其次，中央银行还力图通过上海票据交换所来加强对交换行庄退票的严格监管。由于一部分行庄未能严格执行《限制往来户开发空头支票办法》，因而票据交换所退票统计数目居高不下，为减少退票风气，1947年10、11月间，中央银行拟定取缔退票办法四点：

（1）各行庄应将自己每日退票开具清单二份，于次日送交交换所，一份由交换所留存考核，一份转送本行。凡每张退票之账号、户名、地址开户年月日、退票金额必须与送交交换所之实际数目相等，不得少报，由交换所核对，认为有疑义时，得函请行庄申复，其情节重大者，得报告公会核办；

（2）行庄应厉行银钱信托三公会规定之限制往来户开发空头支票办法，自动对此不良客户予以警告及停止往来，其停止往来客户由行庄函请公会通函会员行庄一律不与往来，行庄如不遵照办法办理，交换所或本行查明时，通知公会予该行庄公司以书面警告，并在交换场内公开揭

[①] 上海票据交换所票字第291号通函（1946年4月10日），上海票据交换所档案 S180-1-18。
[②] 中央银行致上海票据交换所委员会函（1946年），上海票据交换所档案 S180-1-18。

示,经严重警告公开揭示而未悛改者,报由本行转报财政部从严议处;

(3)由三公会通函行庄公司退票理由单划一程式,严格遵照部定支票退票理由办法办理,行庄送退票至交换所时,应附退票理由单两纸,由交换所留存一纸,以备次日核对清单之用,将另一纸随同退票送交收款行庄,收款行庄如发现退票理由违反部定章程时,应即报告交换所,交换所核对存所理由单,如发现双方填载不符或违反部定办法时,应即通知公会,予该行庄公司以书面警告,再有违反时,准用第二项办法办理;

(4)根据交换所之退票旬报,行庄之退票数目不论其金额或张数,超过其交换票据数百分之五连续三次或三个月之内先后五次以上或退票数超过百分之十者,应由公会予各该行庄公司以书面警告,仍未悛改者,准用第二项办法办理。①

这一办法即意味着中央银行此后开始把退票情形列为对交换行庄一般业务状况的考核因素之一。然而,上海银行公会认为,事关全体行庄的利益,对中央银行拟定的上述办法应由各行庄发表意见。11月3日,上海银行公会通函各会员银行,指出:"事关补充退票办法之严格执行,并以观察行庄业务情形之考核准备,爰经常务理事会议决先将该办法转行各银行签注意见,限5日内函复,以便汇交交换所研究施行,于文到5日内,将签注意见函复以便核办,切勿延误。"②行庄对此并未提出意见,实际上,按照财政部制定的27项支票退票理由,其责任属于行庄的并不多,因此实行起来并无困难,历时数月,各行庄多已遵照四原则处理退票。

12月4日,上海银行公会对中央银行拟订的取缔退票办法提出了数条意见,呈奉中央银行查核。1948年2月13日,中央银行回复银行公会:查上项办法,本行均经详加研讨,颇为完善,兹既承提示意见,特分别解释如下:

(1)各行庄规定每日将退票清单,抄送本行,上项清单已经交换所与退票理由单核对,似毋庸再将退票理由单送本行核对拟仍照原办法办理。

(2)造成退票数目庞大之原因,一为客户滥发空头支票,其责任应

---

① 《中央银行取缔退票办法》,《银行周报》第31卷第47期,1947年11月24日。
② 《中央银行取缔退票办法》,《银行周报》第31卷第47期,1947年11月24日。

属于出票人,一为一部分行庄为减少其应付交换差额或退票金额起见将不应退之票据,加以挑剔而退还,其责任应属于行庄,是以取缔退票,应于出票人及行庄同时着手,始克有效,至于因不明手续,并非故意之错误,所造成之退票,予以剔除,以免无辜受过一节,自不无理由,兹拟于第4项"超过百分之五连续三次,或三个月之内先后五次以上,或退票数超过百分之十者"句下加"由中央银行稽核处派员查明其责任,如确属付款行庄或出票人时"等字样,以资兼顾钱商业同业公会所提意见,即作为本行稽核处将来查核时之参考,至交换所填制百分比理由单仍根据各行庄清单办理,不必分别颜色以资便捷。①

上海银行公会为各会员便利实施起见,根据中央银行的意见,将原办法重行整理,仍为4项,并拟订退票理由责任分析表,以供同业参考。2月23日,上海银行公会召集第20次理监事联席会议,并邀同钱业、信托业代表出席,经共同议决,自3月1日起,各同业处理退票,应切遵该取缔退票办法办理。②

银行公会拟订的退票理由责任分析表,内容如下:

表8-5 "退票理由"责任分析表

	退票理由	责任		备考
1	存款不足	甲		
2	发票人托收款项尚未收到	甲		
3	透支过额	甲		
4	暂停透支	甲	乙	行庄已通知客户属甲,行庄未通知客户属乙
5	非用墨笔或墨水笔填写	甲		
6	金额文字非大写	甲		
7	金额文字不清	甲		
8	票非即期		丙	
9	发票年月日不全或不明	甲		
10	照发票日期已满一年		丙	

① 《修正取缔退票办法》,《银行周报》第32卷第11期,1948年3月25日。
② 《修正取缔退票办法》,《银行周报》第32卷第11期,1948年3月25日。

续表

	退票理由	责任			备考
11	发票人签章不全或不清	甲			
12	未经受款人背书			丙	
13	受款人背书不清或不符			丙	
14	背书不连续			丙	
15	支票破碎（法定要项不全）			丙	
16	支票涂改			丙	
17	字经察改			丙	
18	字迹模糊			丙	
19	保付后字经涂改			丙	
20	更改处未经发票人照印鉴签章证明	甲			
21	无此存户		乙		
22	此户已结清	甲	乙		行庄已通知客户结清而客户未将剩余支票交还者属甲行庄自行结清而尚未通知客户者属乙
23	已经止付				各方均可免负责且极少发生
24	非该户领用之支票	甲			
25	划线支票应由银钱业者来收				如经交换所无此退票
26	特别划线支票应由指定银钱业者来收			丙	
27	外埠支票只可代收			丙	

附注：①央行不列入考核及警告范围；②嗣后票据交换所编制退票旬报表时，应将退票性质分为甲乙丙三类分别统计，退票责任之归属分：（甲）属于发票人者（即行庄客户），（乙）属于退票行庄者（即付款行庄），（丙）属于提出行庄者（即代收行庄）。

资料来源：《修正取缔退票办法》，《银行周报》第32卷第11期，1948年3月25日。

由此可见，中央银行对交换行庄退票的监管是十分严格的，上海票据交换所主要起协助作用，如收存、汇转退票清单，将违规行庄在交换场内公开揭示等。但上海银行公会作为该所的上级组织，则更多的是考虑全体行庄的利益，因而积极发表意见。

中央银行拟订的取缔退票四项办法，虽经银钱信托三公会共同议决，自3

月1日起实行,但3月1日各行庄送到该所的退票仍未按规定办理,因此,上海票据交换所依据上述办法,作出如下规定:"①各交换行庄交换后应退票据,除退票金额在五百万元以下者,得将张数及金额分别并计算填入清单毋庸逐张详列外,其余须逐张备具退票理由单正副本各一纸及退票清单两份(退票清单均由所印发);②退票理由单(正本)应随同退票于当日退票时间内送所;③退票理由单(副本)及退票清单两份得于次日上午十二时前送交本所;④退票理由单正副本及退票清单两份均须加盖行庄经管员印章,以资慎重;⑤退票理由单应将张数、金额结出总数。"①3月3日,上海票据交换所将上述规定通函各交换行庄。显而易见,上海票据交换所切实遵行中央银行取缔退票办法,密切配合中央银行对该所退票进行严格监控。

此外,对于抗战时期由中央银行拟定的办理票据交换的各项法令,由于社会经济环境已经发生巨大变化,很多条文如今已无法适用。于是,中央银行加以修订,以臻完善。1947年2月12日,中央银行理事会核准修正《中央银行办理票据交换办法》,与此前的中央银行办理票据交换办法相比,修订办法有较大变化。首先,取消了"交换行庄应于加入时认定相当金额之保证准备",因而相应地也取消"交换行庄头寸不敷支付应付票据时向本行拆款",并取消了退票的相关规定。其次,增加了"交换行庄本市分支店机构经本会认可亦得参加交换""交换行庄应各派职员一人至若干人为交换员"等规定。②另外,还增加了采用直接交换制度、代理交换制度和委托交换的相关规定。3月1日,中央银行业务局订定《中央银行办理票据交换采用直接交换地方办事细则》和《中央银行办理票据交换采用代理交换制度地方办事细则》。③这两个细则分别对直接、代理交换的各项手续作了具体规定。1949年4月,财政部拟定《中央银行法(修正草案)》,此案与1935年的相比有较大修订,并明确把"管理票据交换"作为其特权之一,④但还未及通过公布,国民政府即宣告垮台。

---

① 所字第184号通函(1948年3月3日),上海票据交换所档案Q52-2-20。
② 《中央银行办理票据交换办法》(1947年1月12日),见中央银行经济研究处编:《金融法规大全》,商务印书馆1947年9月版。
③ 《中央银行办理票据交换办法》(1947年1月12日),见中央银行经济研究处编:《金融法规大全》,商务印书馆1947年9月版。
④ 黄鉴晖:《中国银行业史》,山西经济出版社1994年6月版,第214页。

(五) 上海解放前夕受中央银行委托之临时措施

1949年5月间,国民政府已经濒临覆亡的边缘,上海局势也已经发生很大变化。因此,中央银行不得不把一些原本属于其自身办理的票据交换业务委托给上海票据交换所自行办理。

首先,交换行庄未付本票余额提存票据交换所,改由该所代付。5月7日,中央银行致函上海票据交换所,提出:"自5月9日起,各行庄本票一律不得提出交换,各行庄所有5月7日止未付本票应将余额于5月9日提存上海票据交换所,由该所统一代付。"①当日,上海票据交换所即对此作了专门的规定,并通函各交换行庄一体遵照,规定如下:①各交换行庄应于5月9日上午将5月7日止未付本票余额,提存本所开立"本票专户"(1号至50号交换行庄应将附上之空白印鉴卡、两纸签章送所存验,50号以后行庄仍沿用原存本所交换户印鉴);②前项本票余额由所汇总转存中央银行(本票专户);③自5月9日起,客户执有行庄本票应径向出票行庄兑现;④各交换行庄自同日起不得收受其他行庄本票;⑤各交换行庄每日收回之本票,应开具"本票专户付款证",并填制清单正副本二份(空白付款证及空白清单在5月9日上午各行庄来所开户时发给),连同原本票于下午3时30分起至下午5时止送至本所,由所核对,并在逐张本票上加盖付讫图章,同时凭付款证照数调给专户支票,连同原本票一并发交各行庄来员携回。②5月9日,各行庄提存票据交换所之本票余额共计伪金圆券21841209413.82元,截至解放止,尚余伪金圆券8670454672071元之本票未曾兑付。③

其次,5月13日,中央银行规定从5月16日起,所有交换行庄存款户收付,统归上海票据交换所办理,第三章已有论述,不再赘述。

再次,交换行庄就交换户余额支领现钞也由该所经办。5月16日,上海票据交换所特规定支领办法通函各交换行庄,办法如下:①各行庄来所支领现钞及定额本票时间自上午10时起至下午3时止;②行庄支领现钞及定额本票应按当日中央银行规定成数,分别开具本所转账申请书(在受款行庄栏注明现钞或定额本票字样,并由有权签字人加盖印章);③现钞及定额本票搭配

---

① 《票据交换所代为清理行庄本票》,《银行周报》第33卷第22、23期合刊,1949年5月30日。
② 上海票据交换所所字第280号通函(1949年5月7日),上海票据交换所档案S180-2-197。
③ 1949年上海票据交换所报告书,上海票据交换所档案S180-1-12。

成数请于上午10时前以电话向本所询问；④工商客户向行庄支取现钞，应由行庄径行付给，不得开发本所申请书，交由客户来所领取。①

可见，在这样一个非常时期，中央银行已经无心履行其主办票据交换的职责，上海票据交换所又一次独自承担起票据交换的各项事务。

三、上海票据交换所与中国人民银行

随着旧政权的覆亡，与上海票据交换所联系密切的原中央银行及财政部等已不复存在。5月27日，中国人民解放军上海市军事管制委员会成立，其下属的财经接管委员会金融处（简称军管会金融处）代表新生的人民政权对金融业实行接管和监管。5月30日，中国人民银行华东区行和上海分行同时成立，对上海市金融业实施行政管理和业务指导。6月1日，奉军管会金融处令，中国人民银行上海分行即加入上海票据交换所，成为元号交换银行，交换差额存款、转账等事宜都交由上海分行办理。中国人民银行上海分行取代了原中央银行的地位，其在上海票据交换所中交换席位后来也增加了12个。另外，中国人民银行为照顾交换行庄负担起见，对上海票据交换所开支自7月份起，逐月津贴一成，以资补助。但自1950年起，停止津贴，截止至年终，中国人民银行津贴交换所开支之累积数共为人民币8980万元。②

上海解放后，退票频繁的现象并未停止，因此，人民银行会同军管会金融处加强对上海票据交换所退票的监管。7月4日，上海票据交换所通函规定："自本月5日起，各交换行庄每日交换后退票，应填制退票清单一式两份，连同逐张退票理由单（此项清单即沿用前送伪金管局所用者），于次日上午11时前，送交本所，以便汇转军管会金融处备查。"③另外，中国人民银行华东区行订定并公布《取缔退票暂行办法》，其内容有：

（1）客户签发之支票金额，超过其存款之契约所订定之透支限额时，行庄应以存款不足或透支过额之理由退票，不得假借其他理由，企图掩蔽；

（2）凡客户解入票据，未经行庄同意，而擅自当日支用者，行庄亦

---

① 上海票据交换所所字第284号通函（1949年5月16日），上海票据交换所档案S180-2-197。
② 1949年上海票据交换所报告书，上海票据交换所档案S180-1-12。
③ 上海票据交换所所字第299号通函（1949年7月4日），上海票据交换所档案S180-2-197。

应以"存款不足"或"透支过额"之理由退票,但得加列"发票人托收款项尚未收到"之退票理由;

(3)凡行庄暂停客户透支者,应于事先通知客户,经通知后,仍擅自透支时,应以"存款不足"之理由退票,但得加列"暂停透支"之退票理由;

(4)支票之止付,须具有正当理由,其止付金额超过存款或契约所订定之透支限额时,付款行庄应拒绝其止付之申请。行庄接受前项止付之申请时,应请止付人缮具止付书一式二份,一份由行庄负责人签章后,送交中国人民银行备查;

(5)客户签发之支票,无论提现、转账或经交换收取者,其因存款不足、透支过额退票时,第一次应由付款行庄以书面警告客户,并呈报中国人民银行备案;

(6)行庄发现客户第二次退票时,应将该客户名称、职业、住址、电话、负责人姓名及过去往来情形,详实报送中国人民银行查办,必要时,并将其户名登报公布之;

(7)行庄发现客户第三次退票时,应将原支票截留,径送中国人民银行,掣取"空头支票收据",行庄截留前项支票时应给予收款人以"空头支票临时收据",收款人应于次日凭临时收据向退票行庄换取中国人民银行之正式收据。客户退票达三次者,由中国人民银行通令全市行庄,在一年内停止与该户往来,其情节较重者,转送法院查办,并得处以票面金额一倍以下罚款;

(8)汇票如核验发票人印鉴相符,除远期者外,应见票即付,不得借票根未到、密押不符等理由退票;

(9)行庄应行拒付之票据,须送交票据交换所整理分发,不得径向收款行庄换取转账申请书或套现;

(10)凡行庄违犯本办法各项规定者,视其情节轻重,依法惩处。[1]

上述通函中的规定及中国人民银行拟订的《取缔退票暂行办法》实际上

---

[1] 《华东区财政经济法律汇编·金融》,复旦大学图书馆藏书(出版信息不详),第20—21页。

都是沿用前中央银行的有关办法,如退票必须填制退票清单并汇总上报,对因客户原因的退票和交换行庄的退票等也进行了严格的监督。

9月5日,上海票据交换所又通函指出:"根据《取缔退票暂行办法》第9条规定,此后轧出退票应由退票行庄自行负责,本所以此事有关行庄自身利害,爰特重申退票规定时间,逾时本所概不收受,再原送金融处之退票清单及逐张退票理由单,仍须按时送所汇转。"①

上海解放后,由于上海票据交换所面临因交换行庄的日益缩减而导致的经费窘迫及机构臃肿等困境,因而最后决定将该所交由中国人民银行上海分行接办。1951年2月1日,中国人民银行上海分行正式接办票据交换所。

从总体来看,上海票据交换所与金融管理当局之间的关系有一个从疏远到密切的过程,即由少有联系或长期游离到直接对其实施严密监控。抗战胜利前,尽管国民政府对金融业的垄断已经达到较高程度,上海票据交换所却是一种自发的发展路径,政府显然没有把其纳入关注的范围。战后,金融管理当局则主动加强与该所的联系和监管,这种转变实际上与当时国民政府的金融政策是紧密相关的。1948年8月,全国钱商业同业公会联合会第二次理监事会发表的宣言称"乃以年来经济动荡日趋剧烈,每逢通货膨胀达到某一阶段,物价一度暴涨,政府辄以加强管制金融机构为紧急措施对策之一。……年来吾业处重叠金融管制法令之下,几以濒于窒息"。② 因此,与各金融机构联系密切的上海票据交换所自然成为政府重点关注的对象了。

---

① 上海票据交换所所字第309号通函(1949年9月5日),上海票据交换所档案S180-2-197。
② 转引自叶世昌、潘连贵:《中国古近代金融史》,复旦大学出版社2001年4月版,第380页。

结　语

以上各章对上海票据交换所整个的发展历程、组织结构、管理、交换制度以及与银钱业团体和金融管理当局的关系等作了较全面的梳理和分析，在此基础上，还可以进一步概括以下几点。

一、上海票据交换所的主要特征

1. 非营利性

上海票据交换所在形式上是一个实体性的金融机构，有自己的营业场所，并直接从事特定的金融业务，还设有经理、副经理和襄理等职务，然而其创立、发展、运作始终不是以营利为目的，而在于为金融同业提供公共性服务。上海票据交换所作为一个金融同业的服务性机构，在隶属于联准会时期，该所日常开支全部由联准会承担，抗战胜利以后，该所全部实际的日常经费则由全体会员按比例分摊，该所并未藉此从中获取任何利润。因此，非营利性是其区别于其他金融机构的显著特征。

2. 现代性

上海票据交换所是一个新型的票据清算机构，借鉴并吸收了当时外国先进的票据交换制度，采取集中、定时交换方法，手续简单，省时省力，高效便捷，而且该所还制定了比较完善的组织、运作当中的各项制度，并建立了独立的健全的组织结构。反观中国本土传统的票据清算机构采用的清算方法，缺乏相应的制度安排，手续繁杂，费时费力，效率极其低下。两者相比较，上海票据交换所的基本制度和运作机制及其发挥的功用，都具有很强的现代性。

3. 地区性

票据交换又称为同城交换，因此，票据交换所的地区性特征十分明显。

上海票据交换所直接服务的范围仅仅局限于上海一地（包括城区和市区）。其原因在于该所每天都必须进行集中交换，行庄交换员每天必须准时到所提出交换，各行庄当天就要收妥入账，交换完成后若有退票，交换员还需要到所取回退票。因而，交换范围若超出同一城市，则时间上是不允许的。因此，该所的交换行庄一般都是设在上海的银行、钱庄或者是外地行庄在上海的分行或分庄。

4. 开放性和自愿性

上海票据交换所也是一个开放性的组织，任何金融同业都可以通过一定的途径加入该所。非所员银行提出申请经批准后即可成为交换银行或委托代理交换银行。同时，加入该所完全是自愿的，在很长时期内，并没有一个要求所有金融同业都必须加入该所的硬性规定。只是到了1947年9月，财政部为加强管制金融业务才指令所有行庄必须一律加入交换。因而，开放性和自愿性特征与该所是一个公共性服务机构的特点相一致。

5. 民营性

上海票据交换所自始至终都具有民营性。抗战胜利之前，上海票据交换所一直由商业银行自行主办和经营，并未遇到来自政府的干预。抗战胜利之后，"不宜过多地干预商业银行组织创办起来的票据交换所，最好仍由民间办理"[①] 这一主张得到有关当局的认同，从而上海票据交换所未被政府接收，中央银行仅委托上海票据交换所办理全市的票据交换。该所曾于1945年10月至1946年8月这一过渡时期内，国民政府在接管处理上海地区的日伪金融机构的同时，对私营金融业也进行普遍的清理整顿，期间票据交换所受到了中央银行等金融管理当局的较多干预。之后，上海票据交换所的经营管理权则交由银钱业公会推选产生的上海票据交换所第一届执行委员会，该所又恢复为由商业行庄自行主办。另一方面，从战后开始，票据交换所即由中央银行负责差额转账，并实施对该所的监管，而且名义上该所也已经成为中央银行票据清算制度的组成部分，但票据交换所的组织机构、主要人事和运作并没有发生根本性的变化，其日常业务的开展、经费的摊派等等仍然是参加交换的商业行庄自行负责，甚至为了交换行庄的利益，该所会就相关问题积极同中央银行等展开交涉。而从上海解放一直到1951年2月，上海票据交换所依然

---

① 参见本书第三章的有关内容。

保持着民营性这一特征。

二、上海票据交换所的功能与影响

1. 票据资金流转的枢纽

票据实质上是存款货币的一种表现形式，代表着一定数额的资金。只有通过上海票据交换所集中办理票据交换，因票据而产生的金融业相互间的债权债务关系才能得以清偿，从而避免占用大量资金，而且大大缩短结算资金在途时间，加速票据资金的流转。因此，当时上海票据交换所自称为"金融枢纽"完全是恰如其分。在行庄数量众多的情况下，收款人与付款人的开户行庄很难始终都保持一致，倘若没有票据交换所的存在，则大量的代表债权债务关系的票据便无法及时清结，这样势必影响票据资金的流转。票据资金的流转关系可以绘制示意图如下：

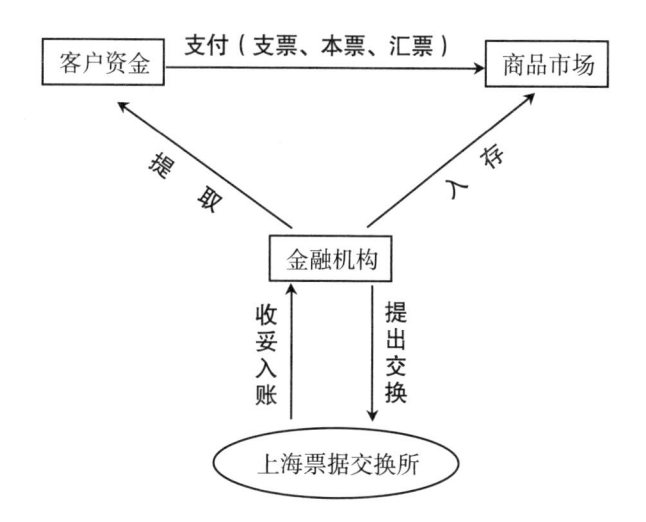

从上图可知，客户从自己开户的金融机构里提取资金，以支票、本票和汇票的形式投入到商品市场中，这些票据所代表的资金会在商品市场中短暂地辗转、流通，收到票据的客户必定把其存入金融机构，因而这些票据最终会流入到金融机构。金融机构再把客户存入的票据拿到上海票据交换所提出交换，这些票据所代表的债权债务关系清算完结后，通过转账的方式，金融机构各自都可以收妥入账，从而完成了一次票据资金的流转。因此通过票据交换所这一枢纽，各行庄的债权债务关系立时便可清结，当天就可以收妥入

账，从而大大提高票据资金流转的速度。

据统计，1933年—1936年的4年里，包括中、中、交在内的28行全国存款总额每年分别为2418589782、2751362925、3318213980、3876954223元。[①] 同时期，上海票据交换所每年交换票据的总金额则分别为1966451761、3222116609、3715828325、5984308071元。这两组数字对比之后，不难发现，除1933年外，该所每年交换的总金额都高于28行全国存款总额，足以体现上海票据交换所资金流转的数量之巨。抗战胜利后，上海票据交换所即成为全市唯一的票据清算机构，该所实际上也随之成为上海票据资金流转的总枢纽。

2. 票据流通的助推器

票据流通的最终环节便是其所代表的债权债务关系的清结，如果没有一个现代的票据清算机构作为其配套服务，客户之间便不愿收受票据而改用现款，票据信用势必大受影响，票据流通量也必定减少，这显然违背经济发展的客观要求。上海票据交换所是随着近代上海票据流通量的逐渐增加而创设的，而该所创设之后，支票、本票和汇票等均可在上海票据交换所提出交换，省去了分别收款和解款的烦恼，增强了票据的流通力，因此，上海票据交换所因高效快捷的票据交换功能而成为票据流通的助推器。上海每年的票据流通量逐年上升，1933年—1937年每年交换票据总张数分别为902660、1627784、1859231、2578913、2396617，而1946年—1949年则每年分别为18834615、38283600、57508979、41397940。其中以1948年的57508979张为最高，与1933年相比增长约63倍。

3. 非常时期的特殊职能

在非常时期，如战时或政局动荡等，上海票据交换所因其特殊地位还被赋予了稳定和维护上海金融市场的这一特殊职能。1937年淞沪抗战爆发后，中、中、交三行撤出上海并不再担负交换存款的保管和转账之职能。因此上海票据交换所同联准会一道毅然承担起交换存款的保管、办理同业拆借、调剂交换银行头寸等业务。1939年7月，银钱两公会利用上海票据交换所的交换制度而实施的新汇划制度大大增加了有确实担保的流通筹码，一定程度上起到了稳定金融市场的作用。对于随后出现的汇划贴水掉现的现象，上海票

---

① 转引自杜恂诚主编：《上海金融的制度、功能与变迁》，上海人民出版社2002年11月版，第327页。

据交换所采取了一些措施平准汇划贴水。1939年至1940年间，上海票据交换所为了维持金融市场，解决辅币危机，又接受银行公会的委托转发铝质辅币，恢复了市场辅币的正常流通。1950年3月，上海票据交换所在当时银钱两业准备库不复存在的情况下设立拆放委员会，办理同业拆放事宜，使得同业资金能临时互相周转，以度过难关。因此，上海票据交换所在完成自己特定职能的同时，还在维护、稳定上海金融市场方面扮演了一个重要角色。

4. 对中国票据交换制度的发展发挥了示范和引领作用

上海票据交换所是中国第一家正规化的现代票据交换机构，它的创立及其高效便捷的交换方式无疑对中国其他城市起了一个很好的示范作用。继上海票据交换所成立之后，杭州、南京等地也仿照上海建立了票据交换所。前文曾经提到的1934年1月联准会发布的启事中就指出："自本会票据交换实行后，他地金融同业亦有积极举办之议，宁、杭、津、汉等处同业先后派员来会考察，详加咨询"，不久杭州、南京就仿照成立。1935年11月1日，杭州银行业联合准备库正式成立，该库除负责办理准备金保管和调剂事宜外，还附设票据交换所，办理票据交换及差额转账、调剂事宜，并规定凡加入准备库的银行均为交换银行。① 杭州市成立银行业联合准备库并附设票据交换所，无疑是仿行上海的做法。1936年10月15日，南京市银行公会组织有24家银行参加的票据交换所于建康路205号中央银行后院开幕，其交换办法完全与上海交换所相同。② 1942年6月，中央银行在重庆主办票据交换，并制定、实施了一系列的票据交换法规，其中很大程度上也借鉴了当时上海的票据交换制度。对此，时人曾撰文指出："现行交换办法之来源实系多方面的，……可以看到其承袭《上海银行业同业公会联合准备委员会票据交换章程》之传统；至于其采取常川交换制，据吾人推测，系受民国卅年九月上海票据交换所改制之影响。"③ 毫无疑问，上海票据交换所在中国票据交换制度的现代化方面发挥了重要的示范和引领作用。

---

① 杭州市金融志编纂委员会：《杭州市金融志（1912—1985）》，内部发行1990年12月版，第107页。
② 参见李如斌主编：《南京金融志》，南京出版社1995年10月版，第201页和《南京票据交换所成立》，《银行周报》，第20卷第42期，1936年10月27日。
③ 杨承厚编：《重庆市票据交换制度》，中央银行经济研究处，1944年1月版，第23—24页。

三、上海票据交换所与上海金融业的互动依存关系

综观上海票据交换所的发展历程，不难发现，上海票据交换所交换行庄的消长变化及其交换制度的演进与上海金融业，尤其是银行业有着直接的互动依存关系。一方面，金融业的发展壮大势必产生对相应配套制度的需求，客观上要求创立上海票据交换所，金融业的发展（当然也包括金融业的畸形繁荣）也不断促使该所服务效能的提高和交换行庄的增长，因为金融业的票据收付业务必须依赖票据交换所为其提供清算服务，从而纷纷要求加入交换。因此，银行、钱庄和信托公司数量的激增必然导致该所交换单位数量猛增，从该所创立时的32家交换单位，增加到1945年9月的116家，再到1948年8月的237家。另一方面，上海票据交换所规模的扩大及其制度的完善加速了票据资金的流转、促进了票据的流通和银行业务的开展，反过来也有利于银行业的发展。反之，随着上海金融业的萧条与萎缩，上海票据交换所也必定随之缩并，直至被迫交由人民银行接办。上海解放后，该所的交换行庄数量逐月下降，由1949年6月的230家降到同年12月的186家，到1950年9月只剩下81家。因而，原有票据交换所的规模与急剧萎缩的私营金融业不相适应，于是该所机构臃肿、人员过剩、经费拮据、运转困难等一系列问题随之出现，尽管该所一再减薪裁员、精简机构，仍然困难重重。这也是上海票据交换所最后不得不交由人民银行接办的重要原因。由此可见，上海票据交换所与金融业之间有着此长彼长、此落彼落的关系。

实际上，上海金融业不仅只有表面上数量的增长，其相互之间需要交换清算的票据数量也是日益增多。作为近代中国最大、最发达的经济中心，上海工商业之间的资金收付一般数额较大，绝大多数是以票据的形式通过银行、钱庄为之转账和结算。因而工商经济的发展必定促进金融业之间票据收付业务随之剧增。20世纪二三十年代以来，上海的工商经济不断发展。仅从工业企业来看，1925—1936年的年平均增长率为6.53%，保持着相对快的速度。抗战时期，上海工业受到了极大破坏，但在抗战结束以后的一两年里，许多旧企业得到了较快的恢复，并又有新企业不断设立，至1947年，工业总产值已接近恢复到战前的水平。但自此以后，因整个环境的严重恶化，至解放前

夕，几乎所有的企业都陷入了瘫痪的状态。[①] 而且在混乱时期（如通货膨胀恶化），工商业的投机活动猖獗一时，票据流通的速度和数额较之以前更是有增无减。有学者就指出："恶性通货膨胀的急速发展，使私营银行实际上变成一个纯粹的收支出纳和结算票据的机构，它只能为工商企业办理收付。"[②] 可见，上海金融业之间票据收付的数量既有正常的增长，也有非正常的增长。工商企业的萧条则导致金融业的票据收付减少，金融业随之衰败，上海票据交换所交换行庄和交换票据的数量也因此骤减。

因此，上海票据交换所作为金融同业的服务性组织，其与金融业之间实际上是一种互动的依存关系，行庄公司和其交换票据数量的增加致使该所业务、规模也随之激增，一旦这种依托有所减弱或失去，该所也会随之缩并，甚至失去了存在的必要。

四、上海票据交换所的特殊发展路径

一般来说，票据交换所在初建时往往由商业银行间共同协议设置，但随着中央银行制度的发展，它逐渐成为中央银行业务部门中的一个重要机构，或是成为中央银行领导的机构。因而票据清算业务必定离不开中央银行的参与，或者直接主办票据交换，或者由其负责差额转账、监管。当然中央银行这一职能在西方发达国家也是经历了一段时间才最终确立的，并非中央银行一建立就自然具备票据清算的职能。从19世纪末到20世纪初，各早期中央银行业务演进与性质改变才趋于一定形式，于是中央银行一词的涵义渐呈明晰与确定，并为一般经济学家和金融理论家所认同，即"所谓中央银行者，乃发行钞券，代理国库，保管全国金准备及存款准备金，负重贴现及为金融实力之后盾，而为银行清算中心，并运用外汇及信用控制政策以维护币制，发展国民经济者也"。[③] 由此可见，中央银行制度的完善是在19世纪末到20世纪初。由于中央银行集中了商业银行的存款准备金，商业银行彼此之间因票

---

① 黄汉民、陆兴龙：《近代上海工业企业发展史论》，上海财经大学出版社2000年8月版，第219页。
② 洪葭管主编：《中国金融史》，西南财经大学出版社1993年7月版，第380页。
③ 刘慧宇：《中国中央银行研究（一九二八～一九四九）》，中国经济出版社1999年1月版，第4页。

据交换所产生的应收、应付款项就可以通过中央银行的存款账户划拨来清算，因而中央银行自然成为全国清算中心。当时上海一埠即占全国各银行储蓄存款总额十分之七八，至该年度（1934年度）中央银行已收齐沪市所有银行的储蓄存款保证准备金6120余万元。① 按理说，由中央银行作为最后清算人应该是顺理成章的事。

然而，1928年成立的中央银行先天就是个畸形儿，无法履行包括主持全国票据清算业务在内的许多职能。长期以来，中央银行游离于票据交换业务之外。因此，上海票据交换所的创立及其发展体现的是一种特殊的发展路径，即并非由中央银行主办，而是由商办民营到"官督"民营。上海票据交换所是在银行同业组织的主持下，由商业银行自发创立，并完全具有民营性。尽管在银行同业组织的邀请下中央银行于1936年1月加入上海票据交换所，但此前中央银行却置身于上海票据交换所之外，加入之后也仅仅不过是一个普通交换银行而已。不久，随着抗战的爆发，中央银行又完全退出交换所。1942年，中央银行才开始在重庆、成都等地自行主办当地的票据交换业务，并积累了一些经验。

抗战胜利后，中央银行主持全国清算事务的职能逐渐恢复，不仅央行战时制定的票据交换规章推行到全国，而且开始由中央银行各地分行设科办理当地的票据交换业务。唯独上海例外，全市的票据交换是由中央银行委托上海票据交换所办理，中央银行仅负责交换存款的保管和差额转账。因此，战后的上海票据交换所仍由银钱业公会自行主办，日常运作也仍然由商业银行主持，中央银行只不过是最后的清算人而已，并负有对该所进行监管之责，同时财政部也加强了对该所的监管，此时在"官督"之下的上海票据交换所仍然没有改变其民营性特质。上海解放以后，票据清算差额转账交由中国人民银行负责办理，这时上海票据交换所依然是由商业银行主办，直到1951年2月为中国人民银行接办。

总之，上海票据交换所的发展路径极为特殊，由战前的商办民营到战后在政府银行监控下的民营。由于上海作为中国金融中心，商业银行之间的同业互助和自立意识比较强烈，因此，在中央银行职能缺失的历史条件下，上

---

① 转引自刘慧宇：《中国中央银行研究（一九二八～一九四九）》，中国经济出版社1999年1月版，第180页。

海票据交换制度也能得以建立和不断完善。即便战后中央银行在全国力图恢复清算职能的时候,对于已经有相当规模、制度已经比较完善的上海票据交换所,中央银行欲全面控制或推倒重来也已经难以办到了,因而与其他城市相比,上海票据交换所又显现出其特殊性了。

五、政府干预、市场主导与上海票据交换所及其制度的演进

上海票据交换所作为一个重要的金融机构,它的创建及其自身的发展、完善是金融现代化的重要内容。一般来说,在金融现代化的推进过程中,政府干预和市场主导是两个最基本的力量。从总体上看,政府不仅没有对上海票据交换所及其制度进行过必要的干预,甚至可以说是长期的政府缺位,而市场主导就成为上海票据交换所及其制度迈向现代化的主要动力。

上海票据交换所的创建本应该需要包括中央银行在内的政府干预,如提供一个公共信用基础,制定相关政策、措施等,但事实并非如此。抗战胜利之前,上海票据交换所的创立和发展都是市场推动的结果(战时受汪伪政权控制除外),基本上没有受到政府干预。正因没有政府的参与,票据交换所的创建一再推延。1936年1月,应银行同业组织的邀请,中央银行才以会员身份加入交换,抗战爆发后即退出交换。因此,长期以来,上海的票据交换制度一直处于分裂状态。战后,对上海票据交换所的改组是政府的一次直接干预,而实际上这是对上海金融业实行垄断和管理的需要,主观目的并非真正要改善票据交换制度,以利于金融发展,但是,政府干预客观上却实现了上海票据交换制度的统一,而且在短时间内就完成了票据交换制度的根本性变革。如果没有政府干预,上海票据交换制度的统一要靠市场主导来推动,则将会是一个漫长的过程。除此以外,政府并未直接介入上海交换制度的兴革。

由于缺乏政府的必要干预,上海票据交换制度的变迁基本是在市场主导下发生的。上海票据交换所是由商业银行因市场需要而自发创办并由其自行经营。上海票据交换所的交换制度随着市场的变动、需要不断作出调整,从而逐渐发展、完善。这种变迁方式表现为自发性、盈利性和渐进性等特征。只有当新制度的推行会大大节约成本、增加赢利,市场才会自发地推动相应的制度变革,而且这一变革过程是比较缓慢的,无论是钱业和外商银行各自交换制度的演进,还是上海票据交换所的创设、发展,以至于分组直接交换

制的实施等都无一例外。因为市场主导的缺点是市场创意过程长，成文法形成慢，在中央政府控制能力弱的时候，市场分割或分裂情况不可避免。[①]可见，市场主导和政府的适当干预必须有效地结合起来，才能更好地推动金融发展。上海解放后，一个由政府高度控制和垄断的金融制度逐步建立，民营经济渐渐退出了金融领域。因此，上海票据交换所终究也难以维系，最终只得交由人民银行接办。

　　最后还应当指出，上海票据交换所交由中国人民银行接办后，由于当时金融机构比较单一，跨行业务量极少，基本上是一种辖内票据交换的形式，所以票据交换业务发展缓慢。随着社会主义市场经济的发展和银行多元化的形成，同城票据交换业务的范围和性质又开始发生了根本性的变化。另外，要全面客观地评价上海票据交换所及其制度，就上海谈上海还远远不够，而应放在当时整个中国票据交换制度变迁的大背景之下，但由于时间、资料和文章篇幅等方面的限制，这一方面的问题有待日后进行专门的深入研究。

[①] 杜恂诚：《上海金融的制度、功能与变迁》，上海人民出版社2002年11月版，第161页。

参引文献

一、未刊档案资料

[1] 上海金融商业同业公会档案（全宗号S172）：S172-4-5、S172-4-34、S172-4-50

[2] 上海银行公会档案（全宗号S173）：S173-1-13、S173-1-25、S173-1-170、S173-1-202、S173-1-266

[3] 上海钱业公会档案（全宗号S174）：S174-2-231、S174-2-282

[4] 上海银行业同业公会联合准备委员会档案（全宗号S177）：S177-1-2、S177-1-3、S177-1-4、S177-1-5、S177-1-6、S177-1-7、S177-1-8、S177-1-10、S177-1-11、S177-1-14、S177-1-17、S177-1-18、S177-1-19、S177-1-35、S177-1-38、S177-1-68、S177-1-70、S177-2-231、S177-2-647

[5] 上海钱业联合准备库档案（全宗号S178）：S178-1-1、S178-1-2、S178-1-3、S178-1-19、S178-2-14、S178-2-37、S178-2-38、S178-2-45

[6] 上海票据交换所档案（全宗号S180和Q52）：S180-1-1、S180-1-2、S180-1-4、S180-1-5、S180-1-7、S180-1-9、S180-1-10、S180-1-11、S180-1-12、S180-1-13、S180-1-14、S180-1-15、S180-1-19、S180-1-20、S180-1-25、S180-2-87、S180-2-124、S180-2-197、S180-2-184、S180-4-2、S180-4-3、S180-4-5、Q52-2-8、Q52-2-9、Q52-2-10、Q52-2-11、Q52-2-12、Q52-2-13、Q52-2-14、Q52-2-15、Q52-2-16、Q52-2-17、Q52-2-18、Q52-2-20、Q52-2-21、Q52-2-22、Q52-2-23、Q52-2-28

[7] 其他档案：B1-2-250、Q71-2-531、Y4-1-526、Y4-1-527、Y10-1-15-9、Y10-1-412-3

二、资料汇编

[8] 国民政府主计处统计局编：《经济法规汇编》第二集，1938年版

[9] 中央银行经济研究处编：《金融法规大全》，商务印书馆1947年版

[10] 中国人民银行总行上海市分行编：《上海钱庄史料》，上海人民出版社1960年版

[11] 中国第二历史档案馆等编：《中华民国金融法规档案资料选编》(上册)，北京档案出版社1992年版

[12] 徐沧水：《上海银行公会事业史》，沈云龙主编：《近代中国史料丛刊三编》第24辑

[13] 金融史编委会编：《旧中国交易所股票金融市场资料汇编》上册，北京书目文献出版社1995年版

[14] 1935年上海票据交换所报告书，复旦大学图书馆藏书，出版信息不详

[15] 上海档案馆编：《日伪上海市政府》，北京档案出版社1986年版

[16] 上海社会科学院历史研究所编：《"八一三"抗战史料选编》，上海人民出版社1986年版

[17] 陈和章、沈雷春编：《战时经济法规》，沈云龙：《近代中国史料丛刊三编》，第20辑

[18] 周开庆主编：《五十年来之中国经济》（近代中国经济丛编之四），台湾海文书局1967年版

[19] 蔡德金编注：《周佛海日记》下册，中国社会科学出版社1986年版

[20] 中国人民银行上海市分行金融研究室编：《金城银行史料》，上海人民出版社1983年版

[21] 《中国资本主义工商业的社会主义改造（上海卷）》，中共党史出版社1993年版

[22] 《华东区财政经济法令汇编·金融》，复旦大学图书馆藏书，1949年版

[23] 《上海解放后物价资料汇编（1921年—1957年）》，上海人民出版社1958年版

[24] 财政部财政科学研究所、中国第二历史档案馆编：《国民政府财政金融税收档案史料：1927—1937》，中国财政经济出版社1997年版

[25] 中国人民银行总行参事室编：《中华民国货币史资料》第二辑，上海人民出版社1991年版

[26] 重庆市档案馆、重庆市人民银行金融研究所合编：《四联总处史料》上册，北京档案出版社1993年版

[27] 《武汉金融志》办公室、中国人民银行武汉市分行金融研究所编：《武汉银行史料》，出版信息不详

[28] 《中华民国史档案资料汇编》第五辑第三编财政经济（二），江苏古籍出版社2000年版

三、文史资料、文集、年鉴、工具书

[29] 《宁波文史资料》第六辑，浙江人民出版社1987年版

[30] 《20世纪上海文史资料文库》第5辑，上海书店出版社1999年版

[31] 《上海文史资料第六十辑·旧上海的金融界》，上海人民出版社1988年版

[32] 《上海文史资料选辑第104辑·回眸同业公会》，2002年版

[33] 《中华文史资料文库·经济工商篇》第十四卷，北京中国文史出版社1996年版

[34] 中共上海市委党史资料征集委员会主编：《上海市金融业职工运动史料》第三辑，1990年4月

[35] 《上海文史资料选辑第四十六辑——上海解放三十五周年》，1984年版

[36] 《天津文史资料选辑》第四十辑，天津人民出版社1987年版

[37] 《马寅初全集》第二卷、第七卷、第八卷，浙江人民出版社1999年版

[38] 南开大学经济研究所：《中国经济研究》，商务印书馆，1938年版

[39] 文裴编：《我所知道的汪伪政权》，中国文史出版社2005年版

[40] 《1936年申报年鉴》

[41] 《1946年上海市年鉴》

[42] 《1947年上海市年鉴》

[43] 《文汇年刊》1939年

[44] 郭凤岐编：《天津通志·金融志》，天津社会科学院1995年版

[45] 杭州市金融志编纂委员会：《杭州市金融志（1912—1985）》，内部发行1990年版

[46] 李如斌主编：《南京金融志》，南京出版社1995年版

[47] 戴相龙、黄达主编：《中华金融辞库》，北京中国金融出版社1998年版

[48] 马洪、孙尚青：《金融知识百科全书》，中国发展出版社1990年版

[49] 邱少军等：《票据词典》，黑龙江人民出版社1995年版
[50] 朱晓黄等：《银行结算大全》，经济管理出版社1994年版
[51] 张一凡、潘文安主编：《财政金融大辞典》，上海世界书局1935年版
[52] 中国人民银行金融研究所编：《中国货币金融史大事记》，北京：人民中国出版社1994年版
[53] 尚明等：《金融大辞典》，四川人民出版社1992年版

四、专著

[54] 1949年前：
[55] 杨荫溥：《杨著中国金融论》，上海黎明书局1936年版
[56] 朱斯煌：《银行经营论》，商务印书馆1939年初版
[57] 杨荫溥：《上海金融组织概要》，黎明书局1936年版
[58] 崔晓岑：《中央银行概论》，商务印书馆1935年版
[59] 张辑颜：《中国金融论》，上海黎明书局1936年版
[60] 徐寄廎：《最近上海金融史》，1932年增改第三版
[61] 董文中编：《中国战时经济特辑续编》，上海中外出版社1940年版
[62] 潘恒勤：《金融问题讨论集》，商务印书馆1948年版
[63] 寿进文：《战时中国的银行业》，1944年初版
[64] 钱承绪：《中国金融之组织：战前与战后》，中国经济研究会1941年版
[65] 朱斯煌主编：《民国经济史》，银行学会编印1948年版
[66] 杨荫溥：《中国金融研究》，商务印书馆1936年版
[67] 吴承禧：《中国的银行》，商务印书馆1934年版
[68] 杨承厚：《重庆市票据交换制度》，中央银行经济研究处，1944年版
[69] 潘世杰、黄宇乾：《票据常识》，中国文化服务社1946年初版
[70] 朱博泉：《上海银钱业票据清算方法之演进》，上海图书馆馆藏，1939年8月
[71] 王文柔：《上海票据清算制度之研究》，国立武汉大学第五届毕业论文（1935年）

[72] 1949年后：
[73] 虞和平：《商会与中国早期现代化》，上海人民出版社1993年版
[74] 龚浩成、周芝石主编：《票据学》，中国金融出版社1992年版
[75] 罗鼎华：《银行结算改革与实务》，中国商业出版社1995年版

[76] 郑亦芳：《上海钱庄（一八四三～一九三七）——中国传统金融业的蜕变》，台北中央研究院三民主义研究所丛刊，1981年版

[77] 毛知砺：《张嘉璈与中国银行的经营与发展》，台湾"国史馆"，1996年初版

[78] 石毓符：《中国货币金融史略》，天津人民出版社1984年版

[79] 《中国近代金融史》（财经院校教材），中国金融出版社1985年版

[80] 桑润生：《简明金融史》，上海立信会计出版社1995年版

[81] 洪葭管主编：《中国金融史》，西南财经大学出版社1993年版

[82] 叶世昌、潘连贵：《中国古近代金融史》，复旦大学出版社2001年版

[83] 许涤新主编：《中国企业家列传》第三册，经济日报出版社1989年版

[84] 黄鉴晖：《中国银行业史》，山西经济出版社1994年版

[85] 《中国银行上海分行史（1912—1949年）》，经济科学出版社1991年版

[86] 中国银行行史编辑委员会编：《中国银行行史1912—1949》，中国金融出版社1995年版

[87] 刘慧宇：《中国中央银行研究（一九二八～一九四九）》，中国经济出版社1999年版

[88] 吴景平主编：《抗战时期的上海经济》，上海人民出版社2001年版

[89] 吴景平主编：《上海金融业与国民政府关系研究（1927—1937）》，上海财经大学出版社2002年版

[90] 吴景平等主编：《上海金融的现代化与国际化》，上海古籍出版社2003年版

[91] 杜恂诚主编：《上海金融的制度、功能与变迁》，上海人民出版社2002年版

[92] 杜恂诚：《金融制度变迁史的中外比较》，上海社会科学院出版社2004年版

[93] 李一翔：《近代中国银行与钱庄关系研究》，（上海）学林出版社2005年版

[94] 张徐乐：《上海私营金融业研究（1949—1952）》，复旦大学出版社2006年版

[95] 洪葭管、张继凤：《近代上海金融市场》，上海人民出版社1989年版

[96] 黄汉民、陆兴龙：《近代上海工业企业发展史论》，上海财经大学出版社 2000 年版

[97] 兰日旭：《中国金融的现代化之路——以近代中国商业银行盈利性分析为中心》，商务印书馆 2005 年版

[98] 中国人民银行总行金融研究所金融历史研究室编：《近代中国的金融市场》，中国金融出版社 1989 年版

[99] 袁庆明：《新制度经济学》，中国发展出版社 2005 年版

[100] 潘连贵：《上海货币史》，上海人民出版社 2004 年版

[101] 张勤国、朱敏主编：《管理学：理念、方法与实务》，上海立信会计出版社 2003 年版

[102] 朱英主编：《中国近代同业公会与当代行业协会》，中国人民大学出版社 2004 年版

[103] 谭力文等主编：《管理学》武汉大学出版社 2004 年版

[104] 程延江主编：《管理学教程》，哈尔滨工业大学出版社 2003 年版

[105] 陈树文主编：《组织管理学》，大连理工大学出版社 2005 年版

[106] 香港管理专业发展中心编：《组织行为与人事管理》，北京中国纺织出版社 2001 年版

[107] 卢现祥：《新制度经济学》，武汉大学出版社 2004 年版

[108] 《上海金融史话》，上海人民出版社 1978 年版

[109] 殷德生：《金融学导论》，华东师范大学出版社 2004 年版

[110] 徐矛、顾关林：《中国十银行家》，上海人民出版社 1997 年版

五、报刊资料

[111] 《中国金融》《环球法律评论》《中国社会科学》《中国经济史研究》《史林》《档案与史学》《中国企业家》《历史教学》《人文杂志》《中国近代经济史研究资料》。

[112] 《金融知识》《金融导报》《工商月刊》《中央银行经济汇报》《财政评论》《钱业月报》《中央银行月报》《银行周报》。

六、外文及中译资料

[113] ［日］宫下忠雄著、吴子竹编译：《中国银行制度史》，华南商业银行研究室 1956 年版

[114]　［日本］香川峻一郎《钱庄资本论》，文祥堂印刷株式会社，1948年版

[115]　［美国］Leonard T. K. Wu, "The Crucial Role of the Chinese Native Banks", Far Eastern Survey (New York), June 19, 1935.

[116]　［美国］Andrea Lee McElderry, "Shanghai Old-style Banks (Ch'ien-chuang), 1800 — 1935: A Traditional Institution in a Changing Society", Center For Chinese Studies the University of Michigan, 1976.

[117]　（美国）Zhaojin Ji, A History of Modern Shanghai Banking, the Rise and Decline of China's Finance Capitalism (M. E. Sharpe Inc., 2003, New York)

附录一

票据交换的各项表单格式

表1：提出票据通知单

张　数	金　　额									
	千	百	十	万	千	百	十	圆	角	分

提出票据通知单　　　　　　　　　　　国币

中华民国　年 月 日

——————台照　　　　　　　交换员

表2：提出票据收据

张　数	金　　额									
	千	百	十	万	千	百	十	圆	角	分

提出票据收据　　　　　　　　　　　国币

中华民国　年 月 日

上列票据已点收无误此致

——————台照　　　　　　　交换员

附录一 票据交换的各项表单格式

表3：第一报告单

贷方总张数	贷方总金额 国币 中华民国 年月日								
	千	百	十	万	千	百	十	圆	角	分

上海联合准备委员会　　——————台照　　　　　交换员

表4：第二报告单

第一报告单　　　　　　　　　　　　　国币

中华民国 年月日

借方	总张数		总金额	万	千	百	十	万	千	百	十	单		
贷方	总张数		总金额	万	千	百	十	万	千	百	十	单		

应付差额										应收差额									
万	千	百	十	万	千	百	十	单	万	千	百	十	万	千	百	十	单

上海联合准备委员会　　——————台照　　　　　交换员

表5：交换行庄应付票据分户清单

交换行庄应付票据分户清单																											
中华民国　　年　　月　　日　　第　　号																											
号次	票据张数	金额								号次	票据张数	金额								号次	票据张数	金额					
		万	百	十	万	千	百	十	单			万	千	百	十	万	千	百	十	单			万	千	百	十	万	千	百	十	单

上海票据交换所具

表6：交换差额计算表

号次	借方								张数	行 名	张数	贷方								号数
	金 额											金 额								
	万	百	十	万	千	百	十	单				万	千	百	十	万	千	百	十	单

国币

中华民国　年　月　日　第　号

交换员：

表7：交换差额总结算表

行名	号数	借方 总张数	总金额 万千百十万千百十元角分	应付差额 万千百十万千百十元角分	号数	贷方 总张数	总金额 万千百十万千百十元角分	应收差额 万千百十万千百十元角分
中央银行								
中国银行								
交通银行								
浙江兴业银行								
浙江实业银行								
上海商业储蓄银行								
四行储蓄会								
盐业银行								
中孚银行								
四明银行								
金城银行								
新华银行								
大陆银行								
永亨银行								
中国实业银行								
中国通商银行								
中南银行								
华侨银行								
江苏银行								
国华银行								
中国垦业银行								
东亚银行								
中国农工银行								
中兴银行								
通和银行								
女子商业储蓄银行								
中国国货银行								
聚兴诚银行								
中华银行								
中汇银行								
中华劝工银行								
中国企业银行								
恒利银行								
绸业银行								
江浙银行								
中—信托公司								
上海联合准备委员会								
合计								

交换差额总结算表

中华民国　年　月　日　第　号

经副理襄　　　　主任　　　　复核　　　　结算员

表8：交换差额转账申请书（应收）

总字第　号

交换差额转账申请书

国币

中华民国　年 月 日

本日总结	应 收 差 额							
收	千	百	十	万	千	百	十	单

上列应收差额请转收敝行往来户账此致

　　上海联合准备委员会　　　　台照

　　　　　　　　　　　　　　　　　　　　　交换员

　经

　副 理　　　　　　　　主任　　　　　　　记账员

　襄

表9：交换差额转账申请书（应付）

总字第号

交换差额转账申请书

国币

中华民国　年 月 日

本日总结	应 收 差 额							
付	千	百	十	万	千	百	十	单

上列应付差额请转付敝行往来户账此致

　　上海联合准备委员会　　　　台照

　　　　　　　　　　　　　　　　　　　　　交换员

　经

　副 理　　　　　　　　主任　　　　　　　记账员

　襄

表10：交换差额转账证明书（应收）　　　　　　　　　　　总字第　号

	交换差额转账证明书								国币
转账证明									
							中华民国　年 月 日		
		应　收　差　额							
		千	百	十	万	千	百	十	单
本 日 总 结									

上列应收差额请转收敝行往来户账转收讫后并希
贵会盖戳证明将原书发还　　　此致

　　　　　上海联合准备委员会　　台照

　　　　　　　　　　　　　　　　　　　　　　交换员
经理　　　营业　　　会计　　　出纳　　　记账员

表11：交换差额转账证明书（应付）　　　　　　　　　　　总字第　号

	交换差额转账证明书								国币
转账证明									
							中华民国　年 月 日		
		应　收　差　额							
		千	百	十	万	千	百	十	单
本 日 总 结									

上列应付差额请转付敝行往来户账转付讫后并希
贵会盖戳证明将原书发还　　　此致

　　　　　上海联合准备委员会　　台照

　　　　　　　　　　　　　　　　　　　　　　交换员
经理　　　营业　　　会计　　　出纳　　　记账员

表12：提出他组票据通知单

场别	张数	金额									
		千	百	十	万	千	百	十	圆	角	分
总计											

提出他组票据总收据

中华民国　年 月 日

上海票据交换所台照　　交换行庄具

表13：提出他组票据总收据

场别	张数	金额									
		千	百	十	万	千	百	十	圆	角	分
总计											

提出他组票据通知单

中华民国　年 月 日

交换行庄台照　　上海票据交换所具

表14：码单

码　单

中华民国　年 月 日

张 数_____

金额	千	百	十	万	千	百	十	圆	角	分

上列金额如有错误请即从速通知为要

提出行庄_____

附录二
上海票据交换所历次章程

上海银行业同业公会联合准备委员会票据交换所章程
（1933年9月26日修正施行）

第一章 总则

第一条 上海银行业同业公会联合准备委员会（下称本会）为谋各银行间收解妥便起见，依照上海银行业同业公会之决议办理票据交换事宜。

第二条 本会设置交换所依照本章程办理各交换银行票据交换及交换差额之转账事宜，对于票据本身及因交换而发生之损害，除本章程规定外本会不负责任。

第二章 交换银行

第三条 凡本会委员银行暨同业公会会员银行均得加入为交换银行，其他上海各银行或信托公司其总行营业满二年以上由交换银行二家以上之介绍经委员银行代表大会之可决亦得加入为交换银行。

第四条 交换银行有遵守本章程之义务，其加入时应填具申请书交本会。

第五条 交换银行加入时于左列各项之入会费中自行认定一项缴纳本会。

一、银元一千元；二、银元五百元；三、银元三百元

第六条 交换银行加入时应于左列各项之保证金中自行认定一项以本会单证或现金缴存本会，其以现金缴存者得酌计利息。

一、银元三万元；二、银元二万元；三、银元一万元

第七条 本会委员银行代表大会议及票据交换事宜时非委员银行之交换银行得派代表列席发表意见或提出议案，但无表决权。

第八条　本会委员银行未加入或已退出交换者对于前条之议事无表决权。

第九条　交换银行之存款放款贴现及准备金等情况本会得随时查询，各行应据实报告。前项报告本会非得关系行同意不得公布。

第十条　交换银行非提出理由并经委员银行代表大会之可决不得退出交换。

第三章　职员

第十一条　本会经理秉承常务委员对于交换所一切事宜有指挥监督之权责。

第十二条　本会设立票据交换所委员会，商承执行委员会办理票据交换事务之设计及各项规则之厘订事项。

第十三条　票据交换所委员会设委员十人，由委员银行代表大会就交换银行重要职员中推举九人担任之，并以本会经理为当然委员，其任期除当然委员外均为一年，连选得连任。

第十四条　交换银行应各派行员四人为交换员，每次交换至少应有二人到会，办理各该行交换事宜，不论有无票据提出，均应于交换时间开始以前到会。前项交换员之派定或改派应由各该行先期通知本会并将印鉴存验。

第十五条　交换员应恪守本会规则并服从经理之指导如有违犯或延误情事，由本会科以罚金或通知各该行撤换之。

第四章　交换票据之种类

第十六条　交换票据之种类如左：一、汇票及汇款收据；二、本票；三、支票；四、经理国债银行之还本付息凭证；五、其他经理本会执行委员会决议可以交换之票据。

第五章　交换时间及手续

第十七条　除星期日及例假外每日交换时间如左：一、第一次下午一时起；二、第二次下午三时三十分起；星期六第二次交换以汇划票据为限。

第十八条　交换银行所收其他交换银行及委托代理交换银行及信托公司付款之一切票据应于每次交换时间开始前整理完毕，提出交换逾时提出者不得加入该次交换。

第十九条　交换银行提出之票据应在正面加盖一某银行某年某月某日交换字样之戳记。

第二十条　交换银行之交换员应于交换时间开始时将提出票据分别交换，取具收据，并结算交换差额报告本会。

第六章 交换差额之收付

第二十一条 交换银行应在本会开立左列两种货币往来户为收付交换差额之需。

一、银元；二、汇划银元

第二十二条 前条往来存款由本会依执行委员会之决议存放于上海中国银行及上海交通银行，其存放利率随时订定之。本会对于前条往来存款应依存放所得利息照给利息。

第二十三条 交换银行应收应付之交换差额由本会于每日交换终了后在各该行庄往来户收付之。

第二十四条 交换银行往来户余额不敷支付其应付差额时应于左列时间补足之。

一、银元户当日下午五时前；二、汇划银元户当日下午四时前

第二十五条 交换银行违反前条规定由本会经理通告该行及当日与该行有交换关系之各行派交换员到会将当日换回票据互相返还之，并将交换差额重行结算，但其不敷金额在保证金数额以内者本会经理得处分其保证金，径行转账。本会经理对于违反前条规定之银行得暂时停止其交换。

第二十六条 前条返还之票据如有已付款之记载者，经返还银行或本会注销后，各行仍得直接提示。

第二十七条 交换银行往来户余额除星期日及例假外每日在左列时间得随时划用：

一、银元户下午五时前；二、汇划银元户下午四时前。

第七章 退票

第二十八条 交换后之票据有拒绝付款者拒付行应于当日下午六时前备具退票理由单，将原有票据直接退还原提出行，但退票之原因系由于他项票据拒付之连带关系而其退还手续并无迟延者，虽在当日下午六时后提出行不得因其逾时退还而拒绝接收。

第二十九条 退票之原提出行接到退票应即时将票面金额付还退票行，但在当日下午六时三十分前请求本会由往来户转账付还之。

第三十条 交换银行违反前条规定时准用第二十五条之规定，并追缴其所欠之差额。

第八章　经费

第三十一条　本会兼办票据交换事宜之经费应由各交换银行依照本年度交换收付总数比例分担之。

第九章　会计

第三十二条　本会办理票据交换事宜之决算依本会章程规定办理之。

第十章　交换银行之处分

第三十三条　交换银行违反本章程或本会重要决议或损害本会或全体交换银行之信誉或营业有不稳之情形时，本会得予以左列处分：

一、书面警告；二、罚金；三、暂时停止其交换；四、撤销交换银行资格。

第三十四条　前条第一款之处分由执行委员会议决之。第二至第四款之处分，除第二十五条及第三十条规定外由委员银行代表大会议决之。

第十一章　代理交换

第三十五条　交换银行得受上海市各银行各信托公司或上海市钱业公会各会员钱庄之委托在本会代理交换票据但应先行填具申请书经执行委员会之可决；委托代理交换之银行或信托公司或钱庄（下称委托银行）以其总店营业满二年以上者为限。

第三十六条　委托银行有遵守本章程之义务于代理开始前应与代理银行订定契约副本送交本会存查。

第三十七条　代理银行之更换应由新旧代理银行会同申请并应经执行委员会可决。

第三十八条　代理银行解除代理契约时应于三日以前通知本会。

第三十九条　委托银行于代理开始前应依本章程第五条及第六条关于交换银行之规定缴纳入会费及保证金。

第四十条　委托银行收入可以交换之票据均应送由代理银行提出交换；前项票据应于委托银行原有背书或戳记外用代理银行名义加盖第十九条规定之戳记。

第四十一条　代理银行代理交换之票据在本会交换计算及交换经费计算上视为代理银行自己之交换票据。

第四十二条　委托银行应在代理银行开立往来户为收付委托交换差额之需。

第四十三条　委托银行前条往来户余额不敷解付其应付委托交换差额时应于左列时间补足之。

一、银元户 当日下午五时前；二、汇划银元户 当日下午四时前

第四十四条 委托银行违反前条规定时由代理银行报告本会后准用第二十五条之规定。

第四十五条 委托银行在代理银行之往来户余额不敷解付第二十九条之退票金额经代理银行通知仍不补足时准用第三十条之规定。

第四十六条 第九条第三十三条及第三十四条关于交换银行之规定于委托银行准用之。

第十二章 附则

第四十七条 第十七条关于交换时间之规定第二十四条及第四十三条关于往来户补足时间之规定第二十七条关于往来户存款划用时间之规定第二十八条关于退票时间之规定第二十九条关于退票金额转账时间之规定遇习惯上重要结账日经执行委员会之决议得临时变通之。

第四十八条 票据交换办事细则另订之。

第四十九条 本章程如有未尽事宜得随时修正之。

第五十条 本章程经本会委员银行代表大会。决议施行函送上海市银行业同业公会备案修正时亦同。

上海银行业同业公会联合准备委员会票据交换所章程修正草案
（1944年11月2日）

第一章 总则

第一条 上海银行业同业公会联合准备委员会（下称准备会）为谋各银行间收解妥便起见，受上海特别市银行业同业公会之决议办理票据交换事宜。

第二条 准备会设置交换所依照本章程办理各交换银行票据交换事宜，对于票据本身及因交换而发生之损害，除本章程规定外本会不负责任。

第二章 交换银行

第三条 凡准备会基本会员银行暨同业公会会员银行均得加入为交换银行，但其名额以准备会执行委员会议定者为限。

第四条 交换银行有遵守本章程之义务，其加入时应填具申请书交准备

会存查。

第五条 交换银行加入时于左列各项之入会费中自行认定一项缴纳准备会。

一、国币一万元；二、国币五千元；三、国币三千元

第六条 交换银行加入时应于左列各项之保证金中自行认定一项以准备会单证或现款或准备会核准之有价证券缴存准备会，其以现款缴存者得酌计利息。

一、国币三十万元；二、国币二十万元；三、国币十万元

第七条 准备会基本会员银行代表大会议及票据交换事宜时非基本会员银行之交换银行得派代表列席发表意见或提出议案，但无表决权。

第八条 准备会基本会员银行未加入或已退出交换者对于前条之议事无表决权。

第九条 交换银行之存款放款贴现准备金及一般营业情况准备会得随时查询，各行应据实报告。前项报告准备会非得关系行同意不得公布。

第十条 交换银行非提出理由并经准备会执行委员会核准不得退出交换。

第三章　职员

第十一条 本会经理秉承常务委员对于交换所一切事宜有指挥监督之权责。

第十二条 准备会设立票据交换所委员会，商承执行委员会办理左列事务：

一、票据交换事宜之设计；

二、票据交换规则之厘定；

三、交换银行及委托代理交换银行加入与推出之审核；

四、其他有关票据交换事宜。

第十三条 票据交换所委员会设委员十五人，其中一人由交换差额转账银行指派重要职员担任，另一人由准备会经理充任，其余十三人由准备会基本会员银行代表大会就家伙银行重要职员中选任之，前项票据交换所委员之任期均为一年，连选得连任。

第十四条 交换银行应各派行员二人为交换员，每日按规定交换时间到会办理各该行交换事宜。前项交换员之派定或改派应由各该行先期通知准备会并将印鉴存验。

第十五条 交换员应恪守交换规则并服从经理之指导如有违犯或延误情事，由准备会科以罚金或通知各该行撤换之，罚金规则另定之。

第四章 交换票据之种类

第十六条 交换票据之种类如左：

一、汇票及汇款收据；二、本票；三、支票；四、经理国债银行之还本付息凭证；五、其他经准备会决议可以交换之票据。

第五章 交换时间及手续

第十七条 除星期日及例假日外每日交换时间如左：

一、星期一至星期五下午一时三十分；二、星期六中午十二时。

第十八条 交换银行所收其他交换银行及委托代理交换银行付款之一切票据应于每日交换时间开始前整理完毕，提出交换逾时提出者不得加入当日之交换。

第十九条 交换银行提出之票据应在正面加盖一某银行某年某月某日提出交换字样之戳记。

第二十条 交换银行之交换员应于交换时间开始时将提出票据分别交换，取具收据，并结算交换差额报告准备会。

第六章 交换差额之收付

第二十一条 交换银行应在交换差额转账银行开立"交换清算户"为收付交换差额之需。

第二十二条 交换银行应收应付之交换差额由准备会于每日交换终了后将交换差额总结算表副本送由交换差额转账银行照表列差额就各交换银行"交换清算户"收付之。

第二十三条 交换银行在交换差额转账银行"交换清算户"余额不敷支付其应付差额时应于当日下午五时前补足之。

第二十四条 交换银行违反前条规定由准备会经理通告该行及当日与该行有交换关系之各行派交换员到会将当日换回票据互相返还之，并将交换差额重行结算，但其不敷金额在保证金数额以内者准备会经理得处分其保证金，径行送请转账。准备会经理对于违反前条规定之银行得暂时停止其交换。

第二十五条 前条返还之票据如有已付款之记载者，经返还银行或准备会注销后，各行仍得直接提示。

第七章 退票

第二十六条 交换后之票据有拒绝付款者拒付行应于当日下午六时前备具退票理由单，将原票据直接退还原提出行，但退票之原因系由于他项票据拒付之连带关系而其退还手续并无迟延者，虽在当日下午六时后提出行不得因其逾时退还而拒绝接收。

第二十七条　退票之原提出行接到退票应即时将票面金额返还退票行。

第二十八条　交换银行违反前条规定时准用第二十六条之规定，并追缴其所欠之差额。

第八章　经费

第二十九条　准备会兼办票据交换事宜之经费应由各交换银行依照每年度交换收付总数比例分担之。

第九章　会计

第三十条　准备会办理票据交换事宜之决算依准备会章程规定办理之。

第十章　交换银行之处分

第三十一条　交换银行违反本章程或准备会重要决议或损害准备会或全体交换银行之信誉或营业有不稳之情形时，准备会得予以左列处分：

一、书面警告；二、罚金；三、暂时停止其交换；四、撤销交换银行之资格。

第三十二条　前条第一款之处分由准备会票据交换所委员会议决之。第二款至第三款之处分，除第二十六条及第三十条规定外由准备会基本会员银行代表大会议决之。

第十一章　代理交换

第三十三条　凡准备会基本会员银行暨同业公会会员银行均得委托准备会或交换银行代理票据交换，但应先行填具申请书陈请准备会票据交换所委员会核准。

第三十四条　委托银行有遵守本章程之义务于代理开始前应与代理银行订定契约并以契约副本送交准备会存查。

第三十五条　代理银行之更换应由新旧代理银行会同申请并应经准备会票据交换所委员会之核准。

第三十六条　代理银行解除代理契约时应于三日以前通知准备会。

第三十七条　委托银行于代理开始前应依本章程第五条及第六条关于交换银行之规定缴纳入会费及保证金。

第三十八条　委托银行收入可以交换之票据均应送由代理银行提出交换；前项票据应于委托银行原有背书或戳记外用代理银行名义加盖第二十条规定

之戳记。

第三十九条 委托银行应在代理银行开立往来户为收付委托交换差额之需。

第四十条 委托银行前条往来户余额不敷解付其应付委托交换差额时应于当日下午五时前补足之。

第四十一条 委托银行违反前条规定时由代理银行报告准备会后准用第二十五条之规定。

第四十二条 委托银行在代理银行之往来户余额不敷解付第二十九条之退票金额经代理银行通知仍不补足时准用第三十条之规定。

第四十三条 第九条第三十三条及第三十四条关于交换银行之规定于委托银行准用之。

第十二章 附则

第四十四条 第十八条关于交换时间之规定第二十五条及第四十二关于往来户补足差额时间之规定第二十八条关于退票时间之规定遇习惯上重要结账日经票据交换所委员会之决议得临时变更之。

第四十五条 票据交换办事细则另订之。

第四十六条 本章程如有未尽事宜得随时修正之。

第四十七条 本章程经准备会基本会员银行代表大会决议施行函送上海特别市银行业同业公会备案，修正时亦同。

上海票据交换所章程
（1946年8月）

第一章 总则

第一条 上海市银行商业同业公会及上海市钱商业同业公会（下称两公会）合组上海票据交换所（下称本所）受中央银行委托办理全市金融业票据交换事宜。

第二条 本所依照本章程办理票据交换事宜对于票据本身及因交换而发生之损害除本章程规定者外不负其他责任。

第二章　交换行庄

第三条 凡上海市银行商业同业公会会员银行钱商业同业公会会员钱庄及他种金融业经本所执行委员会审查可决后均得加入本所为交换行庄。

中央银行及其他国营金融机关均为本所交换行庄。

第四条 交换行庄应于加入时缴纳会费国币五万元。

第五条 交换行庄除中央银行外均应依本所规定金额缴存交换保证金，本所收存前项保证金应缴由中央银行保管之。

第六条 交换行庄之退出应于十日前以书面通知本所其原有保证金于本所执行委员会核准后由本所发退之。

第七条 交换行庄违反本章程或本所重要决议或损害本所或全体交换行庄之信誉或营业有不稳之情形时，本所得予以左列处分：

一、书面警告；二、违约金；三、暂时停止其交换；四、除名。

第四款之处分由本所函请两公会理事会核定行之，其余各款之处分除第二十六条第一项规定外由执行委员会议决之。

第三章　执行委员会

第八条 本所设执行委员会十五人由两公会理事会分别依左列名额推举之：

一、银行代表十二人；二、钱庄代表二人；三、银钱业联合准备会经理一人。

第九条 执行委员会任期均为三年连选得连任。

第十条 本所设常务委员三人由执行委员互选之，设主任委员一人由常务委员互推之。主任委员处理执行委员会议决事项得随时提请常务委员会商之。

第十一条 执行委员会应议决左列事项：

一、票据交换各种规则之订定；二、票据交换实务之审核及指示；三、交换行庄入会之审查及核定；四、交换保证金额之规定；五、交换行庄之处分；六、交换所开支预算决算之审核。

第十二条 执行委员会至少每两个月开会一次由主任委员召集之。

第十三条 执行委员会议以主任委员为主席。

第十四条 执行委员会议应有全体委员过半数之出席以出席委员过半之同意行之可否同数时取决于主席。

第十五条 执行委员会议应作成决议录由主席签名保存于本所。

第四章　交换所监理

第十六条　中央银行指派监理一人监视本所一切事务。

第十七条　本所应将每日交换数字及各行庄在本所存款户余额造表报告监理。

第五章　咨询委员

第十八条　本所设咨询委员若干人由两公会理事会就各行庄重要职员中聘请之。

第十九条　执行委员会处理本所事务遇有重大事件在提交两公会核示以前得提请咨询委员审核。

第六章　职员

第二十条　本所经理一人副经理襄理各若干人，由主任委员商同常务委员聘任之经理综理一切事务，副经理襄理辅助经理办理事务。

第二十一条　本所依事务需要分设若干科各科设主任一人副主任一人至二人办事员若干人均由主任委员任用。

第七章　票据交换及交换差额之收付

第二十二条　票据之交换方法分"直接交换"及"送票交换"两种。

第二十三条　交换行庄以直接方法办理交换者应在中央银行开立存款户，其以送票方法办理交换者应在本所开立存款户为收付交换差额之需。本所收入前项存款应照数转存于中央银行。

第二十四条　交换行庄每日交换后应收应付之差额由中央银行及本所分别就各行庄存款户收付之。

第二十五条　交换行庄在中央银行或本所之存款余额不敷支付其应付差额时应于当日下午六时前补足之。

第二十六条　交换行庄违反前条规定时本所应立即通告该行庄及当日与该行庄有交换关系之行庄将当日换会票据互相返还之并将交换差额重行结算但其不敷金额在保证金数额以内者本所得径将保证金解入存款户支付之。

交换行庄违反前项规定时本所主任委员得立即暂时停止其交换。

第二十七条　交换后之票据有应行拒付者由拒付行庄退还原提示行庄，原提示行庄应将票面金额返还之。

第二十八条　交换行庄违反前条规定时准用第二十六条之规定并追缴其所欠之差额。

第二十九条 票据交换手续由本所以规则或通函另定之。

第八章 经费及会计

第三十条 本所经费之半数由各交换行庄依交换票据收付总金额比例分担,其余半数由各交换行庄依交换票据收付,总张数比例分担由本所按月计算通知各行庄照缴。

本所因支付经费得借入款项。

第三十一条 本所以每年一月一日起至十二月三十一日止为一会计年度,每年度终了后由执行委员会照具票据交换报告书及开支决算表报告两公会。

第九章 附则

第三十二条 本章程经两公会理事会议决函请中央银行并呈请财政部核定施行,修正时亦同。

上海票据交换所章程
(1950年7月12日通过)

第一章 总则

第一条 上海市金融业同业公会(下称金融公会)依据组织规程设立上海票据交换所(下称本所)办理全市金融业票据交换事宜。

第二条 本所依照本章程办理票据交换事宜对于票据本身及因交换而发生之损害除本章程规定者外不负其他责任。

第二章 交换行庄

第三条 凡上海市金融业同业公会会员均得加入本所为交换行庄。

第四条 交换行庄除因违反发令而停止营业或停止票据交换者外如自请退出交换应呈请主管机关核定转由金融公会通知本所后方得退出。交换行庄退出交换后经主管机关核定仍得重行加入但本所即视为新加入交换行庄。

第五条 交换行庄违反本章程或本所重要决议或损害本所或全体行庄之信誉时得陈请主管机关予以处分。

第三章 票据交换所管理委员会

第六条 金融公会依照组织规程设置票据交换所管理委员会。

第七条 管理委员会委员由金融公会于公私合营行庄中推举十五人充任之。

第八条 管理委员会设主任委员一人，副主任委员二人。

第九条 管理委员会之职权如左：

甲、本所各项章则之核定；乙、本所重要事务之决定；丙、本所重要职员之任免；丁、本所预算决算之审核。

第十条 管理委员会每两周举行会议一次，必要时得召开临时会议。

第十一条 管理委员会会议主席以主任委员为当日主席，主任委员缺席时由副主任委员代理之。

第十二条 管理委员会日常会务及临时急要措施由正副之人委员处决之。

第十三条 管理委员会会议时得请本所经理列席。

第四章 职工

第十四条 本所设经理一人，副经理襄理各若干人，由管理委员会聘任之经理综理一切事务，副经理襄理辅助经理办理事务。

第十五条 本所依事务需要分设若干科，各科设主任一人，副主任若干人，办事员助员练习生工友各若干人，均由经理任用之，但正副主任之任用须报请管理委员会备案。

第五章 票据交换及交换差额收付

第十六条 票据之交换方法采用"分组直接交换"办法。

第十七条 交换行庄除公营及公私合营者应在中国人民银行开立交换存款户外，其余各行庄均应在本所开立交换存款户收付交换差额之需。本所收入前项存款应照数转存于中国人民银行。

第十八条 交换行庄每日交换后应收付之差额由人民银行及本所分别就各该行庄存款户收付之。

第十九条 交换行庄之交换存款户余额不敷支付其应付差额时应于本所规定时间内补足之。

第二十条 交换行庄违反前条规定时本所应立即陈报主管机关暂停其交换，并通知该行庄及当日与该行庄有交换关系之各行庄将该日交换票据互相返还，其交换差额重行结算。

第二十一条 交换后之票据有应行拒付者由拒付行庄将退票于规定时间内送存本所由本所，分别返还原提示行庄，原提示行庄应将票面金额返还之。

第二十二条 交换行庄违反前条规定时准用第二十条之规定。

第二十三条 票据交换手续由本所以规则或随时以通函另定之。

第六章　经费及会计

第二十四条 本所经费预算应按月由经理造具开支预算表报请管理委员会核定。

第二十五条 本所经费由全体交换行庄分别摊派，其标准及比例由本所管理委员会拟订后报请金融公会核定之。

第二十六条 本所以每年一月一日起至十二月三十一日止为会计年度，每年度终了后由经理造具票据交换报告书及开支决算表经管理委员会审核后报告金融公会。

第七章　附则

第二十七条 本章程经金融公会通过施行并报请主管机关备案，修改时亦同。

附录三
上海票据交换所大事记

1922年（民国11年）

1月9日上海银行公会会员大会推举陈光甫、孙景西、徐寄庼、钱新之、朱成章、方叔伯、徐宝琪和吴蔚如等人担任委员，组成票据交换所筹备委员会，全面负责筹组交换所。

2月8日第一次票据交换所筹备委员会议议决推举徐寄庼、姚仲拔和徐沧水三人为组织大纲起草员，俟章程草案拟订后分送14家筹备员先行研究再定期开会讨论。

2月25日第二次票据交换所筹备委员会议对关于准备金的保管银行等问题进行讨论，修订了上海票据交换所章程草案中的数条。

3月3日第三次票据交换所筹备委员会议将上海票据交换所章程草案逐条讨论，最后该草案修正通过。

1923年（民国12年）

上海银行公会决定由徐寄庼、谢芝庭二人起草《上海银行公会票据交换临时办法》。

1925年（民国14年）

上海银行公会聘请王宝仑担任交换所经理，并由其起草拟订了《上海票据交换所章程草案》，拟订了办事细则草案和营业规则草案。

1926年（民国15年）

2月上海银行公会公推中国和交通两行合组票据交换所，并由李馥荪、史久鳌草拟了《上海银行公会会员银行票据交换暂行办法》。

1930年（民国19年）

9月25日常务委员叶扶霄在上海银行公会第65次执行委员会上临时提出

组织票据交换所案,他指出:本会组织票据交换所一事提议已久,迄未实现,乃查近来金融界时有风潮,似票据交换所之设不可再缓,鄙意不妨先为试办,姑从会员银行着手逐渐再谋扩充。会议议决:准先行试办,并推定中国、浙兴、上海、四明、交通、浙实、中华、东莱和大陆9行为组织票据交换所筹备委员,就中又推定浙兴为该会召集人,定期集会,从速进行。

12月10日票据交换所第一次筹备委员会议决先将东莱银行所拟送的交换所轧账法即送各委员广征意见并定于下星期三再行集议。

12月17日票据交换所筹备委员会召开第二次会议,最后决议,将交通银行原提案由浙江实业银行参酌并添注意见,再由会印发各委员研究,下次再行集议。

12月26日第三次票据交换所筹备委员会议即将章程草案逐条加以研究,经讨论订正后,决议将修正稿加以誊清,即拟具报告连同草案两件函请银行公会执行委员会审核施行,并宣告票据交换所筹备委员会完成使命解散。

1932年（民国21年）

2月8日联准会依上海市银行同业公会之决议组织成立,办理联合准备及拆放等事宜。

3月15日上海银行业同业公会联合准备委员会成立。

6月24日第14次"联准会"执行委员会开始讨论本会兼办票据交换办法,并议定章程。

6月29日联准会兼办票据交换事宜暂行办法审查会议举行第一次会议,程慕灏提出上海银钱业收票时间参差不齐,而所有本市同业收解时间实为票据交换最感困难、最关重要之点,因而会议决议提请同业公会筹议改革以归一致。

10月19日第5次"联准会"委员银行代表大会对于本会兼办票据交换事宜之原则予以通过,并推定审查委员,审核票据交换章程草案。

11月19日第6次"联准会"委员银行代表大会决议,照审查委员修正案通过票据交换章程,函送同业公会核准备案,并推定程慕灏君等9人为第一届票据交换所委员,积极筹办票据交换所事宜。

11月"联准会"议决成立票据交换所委员会,着手制订各项规则制度。委员会由朱博泉、程慕灏、陈慕唐、周德孙、杨介眉、陈朵如、叶扶霄、王伯元、王子厚、刘鸿源等10人组成，其中朱博泉任主席委员。

11月28日票据交换所委员会举行第一次会议。

12月20日联准会执行委员会议决《票据交换所委员会规程》。

12月23日票据交换所委员会举行第三次会议，公推李亦卿君为本次会议主席。

1933年（民国22年）

1月10日票据交换所正式开办，同日举办银元票据交换。同业之加入者32家，内计委员银行24家，银行公会会员行8家。名次略。

2月1日增办汇划银元票据交换。

2月16日增办银两票据交换。

3月1日增办汇划银两票据交换。

3月16日实行《交换银行代理本市分支店票据交换办法》。各交换银行本市分支店共计56家，均加入交换，由各行自行代理。

3月24日修正《票据交换所暂行罚金规则》。

4月6日财政部令废除银两收付，本会于同日起亦废止银两及汇划银两票据交换。

4月17日施行《罚金规则施行部分》。

9月26日修正施行《上海银行业同业公会联合准备委员会票据交换章程》。

同日中汇银行、中华劝工银行、中国企业银行加入为委员银行及交换银行，中国国货银行加入为委员银行。

12月20日修正施行《票据交换所办事细则》。同日实行《交换银行代理他银行票据交换办法》。

1934年（民国23年）

1月4日恒利银行加入为交换银行，四川美丰银行于同日起委托新华银行代理交换。

1月为谋联络感情，促进服务效能起见，成立上海市银钱业票据交换员联谊会。太平洋战争爆发后，因沪上环境特殊，会务从此无形停顿。

2月28日第10次联准会委员银行代表大会，改选李馥荪君等11人为第三届执行委员，并推定程慕灏君等9人为第二届票据交换所委员。

同日恒利银行加入为委员银行。

8月1日绸业银行及江浙银行加入为交换银行。

1935年（民国24年）

3月6日第12次联准会委员银行代表大会，改选李馥荪君等11人为第四届执行委员，并推定程慕灏君等9人为第三届票据交换所委员。

5月23日明华银行因停业，退出联准会并退出交换。

5、6月间沪市钱业金融奇紧，中、中、交三行及联准会商得钱库之合作，将各银行汇划存款及票据收解，一律集中联准会，于6月13日起，开始为各交换银行代收钱业及其他外行票据。

6月10日钱业公会议决钱业准备库加入银行公会联合准备委员会票据交换所。

6月13日银钱业开始实行集中汇划。

6月19日中交两行设立联合办事处于联准会，各行如有联准会交换往来户收付款项，向来解送中国或交通银行，嗣后一概直接送联准会中交联合办事处。

6月24日修正交换银行拆款办法。

7月3日中一信托公司加入为交换银行。

7月15日"联准会"也加入票据交换所，列为第50号。

同日浙江地方银行委托上海银行代理交换。

同日即日起，所有各交换银行于到期日前或于到期日收入之外行票据，一律由联准会代收，并订定代收外行票据办法。

同日订定联准会代理各交换银行间退票收付办法。

9月2日即日起所有交换后之退票，一律集中联准会，由联准会代办退票事宜。

9月9日广东银行因停业退出交换。

9月16日香港国民银行因停业，退出交换。

12月13日票据交换所委员会决议并经联准会执行委员会通信表决通过联合准备委员会代理银行票据交换办法，1936年开始实行。

1936年（民国25年）

1月浙江地方、四川美丰、江苏农民、永大及浦东等六银行先后委托联

准会代理交换

同日本月起联准会开始编印交换月报详载有关票据交换各种事项。

1月28日中央银行加入票据交换所为"元"字号交换银行，是日起，联准会交换银行往来户之收解，即由中、中、交三行会同办理，设中中交三行联合办事处于联准会。

2月15日联准会执行委员会第37次会议决议修正票据交换所委员会规程。

2月20日第14次委员银行代表大会改选李馥荪君等11人为第五届执行委员，并推胡梅庵等11人为第四届票据交换所委员，同日起，江浙及绸业两银行加入为委员银行。

9月1日川康殖业银行及农商银行同时委托联准会代理交换。

11月2日本会交换银行中汇及江浙两银行合并为中汇银行，江浙银行之交换所号次，即因合并而消灭。

12月1日中国农民银行由委托代理交换银行改为交换银行，补江浙银行之缺额。

1937年（民国26年）

1月5日广东银行改组复业，委托联准会代理交换。

3月10日第17次委员银行代表大会决议就廿五年联准会存益项下归还各行摊认廿一年份及廿二年份本会纯损之数，并改选李馥荪君等11人为第六届执行委员，推胡梅庵君等11人为第五届交换所委员，推程慕灏君等12人为第三届承兑所委员。

7月3日上海市银行委托联准会代理交换。

8月9日恒利银行因停业退出联准会并退出交换。

8月13日日中事变延至上海，银钱业停业三日，此三日联准会业务亦随之暂停。

8月17日银钱业及联准会一律复业，其时部定《安定金融办法》，限制提存，银行业同业公会为调剂工商业资金起见，决议由联准会办理同业汇划拆放事宜，于即日起实行。

8月18日联准会及票据交换所于即日起暂设临时办公处于派克路大光明影剧院后门穿堂内，并自即日起联准会上述临时办公处举行票据交换，每日交换次数改为一次在下午3时30分举行，原有下午1时之票据交换暂停举行。

9月21日联准会代理交换银行川康殖业银行与重庆平民银行四川商业银行合并,并更名为川康平民商业银行,仍委托联准会代理交换。

10月上海钱业同业公会执行委员会议决设立票据交换所,先行使办同业票据交换,俟收效后再成为永久性质,汇划总会因而被取代。

11月钱业试办的票据交换所现今决定成为永久性质,办法与银行交换所相同。

1938年(民国27年)

2月5日上海市银行因停业退出交换。

2月27日联准会及票据交换所于即日全部由派克路临时办公处迁回香港路59号原址,即于2月28日(星期一)在原址办公并举行票据交换。

3月1日广东银行由委托交换银行改为交换银行。

4月11日上海票据交换所开始平准汇划贴水,市面贴水遂趋稳定。

6月11日票据交换所实施平准汇划贴水办法,以维持同业汇划贴现,安定市面。

7月4日煤业银行及正明银行同时委托联准会代理交换。

10月4日恒利银行改组复业,重新加入联准会,并委托联准会代理交换。

11月21日通和银行因停业退出联准会并退出交换。

12月1日同业对外滩应付票款自事变后,中、中、交三行暂停代解者,一律复由联准会经付,仍由中、中、交三行代解。

1939年(民国28年)

1月5日永大银行由委托交换银行改为交换银行,以补通和银行之缺额。

2月23日惠中银行委托联准会代理交换。

5月间联准会受上海市银行之委托代理该行办理付还存款事宜。

6月21日银钱业奉财政部令限制提存,联准会于是日起停止供给同业汇划贴现。

6月22日其时上海外汇暗市初经变动,部令复再度限制提存,人心惊扰,纷纷照限度尽量提取存款,银钱两业为应付市面,加强准备起见,经联席会议决定:一、各行庄原存联准会之汇划存款,一律按95%换成法币,由联准会分12个星期支付。二、由联准会对各行庄订定同业汇划领用办法,供给同业汇划总额暂定为5000万元。三、同时订定同业汇划准备检查委员会章程，聘请徐寄庼君等5人为委员，担任同业汇划准备检查事宜。上述各项均由联准会于7月4日起一一实行。

7月4日钱业准备库以委托代理交换方式参加交换，同时钱业同业公会会员钱庄42家亦全体加入为联准会交换集团，由钱业准备库代理参加交换，交换号次为50号泉。

1940年（民国29年）

3月18日福建省银行沪处委托华侨银行代理交换。

4月8日惇叙银行委托联准会代理交换。

5月13日钱业准备库退出交换，恢复昔日原有轧账方法。

6月24日义商华义银行委托浙江实业银行代理交换。

11月1日至中银行委托联准会代理交换。

1941年（民国30年）

3月5日中和银行及上海和成银行同时委托联准会代理交换。

4月1日联准会与中、中、交三行商定，凡交换存款及同业存款由联准会依各行平时收付情形分别酌定计息限度，并酌减利率。

4月2日中央储备银行在联准会开立往来账户。

5月1日福建省银行沪处退出交换。

6月10日联准会因沪市汇划升水及以平掉方式对同业酌量调剂、此种升水旋即消除。

7月本月起所有联准会各行庄划头户同业存款概不计息。

8月本月起所有联准会各行庄同业汇划存款概不计息。

9月票据交换所委员会决定取消直接交换，停办集中交换，一律改为代收票据，分散收解。

9月15日为统一各种票据之清算手续起见，将所有交换票据一律改以代收手续为清算，订定"变更交换制度办法"，于是日起施行，各交换银行及委托代理交换银行一律改称特约往来银行。所有联准会对外商银行应收应付之票款均由联准会自行与外商银行代理，同日起，中央储备银行加入联准会为"中"字号特约往来银行。

12月8日太平洋战事爆发，银钱业为应付非常时局起见，组织银钱业同业会员临时联合委员会,办理两业共同关系事项,临时联合委员会于是日举行第一次会议,规定提存限度,并决定凡限度以外之付款均支付转账划头,中、中、交三行及英美商各银行是日起暂停营业,而划头复以转账为限,游资过剩之上海市面,至此骤感极度紧缩,本会为供给不同类型需要起见,依各行庄划头存款数20%分别供给现钞,稍资调剂,此项现钞系本会于廿九年冬以后将转存款项,酌量提回,自行存,以备不虞者也。联准会代收各种外行票据一项,是日起暂停止代收。

12月12日联准会遵照上海市银钱业同业会员临时联合会决议,开始办理各行庄拆放事宜,并订定"办理各行庄拆放暂行办法"凡各行庄原存本会之汇划存款,一律由本会照数换为划头,各行庄原已领用之同业汇划及拆借之款项,一律以划头款项归清,领用同业汇划事宜,即日起停止办理。

12月17日联准会加入外商银行交换集团,并订定"代理各特约往来银行票据交换办法"。代理各行与外商银行交换票据。是日起各特约往来银行及往来行庄陆续向本会开立现钞往来户。

12月19日联准会规定各特约往来银行对于各活期存款支票户现钞付款办法,通函各行查照。

12月26日联准会恢复代收各特约往来银行以外各行庄付款票据。

12月31日制定并通过中央银行办理票据交换办法。

1942年(民国31年)

1月6日江苏省农民银行停业,其特约往来银行资格同时取消。

1月12日联准会恢复代收往来行庄以外金融业付款票据。

4月修正中央银行办理票据交换办法。

5月1日联准会遵照银钱业同业会员临时联合委员会之决议,恢复原行之定时票据交换制度,所有特约往来银行其账号次序在第42号前者仍称交换银行,其总号为第50号而只有分号者仍称委托代理交换银行。

同日联准会交换银行原共35家,委托代理交换行原共40家,上年12月8日太平洋战事发生后,交换银行中中央、浙江地方、江苏中国农民三银行及委托代理交换银行中浙江地方、江苏农民银行两银行均停止清理,讫今未复业,故现在联准会交换行32家,委托代理交换行38家。

5月18日亚洲银行委托联准会代理交换。

5月25日浙江建业银行及光华银行同时委托联准会代理交换。

6月1日联准会增办中储券划头票据交换，所有旧法币现钞及划头票据交换一律停止办理。

同日建华银行及中亚银行委托联准会代理交换。

6月8日大康银行及大中银行同时委托联准会代现交换。

6月15日重庆银行及大公银行同时委托联准会代理交换。

6月22日中贸银行及光中银行同时委托联准会代理交换。

6月29日汇源银行、永丰银行及长城银行同时委托联准会代理交换。

7月6日民孚银行及华懋银行同时委托联准会代理交换。

7月13日江苏银行宣告清理退出联准会，联准会委员银行只余32家。

7月20日谦泰银行、和泰银行同时委托联准会代理交换。

7月27日中国蚕业银行、统原银行同时委托联准会代理交换。

8月3日上海铁业银行上海工商银行同时委托联准会代理交换。

8月10日大元银行委托联准会代理交换。

9月7日五洲银行及江苏地方银行同时委托联准会代理交换。

10月12日大来银行委托联准会代理交换。

10月16日阜通银行、富华银行同时委托联准会代理交换。

11月2日上海纱业银行委托联准会代理交换。

11月4日联准会举行第18次委员银行代表大会，即第一次基本会员银行代表大会，修正本会公约及章程，所有委员银行32家一律改称为基本会员银行，并改选唐寿民君等13人为第七届执行委员，推程慕灏君等13人为第六届票据交换所委员。本会公约亦自本年三月期满之日起继续延长5年。

12月1日久安银行中国工业银行委托联准会代理交换。

12月21日久晶银行委托联准会代理交换。

1943年（民国32年）

1月5日永旺银行、大华银行同时委托联准会代理交换。

1月18日中国渔业银行委托联准会代理交换。

3月1日大南银行、东华银行同时委托联准会代理交换。

3月8日易中银行、中国瓷业银行同时委托联准会代理交换。

3月15日中国惠民委托联准会代理交换。

3月22日通济银行、中国药业银行同时委托联准会代理交换。

3月29日上海民丰银行及利工银行同时委托联准会代理交换。

4月19日宁绍商业银行委托联准会代理交换。

5月31日联准会召开第七届执行委员会临时会议,讨论关于交换银行差额清算事宜移归中央储备银行一案。

6月1日联准会交换银行差额清算事宜移归中央储备银行办理,收受同业存款,全数转存中央储备银行。

6月21日华南银行及苏民银行同时委托联准会代理交换。

6月22日联准会退出外商银行交换集团,改由中央储备银行参加,所有华商银行交换集团内同业对外商银行收付事宜,亦于同日起移归中央储备银行接办。

6月30日中央银行业务局通函施行《各行处理四行两局间票据收办办法》。

7月12日中国染织业银行和中国商业银行同时委托联准会代理交换。

8月9日中华实业银行委托联准会代理交换。

9月9日华义银行停业,浙江实业银行自同日起终止代理该行票据交换。

10月1日本会办理公单贴现业务,特重行拟具贴现办法6条,陈奉执行委员会核定,于同日起施行。

10月4日国信银行委托联准会代理交换。

1944年(民国33年)

1月1日联准会第53/6号委托代理交换银行久昌银行改名为新大银行。

2月21日联华银行及昌兴银行同时委托联准会代理交换。

2月23日联准会举行第三次基本会员银行代表大会,通过1943年度决算案及各项公积分存各会员银行办法,并推选程慕灏君等13人为第七届交换所委员。

4月24日利达重工业银行委托联准会代理交换。

7月24日浙江劝工银行委托联准会代理交换。

8月6日星期日下午3时许,联准会会所邻近处忽发生爆炸情事,即由军警当局将四川路博物院香港路周围予以封锁,联准会交换收解诸事不得不停止一日。9日晨间封锁开放,联准会即照常办公。

同日伪"中储行"经理室及顾问室在7日上午曾以同业清算不能停止为

理由，以责问口吻，力劝联准会迅迁该行大楼办公，联准会知一经迁往则日常事务将无一不受干涉。待既成事实造成，是联准会管辖主权将不复为同业公会，而为伪"中储行"。不获已乃由经理亲往日海军武官府等处奔走，申请即日开放，卒达目的，迫至下午伪"中储行"未知开放之讯，犹再三向会迫促，联准会未曾实行。

8月28日汇中商业银行委托联准会代理交换。

9月11日同孚、新汇银行及上海兴业银行同时委托联准会代理交换。

9月14日银钱两业联席会议议定同业票据收付因特别事由致延搁时处理方法4条。

9月间票据交换所委员会议将1933年修正施行之票据交换章程，参酌现行办法，重加修正，凡原来条文与现行办法不甚抵者，尽量予以保留，修正草案议妥后用通信方法，送请执委会核定，再以同样方法于1944年11月20日提请基本会员银行代表大会表决修正之后送交公会。

10月16日南京兴业银行委托联准会代理交换。

11月11日上午8时50分至下午3时许，上海市内发生空袭，各同业均依照1944年7月21日银行钱业联席会议商定之空袭警报时处理业务办法，一律暂停营业。联准会票据交换及代收票据事务，亦随之停止一日。

12月27日伪中储行来函，定于1945年1月4日起，将原有之华商交换银行清算户增加为60家，分甲乙两组，联准会原有之交换银行列为甲组交换银行，联准会第50/2号至51/15号26家委托代理交换银行列为乙组交换银行。甲组交换银行交换事宜仍照向例办理。乙组交换银行交换事宜由伪"中储行"办理。经常务委员表示函复中储行勉行遵办，如期实行，所有上述26行原存准备会存款，于是日移存伪"中储行"。

1945年（民国34年）

1月初迫于敌伪的压力和原来参加直接交换的会员银行的要求，票据交换所委员会讨论决定，恢复集中交换，接受伪中储行为直接交换银行。

1月4日伪"中储行"实行办理乙组交换银行票据收付事宜。

4月1日联准会第52/1号委托代理交换银行民孚银行退出代理交换。

4月6日联准会同业拆放办法经执委会决议修正，陈准银行公会核定施行。

4月20日联准会举行第4次基本会员银行代表大会,通过1944年度决算案,推选程慕灏君等13人为第八届票据交换所委员,并照财政部批示修正联准会公约及章程。

5月1日近来银行钱庄开发联准会、钱业准备库支票为数日增,若依照规定联准会、钱库相互收票办法处理,则与时间及人力两者均感糜费,经联准会和钱库负责方面数度洽商,乃共同议定相互收票新办法四条,并于即日通告同业各行庄开始实行。

5月14日中国汇丰银行及上海工业银行同时委托联准会代理交换。

5月15日为使联准会和钱业准备库代收票据手续比较迅捷起见,经会同商定各银行钱庄相互间收票新办法,并于5月17日起实行。

5月21日票据交换所委员会举行第26次会议,讨论提早票据交换时间及代收票据时间实行方案。

5月28日利民银行委托联准会代理交换。

6月11日钱联银行委托联准会代理交换。

6月18日联准会票据交换罚金规则,其中先行施行各条经修正后于即日开始施行。

7月3日即日起开始实行《各银行等停止使用往来户支票即拨款单办法》,凡各银行等对于存中央储备银行或联准会往来户支票应一律停止使用。

同日振兴银行和亚西实业银行委托联准会代理交换,并于即日起开始,号次分别为55/12和55/14。

7月11日本市永康、永丰、中国纸业、冠一、中国建业等5家银行奉伪财政部令予销执照,从速清理,又联华、锦德、大南、远东、永泰、伟业、浙江建业、浙江劝业等8家银行及宝昌信托公司奉伪财政部令暂停营业,联准会当于同月13日起与予销执照之5家银行停止往来,与暂停营业之9家银行公司暂停往来,并停止代理联华、大南及浙江劝工等3银行票据交换。

7月13日奉同业公会示近来票据行使数量不断增加,因同业之众多,晚间工作之不便,同业对于票据清算工作均觉过于繁重而困难,应迅行变更票据交换时间及代收票据时间能适合目前环境,嘱即拟具实行办法呈核联准会与银行学会实务研究会共同商讨,审慎研究,拟具实行办法草案一件,呈复公会,经由公会将实行办法草案核议修正通过,饬经联准会于7月30日施行。

7月16日宝康银行委托联准会代理交换。

7月17日上海市区内发生空袭,各同业均依照公会议定之空袭警报时处理业务办法,一律暂停营业,是日联准会票据交换所亦暂行停止,18日上午复发生空袭,解除时已在下午12时半,虽已过联准会规定之交换时间,而联准会为使同业应收票据清算不致积压起见,临时通知各同业:①特于18日下午4时补办交换一次;②各同业托收票据之送票时间酌予展迟。

7月30日于7月3日开始实行的《各银行等停止使用往来户支票即拨款单办法》经再行改订后即日起开始施行,同时订定票据交换奖励暂行办法。

同日自即日起,凡各同业前向联准会领用的乙种转账申请书,应即一律停止使用,同日起,各同业开发甲种转账申请书除因支付联准会提示票据等款项而对联准会自己开发外,应以下列三种用途为限:①拆出同业拆款;②归还同业拆款;③划入中央储备银行款项(及划入奉准开立存放户之同业)。

8月7日联华、锦德、大南、永泰、伟业、浙江建业、浙江劝工等七银行及贸昌信托公司业已恢复营业,其中浙江建业银行原系乙组交换银行,其同业收解系就中央储备银行清算户处理外,其余七家银行、公司,联准会定于自即日起与之恢复往来,重行办理各该行公司托收票据之代收事宜,并自8月11日起,重行代理联华、大南及浙江劝工等三行票据交换,所有该三行在交换所号次照旧,并无变更。

8月10日自即日起,凡各甲组交换银行向联准会提出交换或托联准会代收票据中之退票,一律由联准会于次晨交换时分别交付各该行交换员带回,即由各该行交换员在码单上签章,代替临时回单,此项临时回单于联准会收到退票款项时交还,不再由联准会直接返还,以资简捷。

8月11日本日开始举办委托联准会代理交换之预备交换事宜,所有各代理交换银行是日收入他代理交换银行付款票据,均应预先在行整理就绪,并缮制应备表单于下午5时前由交换员带到交换所提出交换。

同日联准会为谋各委托代理交换银行相互间票据清算工作简捷起见,特举办预备交换事宜,参加者共计55家。

9月14日联准会甲乙组交换银行交换差额转账申请事宜原系由伪中央储备银行上海分行办理,兹以伪中储行业于本月13日经财政部派员接收,听候处理,在此过渡时期,同业收解不能一日或停,经由联准会陈准财政部驻沪专员饬伪中储行上海分行,将甲乙组交换银行存该行交换清算户存款悉数拨付现款,交由联准会具领转发,应请各行迅速即开具本月12日期支中储行转账申请书，来联准会具领，同时为便利同业收付起见，并请即日派员来联准会开立伪中储行临时清算户，所有各行伪中储券交换差额转账事宜自开户日起，即由联准会暂就临时清算户办理。

10月公布施行《中央银行暂行委托上海票据交换所办理票据交换规则》。

10月18日重新改组的票据交换所委员会举行第一次会议。

10月26日制定《上海票据交换所票据交换手续须知》。

11月1日上海银钱两业票据交换所合并，新的上海票据交换所成立，陈朵如为暂代经理，胡耀宗为副经理。参加交换之金融机关共计37家，委托代理交换者即97家。

11月21日上海票据交换所委员会于外滩15号中央银行发行局会客室举行第二次会议。

12月24日上海市银钱业票据交换员联谊会复会，通过了9条简短的会章，选举了7位干事和两位监察。

1946年（民国35年）

1月21日上海票据交换所委员会于中央银行发行局局长室举行第三次会议。

2月4日第16号交换银行中孚银行奉财政部训令停业依法清理，即日停业。票据交换所即日起停止该行票据交换业务。

2月25日上海票据交换所委员会举行第四次会议。

7月3日取消代理交换行庄的名称，一律改称为交换行庄。

8月2日公布施行新的《上海票据交换所章程》。

8月12日票据交换所执行委员会举行第一次会议，接办上海票据交换所。同日票选陈朵如、秦润卿、徐维明三君为常务委员，后又由常务委员互推秦润卿为主任委员。

同日票据交换所常务委员于本日举行第一次会议。

8月19日上海票据交换所第一届执行委员会第一次会议决议批准四行储蓄会补列第16号交换行庄，自即日起将该会列为第16号交换行庄，原有51号撤销。

11月15日中孚银行奉准于本日复业并申请参加交换，经执行委员会批准自即日起开始参加交换，其交换号次列为第51号。

12月底全体参加交换之行庄，除交换所自身外，已由最初的133家增加为216家。

1947年（民国36年）

1月间余永记钱庄、福昌银号、鸿祥钱庄、大德钱庄、永亨钱庄、协康钱庄及致昌银号先后加入为交换行庄。

2月12日中央银行理事会核准修正《中央银行办理票据交换办法》。

2月13日票据交换所为安定职工生活起见，即日设立本所职工子女教育补助金委员会。

2月间济康银行上海分行、鼎元钱庄、永利银行上海分行先后加入为交换行庄。

3月1日中央银行业务局定订《中央银行办理票据交换采用直接交换地方办事细则》和《中央银行办理票据交换采用代理交换制度地方办事细则》。

3月浙江省银行上海分行加入为交换银行。

同日中央银行业务局修正《中央银行各分行处理四行两局间票据收解办法》。

4月15日由票据交换所与中央合作金库洽定自即日起由交换所将该库列为第50号交换行庄参加直接交换，该库上海分库原有号次87号同日起撤销。票据交换所本身交换号次亦于同日起改为"特"字号。

6月间四川兴业银公司上海分公司加入为交换银行。

8月间莫斯科国民银行及其昌银行上海分行加入为交换银行。

12月底参加交换之行庄总计234家，比上年年终增加18家。

1948年（民国37年）

1月间福川银行加入为交换行庄。

大同商业银行（现称大东商业银行）复业，重行参加交换。

经票据交换所执行委员会决议增设统计科，主办各项统计事宜。

1月31日票据交换所第七次执行委员会决议，交换行庄保证金数额一律改定为国币600万元，除原缴300万元外，再应增缴300万元。

2月21日为强化清算效能起见，乃改为分组直接交换制，本日起开始实行。

2月26日票据交换所第八次执行委员会议议决：为商讨改进交换上技术起见，设置实务研究委员会，并订立规程。

同日票据交换所实务研究委员会召开第一次会议。

3月间上海市兴业信托社归并于市银行，该所奉上海金融管理局训令后，即将该社之交换席次撤销。

7月10日上海票据交换所订定交换行庄错账登记处理办法。

7月间万祥泰钱庄加入为交换行庄。

9月30日云南矿业银行上海分行因奉总行函饬结束业务而推出交换。

11月间上海金融管理局因据报国家行局库每日票据交换数字表为一般商市投机分子利用为投机市面之观测标准，为防止不良影响起见，令饬本所停止公布。

12月30日中法工商银行上海分行因奉总行函饬结束业务而退出交换。

12月底参加交换之行庄总计230家，较上年年终减少4家。

1949年（民国38年）

2月7日美商美国商业银行上海分行开业同日起加入为交换行庄。

2月9日上海票据交换所召开1949年第一次所务会议。

2月25日江海银行南京分行迁沪营业改称上海分行，自3月1日起加入为交换行庄。

2、3月间中国工矿银行上海分行、大同银行上海分行先后复业重新加入交换。

同日本日开始施行《征收交换逾时最迟五家行庄罚金暂行办法》。

4月20日票据交换所前拟《交换行庄错账登记处理办法》被修改为《交换行庄错账处理办法》，即日开始实行。

4月在票据交换员联谊会的中共党员，利用票据交换所作为地下秘密刊物的转运站，利用交换票据的覆盖，将《上海人民》秘密刊物带进交换场，分别交给积极分子，迅速传递到大小行庄。

5月7日中央银行为限止本票流通起见，特制函该所自5月9日止付本票，并将余额提存该所，由所统一代付。

5月13日中央银行业务局致函该所，为交换行庄便利起见，自5月16日起所有交换行庄存款户收付统归该所办理。

同日福川商业银行上海分行因停业与本日退出票据交换。

5月21日银钱两公会鉴于时局严重，原有该所执行委员人数不齐，应付为艰，为照顾事实需要，另行设立临时管理委员会，办理当前各项事宜，函聘秦润卿、陈朵如、王志莘、蔡松甫、沈日新等5人充任委员，并订有简则8条。

5月25日即上海解放前夕，基于时局动荡，上海票据交换所不得不宣布停业。

5月28日上海解放后，由上海军管会金融处接管，并改组了票据交换所委员会。

6月2日票据交换所复业，中国人民银行上海分行加入为交换行庄。

7月18日上海市银行奉令结束清理，即日起退出交换。

8月12日银钱两公会致函该所照准该所经理曹吉如辞职，该所目前一切事务暂由副经理叶占春兼代经理职务。

9月1日前邮政储金汇业局缩编为华东邮政总局储汇处，即由上海邮政管理局加入为交换行庄。

12月28日上海市金融商业同业公会筹备会成立，旧银钱公会宣告结束，该所临时管理委员会亦随同结束。同时由筹备会组设交换所管理委员会，推定卢钝根（人民银行）为主任委员，毛啸岑（中信）、王仰苏（均泰）为副主任委员。

12月底参加交换之行庄总计186家，较上年年终减少44家。

1950年

1月7日交换所管理委员会正式接管该所，经理一职由委员会聘请洪政润君担任。

同日票据交换所管理委员会于本日召开第一次会议。

1月9日副经理叶占春兼代经理约5个月，即日起请辞去兼职。

1月11日108号交换行庄怡大钱庄、124号信和钱庄和159号宏昶钱庄于本日被停止交换。

1月17日票据交换所委员会正式聘任洪政润君担任上海票据交换所经理。

1月19日洪政润经理正式到职接事。

1月间管理委员会鉴于本所人事臃肿，为贯彻劳资两利，经与工会磋商取得协议，自2月下半月起来，实行减薪并组设节约委员会，厉行节约。

3月25日协康钱庄因不能支付到期债务宣告停业而停止交换。

3月29日金融商业同业公会筹备会决议组设拆放委员会，办理临时同业拆放。互推卢钝根为主任委员，所有经常拆放事务由票据交换所设科办理，于3月31日经人民银行华东区行批准即日开办。

4月3日遵照票据交换所管理委员会决议，本日起将原有四个交换场并为三场办理交换，各参加交换行庄交换号次不予变更。

5月1日遵照票据交换所管理委员会第四次会议决议，本日起将原有三个交换场并作两场办理交换，号次不变，有关表单将重行印制。

5月6日宏昶钱庄经呈准复业即日恢复交换，该庄仍被列为第159号参加交换。

7月15日制定新的上海票据交换所章程。

7月29日上海票据交换所组织整编委员会。

7月间管理委员会认为减薪后机构臃肿状态依然存在，为合理调整机构与工会协议，实行整编人事，共计编外职工73人。

11月间集友银行上海分行开业参加交换。

12月底参加交换的行庄共计82家，比上年年终减少104家。

1951年

1月6日金融商业同业公会陈请中国人民银行华东区行将上海票据交换所工作移交中国人民银行上海分行办理。

1月11日中国人民银行华东区行函复同意将上海票据交换所工作移由中国人民银行上海分行接收办理。

2月1日本日（星期四）上午9时半，在金融商业同业公会304室正式办理上海票据交换所由中国人民银行上海市分行接办的交接事宜。

再版后记

本书曾于2009年9月由上海人民出版社出版，当时是在我2007年完成的博士论文基础上补充、修订而成的。学术著作的读者有限，时隔八年，能有再版的机会，实在是令人欣慰的事情。

票据交换所，亦称"票据交换场"，是指集中办理各银行票据交换、清偿债权债务关系的清算机构和固定场所，与金融机构和金融市场有着密切的联系，其功能和作用是无可替代的。1933年成立、1951年结束的上海票据交换所是中国最早成立的票据交换所，是上海金融现代化的重要标志之一。2009年11月28日，银行间市场清算所股份有限公司（简称：上海清算所）在上海成立。2017年3月，笔者有幸被聘为上海清算所陈列室和博物馆筹建顾问。历史如镜，鉴往知今。追溯上海清算所的前世今生，上海票据交换所存续的这一段历史，无疑可以为今天提供借鉴经验和启示。正好出版社提供机会和条件，遂决定将本书再次出版。

博士毕业至今已经整整十一个年头，在自己的学术道路上，要感谢的人很多。感谢我的硕士导师高峻教授、硕士期间的任课老师温锐教授和博士导师吴景平教授；感谢同济大学马克思主义学院的李占才教授、张劲教授、田晖教授、薛念文教授等；感谢各位师友，感谢我的家人，等等，不一而足；感谢你们的鼓励、支持和帮助。另外，要特别感谢北京中联华文图书有限公司与中国书籍出版社提供本次再版的机会。

本书除了个别地方有修改之外，和初版时的内容基本一致，敬请读者朋友继续批评指正。

万立明
2018年6月